宗主権の世界史

東西アジアの近代と翻訳概念

岡本隆司 【編】
Takashi Okamoto

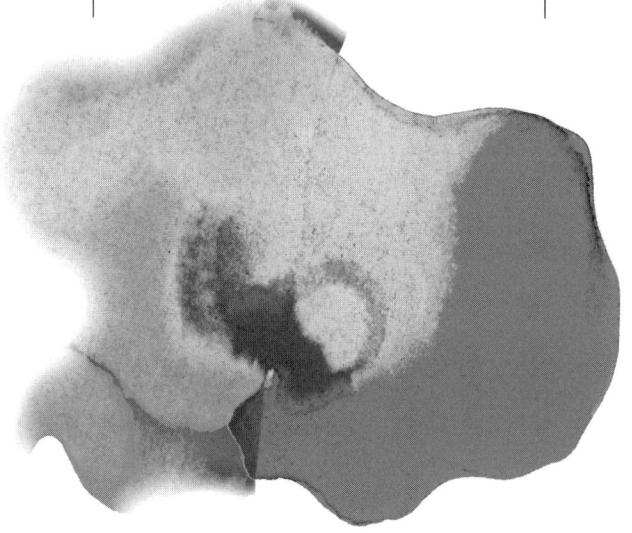

名古屋大学出版会

宗主権の世界史

目　　次

凡　例　viii

導　論　世界史と宗主権 …………………………………………… 1

第Ⅰ部　オスマン秩序体系の転換と西洋

第1章　オスマン帝国における附庸国と「宗主権」の出現 …………… 22
　　　　――ワラキアとモルドヴァを例として

　はじめに　22
　1　前近代におけるオスマン宗主権とワラキア・モルドヴァ　26
　2　転換点としての18世紀と「宗主権」の登場　34
　おわりに　46

第2章　主権と宗主権のあいだ ………………………………………… 49
　　　　――近代オスマンの国制と外交

　はじめに　49
　1　近世外交　51
　2　「特権」の時代の対外交渉　54
　3　主権と宗主権　65
　おわりに　83

第Ⅱ部　西方から東アジアへ

第3章　宗主権と国際法と翻訳 …………………………………………… 90
　　　　――「東方問題」から「朝鮮問題」へ

　はじめに　90
　1　ホイートンと suzerainty　92
　2　『萬國公法』から『公法會通』へ　98
　3　「朝鮮問題」と「上國」概念　107
　おわりに　115

補　論　東西の君主号と秩序観念……………………………………… 119

　　　　はじめに——「君主号」が示すもの　119
　　　　1　オスマン帝国における君主号——17世紀まで　121
　　　　2　君主号の修正——18世紀以降　126
　　　　3　西欧の君主号と漢語の君主号　132
　　　　4　君主号の定着と漢語圏の変貌　141

第4章　ロシアの東方進出と東アジア……………………………… 149
　　　　——対露境界問題をめぐる清朝と日本

　　　　はじめに　149
　　　　1　ロシアの伝統的対清関係の成立　151
　　　　2　日本へのロシア接近と北方領域をめぐる言説　154
　　　　3　アロー戦争時の露清境界交渉をめぐる概念　156
　　　　4　日本の条約交渉と領土経営　165
　　　　5　ロシアの衝撃と日・清の岐路　168

第III部　近代日本と翻訳概念

第5章　Diplomacyから外交へ……………………………………… 174
　　　　——明治日本の「外交」観

　　　　はじめに　174
　　　　1　「外交」と"diplomacy"の語源と変遷　176
　　　　2　「外国交際」と福沢諭吉　182
　　　　3　朝鮮問題と「外交」観の変化　193
　　　　おわりに　205

第6章　日清開戦前後の日本外交と清韓宗属関係………………… 207

　　　　はじめに　207
　　　　1　日清戦争前の東アジアと日本外交　210
　　　　2　朝鮮内政改革案による「宗主国」の争点化　216
　　　　3　朝鮮独立論による清韓宗属関係の否定　223
　　　　4　朝鮮内政改革案と朝鮮独立論のその後の展開　226

おわりに 230

第 IV 部　翻訳概念と東アジアの変貌

第 7 章　モンゴル「独立」をめぐる翻訳概念 …………………… 234
　　　　　――自治か，独立か

はじめに 234
1　「独立」を何というか？ 236
2　露蒙協定，蒙蔵条約における「自治」，「独立」 240
3　露中宣言における「宗主権」と「自治」 244
4　キャフタ会議における「自治」と「独立」 250
おわりに 259

第 8 章　チベットの政治的地位とシムラ会議 …………………… 262
　　　　　――翻訳概念の検討を中心に

はじめに 262
1　清朝崩壊後のチベットの政治的地位をめぐって 265
2　シムラ会議における翻訳概念 275
3　シムラ条約の調印 286
おわりに 289

第 V 部　東西新秩序のゆくえ

第 9 章　中国における「領土」概念の形成 …………………… 292

はじめに 292
1　「属地」概念 295
2　「領土」概念 307
おわりに 318

第 10 章　宗主権と正教会 …………………… 322
　　　　　――世界総主教座の近代とオスマン・ギリシア人の歴史叙述

はじめに 322

1 二つの中心 324
2 独立と自治のあいだ 329
3 反スラヴのエキュメニズム 335
4 特権と平等 341
5 帝国の残影 347
おわりに 350

文献目録 357
あとがき 379
図表一覧 384
索　引 385

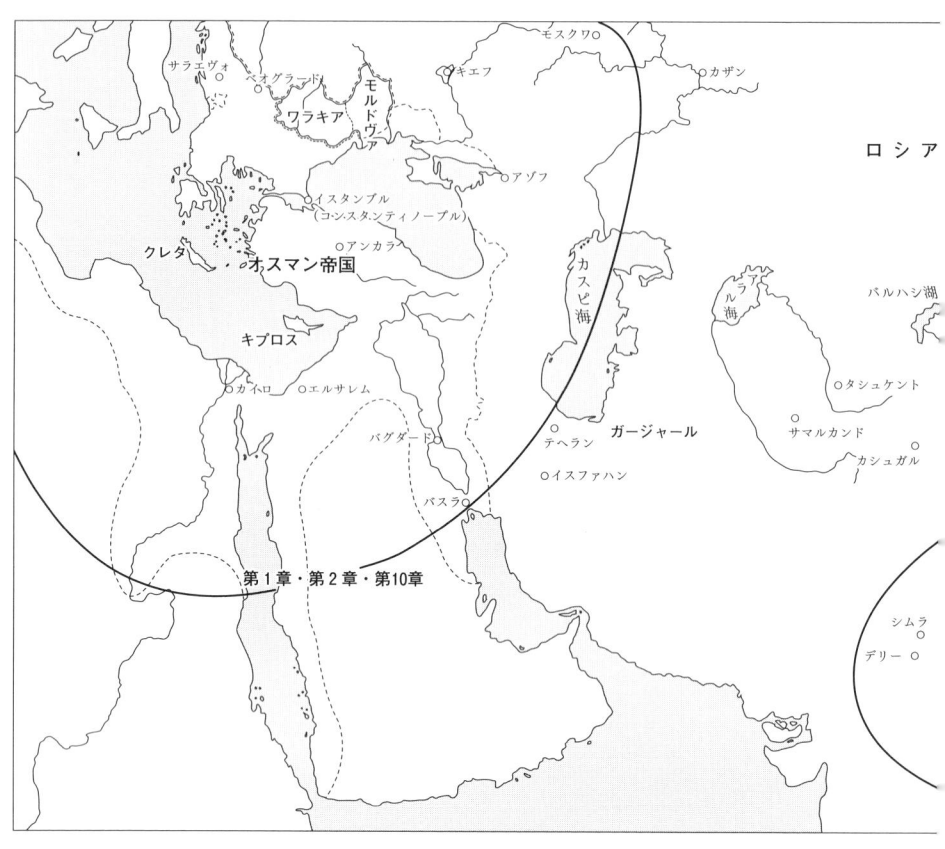

地図1

注）チベットについて，①カム一帯の境界線はシムラ会議で提議されたもの（アムド一帯の境界線は割愛），②インドとの国

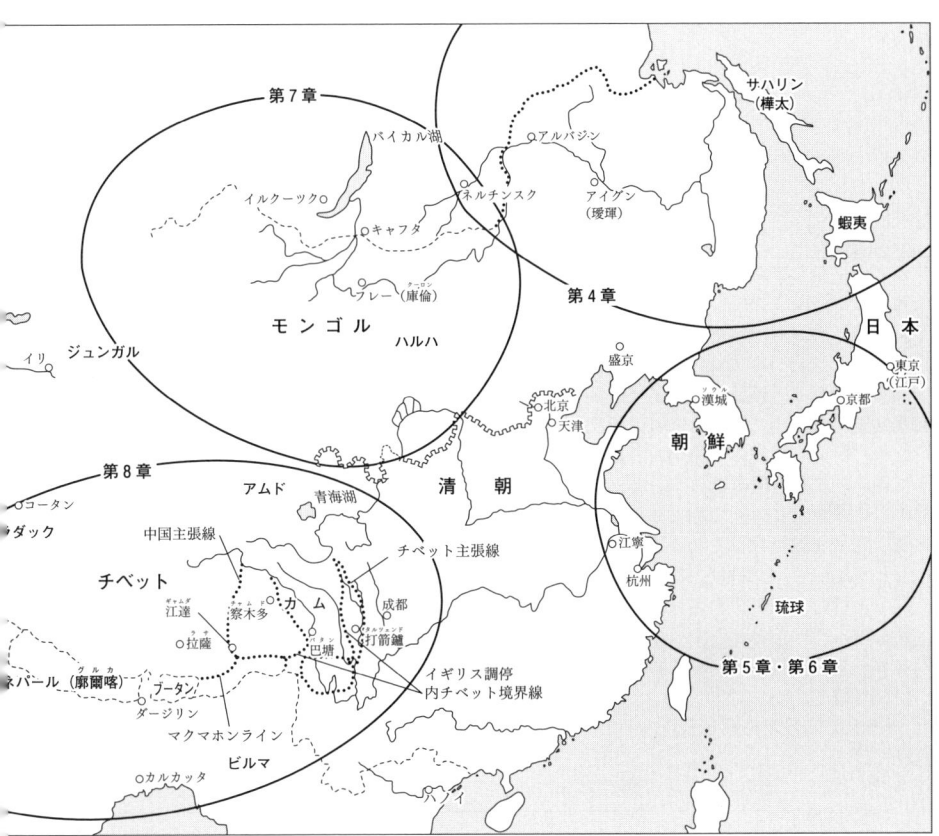

東アジア
※は中英双方の主張を併記。

凡　例

1. とくにことわらないかぎり，（　）は筆者による説明，注記，もしくは原用語の提示であり，引用文中の〔　〕は引用者による挿入，補足，……は省略，【　】は割註であることを示す。
2. オスマン語・アラビア語・チベット語は，原則としてラテン文字に転写して引用する。なお，オスマン語の転写は現代トルコ語の正書法に，アラビア語の転写はアメリカ議会図書館ALA-LC のローマ字化表に従った。
3. ギリシア語については，原則として現行の民衆語表記を用いる。ただし，純正語史料の引用にあたっては，気息・強勢記号を保持する。
4. 漢文史料の引用にあたっては，原文の趣を残す，あるいは校合の必要から原用の漢語を残すため，白文・訓読体を用いたところがある。その場合には，原則として正字・正かなづかいに従い，読解の便のため，適宜ふりがなや注記を加えた。
5. 年月日は本文では，原則として西暦で記し，必要に応じて適宜，旧暦などを（　）で注記する。註・文献目録はそのかぎりではない。とくにヒジュラ暦は h，オスマンの財務暦は r を付して，（　）で西暦を注記した。
6. 註であげた文献・史料名は，一見してそれとわかるような略称にとどめ，編著者名，書名，刊行地，刊行年などのすべてを必ずしも記さない。書誌の詳細は，文献目録を参照されたい。
7. なお一部の文献に関わる名称には，以下のような略称を用いる。
    【日本語】
    　　『外文』：『日本外交文書』
    【中文】
    　　「外交檔案」：「中華民國外交檔案」
    【ラテン文字】
    　　BOA : Turkey. Başbakanlık Osmanlı Arşivi.
    　　BQ : *The Boundary Question between China and Tibet.*
    　　FO : Great Britain, Foreign Office Archives.
    　　IOR : Great Britain, India Office Records.
    　　MMZC : Meclis-i Mebusan Zabıt Ceridesi.
    　　TV : *Takvim-i Vekayi.*
    　　USDS : United States, Department of State, General Records of Department of State, Diplomatic Despatches, China.
    【キリル文字・ロシア語】
    　　ВПР : *Внешняя политика Россiи XIX и начала XX века.*
    　　ПСЗРИ : *Полное собранiе законовъ россiйской имперiй, собранiе первое.*
    　　СДДМВ : *Сборникъ дипломатическихъ документовъ по Монгольскому вопросу.*
    【キリル文字・モンゴル語】
    　　МУҮТА : Монгол Улсын Үндэсний Төв Архив.

導　論
世界史と宗主権

　　　　　　　　　　　　　　　　　　　　　　　　岡　本　隆　司

世界の現状と国民国家

　紛争の絶えない現代世界。ここ数年，頻発する中東・アフリカなど，思いつくまま数えるだけでも，すぐ五指に余るほどである。尖閣などの問題をもつ日本・東アジアも，もちろん例外ではない。いずれも各国が国民国家として，対内的対外的にひずみ・矛盾を抱え，それが顕在化した姿なのだといえよう。

　すなわち世界の多くは，十全たる国民国家になりきっていない。あるいは，国民国家という存在そのものに，構造的な問題があるというべきだろうか。いずれにせよ，こうした不完全な国民国家の，あるいは，それを生み出した近代の限界・超克が叫ばれて久しい。にもかかわらず，なおその桎梏を脱却できず，紛争がやまないのが，現状なのである。

　原因はもとより，複雑多端である。しかしその根柢に存する一因として，近代・国民国家をわれわれ自身が知りつくしていない，という事態をあげられないだろうか。

　もちろん近現代の国民国家・国際関係は，社会科学で最も重要な題目・専攻のひとつであって，おびただしい知見・研究が存在する。門外漢がそこに異論・疑問をさしはさむ余地は，もはや絶無だといって過言ではない。それでも，ひとつだけ指摘できるとすれば，それらがほぼ例外なく，国民国家をア・プリオリに，国民国家およびその集合体たる国際社会という枠組のなかで扱っていることだろう。

　「国民国家」という概念があるのは，当然のことながら，国民国家ではない，

別の形態の国家・政体・秩序が存在したからである。国民国家しか存在しなければ，それをとくに「国民国家 nation」と命名[1]，区別して認知するにはおよぶまい。だとすれば，国民国家なるものを知るには，別型の国家のありようをさぐり，それとの関係や対比をみることも必要となるはずである。しかしそうした試みは，どこまで自覚的になされているだろうか。

概念の考察と本書の位置

いうまでもなく，国民国家は 18・19 世紀の西欧で成立し，当時はそこにしかなかったものである。そしていまや世界に，国民国家という形態以外の国家は，ほぼ存在しない。かつて世界に存在したあらゆる別型の国家は，その間に淘汰されてしまい，国民国家に置き換わった。それなら，上のような課題にとりくむには，国民国家の世界拡大過程をつぶさに見ればよいことになる。

「民族」や「帝国」の成り立ちを，古今東西にわたって追究した研究が，たとえばそうした試みにあたるだろうか。それぞれ冷戦構造崩潰以後の世界情勢を背景としたもので，1990 年代より劇化した民族・宗教の対立，2000 年代にあらためてクローズ・アップされた「帝国」の存在など，すぐれてアクチュアルな課題を学問的にとらえなおし，その歴史的な起源や推移を明らかにした[2]。それが同時に，国民国家を相対化し，その深い理解に資したこともまちがいない。

しかしそれで十分ではない。留意しなければならないのは，「国民国家」はいわずもがな，「民族」も「帝国」も西欧近代の概念だ，ということである。この三者にとどまらず，現在のあらゆる学問上の概念は，ほとんど例外なく西欧近代，つまり国民国家が世界を制覇する過程でできあがった。そのため国民国家に非ざる国家をみるにも，絶えず西欧中心主義・国民国家所産の概念的バイアスがかかってしまう。現在の学問が近代の産物である以上，それは好むと好まざるとにか

---

1) 「国民国家」という術語は，国際関係論では通例，nation-state という学術概念の翻訳語である。しかしここでは，ほかならぬ nation だけで，統治する「国家」と統治される「国民」とを同時に指しうる現象を重視したい。逆に漢語では「国民」だけでも「国家」だけでも，nation という概念を十分にはいいあらわせないところに，たとえば本書がとりあげる歴史的な翻訳概念の問題が存する。
2) 日本語の代表的な研究をそれぞれひとつだけあげておく。ほかの，たとえば外国語のものも，そこから容易にアクセスできるだろう。蓮實重彦・山内昌之編『いま，なぜ民族か』，山本有造編『帝国の研究』。

かわらず，不可避の宿命であり，上に言及した研究も，それを免れてはいない。

「帝国」論のある種の混乱，ないしは「帝国」論が解決しようしている概念の混乱情況は，その典型である。ローマ帝国・モンゴル帝国など，国民国家に先行する広域の国家が「帝国」であれば，イギリス帝国・帝国日本など，植民地を領有して拡大膨脹した国民国家も「帝国」であり，アメリカや中国など，最近の超大型で多民族の国民国家も「帝国」であって，こう並べてみると，すこぶるややこしい。

それぞれに正当な命名の事情・理由があることは納得できるし，調査・分析に致命的な支障をきたしているわけではないことも確かである。しかし厳密な定義と考察がなお行きとどいていないのも，またまちがいあるまい。術語概念の起源・変容にたちかえりながら，歴史的にその用例・動態を跡づける手続を，必ずしも践んでこなかったからである。

本書はそうした研究の現状に鑑み，世界史を描きなおしてみようとする試みである。国家やその相互関係にまつわる西欧製の概念をア・プリオリな操作概念・史料術語とはせずに，その形成過程からまるごと歴史研究の対象にして，東西を架橋する可能性をつきつめてみたい。

その具体的な内容に入る前に，本書の考察を通じて到達した，概括的な世界史像をあらかじめ示しておいたほうが便利だろう。そうした歴史像を結ばせる重要なポイントに本書の各章が位置しており，その意義が摑みやすくなるからである。

世界史と東西の普遍性

「世界史」の由来がモンゴルにあるという命題は，とりわけモンゴル時代史の研究者により説かれて，すでに久しい[3]。歴史事実としていわゆるモンゴル帝国，「大モンゴル(イェケ)」が 13 世紀にユーラシア全域を統合したのにくわえ，むしろそれ以上に重視すべきは，以後の世界も，つねに各地があい連関して統合への志向をもちつづけた，という推移である[4]。

---

3) たとえば，岡田英弘『世界史の誕生』，杉山正明『大モンゴルの世界』を参照。
4) 社会経済史に重点を置いて，その概略を展望したものとして，杉山正明・岡本隆司「世界のなかでの中国史」を参照。本書はその方面に立ち入ることができないので，少し補足しておく。広域統合や「帝国」論を考えるうえで，経済関係に着眼するのは，後述のホブソンやレーニンをはじめ，むしろ当然の思考様式というべきかもしれない。その立場からの

大モンゴル崩潰後の世界情勢を，しばしば「ポスト・モンゴル」と称するのは，モンゴルが依然そこで大きな役割を果たしたからである。ユーラシア各地の後継政権は，大多数がチンギス・ハン以来の血統と伝統を尊重し，そのためにモンゴル的要素をそなえていた。

　なお各地の歴史研究が不均質にしかすすんでいない現段階で，そんなモンゴル的要素の性格と機能を総体として，個別具体的に精確に論じきるのは難しい。けれどもまちがいなくいえるのは，それが各地の集団が広汎に共有しうる一種の普遍性をなしていたことである。ひいては，軍事的政治的な広域統合の中核を提供する機能を有した。

　もっとも大モンゴルの時代から，モンゴル的な普遍性は，すでに均質ではない。ごく大別しても，ほぼパミールを境にその東と西で，いちじるしく異なっていた。ここにまず「東西アジア」を分かつ根拠が存する。

　西方のモンゴルはイスラームと習合，混淆して一体となった。アラブ人のもとに発したイスラームも，広域の統合をもたらした普遍性にほかならない。その起源からして，モンゴルとは別個の普遍性だったイスラームは，しかしながら大モンゴル以降，とりわけペルシア系・テュルク系の人々のもとで，ペルシア語を共通語として，ひとつの「ペルシア語文化圏」をなした。したがって「ポスト・モンゴル」の西方では，モンゴルとイスラームとをまったく別の普遍性として辨別することは難しい[5]。

　　　研究は，ウォーラーステインやフランクから最近のいわゆる「グローバル・ヒストリー」にいたるまで，世界的におびただしくあり，またそのほとんどがいずれも，西欧近代のイギリス「帝国」を考察の主軸にすえることで共通する。しかしそれが欧米中心主義の偏向をまぬかれていないことは，杉山・岡本前掲論文が指摘したつもりだが，現在まで日本の学界をふくめ，ほぼ顧慮されていない。

　　　経済の文脈で「普遍性」と「世界史」を考えるには，少なくともまず，アジア各地の社会構造を全体として細密に解明したうえで，それと「世界経済」との関係を明らかにする必要がある。おそらく最もデータが豊かで，基礎研究も進んでいる中国ですら，ようやくデッサンのできる段階でしかない。ほかのアジア地域が，かなり個別研究のすすんできたオスマンもふくめ，いっそういまだしなのは，いわずもがなだろう。そうした事情を閑却し，一方的に理論化，概念化しているのが，これまでの「世界経済史」「アジア経済史」「グローバル・ヒストリー」なのである。そうした思考様式が，「グローバリゼーション」「近代経済学」など，知の画一化・単純化を助長していることも，またいうまでもあるまい。中国に即して，以上をあらためて明示したものとして，岡本隆司『近代中国史』，同編『中国経済史』を参照。

西方にはさらにいまひとつ，普遍性が存在した。ローマである。一般に「ローマ」といえば，「ギリシア・ローマ」の古典・ローマ法などを想起し，ルネサンス・啓蒙主義を通じて近代西欧が独占的に復興，継承したものとみなしがちだが，それがすでに抜きがたい西欧中心主義に毒された理解にほかならない。実際には，かつて広域統合を実現したローマ帝国，「永遠の都」ローマ／新ローマという記憶・表象は，西ローマの後継者たる西欧，ローマ帝国の正統たる東欧，そして東ローマ旧領の多くを支配下に置いたアラブ・イスラーム圏にそれぞれの形で継承，共有され[6]，各地で軍事的政治的な支配の正統性を付与する機能を有していたのである。つまり大別すれば，西欧のカトリック的ローマ，東欧の正教的ローマ，西アジアのイスラーム的ローマの像が対峙した。そのうちモンゴルと習合したのは，主として第三者にあたる[7]。

---

5)「ペルシア語文化圏」のひろがりについては，森本一夫編『ペルシア語が結んだ世界』を参照。
6) 藤波伸嘉「オスマンとローマ」。
　　ローマという普遍性のありようは，「ポスト・モンゴル」時代のモンゴル的普遍性と対比すれば，わかりやすいかもしれない。モンゴル的な正統性の所在や表象は，東西各地の事情に応じて，それぞれに継承された。チンギス裔の嫡流・大ハーンの位が 大元国（ダイオン・ウルス）から 大清国（ダイチン・グルン）にいたる東方にあったのは事実である。だがそれは決して，西方のペルシア的，テュルク的，あるいはスラヴ的なモンゴル解釈を妨げなかったし，劣位に置くものでもなかった。同様のことが，ローマについてもいえる。ローマの正統は一貫して，新ローマ＝コンスタンティノープルに坐する歴代皇帝にあった。しかし「蛮族」の地のカトリック的なローマ表象も，あるいは東ローマと対立したアラブ・イスラーム的なローマ表象も，いずれもローマの記憶を受け継いだ点で，正統の皇帝と選ぶところはない。また，チンギスの法（ジャサク／ヤサ）が各地でイスラーム法やスラヴの慣習法と習合しつつ，正統性を保ったのと同じく，ローマ法もゲルマンやスラヴ，アラブの慣習と習合しつつ，キリスト教会の法やイスラーム法にとりこまれる形で，その正統性を保持した。
　　もとより，普遍性のしくみでは，ローマとモンゴルは大いに異なる。前者では古代ギリシア哲学の威信がきわめて高いのに対し，後者ではそれに相当する知的遺産は見いだしがたい。また前者では，血統は基本的に重要でなかったのに対し，後者においてチンギス裔がもつ意義は，ほとんど決定的である。セム的一神教のコスモロジーが偏差をともないつつも，在地の諸宗教に共有された前者に対し，後者はチベット仏教とイスラームという，ほとんど共通性のない二つの世界宗教に分割された。
　　以上に関わる本導論の「ローマ」「普遍性」の論述については，藤波伸嘉氏の示教に多くを負っている。記して謝意を表す。
7) もちろん，ヨーロッパがまったく「ポスト・モンゴル」というユーラシア規模の動向と無縁だったわけではない。最も濃厚にモンゴルの影響を受けたロシアはもとより，西欧でさえそうである。これについては，さしあたり小澤實「モンゴル帝国期以降のヨーロッパと

以上が西方のごくおおまかな普遍性の構造である。それに対し，東方はどうか。東方のモンゴルは周知のとおり，チベット仏教と習合して一体化をはたした。ここまでは，西方のイスラームと類似するとみてよい。しかし，ほかが大いに違っている。

　まず，隣接する漢語儒教圏とはまったく融合せず，対峙した。大モンゴルから離脱した明朝は，あえて自らのモンゴル的な要素を排除払拭し，朱子学・華夷秩序を体制イデオロギーとして，周囲にも臣従を要求したからである。朝鮮や琉球など，それに応じた国もあるものの，必ずしも多数をしめたわけではない。漢語儒教はこうした点，たとえば広く共有された西方のローマとは異なる。西北のモンゴル・チベット圏と東南の漢語圏，両者あい譲らざること，およそ300年。二つの普遍性は一体化せず，並存対立する形となって，住民の属性も地理的に判然と分かたれた。

　いまひとつ西方と異なるのは，ローマそのものの位置づけにある。当然のことのようだが，東方におけるローマという普遍性の共有は，きわめて希薄，微弱だった。とりわけ15世紀以降の漢語圏では，朱子学・華夷意識が圧倒的に優勢で，西方起源のイスラーム信仰にせよ，ローマ表象にせよ，浸透の余地はごく限られたものにすぎない。存在は絶無でないにしても，秩序形成におよぼすパワーにはなり得なかった。

　こうした情況は，モンゴル以前の東方とはかけ離れて変わっていた。往時はムスリムはじめ，西方の影響が濃厚だったからである。また西方の情況とも，好一対をなしている。西方では古来より中国からの文物伝播があり，「ポスト・モンゴル」時期もシノワズリが起こりながら，漢語・儒教の認知はけっきょくシノロジーの域を出なかったからである。

普遍性の重層――オスマン帝国と清朝

　以上を前提にしてはじめて，「ポスト・モンゴル」の東西アジアで最大の広域統合を実現したオスマン帝国と清朝の秩序構造を語ることが，可能となる。

　オスマン帝国はスルタンやカリフとしてムスリムの頂点にあり，兼ねて大ハー

　　ユーラシア世界との交渉」を参照。

ンやパーディシャーを称して，西方のペルシア＝モンゴルの王権を身にまとったばかりではない。東ローマ帝国の後継者として，ローマ表象を体現する存在でもあった。やや具体的にいえば，モンゴルと一体化したイスラーム的ローマが，バルカン以東の正教的ローマを併せて一体となった，というあり方にほかならない。オスマンとは，モンゴル＋イスラーム＋ローマという普遍性の重層体だった。なればこそ，あれだけ広大な版図を実現しえたのである。

　それに対し，東方の清朝を同じように表現すれば，モンゴル＋チベット仏教＋漢語儒教という普遍性の重層体だということになる。具体的にいえば，チベット仏教と一体化したモンゴルの王権を担ったマンジュ（満洲）の大ハーンが，兼ねて漢語圏にも中華皇帝として君臨した，というあり方にほかならない。

　オスマン帝国と清朝は，それぞれ在来の普遍性を集大成したことで，西アジア・東アジア全体をおおう広域の大統合を実現したわけである。ただし両者は普遍性の重層体という様態は同じだといえても，各々の重層の具体的な構造では，決して同一でなかった。

　オスマンの場合，「重層」とは習合・混淆である。オスマン君主はムスリム臣民にはスルタン，正教徒臣民にはローマ皇帝と，個別にその普遍性を使い分けていたわけではない。いずれに対しても，スルタンでありハーンでありローマ皇帝であった。

　これにはいくつかの要因が重なっている。イスラームが法制度上，異教徒を包含するものだったため，キリスト教徒を統治するにあたっても，必ずしも別個の属性を必要とはせず，たんにイスラーム君主が異教徒の臣民を支配することで，ひとまず十分だった。また，種々の臣民が属性ごとにまとまって居住していたわけではなく，地理的には混住がほぼ常態だったため，普遍性を個別に使い分ける統治方式は採りづらかったのである。

　それと同時に，君主に最後まで大ハーンの像が投影されつづけたオスマン帝国では，チンギス家とオスマン家との血縁・同族関係すらしばしば想定され，オスマン帝室が万一断絶したさいには，クリム・ハーンがそれを継ぐべきだという発想すら広まっていた。実際，正統なチンギス裔たるクリム・ハーンの格式は，オスマン帝国において一貫して高く，臣下ならぬ一種の客分の扱いを受ける存在であった[8]。このようにオスマンでは，イスラームと一体化したモンゴルの正統性

も浸透していた。

　もちろんこうした普遍性の重層が，600年以上の長きにわたるオスマン史を通じて，一定不変の形で存在したわけではない。どの普遍性に重きを置くか，その比重は当然に変遷した。普遍性を体現した統治者の側が，そのことをどれだけ意識，自覚して行動したかも，やはり別に考えるべき問題である。

　統治を受ける臣民の側からすれば，オスマン君主のこうした複合的な属性のどこに重点を置いて自らの被支配状態を納得するかは，おそらくそれぞれに温度差があっただろう。正教徒なら，イスラーム時代のローマ皇帝という感覚が強かったと思しい。帝都のムスリムからすれば，イスラームのスルタン・カリフの像を見，東部の遊牧民などからすれば，イスラーム時代のテュルク・モンゴル的君主の側面を強く感じていたのではなかろうか。

　これに対し，東アジアの清朝は，個別異質な普遍性を使い分けつつ，結びつけたものであって，オスマンのような習合・混淆ではなかった。清朝は長城以北・甘粛四川以西には，チベット仏教と一体化したモンゴル起源の遊牧的伝統で君臨しており，そこには儒教はもとより，漢語も混入していない。

　長城以南の漢語圏は，ちょうどその逆である。明朝的な儒教・華夷秩序をそっくり温存して，中国伝統の君主独裁制で内外の統治を行った。使用言語ももちろん漢語である。

　統治の原理・言語そのものを，東アジアの西北と東南とで明示的に使い分け，それらを一身の君主が兼ねることで接合したというのが，西アジアとは異なる清朝の「普遍性の重層」だった。東・西それぞれ西洋に対し，相違して発現した複合的な君主称号が，こうした重層のありようのちがいを端的にあらわしている（本書補論）。

8）クリミアは歴史的にみれば，西方からのローマ・東方からのモンゴルという二つの普遍性が交わるところであった。後者はクリム・ハーン国の存在で明らかだろう。前者については，クリミア半島は先史以来のギリシア系植民都市の地であり，本書第10章にもみるように，正教徒の経済的活動の舞台ともなっていた。それを受けて，エカチェリーナ二世がいわゆる「ギリシア計画」にもとづき，クリミアを併合し，新ローマ＝コンスタンティノープル征服の橋頭堡とした。これがロシア帝国の南下膨脹とオスマン帝権の普遍性解体の発端となったのは，いうまでもあるまい。クリミアはオスマンにとってはモンゴルという東方，ロシアにとってはローマという西方が切り結ぶ位置を占めており，それぞれ帝国として広域支配を実現するに不可欠の要をなしていたのである。

なればこそ，清朝政権は漢語圏の内部で，漢人を尊崇し，満洲・モンゴル・チベットを貶める明朝的な華夷思想の内容を糾弾，修正しなくてはならなかった。たとえばいわゆる「文字の獄」は，それにともなって起こった事件であり，清朝が普遍性をうまく「重層」させるには，不可避だったともいえよう。

西欧近代の意味

ところがこの東西アジアで，普遍性を重層させた二つの広域秩序に帰属しなかった地域・世界がある。それぞれ，さらに東・西のはてに位置する日本と西欧である[9]。史的な順序として，まず後者をくわしくみてみよう。

西欧の起源は周知のとおり，シャルルマーニュの西ローマ帝国復興とカトリックの自立にある。ローマ性をもつという点では，東欧・西アジア，ひいてはオスマンと共通していた。だが共通するのは，そこまでである。シャルルマーニュ帝国＝カトリック教圏という狭小な範囲のなかで，王侯・教会が分立してあい争うのが，いわゆる西洋史の展開だった。

やがて十字軍・ルネサンス・宗教改革を経た西欧は，主権国家体系を生み出す。「ウェストファリア・システム」ともよばれるこの制度は，そもそもカトリック世界の内部で，西ローマ帝権に由来する王侯の相互関係を定めてきた有職故実を改編したものにほかならない。それはプロテスタントの登場によって，教会ないし各宗派のそなえる「宗教」の現世的権能に，世俗の王権が優越したことにともなう事態だった。主権国家体系とは要するに，西欧というローカルな次元における君主間関係の規範なのである。君主も主権も sovereignty で，選ぶところはない[10]。

ルイ十四世も公言したように，君主が国家だった時代[11]にできたこの体制は，

---

9) この事象をつとに日本の立場・「文明」という観点から整理したものに，梅棹忠夫『文明の生態史観』，川勝平太『文明の海洋史観』がある。
10) 最近の参照すべき論著として，篠田英朗『「国家主権」という思想』，山影進編著『主権国家体系の生成』のみあげておく。
11) これに関連して，近年力を得ているのは，ヨーロッパ「近世」の国家・政体を「礫岩国家（conglomerate state）」「複合君主制（composite monarchy）」などの操作概念でとらえようとする試みである。ここでその内容・当否を論じる紙幅も資格もないけれども，ユーラシアにおける本書のいわゆる「普遍性の重層体」をこれにあてはめて理解しようとする志向には，注意が必要である。「礫岩国家」「複合君主制」が指す実体は，あくまで西欧という狭

19世紀の強大化した国民国家の時代になって廃れるどころか，いっそう洗煉されてきた。西欧キリスト教世界のみのそうした規範を，自惚にローマ的な「文明（civilisation）」と定義しつつ，普遍的に尊重遵守すべき法制としたものが，ローマ由来の"droit des gens（諸人民の法）"，すなわち「国際法」であり，それに即したパフォーマンスを diplomatie（外交）と称する。ごく狭小な範囲でしか通用しなかったはずのそうした観念・法制・行動様式が，西欧の圧倒的武力を通じ，グローバルに拡大してゆくのが，近代という時代だった。

　われわれはそんな拡大を「帝国主義（imperialism）」とよぶ。「帝国（empire）」という語彙は，かつてローマの命令権・帝権が及んだ広域 imperium に由来するから，帝国主義はもともとの語義でいえば，「ローマ＝西欧」の「文明」をいまだそれが及ばない広大な地域に画一的強制的にひろめることにほかならない。ところが，ホブソンやレーニンがそれを資本主義と結びつけて説明して以来，画一・強制の側面が強調され，本来それと不可分だったはずのローマ性は，おおむね忘れ去られている，といってよい。

　そこで問題になるのが，隣接する普遍性の重層体・オスマン帝国との関係である。イスラームは西洋にとって，十字軍の時代からつとに不倶戴天の敵だった。そして東ローマ帝国のローマ性すら認めずに「ギリシア」「ビザンツ」と呼ぶ西欧人は，ローマを自らに固有の伝統と想定した。かくて西欧近代のオスマンに対する態度は，自ずから決まってくる。

　西欧の「文明」＝主権国家体系は一元的な普遍性であって，しかも厳密にいえば，オスマンが体現した重層する普遍性のなかに，存在しないものだった。にもかかわらず，ローマ性を有する点において，両者共通していたがために，真のローマを自負し，かつ専有しようとする西欧列強は，オスマンのもつローマ性を剥奪せねばならない。その意味でも，西欧近代の拡大が，オスマンに対する「帝国主義」的侵略をともなうのは必然だった。

　もっとも，それが現実となる具体的なプロセスは，いささか複雑である。東ローマの滅亡後，長らくオスマンとの対峙の最前線にあったのは，神聖ローマ皇帝

小な範囲内の事象であって，それとは基層の社会構成・上層の権力構造を異にするアジア地域にそのまま援用しては，前註4で既述した西洋中心主義とほとんど同断，その前轍を踏むことにもなりかねない。

のハプスブルク家だった。「ローマ＝西欧」という自意識の確立は，この対峙にあずかるところ大である[12]。ところがこの両者の勢力が拮抗するなか，18世紀に入って急速な勢力伸長をとげ，オスマンとローマ性を争うまでに至ったのは，東北に隣接するロシアである。

そこで，正教的ローマの担い手を争奪し，ロシアが優位に立った結果，正教地域たる東欧がオスマンから分離をはじめる，という事態が生じた。ワラキア・モルドヴァ問題がその嚆矢にして典型である（本書第1章）。

そうした動きのなかで，西欧ローマ由来の主権国家体系が介在し，やがて西欧列強じしんも積極的に，正教的ローマの東欧に介入するようになる。それと同時に，オスマンを「イスラーム」国家へ，さらには「トルコ」国家へ純化せしめた，いいかえれば非ローマ化，非「文明」化，「アジア」化していったのが，西洋近代からみた，いわゆる「東方問題」という事象であった（本書第2章）。

こうしたイスラーム的ローマの否定プロセスは，バルカン諸民族の視座からすれば，ローマ性を剥奪された「トルコ」に対し，自らがローマ＝ビザンツの後継者としてその故地を奪還すべく，各々の民族史学の文脈で自民族の表象を打ち立てる営為とも並行した（本書第10章）[13]。このようななか，オスマン君主と分離してゆく各地の政権との関係を法制的に表現すべくうまれた秩序概念が，「宗主権」である。

そもそもsuzeraintyとは，ヨーロッパ中世の君臣関係のひとつをあらわす術語だが，そのような関係の実体はウェストファリア以後の西欧には，ほぼ存在していない。要するに，当時の西欧にとっては過去のイメージだけの，リアリティのない語彙であって，逆にいえば，それゆえに不可解なオスマンの統属関係をいいあらわし，かつ主権国家の関係に転化させうる方便として使うことができた。したがってその特徴としては，普遍性の重層体と主権国家体系とがあい争い，両者を折り合わせる局面で使用され，確乎とした定義の存在しない，曖昧性，恣意性

---

[12] この点につき，さしあたり日本語で平易に読めるものとして，新井政美『オスマンvsヨーロッパ』を参照。
[13] こうした過程は，かたやムスリムのオスマン人のあいだにも，剥奪されつつある「ローマ性」に代わる普遍性の設定を求めた。「真の」イスラームへの回帰現象としてのワッハーブや「サラフィー主義」，中央アジアの「故地」への遡行をはかる汎トルコ主義などが，それに相当しよう。

に富む概念だということになる。

東方への展開

　西アジアにやや遅れて，西欧の主権国家体系，およびそれとオスマンとの間でできた秩序関係は，東アジアにも波及した。そして清朝という普遍性の重層体と邂逅する。

　東西のあいだに横たわるのは，ロシア帝国である。しかしそのロシアが，東方で重層する普遍性を直接に争ったわけではない。

　ロシアの東西膨脹は，西方モンゴルの故地を再統一したにひとしい。クリム・ハーン国を介したオスマンとの二国間関係，清朝とのモンゴル的な関係構築など，東西アジアで「ポスト・モンゴル」のありようを濃厚に示したばかりでなく，ペルシア＝モンゴルの伝統をうけつぐ中央アジアをも併呑した。イギリスとくりひろげた「グレート・ゲーム」も，その意味で客観的には，モンゴル的普遍性を争奪し，消滅せしめてゆく過程とみなすこともできる。チャガタイ＝トルコ語圏を支配したロシアと，ティムール＝ムガルの後継者たる英領インドとの争いだったからである[14]。

　しかしロシア自身，そうした普遍性をどれだけ意識，自覚して行動したかは，また別の問題である。東方に関していえば，18世紀まで，モンゴルの正統を清朝と争ったのは，ジュンガルであって，ロシアではない。また19世紀におけるロシアの東方拡大も，モンゴルを奪還専有するという主観的意図・客観的性格は，最後までなかった。モンゴルだけではない。ローマ性も西欧の主権国家体系も争点にならなかった。むしろロシアの膨脹を東方じしんがどう受けとめたかのほうが，以後の歴史の展開には重要である（本書第4章）。

　西アジアでできた西欧主導の秩序関係を東にもたらしたのは，ロシア以外の欧米列強である。もっとも，西洋人の立場からすれば，東アジアは西アジアとはまったく異なる存在である。近くてよく見えるオスマンの普遍性のうち，イスラー

---

[14] そのなかで，ペルシア＝モンゴルの普遍性を剝奪され，否応なく国民国家に矮小化されていったのが，ガージャール朝イランである。そのひとつの契機が，ローリンソンの楔形文字解読という西欧の近代科学にあった，ということは，何とも象徴的であろう。守川知子「ロマンスからヒストリアへ」，同「「イラン史」の誕生」を参照。

ムは敵，ローマは自分のものだったから，利害関心も深く，抜き差しならない関係とならざるをえなかった。そして，そこでできあがった関係のモデルが，東アジアに重層するいっそう不可解な普遍性とせめぎあうことになる。

　主権国家体系を奉ずる列強は，海上から東アジアと接した。換言すれば，東方の重層する普遍性のうち，まず漢語圏と対峙したのである。その影響は，二面あった。

　ひとつは西洋の影響が，まず東南の漢語圏に浸透した，という事実である。清朝内でその漢語圏と西北のモンゴル・チベット圏とが，明示的に分離していたから，西洋がモンゴル・チベットへ本格的に波及したのは，かなり遅れて，しかも漢語を経由してのことだった。またそれが地政学的な位置から，英露の「グレート・ゲーム」とも密接に関連しつつ，推移していかざるをえなかった過程もみのがせない。

　いまひとつ，東アジアは極東であって，いかにも西洋からは遠い。しかも専有すべきローマも，敵対すべきイスラームも，そこにはなかった。漢語・儒教は西洋人にとって，いわば関係疎遠な他者で，イスラームや仏教よりはるかに理解の困難なものだった。これは19世紀当時ばかりか，いまもそうであろう。このちがいはきわめて重要であり，東西アジアの異なる命運はそこで，半ばは決まったと述べては言い過ぎだろうか。

　したがって，西洋人は清朝・東方に対し，はなはだ浅薄な理解，もっといえば，誤解の多いままに関係をとり結び，深めていった。むしろそうした誤解が西洋の卓越した軍事力・圧力とあいまって，歴史を動かしたのである。

　その具体例がsuzerainty（宗主権）の頻用にほかならない。そもそも曖昧性・恣意性に富むこの概念は，漢語圏で儒教的な儀礼・名分・序列が律する中華と外夷との関係を，西洋列強が自らの主権国家体系と「文明」への「進歩」度で差別する世界観で理解するのに，かえって好都合だった。その理解とはもちろん，多分に誤解をふくむものにほかならず，そこから漢語圏の変貌がはじまる。

　その典型が国際法の漢訳『萬國公法』の刊行であり（本書第3章），それにもとづいて日本の近代化，そこから誕生した近代日本漢語の中国化がつづいた。そうした一連の過程が東アジアにおける普遍性を再編し，その重層を解体，否定する原動力となる。

近代日本と漢語圏の変貌

　そこで重要なのが，日本の位置と役割である。日本は確かに文字言語的には，漢語圏の一部をなすけれども，清朝が体現した普遍性の重層体には，帰属していない。日常の生活から集団の組織，対外的な関係にいたるまで，儒教・朱子学を政治・社会のイデオロギーとしたこともなければ，華夷秩序にも組み込まれなかった。もちろんモンゴル的な伝統を尊重する遊牧とは無縁だし，チベット仏教も信奉していない。ただ漢語圏と経済的・文化的な交流を続けてきただけである。

　その意味では，むしろ東アジアに進出した西洋列強の位置に近い。明治維新を通じ，アジアでいちはやく近代化をすすめたから，日本はなおさら西洋と近似した。いわゆる近代化とは，「富国強兵」と政体の変革，いいかえれば，西欧の軍事力と主権国家体系を自家薬籠中にしようとする試みにほかならない。日本はそれに成功しつつ，東アジアの漢語圏と対峙した。それが近代日本の「外交」概念の到達した姿である（本書第5章）。

　西洋に近似しながらも，儒教圏と同じ漢語を使用する。この日本の特性は，東アジアの在来秩序・普遍性の再編をうながすにあたって，重大な条件を提供した。身につけた西洋の主権国家体系を漢語で翻訳表現し，それを隣接する漢語圏に適用したことで，その在来秩序を言語・観念のレヴェルから改編していった[15]。「宗主権」という漢語概念も，日清戦争を一大転機とする「日本外交」の過程でできあがったものなのである（本書第6章）。

　それは中国で「領土」「主権」という漢語概念が成立する事態とも表裏一体をなす（本書第9章）[16]。時を同じくして，日本漢語の「文明」が西洋の主権国家体

---

[15] 日本漢語と中国・東アジアの関係については，日本語学はじめ，さまざまな分野から，数多くの個別研究がすでになされており，その対象も政治外交に限ったものではない。歴史学・中国近代史の分野でいうなら，たとえば，狭間直樹編『共同研究 梁啓超』，石川禎浩編『国際ワークショップ「近代中国における翻訳概念の展開」』，石川禎浩・狭間直樹編『近代東アジアにおける翻訳概念の展開』がある。

[16] 東方の漢語圏で，emperor（ローマ皇帝）の漢訳語でありながら，ローマとおよそ共通性のない「皇帝」，empire（ローマ帝国）の漢訳語でありながら，ローマ性をまったく含有しない「帝国」などの概念ができ，「大日本帝国」「大韓帝国」のように濫用され，華夷秩序の否定に用いられてゆくのも，同じ時期・過程においてである。それが前述した「帝国」論混乱のひとつの出発点でもある。この点については，補論で少し言及するほかに，たとえば吉村忠典『古代ローマ帝国の研究』を参照。

系を示す概念となり，従前の「中華」を頂点とする漢語圏の秩序モデルに取って代わった[17]。そんな「文明」の主導権をめぐる争いが，20世紀以降の日中関係の本質をなし，おそらくいまも続いている。

　以上が東方の漢語圏という普遍性の変貌である。だがそれは，その範囲にとどまっていない。厖大な人口を有し，西洋の軍事力と主権国家体系を摂取して，強大化した漢語圏は，その国民国家・主権国家を至上の価値として，もはや東方における異質な普遍性の重層をゆるさなかった。あたかも西洋がオスマンの普遍性の重層を許さなかったのと同様である。なればこそ，オスマンは西洋のみならず，東アジアでも非「文明」の反面教師・「野蛮」の表象とみなされつづけた[18]。

　東方の内部でも，それが直截の行動になってあらわれる。その標的は清朝の西北，モンゴル・チベット仏教という普遍性である。「文明」の一元化を望んでやまない東南の漢語圏は，西北の自律的な普遍性を圧殺し，その伝統を剝奪して，西欧的漢語的普遍性への同化をめざした。

　清朝はもと大ハーンとしてモンゴルの君主であり，かつチベット仏教の保護者だったはずである。なればこそ，普遍性の重層体を成立せしめることができた。ところが遅くとも20世紀になると，その清朝じたいが西欧的漢語的普遍性に呑み込まれ，漢語圏と一体化してしまった。やがて漢人の「中国 China」に取って代わられたのも，不可避の運命だったといえる。

　そんな自らの普遍性抹殺に反撥した動きが，20世紀初頭のモンゴル・チベットの「独立」であった。両者のせめぎ合いのなかで，ふたたび「宗主権」概念が登場し，その翻訳理解適用が争点となったのは，決して偶然ではない。もっともモンゴルとチベットでは，北京・漢語との距離が一様ではなかった。漢語の「宗

17）その契機として，漢語圏の「華夷意識」と西欧型の「ナショナリズム」とは，差別的な「文明」観という点で近接類似して親和的であり，「共鳴」「混濁」しやすいことがあげられるだろう。初歩的な考察として，杉山正明『遊牧民から見た世界史』179〜180頁，吉澤誠一郎『愛国主義の創成』217頁を参照。

18）オスマンを指した"sick man of Europe"が，「東亞病夫（sick man of Asia）」という漢語と化して，「積弱」の中国を自ら形容するようになったのは，その典型例だといえよう。漢語と骨がらみの華夷意識を有する東アジア人が，このように「文明」概念の定着とともに，西欧の「オリエンタリズム」を共有したことは，まぎれもない事実であり，それがわれわれの現代世界観を規定し，オスマン・西アジアに対する無前提の蔑視のみならず，東アジア内部の反目をももたらしている。

主権」を理解し恐怖した「外モンゴル」政権（本書第7章）と，十分な翻訳に達しなかったダライラマ政権（本書第8章）。その分岐が各々にもたらした運命は，現代をも規定している。

そうした動きに，日本帝国主義も無関係ではない。「満蒙」地域・「満洲国」を作り上げたの[19]は，漢語圏・「中国」による普遍性の画一化に対抗したものであって，上にふれた「文明」争奪の一齣というべき局面だと解することができる。

東西アジアをみつめなおす

このようにみてくると，オスマンの国民国家形成は失敗したのに対し，中国のそれは失敗にはいたらなかった，前者の領域は解体し，トルコ・ギリシアはじめ，各民族国家に分裂，分立したが，後者は清朝の規模をほぼ継承しえた，という「帝国」論的な言説が，いかに一面的なものであるかがわかるだろう。それは少なくとも，東西アジアにおける普遍性とその重層構造を考慮に入れない議論だからであり，西洋・国際関係に対する一国単位の反応の巧拙という現象のみを評価するような著述の再生産にも結びついている[20]。

オスマンの解体と「中国」の存続は，アジアの東西で「普遍性の重層」のありようが異なっていたこと，とりわけローマという普遍性やイスラームという「敵」があったかどうか，またそれにともなって，西洋のアジアに対するアプローチに，東西で著しい差異がみられることが前提となっていた。そのうえで，19世紀にそれぞれの重層が解消してゆく経過も，自ずからちがったものになる，という歴史を形づくったのである。

そのちがいに大いに関わっていたのが，ほかならぬ日本の存否である。東欧・西アジアというローマ本来の中心地域のオスマンに対し，共通性は希薄ながらも，自らこそ真のローマだと標榜する西欧という闖入者。この関係は，漢語圏の中心をしめる中国に対し，その普遍性を共有しないながらも，真の「中華（＝文明）」をめざした日本[21]の位置と比定できる。西欧が帝国主義として世界大の膨脹をと

---

19) たとえば，山室信一『キメラ』，中見立夫『「満蒙問題」の歴史的構図』を参照。
20) *E. g.* R. Kasaba, "Treaties and Friendships"; R. S. Horowitz, "International Law and State Transformation in China, Siam, and the Ottoman Empire"; J. D. Savage, "The Stability and Breakdown."
21) たとえば，渡辺浩『東アジアの王権と思想』を参照。

げ，東方に到達するや，日本はその翻訳主体と化して，漢語圏に主権国家体系を注入した。そして，その日本が帝国主義の尖兵かつモデルとして，東方で普遍性の重層解体と再編をうながす。

このように，在地レヴェルの闖入者が担った役割の差が，各々の命運を左右した。すなわち東方では，闖入者たる日本が西欧近代の翻訳主体にして，その成功モデルとなったのに対し，西方では，当の闖入者こそが世界全体を覆った「近代」の担い手だった。当然そこに在地レヴェルの翻訳主体などはありえない。この単純かつ重大な事実が，じつに東西の分岐点をなした。

本書は以上のような歴史過程の具体像を，多角的に解明しようとするものである。随処にふれてきたとおり，西欧近代の国民国家・国際秩序が，東西アジア在来の「普遍性の重層」に邂逅すると，必ず「宗主権」が登場した。つまり，主権国家体系・帝国主義の立場から，オスマン帝国や清朝のもつ秩序体系を表現し，かつ変容させてゆくのに，最も適した術語がともに「宗主権」だったわけであり，本書が対象とする歴史過程のなかで，いわば枢軸的な位置をしめた概念にほかならない。「帝国」概念が氾濫しはじめるのも，「宗主権」の登場と表裏一体をなす現象である[22]。

したがって，その内実と推移を研究すれば，オスマン帝国と清朝の比較のみならず，国民国家と普遍性の重層体との関係を解明でき，ひいては両者を対比し，それぞれの性格をさぐることも可能になろう。ア・プリオリな国民国家の枠組・西欧中心主義で考察しがちな宿弊から脱却できる足がかりを得られるかもしれない。

史上の広域秩序を考えるにあたって，「宗主権」に着眼する試みが，これまでなかったわけではない。法学・政治学の分野において，現代ではもはや死語になりつつある「宗主権」の定義・追究が，つとに同時代からなされてきた[23]し，歴

---

22) 前註 16 を参照。そこで，本書で用いる「帝国」という分析概念は，ローマ性が関わる広域統合・広域秩序の範囲，およびその翻訳に限定することとし，その埒外の類推（アナロジー）・譬喩（メタファー）に援用することは控えたい。ただし固有名詞と化して定着したものは，必要最小限やむをえない場合にかぎり使用する。たとえば，清帝国・中華帝国・帝国日本は不可，といった具合である。それが「帝国」論の現状に対する一定の批判を寓すること，いうまでもない。

23) *E. g.* W. E. Hall, *International Law*, pp. 24-25 ; C. Stubbs, *Suzerainty* ; F. Gairal, *Le protectorat international*, pp. 112-113 ; L. F. L. Oppenheim, *International Law*, Vol. 1, pp. 170-171 ; E. D. Dickinson, *The Equality of States in International Law*, pp. 236-240.

史研究でもとりわけ東アジアの文脈で，いわゆる「朝貢システム」との関連を問うた，本書と問題関心が近い研究もある[24]。

けれども，前者は国民国家・国際社会の枠組を前提に，主権と宗主権をはじめから別個の法概念と措定して，両者が使われた現実の関係・動態を閑却しているし，後者もその視野は東アジアのみに限られ，史実に即した分析に乏しく，概念の根源にまで洞察が及んでいない。「宗主権」概念の徹底した歴史的考察を通じて，東西アジアをみつめなおそうとする本書の立場と方法は，その意味で希有のものとみなすことができよう。

本書の構成と残された課題

第Ⅰ部はオスマン帝国の秩序体系の転換と西洋との関係をあとづけて，「宗主権」概念の生成とその現実のありよう，さらに近代オスマンの変容の意味を考える。具体的には，ワラキア・モルドヴァをめぐる国際政治をとりあげて，「宗主権」概念出現の過程をあとづけ，また主権・宗主権と密接に関連する「特権」概念を中心に，近代オスマンの国制・外交とその変遷を概観する。

第Ⅱ部は西方を考察した第Ⅰ部を前提として，国際法テキストにおける「宗主権」の記述とその漢訳問題を考察し，東アジアへの「宗主権」概念の伝播をあとづけた。その一方で，東進するロシアのパワーが東アジアに与えた衝撃とそれに直面した日清の異なる対応を論じ，あわせて19世紀における東アジア・漢語圏の秩序転換の契機をさぐる。なお補論にて，君主号変遷の概観を通じて，東西アジアそれぞれの秩序観念とその変容に対比的な論述をこころみた。

第Ⅲ部は近代日本に焦点をしぼって考察をくわえる。まず福沢諭吉の言論・翻訳活動を中心に，日本の概念的な「外交」変容のありようが「朝鮮問題」を動機とすることを確認したうえで，現実の日本外交の展開を，日清開戦前後の東アジア・清韓関係に即して明らかにすると同時に，漢語の「宗主権」という概念が成立，定着する外交的・観念的な前提をつきとめる。

第Ⅳ部は第Ⅲ部でみた，「宗主権」を中心とする日本漢語の翻訳概念が，東アジアの変貌をうながしてゆく過程をみる。具体的には，20世紀初頭の中国とモ

24）たとえば，中見立夫「近代東アジア国際関係における「宗主権」」271～275頁，濱下武志「宗主権の歴史サイクル」，同『朝貢システムと近代アジア』を参照。

ンゴル・チベットとの関係を題材とし，中華民国から離脱をはかる後二者の国際的地位の問題を考察した。そこで，とりわけ「宗主権」「自治」「独立」といった漢語概念の翻訳が問題となり，それを通じて，モンゴル・チベットの立場を明らかにできる。

　第Ⅴ部は本書の結論的な位置をしめる。「宗主権」を通じて「普遍性の重層」を否定される東西アジアのゆくえを，中国における和製漢語「領土」という概念の創成・定着，オスマンにおけるギリシア人正教徒の一歴史家＝知識人の経歴・議論と重ね合わせてたどり，地域の普遍性と国際秩序の関係，その現代にいたる影響にも説き及んで本書をしめくくりたい。

　以上，とりあげるべきことがらに比して，成果はなお貧しい，というほかない。「宗主権」という概念に限っても，たとえば英領インドや南アフリカなど，イギリスがそれを「帝国」維持に用いた事例は有名で，それを歴史的に位置づけなくてはならない。

　東西アジアを貫通するロシアの考察は，いっそう重要である。「宗主権」概念とローマ表象を駆使した西方のロシアと，両者を使わず外部勢力の立場に徹した東方のロシアとは，どのようにして統合的に理解すべきか[25]。

　また，すでに言及したとおり，東西のあいだに横たわる中央アジアに対するロシアの征服・統治の変遷は，本書の視角からどうとらえればよいのか。さらにそれと関連する，各地のモンゴル的普遍性のゆくえについても，詳細は必ずしも明らかではない。いずれも立ち入った考察はかなわなかった。

　なおたどたどしい足どりであること，疑いを容れない。けれども，世界史をみなおすばかりではなく，混迷から脱しえない現代世界を考えなおすうえで，ささやかな手がかりを提供できるものと確信している。

---

[25] 参照に値する数少ない論考として，ロシアの国際法学を考察した，天野尚樹「近代ロシア思想における「外来」と「内発」」があるものの，その重点は19世紀末期，日露戦争当時にある。

第 I 部

オスマン秩序体系の転換と西洋

第1章

オスマン帝国における附庸国と「宗主権」の出現
―― ワラキアとモルドヴァを例として

黛　秋津

はじめに

　近代西欧の本格的な海外進出が始まる以前の16世紀から18世紀にかけて，ユーラシアには巨大な支配圏を持つ政権が併存していた。清朝，ムガル朝，ロシア帝国，そしてオスマン帝国である。その中でアジア・アフリカ・ヨーロッパの三つの大陸にまたがる広大な領域を治め，13世紀末から20世紀初頭まで600年あまりもの間ユーラシア西方に君臨したオスマン帝国の存在は，世界史の中で大きな位置を占めている。

　オスマン帝国は，元々アナトリアにいたトルコ系遊牧民集団の一つから興ったものであった。13世紀末頃，当時混沌とした状況にあったアナトリア西部でオスマン（Osman）率いる勢力が台頭し，周辺の同様の諸勢力と同盟と対立を繰り返しながら次第に勢力を拡大して，侯国あるいは君侯国（beylik）と呼ぶべき存在となっていった。さらにその勢力は14世紀半ばにはヨーロッパ側のバルカンへ進出して当地のキリスト教諸国を次々と支配下に置いた。このバルカンでの成功が，アナトリアに割拠する他の侯国を抑えてオスマン勢力が拡大を遂げた要因の一つとされる。この征服の際，セルビアやブルガリアなどで典型的に見られるように，オスマン勢力は征服したキリスト教徒の諸国に対し，初めは貢納金の支払いなどをもって臣従させ，その後時期を見てその君主と組織を廃して直接支配に組み込むという，段階を経た統合を行った。すなわちオスマン帝国は比較的初

期の段階から自らに従属する国々を有し，支配領域内にいわば間接統治と直接統治の両方の地域を抱えていたのであった。

　こうして台頭したオスマン勢力がさらに発展する大きな転機となったのは，いうまでもなく 1453 年の東ローマ帝国の帝都コンスタンティノープル征服であった。この征服の重要性は，この町がアジアとヨーロッパ，黒海と地中海を結ぶ地政学上の要衝であるということのほか，イスラームを奉ずるオスマン勢力が，紀元 4 世紀以来のローマ帝国の旧都の主となり，さらに正教会の頂点であるコンスタンティノープル総主教座を支配下に置いたことにより，古くはアレクサンドロス大王，それに続くローマ帝国の後継者としての支配の正統性を獲得した点にあると言えよう[1]。

　このような正統性や地政学的基盤を得たオスマン帝国はその後も拡大を続け，16 世紀初頭にはメッカ（Mecca，あるいはマッカ Makkah）とメディナ（Medina，あるいはマディーナ Madīnah）の二つの聖地を管理下に置き，ムスリムの義務の一つである聖地巡礼（ḥajj）を行う巡礼者たちを保護する役割を果たすようになる。これによりオスマン帝国は「イスラーム世界」[2] の中でも特別な地位と権威を得て，先に述べたローマ帝国の継承者のほか，イスラーム世界における中心という性格を帯びるようになった。こうしたオスマン家の下で，ムスリムのほか，「啓典の民」であるキリスト教徒・ユダヤ教徒をも支配する正統性と普遍性を得たオスマン帝国では，16 世紀のスレイマン一世（在位 1520～66 年）の時代に法と官僚制に基づく中央集権的支配体制が一応の完成を見た。こうして，ハンガリーを征服しウィーンを包囲するなど，西欧世界に直接脅威を与える存在となったオスマン帝国は，アジア・アフリカ・ヨーロッパの三大陸にまたがる，ユーラシア西方を代表する勢力となったのであった。

　しかし，帝国の安定と繁栄をもたらした統治制度は，スレイマン一世後の版図

---

1) 藤波「オスマンとローマ」56～57 頁。
2) 「イスラーム世界」という語の概念に関しては，羽田正『イスラーム世界の創造』が現れて以来，そうした領域設定の妥当性をも含めた様々な議論があるが，本章では，その時代，イスラームというものが社会を強く規定するような大きな影響力を持っていた空間，を意味するものとして用いることとする。おおよそ，「イスラームの家」と重なり，かつ，「戦争の家」に居住するムスリムたちが社会的・文化的に一定の影響力を有する空間をも含めることができると考えられるが，当然後者と他の文化世界とは重なり合い，その境界は曖昧なものである。

拡大停止に伴う戦利品獲得の減少や長期の戦争による財政悪化，さらにいわゆる「価格革命」の影響によるインフレなどによって変容を余儀なくされる。17世紀には，こうした諸条件に対応した新たな統治のしくみが生み出され，それが徴税請負制の導入・普及とそれに伴う社会の変容であった。これを同時代のオスマン支配層も，後の歴史家もオスマン帝国の衰退と捉えていたが，対外的な関係では依然として優位を保っていることから，近年では，この変化は新たな内外の状況に対応するために生じた必然的変化であって衰退ではない，との見解が一般的となっている[3]。

17世紀末にオスマン帝国がヨーロッパにおける領域を大規模に喪失して以降，特に18世紀後半から，西欧諸国とロシアが力の面でオスマン帝国を次第に凌駕し，オスマン領への進出を開始すると，オスマン帝国はそれに対処すべく，初めは軍事面，その後西欧的な思想や制度も取り込みながら近代化を進めるが，西欧起源のナショナリズムという思想の流入とそれを具体化する領域内の諸民族の運動にこらえきれず，結局第一次大戦後に崩壊するのである。

オスマン帝国はこのように，16世紀前半までの拡大の時期，その後18世紀前半までの安定の時期，そして18世紀後半以降のヨーロッパ列強の圧迫を受けての改革の時期と，内外の状況に柔軟に対応しながら，20世紀初頭に至るまで約600年もの間存続したのであった。これほどの広大な領域を長期間にわたって支配することが可能であったのは，領域内に居住する多様な人々を緩やかに，かつ，しっかりと統合するような様々なしくみを有し，それらが有効に機能していたからに他ならない。それは，かつてバルカン各国の民族史が強調したような力による抑圧的な支配ではなく，領域内の被支配層にも受け入れ可能な，合理的で各地の実情に即したプラグマティックな統治のしくみであった。このような，各地の実情に合わせた柔軟性を持ちつつ，皇帝を頂点とする中央集権的な性格を持つオスマン帝国の支配のあり方を，鈴木董は「柔らかい専制」と表現したが[4]，そうしたしくみの一つが，中央政府による地方支配の多様なあり方，すなわち中央＝

---

3) テズジャンは，いわゆる「古典期」が変容する16世紀末から19世紀初頭のオスマン帝国を「第二のオスマン帝国（The Second Ottoman Empire）」と評している。B. Tezcan, *The Second Ottoman Empire*.
4) 鈴木董『オスマン帝国』。

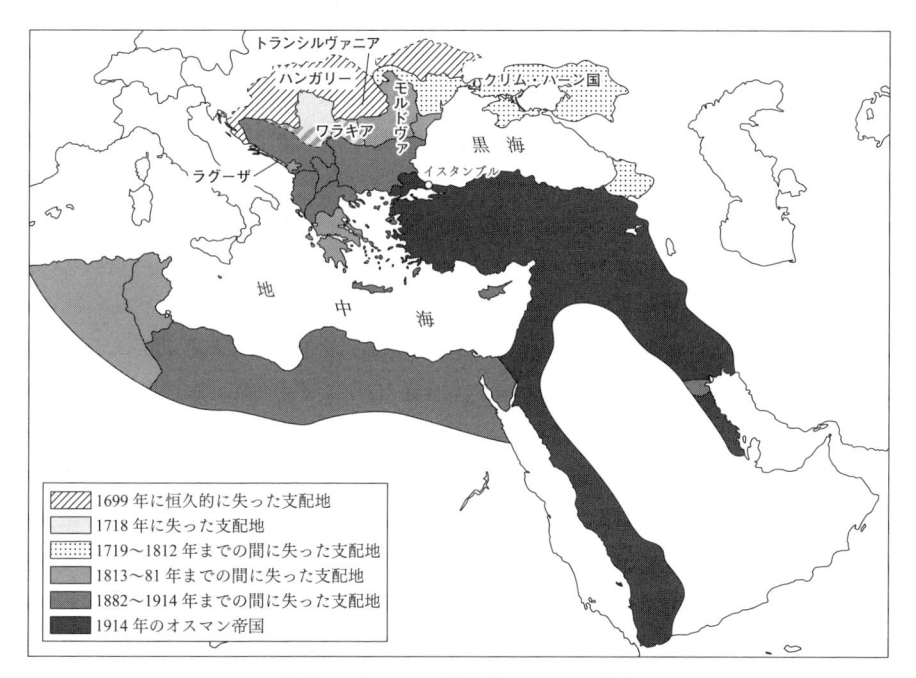

地図2　オスマン帝国（1650～1920年）

凡例:
- 1699年に恒久的に失った支配地
- 1718年に失った支配地
- 1719～1812年までの間に失った支配地
- 1813～81年までの間に失った支配地
- 1882～1914年までの間に失った支配地
- 1914年のオスマン帝国

地名: トランシルヴァニア、ハンガリー、モルドヴァ、クリム・ハーン国、ワラキア、ラグーザ、イスタンブル、黒海、地中海

周辺関係の多様性であった。中央が直接強力に押さえる領域もあれば、在地有力家系に統治を委任するようなやや緩やかな支配を行う領域もあり、さらには他国を征服したのちもその既成の枠組を維持したまま帝国秩序に加えるというかなり緩やかな支配を行う領域も存在した。

　従来、この最後のカテゴリーに属する領域は、あまり深く検討されることなしに「オスマン宗主下の附庸国（属国）」と見なされ、そのように呼ばれてきた。しかしこれは、ヨーロッパの人々が、その関係の実態を見てそのように認識したに過ぎず、当のオスマン帝国側で「宗主権」や「附庸国（属国）」という言い方は、少なくともある時期まではなされていなかったのである。オスマン帝国が、いわゆる「附庸国」をどのように認識し位置づけていたのかという問題については、これまで十分に研究がなされているとは言えず、他との比較の視点も持ちつつ、あらためて検討する必要があると思われる。

　そこで本章では、その手始めとして、オスマン帝国の中の「附庸国」と見な

れるワラキアとモルドヴァという，現在のルーマニアの一部を成す二つの公国に焦点を当て，両国のオスマン帝国内の位置づけ，18世紀後半のロシアと西欧諸国のバルカン進出に伴う関係の変化，そして「宗主権」という用語の出現などを検討し，それらを手がかりにオスマン帝国における「宗主権」の問題について考えてみたい。

1 前近代におけるオスマン宗主権とワラキア・モルドヴァ

オスマン帝国の支配の特徴

あらためて述べるまでもなく，明確な境界で区切られた「領土」内の構成員に対して，政府が一つの法に基づき一元的な「主権」を行使する近代主権国家と異なり，オスマン帝国は支配地域の実情に応じて多様な方法で領域内を統治していた。支配理念たるイスラームに基づくという原則はあるものの，シャリーア（sharīʻa イスラーム法，トルコ語で şeriat）を補足するために君主が各地の実情や慣習に基づきカーヌーン（kanûn 法令）を発し，帝国の中には常に複数の法が存在していた。そして制度的にも中央政府の支配のあり方は地方ごとにそれぞれ異なっており，たとえば古典期のオスマン帝国の軍事・土地・徴税の根幹を成すと見なされるティマール制は，スレイマン一世時代を例に取れば，その適用範囲はハンガリー，ルメリ（Rumeli，トルコ語でバルカンを指す），東部を除くアナトリア，それにシリアくらいのものであり，面積からすれば帝国の領域のうちおそらく半分にも満たない地域であった。

では，オスマン帝国ではそれ以外にどのような支配のあり方が見られたのか。政府が直接支配する地域の中には，ティマール制施行地のほか，現地の既存の統治制度を温存しつつ，中央から総督を派遣して統治する地方があった。このカテゴリーには，エジプト，バグダード，イエメン，チュニジアなどが含まれる。それ以外に辺境地域では，現地の有力家系を世襲の県知事として任命して半ば統治を地元有力者に委任する，あるいは小集団に自治を認める，というような，間接支配とも見なしうる統治形態も見られ，前者の例としてはアナトリア東部のクルド人居住地域や，現在のクウェートからカタールにかけてのラフサ州（Lahsa eyâleti）など，後者の例としてアトス山やシナイの修道院，モンテネグロやアルバニアの部族の治める領域などが挙げられる。

　オスマン帝国には，このような支配領域の周辺に，既存の組織を温存したままその版図に加わっている国々があった。それが本章で注目する，いわゆる「附庸国（vassal）」と呼ばれる存在である。「従属国」あるいは「属国」とも呼びならわす附庸国は[5]，今日の一般的な定義によれば，宗主国に対して一定の義務を果たすことにより，宗主国から一定の自治を認められ保護を受けるものである。オスマン帝国では，オスマン皇帝の権威を認め，オスマン政府への諸税の支払いその他の義務を果たす見返りとして既存の体制を維持し，オスマン政府の保護を受けていたいくつかの国々が，直接支配地の周辺に存在していた。こうした「附庸国」と見なされる国々にはイスラーム国もキリスト教国も含まれ，前者としてはクリミア半島のクリム・ハーン国，後者としては，現クロアチア領のラグーザ（ドゥブロヴニク），現在のルーマニアを構成するワラキア，モルドヴァ，トランシルヴァニア，そしてグルジア西部のミグレリア，グリア，アブハジアなどが挙げられる。

　これらの国々をオスマン帝国の「附庸国」と呼ぶことには，一定の留保をつけなければならない。というのも，先にふれたように，同時代の当事者たちはこの関係を「宗主」や「附庸」という言葉で定義しているわけではなく，たとえば「ワラキアはオスマン帝国の附庸国である」などという明確な表現は，少なくとも前近代には史料の中で見られないからである。上で述べた各国が「附庸国」と考えられるのは，オスマン政府とそれらの国々との間で明確な規定があるからではなく，実地の関係を見たヨーロッパをはじめとする外部の人間によってそのように認識され，それが今日そのまま踏襲されているに過ぎない。

　この附庸国の存在は，実はオスマン帝国の内と外の区別を非常に困難にするものでもある。たとえば，前近代においては，オスマン帝国からの攻撃を一時中止してもらうために，周辺国がオスマン側に金銭を支払うという行為は度々見られ

5）「附庸国」と，「従属国」あるいは「属国」との間に厳密な意味や使い方の違いはないものの，主として前近代を扱う本章で「附庸国」という，やや時代がかった表現を用いることにするのは，近代以降の漢語概念で「属国」が多用され，また「従属国」もそれと混同しやすいためである。

たが，そうした行為はオスマン側から見ればその国が一時的であるにせよオスマン皇帝の権威に服することであり，その意味では東ローマ帝国にもハプスブルク帝国にもイランのサファヴィー朝にも，オスマン皇帝の権威が及んだと言うこともできないわけではない。また，中央アジアのブハラやスマトラのアチェなど，遠隔の地から自ら進んでオスマン皇帝に入貢する事例も多々見られ，これらの国を実質的なオスマン領と見なすことは困難であるが，少なくとも理念的にはオスマンの秩序に連なったと見なされることになるのである。しかしこれらの国々をオスマン帝国に属する附庸国と捉えるには無理がある。それゆえ，オスマン帝国と比較して規模が小さく，かつその直接支配地に近接し，そしてある程度恒常的に帝国中央との間に権利＝義務関係を有する国々を，事実上のオスマン帝国の「附庸国」と考えることになる。

このような附庸国とオスマン政府との間の権利＝義務関係はそれぞれ異なっており多様であった。そうした中で，ここで取り上げるワラキアとモルドヴァの二つの国は，地理的に帝国の中心イスタンブルに比較的近いこともあってオスマン政府に対してかなりの義務を負っており，それゆえ当然のごとくオスマン帝国の一部と見なされている。では，以下でその関係を詳しく見てゆこう。

オスマン帝国におけるワラキア・モルドヴァの位置

14世紀にハンガリー支配から自立し成立したワラキア公国は，やがて，ほぼ同時期にバルカンに進出したオスマン勢力と対峙し，14世紀末にオスマン軍に敗れ，最初の貢納金をオスマン側に支払った。同じく14世紀半ばに建国されたモルドヴァ公国には15世紀半ばにオスマン軍が進軍し，モルドヴァもオスマン勢力への貢納金の支払いを条件に和平を結んだ。こうして両公国のオスマンへの従属が始まったわけであるが，これは当初は一時的な性質のものであり，その後両公国とも従属状態からの自立を試み，しばしば貢納金の支払いを拒否してオスマン側に反旗を翻した。しかしながら拡大期のオスマン勢力の圧力に抗することはできず，ワラキアでは征服王メフメト二世時代の1462年，モルドヴァではスレイマン一世時代の1538年を最後に抵抗は終わり[6]，以後両公国ともそれぞれ

---

6) 正確に言えば，16世紀末から17世紀初頭のミハイ勇敢公（Mihai Viteazul，ワラキア公在位1593～1601年，トランシルヴァニア公・モルドヴァ公在位1600年）の例もあるように，

既成の政権組織を維持したままオスマン帝国に従属する状態が19世紀まで続くことになる。

　では、貢納金支払いが戦争回避の意味から永続的な臣従、すなわちオスマン帝国の領域の一部を成すと考えられる状況になったのは、右の年と考えてよいのだろうか。これに関しては、そうとも言い切れない。というのも、ワラキアでは16世紀に入ってからオスマン政府と「条約」を結ぶために公やボイェール（土地貴族）たちがオスマン皇帝の下に向かったとの史料があり[7]、最終的な従属は1462年よりも遅いとも考えられるが、後述するようにこの「条約」については史料が残っていないためその内容と性格を判断することは難しい。しかし、ルーマニアの歴史家パナイテが指摘するように、16世紀前半のスレイマン一世によるベオグラード、そしてハンガリーへの進軍と度重なる勝利が、ワラキアの支配層に最終的な臣従を決断させた可能性は大いにあり、ワラキア・モルドヴァ両国とも、スレイマン一世時代の16世紀前半を転換点と見なすことが適当であるように思われる[8]。

　このように、戦闘回避のための貢納金の支払いが、オスマン側から保護を受けるための恒常的な従属に対する義務としての性格にいつ転換したのかが明確でない原因は、その長期的な関係を包括的に規定するような条約（ahdnâme、条約の書）というものが、17世紀以前の時期に関してはこれまでに一つの例外を除いて残っていないからである。その例外である1480年頃のオスマン＝モルドヴァ間の条約も、具体的な権利＝義務関係にはあまり触れておらず、しかも短いものであり、両者の恒常的関係を包括的に定めたものとは到底考えられない[9]。こうした史料欠如の状況は、条約文書が何らかの理由で失われてしまった可能性も考えられるが、全てが喪失してしまったというのはやや不自然であり、元々そのような条約は存在しなかったと考える方が適当ではないかと思われる。オスマン政府と両公国との関係は、明確かつ包括的な契約や条約といったものではなく、む

　　これ以降オスマン政府に抵抗する動きが全くなかったわけではない。しかし、それらを16世紀前半までの抵抗運動の継続と捉えることはできないであろう。
7）V. Panaite, "The Legal and Political Status of Wallachia and Moldavia," pp. 14-15.
8）V. Panaite, *The Ottoman Law of War and Peace*, pp. 335-339.
9）M. Guboglu, *Paleografia şi diplomatica turco-osmană*, pp. 132, 165 ; M. A. Mehmed, ed., *Documente turceşti privind istoria româniei*, pp. 5-7.

しろ 15 世紀以降その時々に中央から両公国に与えられる様々な命令の積み重ねの中で慣例として定着していったと考えるべきであろう。

　これはある意味自然なことであり，オスマン帝国は武力をもって征服を果たし自らの秩序に組み込んだ地に対して，特に関係を規定する条約などを結ぶ必要はなく，力を背景にある程度自由に要求を行えるのである。このことは他の国に対しても同様であり，力で優位に立つ 16 世紀のオスマン帝国が諸外国と条約を結ぶのは，オスマン側が必要と認めた時か，あるいはいわゆるカピチュレーションのように恩恵として特権を賦与する時のみと考えられる。このことからも，オスマン政府とワラキア・モルドヴァ両公国との間に恒常的な権利＝義務関係を包括的に規定するような条約は存在しなかったと考えるのが妥当であろう。

　次にオスマン＝両公国関係の実態面を見てみよう。量や額の違いは見られるものの，ワラキアとモルドヴァにはほぼ同種の義務がオスマン政府から課せられていた。両公国が果たすべき義務としては，イスタンブルへの税の支払いと皇帝や政府高官への公式・非公式な各種金品の支払い，公選出時のオスマン皇帝による承認，食糧・物資のイスタンブルへの供給，オスマン帝国の戦争時の兵や物資の供給，オスマン政府との外交政策の協調，キリスト教世界の情報収集とその伝達，などが挙げられる[10]。これらの義務の履行と引き換えに両公国は，少なくとも建前上は支配組織の温存や自らによる公の選出などの内政における自治をオスマン中央政府から認められ，安全を保証された。

　両公国からイスタンブルへ支払われる税のうち基本をなすものは，イスラーム世界において非ムスリムにのみ課せられるジズヤとハラージュ（トルコ語ではジズィェ cizye とハラチ haraç）の二つの税であり，これらは両国の公から毎年イスタンブルへ送られた。支払われる額については，16 世紀後半以降，インフレによる貨幣価値の変化を考慮に入れても実質的な額は次第に増加した。その他，公からオスマン皇帝一族や政府高官へ贈られる贈物（peşkeş あるいは pişkeş）も，ほとんど公的な税と見なされていた[11]。

　ルーマニアが現在でも豊かな農業生産を誇っていることからも推測されるよう

---

10) M. Maxim, *Ţările Române şi Înalta Poartă*, p. 243 ; T. Gemil, *Românii şi Otomanii în secolele XIV-XVI*, p. 38.
11) *Ibid.*, pp. 217-219.

に，ワラキアとモルドヴァの農業生産物は，多数の人口を抱える帝都イスタンブルにとって必要不可欠であった。そのため両公国は帝都の食糧供給地として位置づけられ，史料の中にもワラキアとモルドヴァについて「穀倉 (kilâr, kiler)」という表現がしばしば見られる。それ故，両公国で産する穀物，羊，牛，蜂蜜，塩などの食糧や蜜蠟や木材などの生活必需品は，何よりもまずオスマン政府への供給を優先するよう義務付けられ，オスマン政府によって市場価格よりも安い公定価格 (narh) で買い付けられた。こうした中央政府への食糧供給義務は，スレイマン一世時代の 1540 年頃から求められるようになったとされ[12]，前述の，その時期をオスマン＝両公国関係の一つの転機とする見解を補強するものと考えられる。その他にオスマン帝国と他国との戦争時に，両公国には，軍勢を率いての戦役への参加義務が課せられ[13]，さらにイスタンブルへの特別税 (avârız) の支払いや戦闘が行われている前線への食糧・必需品の供給を命ぜられることもあった。

このようにワラキア・モルドヴァ両公国は，スレイマン以降，政治的にも経済的にもオスマン帝国支配の中に深く組み込まれた。

先ほどの「宗主国」「附庸国」の問題に立ちもどると，こうした実態を踏まえるならば両公国をオスマン帝国の附庸国と見なすことに大きな問題はないように思われる。17 世紀初頭の西欧の史料でも，両公国をオスマン帝国の "*tributaires*" とする記述が見られ[14]，当時の西欧も，両公国とオスマン帝国との関係をそのように捉えていた。しかし前述のように，「宗主権」や「附庸国」に相当する表現は，16・17 世紀のオスマン帝国では見られず，宗主権に当たる用語が登場するのは後述のように 19 世紀になってからのことである。では，オスマン帝国におけるワラキアとモルドヴァの曖昧な位置を，16・17 世紀のオスマン側はどのように認識していたのだろうか。これについては，イスラーム世界における両公国の法的な位置付けについて考えてみたい。そのためにまずイスラームにおける世界観と対外関係について見ておく必要がある。

イスラーム的世界観では，全世界は，ムスリムが支配しイスラームの法である

---

12) *Ibid*., p. 220 ; M. Maxim, "Regimul economic al dominaţiei otomane în Moldova."
13) V. Panaite, "The *Voivodes* of the Danubian Principalities," pp. 72-75. こうした両公国の戦争への協力時には，その年にイスタンブルに支払われるべき税が減額，あるいは免除になることもあったという。
14) Panaite, *The Ottoman Law of War and Peace*, p. 469.

シャリーアが施行され，ムスリムが安全に自らの信仰を実践できるような平和な地である「イスラームの家（dār al-Islām）」と，シャリーアが行き届かない異教徒たちの支配する地である「戦争の家（dār al-ḥarb）」に二分される。前者が後者を包摂し，世界を「イスラームの家」とするための不断の戦いが「聖戦（jihād）」となるわけである。しかし不断の聖戦といっても，7世紀以来のイスラームの拡大の中で，時として異教徒との一時的な和平は必要であり，そうした事例が積み重なる中で，次第に「イスラームの家」と「戦争の家」間の関係の規範が整備され，法的に体系化されていった。シャリーアの中の，いわば「イスラーム国際法」ともいうべき分野は「シヤル（siyar）」と呼ばれ，この規範は8世紀から9世紀初頭にかけて活躍したシャイバーニー（Muḥammad ibn al-Ḥasan al-Shaybānī）によって概念化され，体系化された[15]。一般にシャリーアの法理論や法解釈の面で，イスラーム世界では四つの主要な学派が形成され，学派により解釈の相違が見られる。このシヤルについても学派によって解釈が異なる点が見られ，その大きな違いの一つとして挙げられるのが，「イスラームの家」と「戦争の家」の中間に第三のカテゴリーを認めるか否かという問題である。四大法学派の一つシャーフィイー（Shāfi'ī）派は「イスラームの家」と「戦争の家」の他に，第三のカテゴリーとして「契約の家（dār al-'ahd）」あるいは「和平の家（dār al-ṣulḥ）」を認める。すなわちムスリム君主が和平の「契約（'ahd）」を結んでいる異教徒の地ということである。

　ここで両公国の問題に立ちもどれば，シャーフィイー派の学説では，両公国のオスマン帝国に対する位置はこのカテゴリーに属すと考えられ，実際後世の文献にはそのように言及されているものも多いが，しかしながらオスマン帝国で有力であったのはシャーフィイー派ではなくハナフィー派であり，ハナフィー派は「契約の家」の存在を認めていないのである。ゆえにオスマン帝国における法解釈としては，両公国は「戦争の家」に属していることになり，史料の中でも「モルドヴァはイスラームの家ではないので（Boğdan dâr al-İslâm olmamağın）」といった文言が見られることからそれが裏付けられる[16]。実際，住民のほとんどが正教

---

15) このシャイバーニーのシヤルの英訳については，M. Khadduri, *The Islamic Law of Nations*. またシヤルに関する研究として，idem, *War and Peace in the Law of Islam*. 日本語では，古賀幸久『イスラム国家の国際法規範』。

徒であるワラキアにもモルドヴァにも，商人など特別の許可を得た者を除き，ムスリムは基本的に立ち入ることは許されず，両公国は確かにシャリーアが十全に行き渡る地とは言えなかった。それ以外にもオスマン史料では両公国について，「オスマン行政から分離され，また当局の介入は禁じられ，あらゆる点で自由であり (mefruzü'l-kalem ve maktuu'l-kadem minkülli'l-vücuh serbest olup)」という表現が定型句として頻繁に見られる。このことは，版図内の他のキリスト教諸国にも当てはまり，すなわちオスマン帝国の附庸国と見なされるキリスト教諸国は，法的には「イスラームの家」の外側に位置していたわけである。

その一方で，両公国に対するオスマン政府の見方は，「戦争の家」に対するものとは考えられない側面もある。いくつかの例をオスマン史料における表現から挙げてみよう。

たとえば，両公国の住民を指して「臣民 (reâyâ)」，あるいは「庇護民 (zimmî, ehl-i zimmet)」という言葉が使われているが，通常，「イスラームの家」にやってきた「戦争の家」に属する非ムスリムに対してムスリムの君主は「安全保障 (amān)」を与え，それを与えられた非ムスリムは「被安全保障者 (musta'mīn)」として一時的に安全を保障される。その間その非ムスリムはジズヤやハラージュなどの税の支払いは免除されるが，滞在が長期にわたると君主から庇護を与えられた「庇護民」として納税の義務を負うことになる。両公国は法的に「イスラームの家」には属していないが，その住民はあたかも「イスラームの家」にいるかのごとく扱われている。

また別の例として，支配者たる公について見てみると，オスマン史料で「公」を指す用語として，最も一般的に用いられるのは「ヴォイヴォダ (voyvoda)」という語である。これは「軍司令官」を意味するスラヴ語起源の言葉であり，スラヴ語ではそれが派生して「長」の意味も持つようになった。オスマン帝国においては，町の治安維持や徴税などの役割を担う「スバシ (subaşi)」と同様の意味に用いられ，次第に平時における「徴税人」のニュアンスが強くなり，帝国内の御料地などの徴税官を指すようになった。この「ヴォイヴォダ」は，16世紀初め頃からワラキアとモルドヴァ，時にトランシルヴァニアの公を指す語として一般

---

16) BOA, *Maliyeden Müdevver Defterleri*, nr. 17961, p. 39 (in M. Maxim, "L'autonomie de la Moldavie et de la Valachie," p. 210).

的となった[17]。これは，オスマン側が公を，その領域の「長」であると同時に「徴税官」として認識していたことを示唆するものである。その他，公については「我が奴隷（kulum）」「ハラージュ納税者（haraç-güzâr）」などの表現もある。

このように，内と外が極めて曖昧だったオスマン帝国において，ワラキア・モルドヴァ両公国は，理論上は「戦争の家」に属しながらも，実際にはあたかも「イスラームの家」内にあるがごとく，直接支配領域内の諸州と同じように扱われていたことが見て取れる。言い換えれば，オスマン皇帝の権威は「イスラームの家」を越え，「戦争の家」にまで及んでいたわけである。これについては，キリスト教徒側から見たオスマン皇帝の持つローマ的普遍性という観点から捉え直す必要があるかもしれないが，ここでは立ち入らないことにする。

ともかく，力で優位に立ちイスラーム世界の優位性が信じられていた16・17世紀のオスマン帝国では，対ヨーロッパ外交でも見られるように，いわゆる附庸国についても力関係が優先され，現実が理論に先んじ，両者の齟齬は大きな問題とはならなかった。オスマン政府は明確な「条約」などを特に締結しないまま，慣習によりその関係を規定し，その遵守を強制しうる立場にあった。つまり「宗主権」などというものをあえて主張するまでもなく，力で両公国への支配を貫徹させていたのである。

これに対して17世紀までは，力で劣る西欧諸国もロシアも，このオスマン＝両公国関係に介入することはできなかった。しかし，相対的なオスマン帝国の力の弱まりによって諸外国との力の差が縮まると，力をもって規定してきたオスマン＝両公国関係も変化することになる。その大きな変化は17世紀末以降，特に18世紀のロシアの南下によって生じるのである。

2 転換点としての18世紀と「宗主権」の登場

オスマン＝両公国関係におけるロシアの台頭の意味

スレイマン一世の治世までに成し遂げられた急速な版図の拡大はやがて停止し，

---

17) Panaite, "The Legal and Political Status," p. 25.

その後オスマン帝国は、東はイランのサファヴィー朝、西はハプスブルク帝国と一進一退の攻防を繰り広げることとなった。こうした長期にわたる戦争と、いわゆる価格革命の影響による経済的混乱に対応すべく、16世紀末から17世紀にかけてスレイマン時代の統治制度は再編され、徴税請負制などの新たなしくみが見られるようになったことはすでに述べたが、ワラキア・モルドヴァ両公国とオスマン政府との関係について見れば、この時期、両者の関係に大きな変化は見られなかった。この関係に大きな動揺が見られるのは17世紀末のオスマン帝国と神聖同盟（ハプスブルク・ヴェネツィア・ポーランド・ロシア）との戦い以降であり、とりわけ台頭するロシアの存在は大きな影響を与えた。

　言うまでもなく、ロシアは正教を奉ずる国家であった。その前身のモスクワは、未だウラジーミル大公国の中の一勢力であった14世紀初めにいち早くキエフ府主教と結びつき、それも有利に働いてウラジーミル大公国内のトヴェーリとの争いを勝ち抜き、ルーシの統一を果たした。

　モスクワを中心とする府主教座はコンスタンティノープル総主教座の一部であり、府主教はコンスタンティノープルで任命され派遣されていたが、15世紀半ばオスマン帝国からの攻撃を受けた東ローマ帝国の、西欧からの援助を期待して提案したとされるコンスタンティノープル総主教座とカトリック教会との合同を目指す動きに反発し、1448年にモスクワ大公の意向で自らの府主教を選出してコンスタンティノープルの教会組織から事実上独立した。これによってキエフ府主教座（正確には「キエフと全ルーシの府主教座」）は、ロシア正教会という独立した教会となった。そしてビザンツ帝国滅亡後の1472年、時のイヴァン三世（在位1462～1505年）は、東ローマ最後の皇帝の姪であるゾエ（ゾイ Zωή、ロシア語でソフィア Софья）と結婚し、東ローマ帝室の流れを受け継ぐことになる。彼女自身はおそらくカトリックに改宗しており、ローマ教会と正教会の合同を目指すローマ教皇の意向でこの結婚が実現したとされるが、このモスクワ主導による教会組織の独立と自らの家系に東ローマの血統を得たことは、1453年の東ローマ帝国滅亡後、モスクワに正教の世界におけるその後継者を主張しうる根拠を与えた。それゆえ16世紀初頭には、モスクワが、ローマ、コンスタンティノープルに続く「第三のローマ」である、という言説も生み出されたが、当時のモスクワは、西欧やオスマン帝国から見れば辺境の小国であり、アナトリアやバルカンな

どのかつての東ローマ帝国領に居住する正教徒たちにとっては，ようやく皇帝（ツァーリ）を名乗り始めたモスクワ大公よりも，コンスタンティノープル総主教座を支配し，遥か遠方にまで権威を及ぼすオスマン皇帝の中に，ローマ皇帝の後継者を見たことは当然のことであった。

しかしながらその後モスクワは，シベリア進出などにより領土を急速に拡大してユーラシア北方の多くの領域を支配する巨大なロシア帝国へと成長し，そして17世紀末にピョートル一世（在位1682〜1725年）という傑出した皇帝の出現によってついにはオスマン領を脅かすようになった。東ローマ皇帝の流れを汲み，正教徒の保護者をもって自任するロシア皇帝の出現は，バルカンの正教徒たちに，ムスリムによる支配からの解放を期待させ，18世紀以降オスマン帝国からの離反を促すことになる。南下するロシアにとってバルカンの中では地理的に最も近く，17世紀まで確固としたオスマン支配が貫かれていたとはいえ，なお別個の政権組織を有するワラキアとモルドヴァは，ロシアの影響が最も早く現れた地域であり，18世紀以降，前節で検討した16・17世紀のオスマン政府と両公国の関係も，ロシアの進出によって大きな変化を余儀なくされるのである。

ピョートルの両公国への進出とその影響

1683年の第二次ウィーン包囲失敗に端を発するオスマン帝国と神聖同盟との戦いは，オスマン帝国と西欧諸国，およびロシアとの間の力関係の転機となったことで知られている。1699年のカルロヴィッツ条約とその翌年のイスタンブル条約により，オスマン帝国はハンガリーやトランシルヴァニアなど中央ヨーロッパを中心に，ヨーロッパにおいてかなりの規模の版図を喪失した。この戦争でロシアもドン川河口の要衝アゾフ（Азов，トルコ語でAzak）をオスマン側から奪取することに成功し（1696年），アゾフ海への進出を果たした。

このようなロシアの勝利を見たワラキアとモルドヴァの支配層にとっては，ピョートルの姿は正教徒の擁護者と映り，その勝利の直後，オスマン支配からの離脱に向けた秘密交渉のため両国ともモスクワに使節を派遣した[18]。カルロヴィッツとイスタンブルの条約の結果，両公国はオスマン支配の下にとどまることにな

---

18) *Исторические связи народов СССР и Румынии*, т. III (1673-1711), с. 114-121, 132-138.

ったが，その後も両公国とロシアとの接触は続き，1710年のロシアとオスマン帝国間のいわゆるプルート戦争時には，モルドヴァ公ディミトリエ・カンテミール（Dimitrie Cantemir 在位1693年，1710～11年）がピョートルと密約を結び，戦争でオスマン側に反旗を翻しロシアに協力する事態となった[19]。モルドヴァへ進軍したピョートル軍は，バルカンの正教徒たちにマニフェストを発してロシア軍への協力を求めたものの[20]，ほとんどのバルカンの正教徒はこれに応じず，支持を得られなかったピョートル軍はオスマン軍に敗北する結果となった。このことは，オスマン帝国内の正教徒にとってのロシア皇帝は，この時点ではいまだオスマン皇帝に代わる存在たりえなかったことを意味している。しかしながら，少数ながらピョートルの呼びかけに呼応した反乱がバルカンで生じたことは事実であり，ロシアへの期待がなかったわけではない。そうした期待はその後のロシアの台頭とバルカンへの影響力の拡大とともに増大し，18世紀後半以降オスマン帝国を大きく揺るがすことになるのは周知のとおりである。

　一方，こうした事態を受けてオスマン政府は，両公国の離反を抑えるための支配再強化の手段として，それまでの現地で選出された公を承認するやり方を改め，通称「ファナリオット（Phanariots, ギリシア語で Φαναριώτες)」と呼ばれる，主にギリシア系の正教徒有力者階層を公としてイスタンブルから派遣する制度を導入した。通商活動などによって経済力と西欧に関する豊かな知識を有する彼らは，17世紀後半からオスマン政府により通訳（tercemân / tercümân）として登用され支配層に取り込まれていたため，オスマン政府は彼らを，現地選出の人物よりも忠実であると期待したためである[21]。

　この新たに導入された制度により，オスマン政府は両公国支配の動揺を抑えることにある程度成功したということができる。しかしながら新たな制度は副作用ももたらした。それは，同じ信仰を有するとはいえ，イスタンブルから派遣され

---

19) 条約のテキストは，Там же, с. 323-326.
20) Там же, с. 331-336.
21) その他にオスマン政府にとっては経済的なメリットも，ファナリオット出身者をワラキア公とモルドヴァ公に就ける動機の一つであった。というのも選出された公は，スルタン一族や宮廷内の要人，さらに大宰相府の高官たちに金品を贈ることになっており，イスタンブルに居住しオスマン支配層と太いパイプを持つファナリオットの任命によって，それらがより迅速により確実に支払われることが期待されたからである。

るファナリオットの公は，在地のボイエールたちにとってはギリシア語を話す「よそ者」であり，新たに公に就任する人物は，自らの側近を要職に就けてボイエールたちを排除する傾向が強かったため，在地のボイエールたちはこうした「外国人支配」に反発し，ロシアやハプスブルク帝国などとのさらなる結びつきを求めるようになった。さらに派遣される公は，就任時に多額の金銭を政府関係者に支払う必要があり，それを性急に回収しようとして，現地で規定以上の「収奪」を行う例も見られた。こうしたことによる両公国の経済的疲弊は，住民たちから支配層まで幅広く諸外国，とりわけ信仰を同じくするロシアへの期待の高まりを生み出すことにつながるのである。

　以上のように，17世紀末から18世紀半ばまで，ロシアからの影響を受けつつも，オスマン政府は両公国支配の動揺を何とか抑え，16世紀以来の関係をかろうじて維持することができた。しかし，1768年に勃発したロシア・オスマン戦争は，この関係を大きく変える契機となるのである。

転換点としてのキュチュク・カイナルジャ条約

　17世紀末に大規模な版図を喪失したオスマン帝国であるが，その後18世紀前半にはロシアとハプスブルク帝国に対して大きな敗北を喫することなく，一部失った領域を取り戻すことさえあった。しかしながら1768年に開始されたロシアとの戦争では大敗北を喫し，1774年に締結された講和条約は，その後のヨーロッパ諸国のオスマン帝国に対する干渉，すなわちいわゆる「東方問題」の出発点と見なされる重要なものとなった。

　この戦争は開始当初からロシア軍がオスマン軍を圧倒し，短期間のうちにロシアの優位が明らかになった。戦争についての詳細を論じる紙幅はないが，バルカン戦線にのみ言及すると，ロシア軍は開戦翌年の1769年にモルドヴァ，さらにワラキアに進軍して，両公国の首都であるヤシとブカレストを次々に占領した。こうしたロシア軍の圧倒的優勢を見た両公国の住民・ボイエール・聖職者，そしてオスマン政府に忠実であることが期待されているファナリオットの公までもがロシアに協力する姿勢を見せたため，両公国でオスマン軍は思うように展開できず，多くの地域がロシア軍の占領下に置かれた。

　これ以外にもオスマン帝国に従属するクリム・ハーン国でのロシア軍の優勢，

エーゲ海でのロシア艦隊の勝利などを見た西欧諸国，特にプロイセンとハプスブルク帝国は，ロシアの急速な南下を警戒して，ロシアにオスマンとの和平を迫り，ロシア軍占領下のワラキアとモルドヴァについても，オスマン側への返還を強く求めた。その結果，こうした諸外国からの圧力によりロシアは，オスマン支配からの独立を目指していた両公国を返還せざるをえなくなったが，将来の同地における自らの影響力を可能な限り残すため，和平交渉において，両公国返還に当たっての様々な条件をオスマン側に要求し，その結果1774年に締結されたキュチュク・カイナルジャ条約では，第16条で両公国について10の項目が盛り込まれた。その中で，本章にとって重要と思われるのは，第8項から第10項の3項目と思われる。その内容を要約すると，次のとおりである。

 第8項　ジズヤのイスタンブルへの支払いは2年ごとに派遣される代理人を通じて行われること。両公国に対してそれ以外のいかなる税の負担も課さないこと。そしてかれらが，スルタン・メフメト四世時代（17世紀半ば）と同様の権利を享受することを認めること。

 第9項　両公国に対し，それぞれの代理人をイスタンブルに置く権利を認めること。

 第10項　オスマン帝国駐在のロシア代表は，両公国の状況に関して発言を行うことができ，オスマン政府はそれを尊重すること。

1774年の条約の内容は，その前年にブカレストで行われた交渉中にロシア側から示された草案を土台としていた。当初のロシア側の示した草案のうち，この第8項，第9項に相当する部分では，「ラグーザ共和国」と同様に税の支払いは3年に1度とし，「ラグーザ共和国」と同様にワラキア公とモルドヴァ公はそれぞれ，イスタンブルに領事を置くことができる，とされていた。ワラキアやモルドヴァと同様，オスマン帝国の「附庸国」の一つとされるラグーザ共和国（Ragusa，ドゥブロヴニク Dubrovnik）は，税の支払い義務が毎年ではないことからも推測されるように義務は比較的軽く，そのオスマン政府との関係はワラキア・モルドヴァのそれと比較して，遥かにゆるやかなものであった[22]。そのため，両公国への影響力の浸透を目指すロシアは，オスマン政府による両公国支配を緩和

---

22) オスマン帝国とラグーザの関係に関しては，以下を参照。N. H. Biegman, *The Turco-Ragusan Relationship*；М. М. Фрейденберг, *Дубровник и Османская империя*.

させるため，当初オスマン＝両公国関係をラグーザと同様の関係にすることを要求していた。その後の交渉により「ラグーザ」の文言は削除されたが，多様性が見られるオスマン政府とその「附庸国」との関係の中で，具体的にラグーザ型をロシアが目指したことは興味深い。

次に第10項であるが，正確な文言は以下のとおりである。「また，両公国の状況に関し，オスマン帝国駐在ロシア代表は，両公国のために発言できることが合意される。そして，〔オスマン帝国は〕それを，友好的かつ敬意を払うべき国家に対する尊重を持って聴くことを約束する」[23]。これはかなり曖昧な表現であり，オスマン側からすれば，ロシアの発言に耳を傾けるだけでそれに従う必要はないと解釈でき，一方ロシア側からすれば，オスマン帝国がロシアの意見を尊重しないことは条文に反するとも解釈できる。

戦争で敗れたとはいえ，「戦争の家」に対するオスマン帝国とイスラーム世界の優位が依然として信じられていたこの時期，オスマン帝国にとってこの文言がそれほど大きな意味を持つとは想定していなかったと思われるが，現実には，この項目はその後のロシアの両公国への干渉に道を開く結果となり，16世紀以来のオスマン＝両公国間の権利＝義務関係にも影響を与えることになった。

このキュチュク・カイナルジャ条約の意義については，すでに別のところで論じたので[24]ここでは要点のみを述べたが，バルカンにおける附庸国の問題にとっても，またオスマン帝国と諸外国との政治外交関係にとっても，この条約は極めて大きな意味を持っていた。何故なら，この条約以後，ワラキアとモルドヴァに関する諸問題はオスマン帝国秩序の内部の問題からヨーロッパ諸国も関与する国際的な問題となり，それ故この条約をオスマン帝国の歴史の転換点の一つとして捉えられるからである。

---

23) Е. И. Дружинина, *Кючук-кайнарджийский мир*, с. 346. 原文は以下のとおり，"Соглашается также, чтоб по обстоятельствам обоих сих княжеств министры Российского императорского двора, при Блистательной Порте находящиеся, могли говорить в пользу сих двух княжеств, и обещает внимать оные с сходственным к дружеским и почтительным державам уважением." 表記は現代正書法に改めた。
24) 黛秋津「ロシアのバルカン進出とキュチュク・カイナルジャ条約」。

オスマン＝両公国関係規定の動き

　では，ロシアが介入の手がかりを得た1774年の条約以降の，オスマン政府と両公国との間で生じた問題を見てみよう。その関係に関して注目される最初の動きは，オスマン政府からワラキア・モルドヴァ両公にあてて発布された勅令である。オスマン政府は条約締結から約半年後の1774年12月，両公それぞれにあてて，キュチュク・カイナルジャ条約第16条の内容を含む勅令を発布した[25]。この二つの勅令は，単にキュチュク・カイナルジャ条約第16条の各項目の内容のみならず，オスマン政府と両公国間の権利＝義務関係全般にわたる内容を含んでいた。

　たとえば，公国内におけるムスリムとキリスト教徒との間の裁判の扱い，許可を得た商人以外のオスマン臣民の公国への立ち入り禁止と家畜用冬小屋（kışlak）の建設禁止，公国を通過するオスマン帝国の司令官や使者による現地住民への物資・食糧・馬の供出強要の禁止，などといったかなり具体的な内容についても言及されており，このような詳細かつ多岐にわたる権利＝義務関係を含む勅令は1768年の戦争以前にはほとんど見られないものであった。

　両公国に認められた，戦争後2年間の免税期間が終了する直前に発布された1776年7月の勅令では，免税期間終了後のオスマン政府に支払われるべき金額として，ワラキア，モルドヴァそれぞれのジズヤ，新年と断食明けの年2度の祝祭の支払い（idiyye），オスマン政府高官への支払い額などが具体的に定められた。そして，この勅令に記載されていない税の廃止も再度述べられている[26]。これらの勅令発布に，ロシアの関与がどれほどあったのかについては今のところ明らかではないが，前述の勅令，特に1776年の勅令の内容は，1784年にオスマン帝国とロシア，さらにハプスブルク帝国との間で協約として合意され明文化された[27]。この協約により，オスマン＝両公国関係を包括的に規定するオスマン政府から附庸国への勅令の内容は，外国との外交上の合意事項として拘束されることになった。

---

25) Arhivele statului ale României, *Documente istorice*, DLXXXI/65a, 66a. 65aがモルドヴァ公あて，66aがワラキア公あてであり，ともにオリジナルではなく写しである。
26) BOA, *Cevdet Tasnifi, Eyâlet-i Mümtâze*, nr. 1015.
27) *Muahedat Mecmuası*, Vol. 4, 1298h (1880–81), pp. 2–4；[A. Cevdet Paşa,] *Târih-i Cevdet*, Vol. 3, pp. 334–335；Arhivele statului ale României, *Documente istorice*, DLXXXI/92.

その後，1787年にオスマン帝国はロシア・ハプスブルク帝国と再び戦争を行い，ハプスブルクとは1791年にドナウ岸のスヴィシュトフで，ロシアとは1792年初頭にモルドヴァのヤシで講和を結び，戦争は終結する。そのヤシ条約の両公国に関する内容を踏まえ，オスマン政府は両公国との権利＝義務関係を示す法令集（kanûnnâme）を定めた。オスマン帝国においては，イスラーム法を補完するために，支配領域の各地の実情に合わせた法（kanûn）がまとめられ「法令集」として出されていたが，両公国にこうした「法令集」が作成されたのは初めてのことであった。この28ヵ条からなる法令集は，オスマンと両公国との関係をこれまで以上に包括的に明文化したものであった[28]。

さらに1802年，オスマン政府はロシアの圧力のもと，ワラキア・モルドヴァ両公にあててそれぞれ勅令を発した。これは勅令の形をとっているものの，その内容についてはロシアとオスマン帝国との間で交渉がなされ合意されたものであった。したがって，実質的には両公国に関するロシアとオスマン間の条約と考えてよい。構成の点ではワラキア公あて，モルドヴァ公あての勅令とも共通しており，初めに過去にロシアとの外交合意（1774年，1784年，1792年）を受けて発布された，中央政府と両公国との関係を規定する勅令の要約が記載され，その後に今回の両帝国間の交渉で新たに決められた内容が加えられている。これら二つの勅令では，上述の「法令集」以上にオスマンと両公国との関係がより具体的に詳細に規定され，そして公の任免にロシア政府が一部関与することを認めるなど，ロシアの両公国問題への関わりをさらに深める内容であった。この1802年の勅令は，その後1829年のエディルネ（アドリアノープル）条約までの30年近くの間，オスマン＝両公国間の関係を規定するものとして扱われることになる[29]。

前節で述べたとおり，18世紀半ばまで，オスマン政府とワラキア・モルドヴァ両公国間の関係は，双方の権利と義務を包括的に含む条約や勅令ではなく，イスタンブルから出される個々の命令によって慣例として規定されていたと考えられる。そしてその関係に干渉する諸外国も存在しなかったため，オスマン政府はその時々の実情に合わせて，ある程度自由に権利＝義務関係を定め運用すること

---

28) この法令集に関しては，M. A. Mehmet, "O nouă reglamentare a raporturilor Moldovei" を参照．
29) 1802年の勅令に関する研究として，以下を参照．黛秋津「1802年ワラキア・モルドヴァ公宛て勅令の意義について」，Г. Н. Селях, "Русско-турецкое соглашение 1802г."

ができた。オスマン政府にとって両公国との関係は，契約などによって拘束されるものではなかったのである。

しかしながら 1774 年以降，ロシアやハプスブルク帝国はこの関係を明文化し，さらにそれを外交合意として拘束することによって，オスマン政府と両公国の関係を極めて明確なものにしようとした。その目的は，明文化された規定をオスマン政府に遵守させることにより，オスマン政府の両公国への支配を限定されたものとし，そこに自国の影響力を拡大する余地を見出そうとするものであった。オスマン政府はこうした外からの要求に従って，両公国との関係を整理してそれをある程度包括的に定める勅令を発布し，さらに網羅的にそれらを規定する法令集をまとめた。こうして，18 世紀半ばまで慣例によって定められ明確に規定されていなかったオスマン政府と両公国間の権利＝義務関係は明文化されて，誰もが見て理解できるような明確なものとなり，さらに 1802 年の勅令が外交条約としての性格を有していた点にも表れているように，オスマン政府がそれを遵守するよう，そこに諸外国の目が注がれるようになったのであった。このような 18 世紀後半のオスマン帝国をとりまく国際関係の変化の中から，「宗主」あるいは「宗主権」という用語が登場してくることになる。

「宗主権（suzerainty, suzeraineté）」の出現

すでに言及したように，オスマン帝国においては少なくとも 19 世紀初頭までの時期，本章で取り上げたワラキアとモルドヴァの二つの公国を「附庸国」，そしてオスマン帝国を「宗主国」と明確に述べている史料は見られない。オスマン帝国はその支配領域を多様なやり方で支配し，直接支配の地域であっても，間接支配の地域であっても，その地域の地理的位置，経済的役割，在地有力者の力の有無など様々な要素を勘案した上で，より実情に合った形で柔軟に支配のあり方を変えていた。このような多様な支配の中で，直接支配地と「附庸国」の区別さえも明確ではなく，またオスマン政府も，それをカテゴライズして積極的に区別する必要はなかったと思われる。

一例を挙げると，オスマン側史料の中では，本章で取り上げたワラキアとモルドヴァの領域を示す用語として，"memleket"，"vilâyet"，"eyâlet" が多く用いられるが，後二者はオスマン帝国内の他の州にも用いられ（たとえば "Bosna eyâleti"

「ボスニア州」など），両公国は「ワラキア州」「モルドヴァ州」とも表現されうる。つまり附庸国と直接支配下の州はしばしば同じ扱いをされる。

　さらにもう一例を挙げれば，前述の，帝国中央から両公国へ発せられる文書の中に散見する定型句「オスマン行政から分離され，また当局の介入は禁じられ，あらゆる点で自由であり」という表現は，アナトリア東部のクルド地域への文書でも用いられているが，アナトリア東部の諸州は「附庸国」ではなく，直接支配の中でもある程度自立性を有する地域と見なされる。このようにオスマン政府は，直接支配の領域と附庸国との間に明確な線引きをしておらず，それゆえ，附庸国に対する「宗主権」という概念も，19世紀に至るまで自らは持ちえなかったのである。

　しかし19世紀になると，オスマン帝国と諸外国との間の条約の中に「宗主権 (сюзеренитет, suzeraineté)」という語が登場する。その出現の詳細な経緯については，ヨーロッパ諸国内でのこの用語の示す概念や使用法の変遷，さらにオスマン帝国に関するヨーロッパ各国史料の網羅的な検討が必要であり，現時点でそれを論ずることは筆者の能力を超えているため，ここではさしあたり初期の使用例を示すにとどめる。

　ロシアとオスマン帝国間の条約で初めて「宗主権」という語が現れたのは，おそらく1800年の七島共和国（Республика семи островов, Cezâir-i seb'a, Επτάνησος Πολιτεία，いわゆるイオニア共和国）独立に関する両国間の条約中と思われる。七島共和国とは，元々ヴェネツィア領であり，1796年にフランス領となったイオニア諸島の七つの島を，1799年にロシア・オスマン連合艦隊が占拠した結果成立した，ロシアとオスマン帝国の共同管理の新しい国家であった。そのオスマン語条文の第1条に以下のような文章がある。

　　……オスマン王家の偉大なる皇帝陛下と，輝かしき子孫であり後継者の資格を持つものは，前述の共和国のسوزين (suzin)，すなわち支配をし，保護し，従われる者，また前述の共和国も至高の国家のواسال (vasal)，すなわち服属し，支配され，護られる者であるので……[30]。

---

30) *Muahedat Mecmuası*, Vol. 4, p. 29. この条約の条文については，オスマン語では，*Ibid*., pp. 28-34. ロシア語では，ПСЗРИ, т. 26, с. 88-92. フランス語条文は，G. Noradounghian, *Recueil d'actes internationaux de l'Empire ottoman*, Tome 2, 1900, pp. 36-41. سوزين (suzin) はフラ

このようにオスマン語テキストには，間違いはあるが，ヨーロッパの外来語である"suzerain（宗主）"と"vassale（従属者，属国）"の語がそのままオスマン語に転写され，それに引き続いてオスマン語によって意味が説明されている。これはあたかも，ヨーロッパでいうところの「宗主」と「属国」の意味とはこういうものなのだと，オスマン側に解説するかのごとくである。ちなみにロシア語テキストには，"Верховный властелин（最高の支配者）"という別の表現がなされ，"suzerain"という語は使われていない。これが，オスマン帝国が諸外国と締結した条約の中で「宗主」の語が用いられたおそらく最初の事例であろう。

同条約締結時は，1798年のフランスによるエジプト侵攻を契機としてオスマン帝国がロシアと同盟関係にあり，この七島共和国の保全や憲法と諸特権の維持のためオスマン帝国のみならずロシアにも軍の駐留が認められ，そして実質的にはロシアが共和国の防衛を担っていた。ロシアにとってここは，念願かないようやく進出を果たした東地中海の重要な軍事拠点であった。このように同共和国には，権威や精神の面ではオスマン皇帝が支配者であるが，実質的にはロシアが支配する，という構図があり，そのような中でオスマン帝国の「宗主権」という語が初めて公式に登場した点に留意する必要があると思われる。

その後しばらく，オスマン帝国と諸外国との間の条約中に"suzerain"の語は見当たらない。この語が次に現れるのは，実はワラキアとモルドヴァに関する内容においてであった。

両公国に対するオスマン政府とロシアのそれぞれの権利は，前述の1802年の勅令に規定されたものが土台となり，その後の外交合意によりそれにいくつかの内容が付け加えられていった。そして1828年に両帝国間で戦争が勃発し，それが終結する1829年に結ばれたエディルネ条約の中で，「宗主権」の語が，オスマン政府と両公国の関係に対し初めて用いられたのであった。同条約の第5条は以下のような文言から始まる。

> ワラキアとモルドヴァは至高の門（オスマン政府）の宗主権（верховная власть, suzeraineté, tebaiyyet）の特別の諸条件をもって従属し，またロシア帝国もその安寧を保証するので……[31]

ンス語の suzerains の転写の誤りであろう。
31) *Ibid.*, pp. 168-169 ; *Muahedat Mecmuası*, Vol. 4, p. 73.

七島共和国と同様，両公国はオスマン帝国に従属し，ロシアがその状態を実質的に保証するという文脈で「宗主権」の語が用いられている。実際，この条約とは別に結ばれた両公国のみに関する条約では，オスマン政府の権限にそれまで以上の様々な制限が加えられ，1830年代前半のロシア軍占領下におけるキセリョフ（Павел Д. Киселёв）伯爵の両公国統治に見られるように，同条約締結後はロシアが実質的な両公国の保護者となった。両公国においても，オスマン支配が次第に名目化する中で「宗主権」の語が登場したわけである。

以上のように，19世紀前半までのロシアとオスマン帝国間の条約中に見られる限りでは，「宗主権」という語はロシアの実質的な支配に対し，オスマン帝国の精神的・権威的支配の権限を示す言葉として現れ用いられていることがわかる。「宗主権」について，前述の1800年の七島共和国に関する条約はあまり注目されることはなかったが，この1829年のエディルネ条約は同時代の欧米の国際法学者の目にとまることとなり，ホイートン（Henry Wheaton）もその著作 *Elements of International Law* の中でこれを記述した。これによりオスマン＝両公国関係は「宗主（suzerain）」＝「附庸（vassal 属国）」関係の典型として広く知られるようになり，欧米列強の世界各地への進出，西欧的国際法概念の広がり，そして翻訳を通じたその著作の影響力の拡大とともに，その関係はその後の東アジアの問題とも大いに関わりを持つこととなるのである。

おわりに

オスマン帝国は，その初期において支配領域を拡大する中，イスラーム世界においては聖戦の遂行者と両聖地の守護者として，またキリスト教世界においてはコンスタンティノープルを中心とする旧ローマ帝国の後継者として広大な領域を統治する正統性を得た。その支配の特徴は，地域ごとの実情に合わせた柔軟な統治方法であり，バルカンやアナトリアの中心部など，ティマール制が施行され中央政府が強力に押さえている地域から，ラグーザのように，ほぼ貢納金の支払いのみの地域に至るまで，支配のあり方は多様であった。そこには既存の政権組織を維持したままオスマンの秩序に連なるいわゆる「附庸国」も複数含まれていた

が，政府はあくまで実情に合わせた統治を行い，その関係は法的にも曖昧で，直接支配地域との区別も明確でない部分があった。このような中，征服後に併合することなく間接支配を敷いた国々へのオスマン政府の認識は，おそらくそれが最も合理的な支配のやり方と見なしたに過ぎず，直接支配か間接支配かはそれほど重大な問題とは認識していなかったに違いない。しかしその支配のあり方を見た同時代の西欧人や近代以降の人々は，その関係を「宗主権」を持つオスマン政府とその「附庸国」と捉えた。

被支配地は言うまでもなく，諸外国もオスマン帝国に力で及ばなかった17世紀までの時期，オスマン中央政府の「附庸国」支配は必ずしも明文化される必要はなく，場合によっては政府が様々な条件を変更することも可能であった。本章で取り上げたワラキアとモルドヴァの場合も例外ではなく，これまで検討してきたように，その関係は長らく明文化されずに慣例として定着し，18世紀初頭のファナリオットの公任命のように，時に中央政府の意向によってその関係が修正されることもあった。

しかし，東ローマ帝国滅亡後にその後継者かつ正教徒の保護者として名乗りを上げ，名実ともにその資格を持つ存在へと成長した18世紀のロシアは，かつての正教世界の中核地域であるバルカンへと進出し，1768年のロシア・オスマン戦争でオスマン帝国に対する軍事的優位を示して，1774年の条約で得た権利を足掛かりに両公国に進出した。そして，それまで明文化されず，またオスマン政府による変更の余地を残していたオスマン＝両公国関係を明確にさせ，オスマン政府の両公国への権限を限定することにより，その余地に自らの影響力を浸透させようとしたのであった。

ロシアの両公国，そしてバルカン進出は，ハプスブルク帝国，さらにはイギリスやフランスの関与を引き起こし，バルカンを「東方問題」の中心へと導くことになる。オスマン帝国において，「宗主」「附庸（属国）」という語が現れたのは，そのような状況の中であった。軍の駐屯という実質的な支配権限をロシアが握る一方，オスマン帝国が名目的な支配者として統治するという文脈で，イオニア諸島の七島共和国に関する条約の中で現れた「宗主」という語は，やがて1829年のエディルネ条約でワラキアとモルドヴァに関しても用いられ，ここにオスマン政府は両公国に対して「宗主権」を持つことが内外に示されたのである。

「宗主権」という語がヨーロッパから与えられてからの1830年代以降のオスマン政府の両公国支配は，前述のとおり，ロシアの実効支配と比較して名目的なものとなった。ワラキア・モルドヴァ両公国の人々は，かつてのようにオスマン皇帝の中にローマ皇帝の権威を見出すことなど，もはやできなかったに違いない。

両公国ではこの頃から，別の「ローマ」が意味を持つようになっていった。すなわち，18世紀後半に，隣接するオーストリア領トランシルヴァニアからもたらされた，自らの言語文化のラテン性を過去のローマ帝国やラテン世界と結びつける思想は，歴史的文化的共通性の多いワラキアとモルドヴァの統一運動と結びつき，大きな力となっていった。かれらの言う「ローマ」の中には，オスマン帝国において「ローマ（Roma）」を語源とする"rûm"という語が持つギリシア性は含まれず，あくまでラテン的なものあり，必然的にかれらの目はイスタンブルではなく，西欧の先進国であるラテン国家フランスに向けられる。そして1859年にワラキアとモルドヴァが統一を果たした際，新たな国家・国民のアイデンティティとなったのが「ローマ」であり，「ローマ人」であった。

本書導論で述べられたような，オスマン皇帝が有する普遍性の重層的構造の中の「ローマ皇帝」は，外国によって「宗主」の名が与えられるとほぼ同時に力を失ったのである。被支配者であるワラキアとモルドヴァが異なる「ローマ」を求めて，オスマン支配から自立しようとしたことは歴史の皮肉と言えようか。

第 2 章

主権と宗主権のあいだ
―― 近代オスマンの国制と外交

藤 波 伸 嘉

はじめに

　The interference of the Christian powers of Europe, in favor of the Greeks, who, after enduring ages of cruel oppression, had shaken off the Ottoman yoke, affords a further illustration of the principles of international law authorizing such an intereference, not only where the interests and safety of other powers are immediately affected by the internal transactions of a particular State, but where the general interests of humanity are infringed by the excesses of a barbarous and despotic government. ... If, as some writers have supposed, the Turks belong to a family or set of nations which is not bound by the general international law of Christendom, they have still no right to complain of the measures which the Christian powers thought proper to adopt for the protection of their religious brethern, oppressed by the Mohammedan rule.

　希臘歴代受土耳其回々人凌虐, 歐羅巴奉教之國, 因助希臘自立, 此事又可引以示公法之例, 蓋不但某國内政, 致鄰國有危, 公法可以相救, 即野蠻凶暴, 殺戮無度, 亦可興仁義之師, 而彈壓之也, ……或云, 土耳其等國不為奉教之公法所制, 然余意奉教之國, 行事以護其同教之人, 被回回人所凌虐者, 則土耳其無可怨矣。

　希臘多年土耳其國中ノ回々宗〔マホメダン〕ノ人民ノ為メニ攻メ伐タル。其レ故欧羅巴耶

蘇宗ノ諸国希臘ヲ助ケテ自立セシム。此事又引証トシテ公法ノ例ニアラハスベシ。此事彼国ノ致シ方ニテ。隣国モ危ウキユエ。公法ニテ救フテ宜シキノミナラズ。実ニ無智ノ蛮夷ドモ。擅（ホシキマヽ）ニ殺害フ好マバ。他国仁義ノ軍ヲ起シテ。之ヲ打チ払フベキナリ。……或ヒト云ク土耳其ナドノ国ハ。耶蘇教ヨリ出シ公法ニテハ制度ハナサレヌナリト。然レドモ余思フニ耶蘇宗ノ国ヨリ。其同宗ノ人民ガ他宗ノ回々教（マホメダンシウ）ノ人民ノ為メニ。乱暴セラルヽヲ保護スルニ。タトヒ其領分タリトモ。現在己ノ人民ガ道ナラヌ乱暴ヲハタラクコトナレバ。土耳其ハソノ保護スルヲ怨ムベキ義ナシ[1]。

1821年に勃発したギリシア独立戦争への英仏露の介入につき，「万国公法」の名で東アジアに広く流通した国際法学書にはこうした記述がある。19世紀以来，今日に至るまで，世界中に広く流通するオスマン像はこの種のトルコ蔑視的な眼差しに強く規定されており，「奉教之公法」の一員たるべく「土耳其」を反面教師とした日本や中国との対比で，オスマン帝国は長く，「西洋の衝撃」への対応の「失敗」例として扱われてきた。だが上掲の一節は，「人道」を振りかざす西欧列強が依拠する国際法なるものが，その実はいかにキリスト教中心主義的なものだったかを明白に示す恰好の事例と映るはずである。ここで問われるべきは，近代国際秩序それ自体が，オスマン帝国を「野蛮凶暴」で自主独立は不可能な「瀕死の病人」と見做し，それを国際法の例外領域として処理することで初めて成立可能だった事実であって，この点を看過し，一国単位での対応の巧拙を現象面で評価するのみの「国際関係史」などは，皮相なものにとどまろう。

ただし本章では，書かれるべき新たな世界史のための予備作業たるべく，そうした例外領域の現象面での表れとして，オスマンの国制と深く関わる形で，近代に創出された「特権」なる概念に着目したい。ここでいわゆる「特権」には，①外国人特権（カピチュレーション）imtiyazat-ı ecnebiye，②宗教的特権 imtiyazat-ı mezhebiye，そして③特権諸州 eyalat-ı mümtaze の三種が含まれる。現代の研究者の間では，「特権（imtiyazat）」という語はほぼ専ら①の意で理解されている[2]。だ

---

1) H. Wheaton, *Elements of International Law*, 6th ed., 1855, pp. 100-102, 『萬國公法』巻1，第1章第9節，頁8〜9，『万国公法訳義』巻2上，第1章，頁18〜21。この記述は初版でも見られる。H. Wheaton, *Elements of International Law*, 1836, pp. 91-93.
2) たとえば，多くのオスマン史研究者が引く代表的な業績として，H. İnalcık, "İmtiyâzât" を参照。

が19世紀には，これらは今日想定される以上の広汎かつ重大な問題領域を構成していた。当時は，その語義として，③に関わる「自治」が当てられることが稀でなかったし[3]，②も近代オスマンを揺るがした一大問題だった[4]。

　このような「特権」をめぐる用語法は主権および宗主権の概念とも深く関わっていた。主権は言うまでもなく近代国際秩序の基本的な構成要素の一つである。また宗主権とは，本書全体が示すように，在地秩序と近代国際秩序との交点で，各地域の運命を左右する極めて論争的な概念として登場した。次章で論じられる通り，それが東アジアに適用されるに当たり，既存の事例としてしばしば言及されたのがオスマン帝国だった。そして当のオスマン帝国で，主権と宗主権のあいだ，その支配の境界領域を表したのが，③の「特権諸州」である。これは，西欧列強のオスマン侵略を各当事者が妥協し得る範囲で正当化した結果として生じた自治的領域を表すべく創出された概念であり，近代国際秩序とオスマン帝国とが交錯する「東方問題」の中で，その帰趨をオスマン国制といかに整合させるかという問題領域において表出したものだった。

　したがって本章の課題は，三つの「特権」を中心に，近代オスマンの国制と外交を概観して，オスマン帝国の「宗主権」をめぐる制度的な変遷を示し，主権・宗主権概念を歴史学的に見直す手がかりを提供することにある。国際法史や国際関係史に関する世上一般の理解が未だに根強く西欧中心主義的であることに鑑みれば，こうした試みも無意義ではないだろう。以下では，まず前提としての近世オスマン外交につき若干の指摘を行った後に，近代オスマン外交の特質をその国制の観点から考察し，その上で，「特権諸州」の位置づけを中心に，主権や宗主権をめぐる論点を提示していくこととしたい。

1　近世外交

コンスタンティノープルを征服し新ローマの新たな主となった1453年を画期

---

3) この点は当時の辞書項目からも明らかである。たとえば，Şemsettin Sami, *Kamus-ı Fransevi*, p. 142 ; idem, *Kamus-ı Türki*, p. 164 ; I. Χλώρος, *Λεξικὸν τουρκο-ελληνικόν*, p. 198 などを参照。
4) この問題についての代表的研究として，Χ. Εξερτζόγλου, «Το "προνομιακό" ζήτημα» を参照。

に，短くは1774年のキュチュク・カイナルジャ条約まで，長くは1839年のギュルハネ勅令に至るまでを，一般にオスマン史上の「近世」と称する。この間，その版図は拡大から定着，そして縮小へと変転したが，オスマン帝国は一貫して自他ともに認めるイスラームの盟主であるとともに，ヨーロッパの政情を左右する主要な行為主体の一つでもあった。たとえば，一般に近代西欧外交の濫觴と目されるルネサンス期，イタリア諸都市にとって喫緊の課題は急成長するオスマン朝への対応であり，故に各都市が常駐使節を派遣して，対オスマン交渉に努めた。ハプスブルクと対峙するフランス王権にとっても，オスマン朝との友好は死活の重要性を持っていた。オスマン領に隣接するその当のハプスブルクやハンガリー，さらにはポーランドやロシアなど中東欧の諸王権にとって，対オスマン交渉が有した意義は贅言するまでもない[5]。そしてこの間，西欧とオスマン領とは経済的にも緊密に結び付いており，大西洋岸諸国は正にその文脈で，オスマン「属州」たるアルジェリアと，私掠者取り締まりをめぐり独自の協定を結んでもいた[6]。近世を通じ，西欧諸国の相互関係と同等以上に，その各国の対オスマン関係こそが欧州の政治秩序を定める要素だったのであり，清朝やガージャール朝にはついに公使しか派遣しなかった西洋諸国が，オスマン帝国には一貫して大使を派遣したことは，こうした近世外交の名残だとも言えよう。

当の近世オスマン帝国も，決して非イスラームの他者や外部への関心を持たない国家ではなかった。社会経済各層に関わる外界との交渉はもとより，政府官人の次元でも，オスマン帝国が外部との交渉を絶やしたことはない。もちろん，その際の用語法に，「イスラームの家」を「戦争の家」と対置する，いわゆる「イスラーム的世界観」が貫徹したのは疑えない。だがそれは，自らの「文明」の「普遍」性や「寛容さ」を自賛する西欧人のいわゆる国際法が，実際は「奉教之公法」に他ならず，「文明諸国」即ちキリスト教世界を，「野蛮」「未開」の他地

---

5) イタリア諸都市との交渉については，D. Goffman, "Negotiating with the Renaissance State" を参照。この点も含め，近世オスマンの対外関係全般については，S. Faroqhi, *The Ottoman Empire and the World around It* を参照。
6) 工藤晶人『地中海帝国の片影』第1章。だが後には，まさにこうした「外交」の存在ゆえに，「土國」と「巴巴里」との関係は，「主権」の所在に照らし，「頗る奇異」だと見做されることになる。Wheaton, *Elements of International Law*, 1855, pp. 52-53, 『萬國公法』巻1, 第2章第14節。

域と対置するものだったことと対を成す事象である。その意味で，イスラーム的発想に基づきオスマン人が展開した対外交渉は，キリスト教的発想に基づき西欧人が展開した対外交渉と対照されるべきものだろう。建国以来，東西の競合する諸王朝との頻繁な接触の中にあったオスマン帝国にとり，普遍的な世界帝国という建前とは別に，現実に即した対外交渉は一貫して重要な政策課題であった[7]。

実際，オスマン帝国は，西欧諸国相互の間で外交の制度化がなされるに遥か先立ち，一定の制度化された交渉様式を築き上げていた[8]。西欧人のいわゆるカピチュレーション，即ち「条約の書（ahdname）」はその最たるものである。各国に順次与えられたこれらの「条約の書」は，領事裁判権や関税率など，おおむね共通の事項を含むが，その細目は相手国と時代とに応じて必ずしも一様ではなかった。これらは元来，オスマン帝国に先立つ中世地中海世界の慣習，とりわけ東ローマやマムルーク朝とイタリア諸都市との間の交渉様式を引き継ぐものである。だが近世オスマンの認識としては，これらはあくまで，君主が異教徒に一時的に与えた「恩恵」に過ぎなかった[9]。しかも，両ドナウ公国（ワラキアとモルドヴァ）やドゥブロヴニクのような貢納国も，英仏などの「条約の書」の相手先も，義務と引き換えの一定の権限の恵与という点で，本質的な相違はない[10]。同様の発想は非ムスリム臣民の処遇についても見られる。かれらの国制上の地位は，個々の聖職者が，各々の管轄する信徒についてオスマン君主に対して有した個別具体的な権利義務の体系としての，聖職者徴税請負制の枠組で処理されていた[11]。

---

7) 近世オスマンの「イスラーム的世界観」については鈴木董『イスラムの家からバベルの塔へ』第1部および本書第1章を参照。その現実主義的な対外交渉については，A. N. Yurdusev, "The Middle East Encounter" および D. Kołodziejcyz, "Between Universalistic Claims and Reality" を参照。

8) その諸相について，G. R. Berridge, "Diplomatic Integration with Europe before Selim III" を参照。

9) E. Eldem, "Capitulations and Western Trade." ただし，Eldem がカピチュレーションの「特権」化の画期を19世紀後半に置いているのは，本章で示す通り，恐らく誤りである。なお，初期の「条約の書」については，堀井優「16世紀オスマン帝国の条約体制の規範構造」も参照。

10) この点については，A. H. de Groot, "The Historical Development of the Capitulatory Regime" を参照。

11) M. M. Kenanoğlu, *Osmanlı Millet Sistemi* を参照。とりわけ正教徒の事例については，Π. Κονόρτας, *Οθωμανικές Θεωρήσεις* が詳しい。

宗教の別を基軸としつつ，属人的な権利義務の請負の体系の一環として構築された点で，以上の各措置は共通する面を持つが，まさにそれが近世オスマン統治の原則だった。つまり，現実の交渉様式とは別の問題として，近世オスマンの法制度観において，他国との「外交」と自国の「内政」とを弁別する発想は必ずしも強くない[12]。それが変容していくのは，18 世紀以降のことである。

2　「特権」の時代の対外交渉

過渡期，1774〜1839 年

　1774 年締結のキュチュク・カイナルジャ条約以降，1839 年のギュルハネ勅令によってタンズィマート改革が開始されるまでの 70 年近くは，近世オスマン秩序が崩壊し，それに代わる新たな秩序が生まれるまでの過渡期ともいうべき時代である。この間，同条約締結の契機となったロシアの侵出は，引き続く 1798 年のナポレオンのエジプト侵攻を経て，全欧洲規模の国際変動にオスマン帝国を巻き込んだが，さらに 1821 年にギリシア独立戦争が生じると，これらへの対処の過程で頭角を現したエジプト州総督ムハンマド・アリー（Muḥammad ʻAlī）との対峙は，1830 年代を通じ，「エジプト問題」という形で，あらためて西欧列強の介入する国際的争点となった。

　もちろん，すでに 17 世紀末以来，オスマン帝国の版図は縮小し始め，外国君主との対等性も認めざるを得なくなっていた。また，かねて西欧各国との間に結ばれていた「条約の書」も，時を経るに従い，元来の君主一代限りの「恩恵」というよりは，事実上永続的な効力を持つようになっていた。1675 年の対英，1740 年の対仏のカピチュレーションを画期として，以後は「条約の書」の体系的な更改はなされなかったが，墺露との軍事的均衡の中，対外交渉の重要性が高まった 18 世紀以降，オスマン側も，条約の内容上の双務性を意識的に追求するようになっていた。だが，ロシアの伸長を背景とする 18 世紀後半の変化は，引き続く国際秩序変動とも相俟って西欧諸国との新たな関係構築を要請し，それが

12）この点については，G. Kármán and L. Kunčević, eds., *The European Tributary States of the Ottoman Empire* 所収の各論説が，各「貢納国」の具体的な文脈に即して検討している。

「特権」の創出に繋がっていく。それはまず①領域的な「特権」の承認，次いで②カピチュレーションの「特権」化，さらに③非ムスリムの「特権」の創出という順序を辿った。以下にその経緯を検討していきたい。

領域的な「特権」

　その発端は，従来ヴェネツィアに属していたイオニア諸島にあった。フランス革命後に同諸島を占領した仏軍が駆逐された後，アドリア海の勢力均衡を求めるロシアは，1800年にオスマン帝国との間に協定を結び，「ドゥブロヴニク共和国に倣って」，ここにイオニア七島共和国を創設した。後述の通りこれはオスマン帝国に関わる「宗主権」概念の初出となるが，それと並んで重要なのが，この際，同諸島に認められる自治権の総体が，「特権（imtiyazat / privilèges）」の語で表されたことである[13]。さらに，ナポレオン戦争の過程で，1812年にやはりオスマン帝国とロシアとの間で結ばれたブカレスト条約の第5条は，両ドナウ公国の従来の「特権」は，1792年ヤシ条約の内容とともに，今後とも保障される旨を定めている[14]。ところが，当のヤシ条約における両公国関連の条文を見る限り，同条約で公に対して個別具体的に定められた権限の総体を「特権」と名指す用法は存在しない[15]。ただし，この間に発布された1802年のワラキア公あての勅令で，その領内に関する権限の総体につき，「特権」の語を用いることが始まっていた[16]。つまり，以上の事例からは，1800年以降，イオニアの例を端緒として，両ドナウ公の権限の総体もまた遡及的に「特権」として定式化されるようになったこと，ロシアとの交渉がその契機となっていたことが窺われる。

カピチュレーションの「特権」化

　同様の経緯は，カピチュレーションについても見られる。キュチュク・カイナルジャ条約により，ロシアが英仏など従来の最恵国と同等の待遇を受けることが

---

13) *Muahedat Mecmuası*, Vol. 4, pp. 28-34 ; G. F. de Martens, *Recueil des principaux traités*, Tome VII, 1831, pp. 41-47.
14) *Muahedat Mecmuası*, Vol. 4, pp. 49-57 ; ВПР, том 6, 1962, c. 406-416.
15) *Muahedat Mecmuası*, Vol. 4, pp. 4-13 ; Noradounghian, *Recueil d'actes internationaux de l'Empire ottoman*, Tome 2, pp. 16-21.
16) ［A. Cevdet Paşa,］*Tarih-i Cevdet, Tertib-i Cedit*, Vol. 7, pp. 352-361.

定められると[17],その旨は以後,1783年の露土通商航海条約などの一連の二国間条約で繰り返された[18]。この段階ではなお君主の「恩恵」という体裁は保たれたが,それは短期の内に,「特権」へと化していく。

その端緒もやはりナポレオン戦争の最中に見出される。1802年3月のアミアンの和約を受け,同年6月にオスマン帝国は統領ナポレオン治下のフランスと条約を結び,彼のエジプト侵攻以来の敵対関係を終結させたが,この条約は,「古い条約（uhud-ı kadime)」即ち「古いカピチュレーション」に基づきフランス人が従来享受した「恩典や特権や利益（istihkak ve imtiyazat ve menafi)」ないしは「特権や自由（privilèges et libertés)」が保障されることを謳っていた[19]。だが,これによってロシアとの関係が悪化する中,オスマン帝国はイギリスとも戦端を開くことになる。その結果,続く1809年にイギリスと結んだダーダネルス条約の第4条において,トルコ語では,1675年即ち「ヒジュラ暦1086年のジュマーダー第二月中旬に締結された条約の諸規定ならびに黒海交易に関する協定およびその後に同様に協定に付け加えられた諸特権 imtiyazat」の保持を謳う箇所が,仏文版では,「土暦1086年のジュマーダー第二月中旬に締結されたカピチュレーション条約ならびに黒海交易に関する協定およびその後の時代に同様に締結された種々の協定によって定められたその他の諸特権（privilèges (Imtiazat))」の保持を謳う内容となっており,ここに至ってフランス語 privilèges とトルコ語 imtiyazat とが,「特権」なる同一の対象を示す用語であることが明確にされた[20]。それをさらに体系化したのが,エジプト問題の最中の1838年に締結された英土通商航海条約,いわゆるバルタリマヌ条約である。ムハンマド・アリー朝に対する大宰相府への外

---

17) *Muahedat Mecmuası*, Vol. 3, 1297h (1879-80), pp. 254-273 ; Martens, *op. cit.*, Tome II, 1817, pp. 286-322.

18) *Muahedat Mecmuası*, Vol. 3, pp. 284-319 ; Aristarchi bey, *Législation ottomane*, Tome 4, 1874, pp. 346-374. 本条約については,松井真子「オスマン帝国の「条約の書」にみる最恵国条項」も参照。

19) *Muahedat Mecmuası*, Vol. 1, 1294h (1877-78), pp. 35-38 ; Martens, *op. cit.*, Tome VII, pp. 416-418. なお,カピチュレーション史上における本条約の意義については,[İbrahim] Hakkı Paşa, "Kapitülasyonlar yahut Uhud-ı Atika," *İlm-i Hukuk ve Mukayese-i Kavanin Mecmuası*, No. 14, 1326r (1910), pp. 6-7 にすでに指摘がある。

20) *Muahedat Mecmuası*, Vol. 1, pp. 266-269 ; L. Hertslet, *A Complete Collection*, Vol. II, 1820, pp. 370-376. なお,本条約の意義については F. Ahmad, "Ottoman Perceptions of the Capitulations," pp. 4-5 がつとに指摘しているが,これを「特権」化の画期と見る視座はない。

交的支援と引き換えに低関税を定めた同条約の第 1 条の仏文版は,「カピチュレーションや現行の条約」で英国民および英国船に与えられた「あらゆる権利や特権や免除（tous les droits, privilèges et immunités）」の永続を確認し，この種の特権が最恵国待遇の対象となることも明示しているが，トルコ語版も，英国民および英国船に与えられた「あらゆる権利や特権や免除（bilcümle hukuk ve imtiyazat ve muafiyat）は古い条約に基づき永久に効力を持つ」ことを確認しており，カピチュレーションとは即ち特権であり，しかもそれは永続すべきものであることがあらためて明言されている[21]。このように，18 世紀末のロシアの侵出を契機に，以後のナポレオン戦争の最中の英仏との交渉の過程で，カピチュレーションの「特権」化が進む。そしてこの内容が最恵国待遇により他国にも均霑されるか，あるいはこれを範例に「特権」を盛り込んだ同様の新条約が締結された結果，以後オスマン帝国は，外国人特権の軛の下に置かれていくことになる。

非ムスリムの「特権」

これと同じ時期，同じ背景の下に登場したのが非ムスリムの「特権」である。「東方問題」は西欧列強による現地キリスト教徒の「保護」という口実の下に展開し，カピチュレーション規定の濫用による「庇護民」の増大や，宣教団による現地民の改宗という結果がしばしばもたらされた。そこで，権利拡大を目指す「庇護民」，自律を求める新改宗者，信徒統制を図る既存の非ムスリム各共同体，領内の安定を望む大宰相府など，各当事者の意向に沿うべき妥協策として，列強の意向も受けて共同体の新設や再編が行われたが，それを正当化すべく画定された各共同体独自の権限は[22]，次第に国制上にも明確な「特権」へと化していく。

領土的な「特権」とも結びつく形でそれが明示された最初期の事例が，1838 年のセルビア公あて勅令である。そのトルコ語版は，「政治的事柄に関わらない限り，宗派の礼拝や教会運営は聖職者によって独立して行われること，そして府主教，主教，典院，司祭らが，民族により（milletçe），あるいは教会の独自の寄

---

21) *Muahedat Mecmuası*, Vol. 1, pp. 272-275 ; Aristarchi, *op. cit.*, pp. 109-115.
22) B. Masters, *Christians and Jews*, Chapters 4-5. 共同体新設の具体例やその背景については，上野雅由樹「マフムト 2 世期オスマン帝国の非ムスリム統合政策」および黒木英充「オスマン帝国におけるギリシア・カトリックのミッレト成立」も参照。

進財産により，個別に俸給を受け取ることは，古来コンスタンティノープルの征服以降，朕の至高の国家の神護の領土に居住するキリスト教徒の隷属民に悉くも与えられた特権にして偉大な恩恵（imtiyazat ve müsaadat-ı celile）だった」と説くが，ここはフランス語版では，「政治的事柄からは独立した教会運営のみを聖職者の長が行なうことは，大宰相府がそのキリスト教徒臣民に古くから与えていた自由や特権（libertés et privilèges）に適う」とされている[23]。そして 1841 年，ムハンマド・アリー朝からシリアを奪回した大宰相府は，エルサレムの非ムスリムに対し，過去の勅令で認められたその「免除と特権（immunités et privilèges）」あるいは「古い特権（privilèges）」を保障する旨を布告している[24]。これは後の「宗教的特権」の原初形態とも言える。こうして，「東方問題」の焦点だったセルビアやシリア，とりわけパレスチナを契機に，タンズィマートの到来と前後して，この各地に居住する非ムスリムの「特権」なるものも徐々に定式化されていった。

「恩恵」から「特権」へ

　以上のごとき各種の「特権」の創出は，単に条約や勅令における用語法の変化にとどまるものではない。それは，西欧列強の侵出を受け，オスマン帝権の正統性とそれを踏まえて大宰相府が支配する対象とをめぐる認識が変容しつつあったことの表れだった。一方のオスマン君主の立場からすれば，以上の経緯は，貢納国であれ西欧諸国であれ非ムスリム臣民であれ，かつては自らへの服属と引き換えに，各々が本来負うべき義務を恩典として「免除（muafiyet）」し，さらには，個別具体的な権利義務の請負の文脈で，一定の権限を属人的な「恩恵（müsaade）」として認めただけのはずだったものが，次第に遡及的に既得権益化して，個々の属性に由来する生得に近い権限として，半ば永続的な「特権（imtiyaz）」として定式化される過程として映る。他方，これと並行してセリム三世，だがとりわけマフムト二世の下で，紀律と秩序とに基づく領内の集権化が志向されるようになると，その結果，かつては各々が独自の文脈で代表する社会各層の利益を，徴税請負制を通じて大宰相府と結び付ける役割を果たしていたイェニチ

---

23) Aristarchi, *op. cit*., Tome 2, 1874, pp. 60-69；[Raşit Belgradi,] *Tarih-i Vaka-i Hayretnüma*, pp. 242-251.
24) Noradounghian, *op. cit*., pp. 339-340.

ェリ,同職組合,そして地方名望家が,政府による一元的支配の妨げとして,ひとしく撃滅の対象となる。ゆえにその過程で,イスラーム国家の中の「隷属民」として一定の権限を確保していた非ムスリムにせよ,「王朝」と見紛う事実上の独立政権を各地で樹立していた名望家たちにせよ,従来の権益を新しい環境の中でいかに保持するかの選択を迫られた。その選択が,「東方問題」の文脈で,「ヨーロッパの協調」の維持を命題とし,それゆえに一定の範囲内でのオスマンの「主権」の確立を求める西欧列強の統制下に置かれる中,この種のかつての権限を新たな国制に然るべく位置づけるために創出されたのが,種々の「特権」だった。カピチュレーションや非ムスリム共同体の権限が「特権」と化す中,領内各地の権限の差も徐々に「特権」により説明されていくようになるが,その制度化は,続くタンズィマート改革の時代にかかる。

タンズィマート期,1839～76年

　1839年のギュルハネ勅令発布に始まるタンズィマート改革の時代,オスマン帝国は対外的に一定の安定を獲得したかに見える。ムハンマド・アリー朝のエジプト州総督職世襲によってエジプト問題に一応の解決がもたらされた後,1853年勃発のクリミア戦争で,オスマン帝国は英仏と同盟してロシアを破った。そして終戦後,1856年のパリ条約で,オスマン帝国が「ヨーロッパの公法と協調の利益(avantages du droit public et du concert européens / Avrupa hukuk-ı umumiyesi ve cemiyeti menafii)」に参加すること,また西欧列強は,「オスマン帝国の独立および領土保全(l'indépendance et l'intégrité territoriale de l'Empire Ottoman / memalik-i Saltanat-ı Seniye'nin tamamiyetiyle istiklal-i alisi)」を共同で保障することが示された[25]。この一節は,以後くりかえし現れる「オスマン帝国の領土保全」の言説において,しばしばその国際法上の根拠として扱われる。

　だがこの時期にはそれと並行して,「ヨーロッパの協調」維持のための西欧列強の介入という,「東方問題」の構造が制度化された。タンズィマートの前後半にそれぞれ大きな影響力を行使したイギリス大使カニング(Stratford Canning, 1st Viscount Stratford de Redcliffe)やロシア大使イグナチエフ(Николай П. Игнатьев)の

---

25) *Ibid.*, Tome 3, 1902, pp. 70-79 ; *Muahedat Mecmuası*, Vol. 4, pp. 242-258.

例に示される通り，列強諸国の大使は国際問題化したオスマン内政にしばしば介入し，その帰趨を少なからず左右した。だがまさにそれゆえに，その交渉相手たるべく，オスマン側では西欧知識を持つ外務官僚の存在感が高まり，それが翻って国内の権力構造の変容をもたらすことにもなる。通訳官として近世オスマン外交を支えたファナリオットと呼ばれる一群の正教徒の名望家が，1821 年のギリシア独立戦争勃発後，その責を問われる形で処刑ないし解任されて表舞台から消えると，大宰相府には翻訳局が設置され，さらに在外公館や外務省の設置も行われて，次代を担うべき外務官僚に活躍の場が与えられた[26]。ただ，これらは確かにムスリム外交官輩出の契機にはなったが，必ずしもオスマン外政の短期的な変革を伴ったわけではない。未だムスリムの外交官は少ない中，ファナリオットの退場後にも山積する外交課題を処理すべく，当面の交渉実務を担ったのは，親英仏派を代表したヴォゴリディス（Στέφανος Βογορίδης）や親露派のアリスタルヒス（Νικόλαος Αριστάρχης），そして一世代後のカラテオドリス（Αλέξανδρος Καραθεοδωρής）ら，かれらの系譜を引きながらも，従来は一部家系の覇権の下に二流三流の地位にあった，新ファナリオットと呼ばれる新たな正教徒の名望家だった。少なくとも 1880 年代，ベルリン条約後に至るまで，かれらのオスマン外交における活躍は継続する[27]。その意味で，ムスリム外務官僚の躍進の政治史的な意義はむしろ，タンズィマート期を通じ，かれらが対外交渉を政治資源とすることで，オスマンの党派政治を主導した点にこそ見出せよう。

　実際，この頃の外務官僚の躍進には，近世オスマン統治の残滓が色濃かった。18 世紀を通じ，対外交渉は大宰相配下の書記官長が半ば専門職化してこれを統轄していたが，内外の弁別を重視しない近世オスマンにおいて，書記官長の「外

26）この点についての古典的研究として，C. V. Findley, *Bureaucratic Reform*, Chapters 4-5 を参照。

27）新ファナリオットの活躍とその背景とについては，C. Philliou, *Biography of an Empire* や M. Georgiadou, "Vom ersten zum zweiten Phanar und die Carathéodorys" などを参照。なお，本文中で言及したステファノス・ヴォゴリディスは後述の通り初代のサモス公となるが，その息子のアレコ・ヴォゴリディスは初代の東ルメリ州知事となる。また，本章で史料として用いられている仏文の『オスマン法令集』を編纂したグリゴリオス・アリスタルヒスは，本文中で言及したニコラオス・アリスタルヒスの息子である。カラテオドリスは 1878 年のベルリン会議におけるオスマン全権代表，外相，クレタ州知事などを歴任し，以後もアブデュルハミトの外交顧問的な役割を果たした。

交」的職責は，必ずしもその「内政」的職掌を排除しない。統治機構が非財政部門と財政部門とに大別され，各々を大宰相府と財務長官府とが管掌する中，書記官長は，国務全般に携わる前者に勤める官人たちの長としてあった[28]。この遺産を継いだ外務官僚の尽力により徐々に府省制が確立するが，その運用に際しては各種の諮問機関や臨時の委員会が立ち上げられ，主要な意志決定は府省を超えた次元で党派的に行ない，その実施を個々の府省に降ろす方式が採用される。つまり，近代的官庁を現実に作動せしめていたのは近世的な人的結合に基づく党派政治だったのであり，対外交渉や西欧知識，外務省という機構は，そのための政治資源や人的再生産の経路として意味を持った[29]。そしてこれはムスリムに限られた事象ではない。同様の論理から，外交実務を担う新ファナリオットは，そこで培った西欧諸国や大宰相府との交流を政治資源として正教徒共同体内部の党派政治を壟断し，それが外務官僚の主導するムスリム側の党派政治とも連動することで，結果的にムスリム・非ムスリムの別を超えた国政の一体性が確保されるしくみとなっていた[30]。しかも，外務官僚と新ファナリオットのこの結び付きは，同時期のオスマン国制における非ムスリムの地位やその変化とも密接に関係した。

即ち，聖職者の徴税請負人的性格を反映して，かつては財務長官府に属した主教ムカーター局が外務省に移管された1838年以降[31]，外務官僚は制度的にも政府と非ムスリムとの窓口であり，それは，宗務局が司法省に移管される1877年まで継続した[32]。換言すれば，非ムスリムに関わる事務は，「財務」から「外務」，そして「宗務」へとその性質を変えたことになるが，それは，まずは徴税を軸とした権利義務の請負という近世的秩序が内外の弁別を軸とする近代的秩序に変容したこと，次いで，まさにその外交を政治資源としてオスマン国政を担った外務官僚および新ファナリオットの躍進の時代が終わったことを象徴するとともに，国内外のはざまにあった非ムスリムの国制上の位置づけがこの間に再編されたこ

---

28) 近世オスマンの統治機構については，髙松洋一「オスマン朝の文書・帳簿と官僚機構」を参照。
29) この間の政治過程については，R. H. Davison, *Reform in the Ottoman Empire* を参照。
30) この時期の正教徒共同体内部の党派政治は，Δ. Σταματόπουλος, *Μεταρρύθμιση και εκκοσμίκευση* に詳しい。
31) A. Akyıldız, *Tanzimat Dönemi Osmanlı Merkez Teşkilâtında Reform*, pp. 85-86.
32) F. Demirel, *Adliye Nezareti*, pp. 64-70. このため，司法省の正式名称は，司法宗務省（Adliye ve Mezahip Nezareti）とされた。

とを示すものでもあった。それは何よりも,「イスラーム国家」オスマンにおける非ムスリムの「不平等」な地位が,「奉教之公法」を掲げる西欧列強による介入の口実たり続けたからだったが,大宰相府にとっても,宗教ではなく,国籍を基準とする主権国家の論理に則った自国の「文明化」を図る上で,非ムスリムの「国民化」は喫緊の課題だったからでもあった。すでに 1840 年代までに定式化が進んでいた非ムスリム各共同体の権限も,この過程で,その総体が半ば不可侵の「特権」へと化していく。

その契機は,クリミア戦争の前夜,正教徒保護を口実としたロシアの干渉を阻止すべく,英仏の介入を経て発布された 1853 年の特権勅令にあった。この勅令により,これまでに非ムスリム各教会に付与された権限の総体が「宗教的特権(imtiyazat-ı mezhebiye)」であること,しかもそれはメフメト二世以来の歴代の君主が認めてきたものであることが明言され,今後もそれを保持する旨の君主の意志が示された[33]。続く 1856 年の改革勅令でムスリムと非ムスリムの権利の「平等」が宣言され,後者に対する前者の優位というイスラーム創始以来の原則が変容するが,この際も非ムスリムの特権は再確認される。そしてさらに 1860 年代の一連のいわゆる「ミッレト憲法」で,これらの特権は,各共同体運営のためのその具体的な施行方法とともに一層体系化された。これらは,遡及的に再解釈された過去の勅令を法源としつつ,現君主の裁可も経たオスマン国法として制定された枠組であり,しかもその実施が国際条約によって保障されたものであったがゆえに,かつては「恩恵」に過ぎなかったはずの各共同体の権限は,今やそのムスリム同胞はおろか,君主すら濫りに左右し得ない「宗教的特権」として確立した[34]。以上を要するに,非ムスリムを口実とした列強の干渉と自らの国民国家化の課題とのはざまで,その双方に配慮しつつ,自らの「主権」を守りながら国制改革を進めるべくオスマン帝国が辿り着いた手法が,「宗教的特権」の創造だったと言えよう。

だがそれは他方で,単一不可分,民族と宗教の別を問わないオスマン人の国民国家の創成を目指したはずのタンズィマート改革が,その実現方法として,宗派

---

33) Noradounghian, *op. cit.*, Tome 2, pp. 418-419 ; *TV*, No. 491, pp. 2-3. なお以下,オスマン帝国『官報』については,第 1 シリーズは TV と,第 3 シリーズは TV^3 と略記して区別する。
34) この点については,Cevdet Paşa, *Tezâkir, 1-12*, pp. 67-83 にすでに指摘がある。

に基づく共同体の「特権」を創出し，各共同体の既得権益保護を前提とした形での帝国の保全を図ったという意味で，帝国の構成主体をめぐって，個人と共同体という「二元性」の相剋をもたらすものでもあった。しかも，こうして創出された新たな国制は，必ずしも国政の安定をもたらさなかった。イスラーム創始以来の優越的地位の放棄を強いられたムスリムの間で，西欧列強の干渉への憤懣とも相俟って，非ムスリムの特権への反発は不可避的に高まる。それを助長したのが，クリミア戦争前後の一連の国制改革を主導した新世代の外務官僚，アーリ・パシャ（Ali Paşa）やフアト・パシャ（Fuat Paşa）たちの正統性の低さであった。「イスラーム的」な公正の論理に立脚していたタンズィマート初期の指導者，ムスタファ・レシト・パシャ（Mustafa Reşit Paşa）らの前世代が，マフムト改革以前からの近世的人的結合を政治資源とし，したがって一定の持続的な権力基盤を有していたのに対して，今や府省別の利害関係を背景とする新世代の権力基盤は分極化しており，ゆえに，その個人的能力に基づき国政を統御したアーリ，フアト両名の死後，オスマン政界の多様な行為主体のあいだで，安定した国策統合を行うのは困難となる[35]。こうした事情が，不安定化した国政運営に新たな正統性をもたらすべき理念たる立憲主義思想の浸透に繋がったが，その一方で，その成果たる1876年発布の憲法も，それまでに登場した二つの「特権」，即ち宗教的特権と特権諸州の存在を前提に起草されることになり，それが以後のオスマン国政をゆるがしていくことになる。

このようにタンズィマート改革を経た19世紀後半，「特権」がオスマン国制において持つ意味は不可逆的に変化した。やや図式的に整理すれば以下のようになろう。即ち，ムスリムと非ムスリムの「平等」が宣言された後には，そして立憲主義的な君主の権力制限の文脈では，隷属民としての義務からの「免除」も君主の恣意的な「恩恵」も，ともにそれが従来有した意義を失った。そこで，国内に存在する権限の相違は，「特権」として説明される。だがこの種の「特権」は，民族と宗派の別を問わない単一不可分の主権国家の「独立」や，その国民の「平等」に反すると目され，オスマンのあるべき立憲的統合の障害物と見做された。その意味で，「特権」をめぐる認識の変化は，この間にムスリムと非ムスリムの

35）この点については，B. Abu-Manneh, "The Roots of the Ascendancy of Âli and Fu'ad Paşas" を参照。

関係，君主と臣民の関係を定める枠組が大きく変容したことを象徴するものだったと言えよう。

ハミト期，1876〜1908年

　憲法発布と帝国議会開設によって開幕したアブデュルハミト二世の治世，即ち「ハミト期」は，しかしただちにロシアとの戦争を経験する。というよりはむしろ，ロシアなど西欧列強の干渉を防ぐための方策として憲法が持ち出されたと言った方が肯綮に当たっていよう。それはもちろん，ミドハト・パシャ（Mithat Paşa）や新オスマン人ら立憲主義者たちの自発的な努力を無視するものではないが，しかし，オスマン国制の改革が西欧列強との交渉の具として用いられる構造は不変である。この戦争の結果，オスマン帝国は多くの地域を喪失したが，以後30年間，アブデュルハミトの体制は，国内外両面で，近代オスマン史上に稀に見る安定期を迎えた。

　上述の通り，タンズィマート期に府省制が発展した一方で，その円滑な運用を担保した近世以来の人的結合は徐々に弛緩した。他方で非ムスリムに関しても，ムスリム外務官僚の増加とともに新ファナリオットの存在意義が低下し，また，非ギリシア系の人々のあいだでの民族意識の高揚に伴って正教会の従来の「ギリシア系」指導層の求心力も損なわれる中，この間に顕著な経済的成長を遂げたものの，必ずしもオスマン政官界と制度的に統合されてはいなかった銀行家や大商人たちの影響力が高まった。こうして，ムスリム・非ムスリム双方の文脈で行為主体が増加し意思決定過程が錯綜する中，アブデュルハミトが選択したのが，自らの一身に権力を集中させて支配の安定を実現することだった。議会を停会し憲法を棚上げしたかれは，それに代えて，社会各部門の既存の権力構造を温存し，その各々の代表者と宮廷側近を介して直結することで，遍在するスルタン＝カリフの威光の下，自らの個人的裁定の下で国策統合を図る，君主専制の構造を築き上げた。このような中，外交もまた他の国政諸分野と同様に君主個人の意向の下に進められることとなり，外務官僚の躍進の時代は終焉を迎える。

　だがそれは，当時のオスマン帝国が外交上の問題を抱えていなかったことを何ら意味しない。むしろ，露土戦争の戦後処理の一環として，1880年代前半には，後述の通りエジプトや東ルメリを焦点に難題が続発した。まさにその過程で，閣

僚の更迭を通じた対外政策の転換や外務省を迂回した特使派遣による問題解決という手法を身に付けたアブデュルハミトは、それを最大限に活用することで、内にあってはオスマン官人相互の党派政治を操縦するとともに、外にあってはドイツの台頭を受け活性化した列強相互の競争を煽ることを図る[36]。

1880年代前半の危機を乗り切ると、西欧列強の当面の関心が東アジアやアフリカでの植民地獲得競争に向かう中、対外的な小康期を迎えたオスマン帝国は、1884年から85年のアフリカ分割のためのベルリン会議に参加するなど、自国の主権を守りつつ、列強の一員、「大国」としての威信を誇示すべき努力を重ねた。だがその際、自らの国制を如何に表象するかは、その際に想定される対象によって少なからず変わらざるを得ない。忠良な臣民を育てるべき公教育の場ではオスマン領の範囲を最大限に示す努力がなされた一方、対外交渉の実務に当たるべき官僚やその予備軍にとっては、自らの実効支配地域の縮小は自明であり、ゆえに、それへの対処こそが喫緊の課題となる[37]。こうした認識の差が鮮明に表れるのが、特権諸州をめぐる表象だった。

3　主権と宗主権

「宗主権」の登場

19世紀まで、オスマン統治下の諸地域は必ずしも一元的な制度枠組の下にあったわけではない。ティマール制施行地域とオスマン以前からの「王朝」とが混在した近世前期には、各地の統治様式の差は、個々の領域について責任を負う特定の者に対して君主が委ねる権限の差に基づいていた。だが近世後期にかけ、オスマン支配の定着と徴税請負制の浸透とを受けて、「本土」ないし「直轄領」と「属国」とのあいだに本来は存在したはずの差は弱まっていき[38]、それがオスマ

---

36) 1880年代前半の外交的危機について、F. A. K. Yasamee, *Ottoman Diplomacy* を参照。この点も含め、ハミト期の政治構造全般については、E. D. Akarlı, "The Problem of External Pressures" を参照。
37) アフリカ分割については M. Le Gall, "Ottoman Reaction" が、公教育における自領の表象については、B. C. Fortna, *Imperial Classroom*, Chapter 5 がある。これらの各論点をハミト期の政策全般の中に位置づける研究として、S. Deringil, *The Well-Protected Domains* も参照。

ンの普遍主義的な世界観の下，必ずしも内外の弁別を重視しない版図の認識へと繋がっていった。ただし，イスラーム法が適用されているか否かは一貫して意識され，それは対内的には司法管区という形で，対外的には「イスラームの家」と「戦争の家」との弁別として，属人的ながらも一定の領域的な境界認識をオスマン人にもたらしてはいた。

こうした版図の認識に変化が生じる契機は，上述の通り各種の「特権」の創出を伴った，18世紀後半のロシアの侵出にあった。そしてそれはクリミアで最初に表面化する。オスマン帝国はまず1774年のキュチュク・カイナルジャ条約で，「属国」クリム・ハーン国の「独立」承認を余儀なくされたが，その際，オスマン帝国の君主は，「イスラームの主たるカリフ (le souverain Calife de la religion mahométane)」あるいは「信徒の長にして一神教徒のカリフ (İmamu'l-müminin ve Halifetü'l-muvahhidin)」だという理由で，「宗教的儀礼」に関してクリミアに対する一定の影響力を保持することに成功した。だがこれは，オスマンの権力を「宗教的」なそれと「政治的」なそれとに分割した上で，後者の及ぶ範囲を一定の領域内に限定しながら，しかもその範囲自体を継続的に縮小する時代の始まりを画すものでもあった。そのために持ち出された概念こそ，「主権」とは異なると目される「宗主権」であり，それを受けて新たに練り上げられた，「特権」であった。

前章でも指摘された通り，オスマン帝国に関わる「宗主権 (suzeraineté)」の語の初出は1800年，ロシアとのあいだで結ばれたイオニア七島共和国に関する協定においてである。この時点では，フランス語，トルコ語の双方でこの語はなお説明を要する概念だったが，その意味内容はすでに後の事例とも共通する特徴を備えていた。即ち，軍隊駐留など「実」を握るのはロシアであり，オスマンの suzeraineté が意味するのは，一定額の貢納などいわば「名」にとどまる。

この後，1807年のティルジット和約秘密条項により，イオニアの souveraineté はナポレオンの手に渡ったが[39]，1809年以降，同諸島は順次イギリスの支配下に入り，その既成事実が1815年のパリ条約によって，墺普露の同意を経て，イギリス「保護」下でのイオニア諸島合衆国の「独立」として定められることとな

---

38) C. Imber, *The Ottoman Empire*, Chapter 5.
39) ВПР, том 1, 1963, с. 631-642.

った[40]。1819年に入り大宰相府もそれを認めたが，その際の協定は，かつてオスマンの「主権下（sous la souveraineté / zir-i hükümet）」にあったイオニアは今や「イギリス国王陛下を保護者たる君主（souverain protecteur）」と仰ぐ，ないしは「イギリス国に臣属するように従う（tabiyet-i metbuiyet misillu merbut）」のだと記す[41]。つまり，オスマン帝国はイオニアに対してsouverainetéを有していたのか，suzerainetéを有していたのか，不分明になっている。また同時にこの用語法からは，そう明言されてはいないものの，オスマンとイオニアの名目的な上下関係はなお存続していると解釈することも不可能ではない。実際，1864年のギリシアによるイオニア併合の際，オスマン君主の同意を明示する必要を関係諸国が感じたことは[42]，こうした解釈の可能性を裏書きするものであろう。ともあれ，こうして創出された宗主権概念は，以後も同様の文脈，即ち，実際はすでにその実効支配を離れた地域についても一定の「名」を残すことでオスマン帝国の解体を円滑化するという目的のために頻用されていくことになる。

ギリシア，ルーマニア，セルビア

そこで次に，1820年代から30年代における一連の「宗主権」の用法を見ていきたい。1821年に勃発したギリシア独立戦争が長期化する中，本章冒頭に示した論理で英露両国が事態収拾に乗り出すと，まず1824年にロシアは，「両ドナウ公国に倣って」，大宰相府の「主権」下，ギリシアに3つの公国を築くことを提起した[43]。その後，英露両国が1826年にギリシアを単一の自治的な貢納国とすることに合意すると[44]，翌27年に英仏露のあいだで結ばれたロンドン条約でこの案は，「ギリシア人はスルタンをSeigneur suzerainとして戴き，このsuzerainetéの表れとして，オスマン帝国に毎年の貢納を支払う」という表現に練り上げられ

---

40) G. F. de Martens, *Nouveau recueil de traités d'Alliance*, Tome II, 1818, pp. 663-668. 以後，イオニア諸島はイギリス高等弁務官の支配下に置かれるが，それが果たして主権国家の実を伴うものと言えるかどうかには疑義がある。この点については，とりあえずWheaton, *op. cit.*, 1855, pp. 46-48を参照。
41) *Muahedat Mecmuası*, Vol. 1, pp. 270-272 ; Martens, *op. cit.*, Tome V, 1824, pp. 387-390.
42) *Muahedat Mecmuası*, Vol. 5, 1298h（1880-81), pp. 40-49 ; Noradounghian, *op. cit.*, Tome 3, pp. 231-235.
43) É. Driault, *Histore diplomatique de la Gràce*, pp. 222-225.
44) Noradounghian, *op. cit.*, Tome 2, pp. 114-116.

た[45]。1829年には，英仏両国の大使のあいだで，ギリシアをオスマンの suzeraineté の下に置く覚書が再度まとめられている[46]。これらはオスマン側の同意を得ない西欧諸国の勝手な取り決めに過ぎなかったし，結局ギリシアは完全独立したため，この方式は現実には適用されないままに終わる。だが，これと同じ1829年にロシアとのあいだで締結されたエディルネ条約においてオスマン帝国は，その第10条で上掲のロンドン条約を承認した一方，第5条で，両ドナウ公国を「大宰相府の宗主権下（sous la suzeraineté de la Sublime Porte / taraf-ı Devlet-i Aliye'ye tabiyet)」に置くことを初めて規定するとともに，両公国に従来認められていた全ての「特権や免除（privilèges et immunités / imtiyazat ve muafiyat)」が保持されることも明示的に認めた。このように，大宰相府に貢納する自治的領域に適用されるべき概念として，西欧列強のあいだで「宗主権」の語が共有されつつあり，オスマン側もそれを受け入れつつあった。だが，この時点ではなお，必ずしも主権と宗主権とが明確に対比的に用いられたわけではない。当のエディルネ条約の第3条では，ロシア・モルドヴァ国境の「プルート川が両帝国の境界（la limite des deux empires / beyneddevleteyn hudut)」たるべきことが規定されているし[47]，同条約附属の別協定は，両ドナウ公国に対するオスマンの「主権（droits de Souveraineté / hakk-ı hükümet)」は損なわれない旨を謳っていた[48]。1834年のペテルブルク条約も同様に，両ドナウ公国に対するオスマンの「主権（souveraineté / hukuk-ı mülkdari)」に言及している[49]。1830年代に至ってなお，オスマン側にせよ西欧側にせよ，主権と宗主権の相違について必ずしも厳密ではなかったし，また，その意味内容について必ずしも共通認識があったわけでもなかった。このように，オスマン支配から離れつつあった自治的領域の「特権」性は明示されながらも，その国際的な地位について，概念は未だ熟してはいなかった。

同様のことは他地域にも当てはまる。19世紀初め以来の2度の蜂起を経て，1817年にはすでに事実上の自治を獲得していたセルビアについて，その公

---

45) Martens, *op. cit.*, Tome VII : Première Partie, 1829, pp. 465-470. なお，近世を通じて，西欧人はオスマン君主を Grand Seigneur と呼んでおり，この表現はその名残だと思われる。
46) M. de Clercq, *Recueil des traités de la France*, pp. 542-546.
47) *Muahedat Mecmuası*, Vol. 4, pp. 70-80 ; Martens, *op. cit.*, Tome VIII, 1831, pp. 143-151.
48) *Muahedat Mecmuası*, Vol. 4, pp. 83-87 ; Martens, *op. cit.*, pp. 152-155.
49) *Muahedat Mecmuası*, Vol. 4, pp. 93-97 ; Noradounghian, *op. cit.*, pp. 232-235.

(knièze / knez) のオスマン君主に対する忠誠と引き換えに内政の自由が明文で認められたのは，前年のエディルネ条約を受けて発布された 1830 年の勅令が初めてだったが，その際，セルビアがオスマン帝国の一部であることは自明視されながらも，主権や宗主権，特権の語は用いられていなかった[50]。その領域をほぼ画定した，引き続く 1833 年の勅令で「特権」への言及が行われた後[51]，セルビアにいわゆる「トルコ憲法」を付与した 1838 年の勅令で初めて，オスマンの「宗主権 suzeraineté」に言及がなされる。即ち，今回の勅令により，従来セルビアに認められていた「朕の至高の恩恵や特権 (müsaadat-ı seniye ve imtiyazat-ı mülu-kanem)」，ないしは「特権および自由 (les privilèges et les libertés)」に則り，「特権的な自治および民族の不変の法 (imtiyazlı bir idare-i dahiliye ve bir nizam-ı mukarrere-i milliye / une organisation et une constitution particulière, privilégiée et inaltérable)」を付与することが定められたが，その一環として設置される議会には，仏文版によれば"droits légitimes de la suzeraineté de Ma Sublime Porte"を，即ち「大宰相府の宗主権」を損なわない限りでの法案提出権が認められている。ただし，同勅令のトルコ語版がセルビア議会に認めているのは「この領土の主たる朕の至高の国家の正統なる統治の権利 (sahib-i mülk olan Devlet-i Aliyem'in istihkakat-ı meşrua-i hüküm-ranesi)」を損なわない限りでの法案提出権であって[52]，その語感は，仏文版における"suzeraineté"のそれとは少なからず異なっていた。

さらに，ギリシア問題の収拾過程で自治が認められたエーゲ海の小島サモスには，この間の対外交渉に功績のあった前述のヴォゴリディスが公 (bey / prince / ἡγεμόνας) として任命されたが，それを定めた 1832 年の覚書には，主権や宗主権の語はない[53]。いわばギリシア独立戦争でファナリオットが喪失した両ドナウ公の地位の代替物として新ファナリオットに与えられたサモス公の地位は，欧州の王侯と同格と目され，かれらの政治資源として活用されていくが，であるにもかかわらず，同島がオスマン「主権」下にあることは以後も自明視される。

---

50) Aristarchi, *op. cit.*, pp. 56-60 ; [Raşit Belgradi,] *Tarih-i Vaka-i Hayretnüma*, pp. 235-238.
51) *Ibid.*, pp. 238-242.
52) Aristarchi, *op. cit.*, pp. 60-69 ; [Raşit Belgradi,] *Tarih-i Vaka-i Hayretnüma*, pp. 242-251.
53) Aristarchi, *op. cit.*, pp. 145-146. なお，サモス公領を中心に，他の特権諸州との比較も含めて，政体に関わるオスマンの術語概念とその変遷について考察する研究として，M. Σαρηγιάννης, «Η πολιτειακή ορολογία» も参照。

一方，アルジェリアは，1830 年にフランスの侵攻を受け，1847 年までにほぼ全土が制圧されてフランスの県が設置されるに至る。だがこれに対して，並行するエジプト問題の中，大宰相府側は有効な対策を講ずることができず，結局この既成事実を認めざるを得なくなる。以後，オスマン帝国がアルジェリアに対する「主権」や「宗主権」を主張することはなくなった[54]。

エジプト

　このように，宗主権概念は基本的に西欧側から持ち出されるものであって，元来，領内統治の一元化を図りたい大宰相府の側は，その適用に慎重だった。ゆえに，西欧側の利益と一致さえすれば，事実上の独立領域であっても，オスマンの「宗主権」ではなく，「主権」の下に置かれ続けることも稀でなかった。その顕著な事例がエジプトである。エジプト問題の収拾過程で，1840 年の英墺普露との協定により，ムハンマド・アリーはあくまでオスマン君主の臣下にとどまること，したがってオスマン帝国が結ぶ条約やその法はエジプトにもひとしく適用されることが定められた[55]。それは，オスマン側に低関税を呑ませた上述のバルタリマヌ条約を受け，それをオスマン「主権」下のエジプトにも適用せしめることで，同州を自由貿易体制に包摂することが，この間のイギリスの主な狙いだったためである。そして以上の内容が，これを受けて翌 41 年に発布された一連のムハンマド・アリーあて勅令であらためて確認される。かれに認められるエジプト州総督としての権限の総体が，「特権」として世襲の対象になることが，この際に明示された[56]。

　そして大宰相府は，以後もエジプトに対する自らの「主権」を事あるごとに持ち出して，エジプトの自律性拡大を牽制し続ける。しかし他方で，形式的には勅令で定められたエジプトの自治的地位，即ち「特権」も，その実は国際条約に起

---

54) 一連の経緯については，E. Kuran, *Cezayirin Fransızlar Tarafından İşgali Karşısında Osmanlı Siyaseti* を参照。ただし，かといってオスマン側が，この時点でアルジェリアはフランスの「主権」下にあると公式に認めたわけでもない。この点については，次を参照。[İbrahim] Hakkı Paşa, "Kapitülasyonlar yahut Uhud-ı Atika," *İlm-i Hukuk ve Mukayese-i Kavanin Mecmuası*, No. 23-24, 1327r（1911）, p. 830.

55) *Muahedat Mecmuası*, Vol. 4, pp. 209-215 ; G. F. de Martens, *Nouveau recueil général de traités*, pp. 156-160.

56) Aristarchi, *op. cit.*, pp. 133-140.

因するものであるがゆえに，その改廃には締約国の同意が必要だとされた。そしてそれは実は，キュチュク・カイナルジャ条約以来，両ドナウ公国やセルビアに対する「保護」やその「自治」をめぐって見られた構造とも類似するものだった[57]。即ち，これらの地域を契機として，この種の自治的領域をめぐっては，形式的にはオスマン内政である事項がただちに国際問題化する構造が定着したと言える。この際，両ドナウ公国およびセルビアはオスマンの「宗主権」下にある一方で，エジプトやサモスは，単に特権を持つのみでその「主権」下にあるというように，オスマン側は，その支配の縮減を最小限にとどめるべく，対外的にはこれらの自治的領域の扱いを変えていた。だが対内的にはこれらの地域は他の「本土」と必ずしも明示的に区別されない。というよりはむしろ，当時はタンズィマートの核心たる徴税請負制の廃止が地方統治改革を伴って進められる最中だったのであり[58]，言ってみれば，当の「本土」自体が創出される最中にあった。

「特権諸州」の創出

　この体制に変化が生じ，「本土」とその外部との相違が可視化されるようになるのは，1860年代以降のことである。クリミア戦争後のパリ条約では，その時点でオスマン帝国が有していた「宗主権」は維持されたが，すでにそのころから合同の機運を高めていた両ドナウ公国は，1859年に各々が同一君主を選出して同君連合となり，1862年にはさらに立法行政を一元化して，ルーマニアの合同を実現する。この統一ルーマニア公国へのオスマンの宗主権は保持されたが[59]，同時期には他地域でもオスマン支配は動揺した。1860年にシリアで生じた紛争がレバノンに波及し，現地のマロン派住民とドゥルーズ派住民とのあいだの宗派主義的対立が昂進する中，同じカトリック系として前者の保護を掲げるナポレオン三世治下のフランスが事態に介入したことで，この一件もまた国際問題化する。

---

57) 以上の点については，İbrahim Hakkı, *Tarih-i Hukuk-ı Beyneddüvel*, p. 183 ; idem, *Hukuk-ı Düvel*, pp. 111-112, 153-160 に指摘がある。なお，黛秋津『三つの世界の狭間で』113-115, 148-152 頁も参照。また，エジプトを中心に，他の特権諸州との比較も含めてこの点を論ずる研究として，Ceylan, *Osmanlı Taşra İdarî Tarzı Olarak Eyâlet-i Mümtâze* もある。ただし，「特権諸州」なる術語概念の登場やその通時的変遷についての本書の理解には，註73に挙げた研究と共通の問題点があるように思われる。

58) その過程について，秋葉淳「タンズィマート初期改革の修正」を参照。

59) *Muahedat Mecmuası*, Vol. 5, pp. 2-18 ; Noradounghian, *op. cit.*, Tome 3, pp. 109-118.

収拾に当たったフアト・パシャは，キリスト教徒県知事の下でのレバノンの自治化による妥結を図り，翌 61 年の統治規則でマロン派優位の宗派主義体制が策定されると[60]，1864 年に改定された同規則の下で[61]，以後 1915 年まで大枠ではこの体制が存続した。他方，同時期にボスニア゠ヘルツェゴヴィナおよびモンテネグロでも，ムスリム地主と正教徒農民とのあいだの階級的対立に宗派主義的な相剋が絡む形で紛争が生じると，大宰相府は事態の収拾後，前者には 1865 年に特別法を適用し[62]，後者には 1862 年に境界画定の条件を承認させることで，ほぼ現状を維持するのに成功する[63]。その明文化はなされなかったものの，これが以後，モンテネグロがオスマン「宗主権」下にあることの根拠とされた[64]。

　こうした一連の事態を教訓に，一層の宗派主義的対立やそれに伴う列強のさらなる介入を防ぐべく，また，中央主導の近代化を一層推進すべく，フアト・パシャらタンズィマート官僚たちは地方統治改革を進めた。その結果，まず 1864 年に試験的にドナウ州法が制定されると[65]，1867 年にはそれを踏まえた州制法が公布されて[66]，同法の施行地域では，州の名称が旧来の eyalet より vilayet に改められた。しかしオスマン国制をめぐる出入りはなお続く。1866 年から 69 年にかけてのエジプト州総督イスマーイール・パシャ（Ismā'īl）あての一連の勅令で，貢納金の増額と引き換えに，「副王 hıdiv」の称号とその長子相続とが認められ，ムハンマド・アリー朝が保有する「特権」が，一介の州知事のそれにとどまるものではないことがあらためて明示された[67]。その背景には，スエズ運河開通を控えたエジプトの国際的地位の見直しの機運と，普仏戦争前夜の西欧の勢力関係の再編，だが何よりも，1866 年に勃発したクレタでのギリシア系住民の叛乱があった。これが例によって国際問題化する一方，国内では，やはり長子相続の是非

---

60) *Ibid.*, pp. 144-149.
61) *Ibid.*, pp. 224-228 ; *Düstur¹, cüzi-i rabi*, 1295h（1878）, pp. 695-701. なお以下，オスマン帝国『法令全書』の最初の 2 巻は無印の *Düstur*，第 1 シリーズは *Düstur¹*，第 2 シリーズは *Düstur²*と記して区別する。
62) *TV*, No. 802, pp. 2-3 ; No. 803, pp. 2-3 ; No. 805, pp. 3-4 ; No. 806, pp. 2-3.
63) Noradounghian, *op. cit.*, pp. 202-204.
64) Aristarchi, *op. cit.*, p. 117.
65) *Düstur*, 1282h（1865-66）, pp. 517-536.
66) *Düstur¹, cild-i evveli*, 1289h（1872-73）, pp. 608-624.
67) Noradounghian, *op. cit.*, pp. 254-255, 292-293.

についての当のオスマン王家の世襲方法の変更に関わる党派対立がこの一件と絡んで現れる中，大宰相府と副王のあいだでは，「特権」の内容をめぐる暗闘が続いた[68]。この間，大宰相府はクレタに関しても，ムスリムと正教徒とで官職を按分しつつ自治的地位を認める州法を 1868 年に制定し，事態収拾を図る[69]。

これらの措置は，オスマン「内政」の国際問題化による，その「主権」の事実上の削減という構造をくりかえすものだった。ただし，宗派主義的な官職の按分自体は必ずしもクレタに特有ではなく，他の「本土」でもひとしく行われていた。むしろその際に非ムスリム聖職者の職権委員としての地方統治への制度的な関与が定められ[70]，その関与も「宗教的特権」の一環だと後に広く認識されるようになっていく点が，「本土」の統治様式自体が，「特権」をその内に孕む構造として再編されたという意味で重要である。なおこれと同時期に，前世紀以来，フサイン朝による事実上の独立状態が続いていたチュニジアについては，フランスに対する抑止力を求める同朝の側と利害が一致する形で，1871 年発布の勅令において，同地はオスマンの "souveraineté / hukuk-ı mukaddese-i mülkdarane" の下にあることが確認され[71]，名目上ではあれ，アフリカにおけるオスマンの「主権」の存在が明示的に確認されている。

そして同じ 1871 年には，州制法を補完する形で地方統治法が制定され，行政区画の一層の体系化が図られた[72]。『国家年鑑』における特権諸州の語の初出も同じ 1871 年である。州制法および地方統治法の施行されない地域，即ち「本土」外の地域に旧名 eyalet が残された形になるが，以上の経緯を経て，この時点でその範疇に含まれたのは，エジプト副王 Hıdiv-i Mısır，チュニジア州知事 Tünis valisi，両ドナウ公 Memleketeyn beyi，セルビア公国 Sırp emareti，サモス公 Sisam beyi の五つだった。そしてこれらを管轄すべく大宰相府に設置された特権諸州局の『国家年鑑』初出は 1882 年である[73]。ただし，すでにその自治が確立してい

---

68) その推移については，H. Pınar, *Tanzimat Döneminde İktidarın Sınırları* を参照。
69) *Düstur¹*, cild-i evveli, pp. 653-687 ; Aristarchi, *op. cit.*, pp. 169-203.
70) この点も含むこの時期の地方統治改革全般については，秋葉淳「オスマン帝国における代議制の起源としての地方評議会」を参照。
71) *Düstur¹*, cüzi-i rabi, pp. 789-791 ; Noradounghian, *op. cit.*, pp. 338-340.
72) *Düstur¹*, cild-i evveli, pp. 625-651.
73) なお，E.B. Ekinci, "Osmanlı İdaresinde Adem-i Merkeziyet ve İmtiyazlı Eyâletler" や Panaite, *The Ottoman Law of War and Peace* は「特権諸州」概念が近世にまで遡るかのように論じて

たレバノンは，以後も一貫して特権諸州には含まれない。またこの段階ではクレタも特権諸州には含まれない。他方，モンテネグロ公国 Karadağ beyliği が『国家年鑑』に記載されるのは 1877～78 年のみだが，その際は特権諸州に含まれている。以上を要するに，タンズィマートの過程で地方統治改革が進む中，曲がりなりにも行政面での一元化が進んだ「本土」が創出されたことに伴い，逆にそこから外れる自治的地域の「特権」性も可視化されるようになった。ただし事実上の自治領でも，それを特権諸州に組み入れるまでには慎重な対応がなされたし，当の「本土」の統治様式自体が，「宗教的特権」を内包するものであった。1876 年発布の憲法もこの体制を前提として起草されたが，その効力が及ぶ範囲，そしてそれに伴って下院議員選挙が実施される範囲の如何は，オスマンの立憲的統合がその先決問題として前提すべき「主権」の範囲に関わる問題であり，ゆえに大宰相府と特権諸州，さらに列強のあいだで，以後もしばしば紛糾を招いた[74]。だがいずれにせよ，憲法発布直後に勃発した露土戦争の中，第一次立憲政は崩壊し，一応の完成を見た以上の国制も，さらなる改変を余儀なくされていく。

占領と保護

　宗主国オスマンに対する「属国」セルビアの宣戦後，オスマン側が討伐を優勢に進める中，例のごときキリスト教徒保護の名目でロシアが介入すると，当初は現状維持による仲裁が図られたが，最終的にはロシアの対オスマン宣戦に発展した。この戦争に敗れたオスマン帝国は，1878 年 3 月のサン・ステファノ条約で，大幅な領土割譲を余儀なくされる。他の列強諸国の介入を経て，同年 7 月のベルリン条約である程度これは修正されたが，なおオスマン帝国の損失は甚大だった。

　同条約の結果，それまでの「属国」セルビア，ルーマニア，モンテネグロは完全独立を果たした。そして新たにブルガリア公国がオスマン宗主権下に建国され

　　いるが，これは恐らく誤りである。1869 年 4 月の段階で，官僚機構内部の文書に「特権諸州」の用例があり（BOA, Hariciye Nezâreti Tercüme Odası Belgeleri（HR.TO.）451/69 を参照），この概念の形成は『国家年鑑』初出の 1871 年よりは早いはずだが，本章で論じた通り，それが 1860 年代半ば以前に遡る可能性は低いように思われる。ちなみに，首相府オスマン文書館に「特権諸州局」分類が存在し，そこに 19 世紀初頭に関わる文書が収録されていることは，同時代的にこの概念が存在したことを必ずしも意味しない。

74）憲法施行へのルーマニアの反応について，R. Devereux, *The First Ottoman Constitutional Period*, pp. 85-87 を参照。

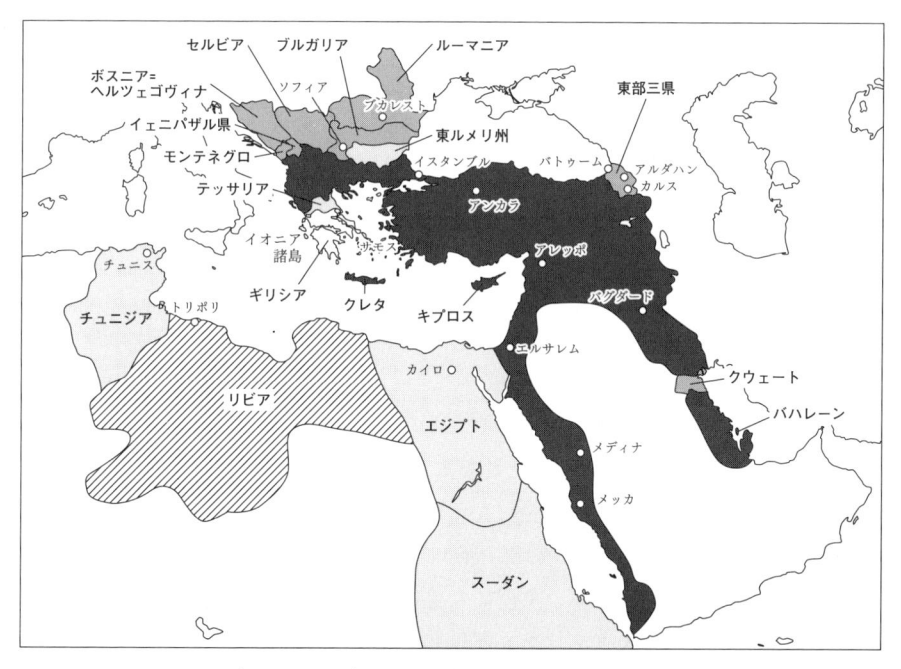

第 2 章　主権と宗主権のあいだ　　75

地図 3　1878 年ベルリン条約後のオスマン帝国領

　　セルビア，ルーマニア，モンテネグロ ── 1878 年までオスマン宗主権下
イェニパザル県，ボスニア=ヘルツェゴヴィナ ── 1878 年から 1908 年までハプスブルクに統治権移管
　　　　　　　　　　　　ブルガリア ── 1878 年から 1909 年までオスマン宗主権下
　　　　　　　　　　　　東ルメリ州 ── 1878 年から 1909 年までオスマン主権下の特権州
　　　　　　　　　　　　　　キプロス ── 1878 年イギリスに統治権移管
　　　　　　　　　　　　　　東部三県 ── 1878 年ロシア併合
　　　　　　　　　　　　　テッサリア ── 1881 年ギリシア併合
　　　　　　　　　　　　　チュニジア ── 1881 年フランス占領
　　　　　　　　　　　　　　エジプト ── オスマン主権下の副王領，1882 年イギリス占領
　　　　　　　　　　　　　バハレーン ── 1892 年イギリスによる事実上の保護領化
　　　　　　　　　　　　　　　クレタ ── 1898 年英仏露伊による保護領化，1913 年ギリシア併合
　　　　　　　　　　　　　クウェート ── 1899 年イギリスによる事実上の保護領化
　　　　　　　　　　　　　　スーダン ── 1899 年オスマン主権下のエジプト・イギリス共同管理領
　　　　　　　　　　　　　　　リビア ── 1912 年よりオスマン主権下の特権州

るとともに，キリスト教徒の知事を戴く自治的な東ルメリ州の創設と，ボスニア＝ヘルツェゴヴィナ州およびイェニパザル県に対するハプスブルクの占領および軍隊駐留の権利とが定められた。さらにクレタについても，その改革が求められ[75]，これを受けた同年の別協定で，オスマン政府はキリスト教徒優位の形での自治権拡大を余儀なくされる[76]。東ルメリにせよボスニア＝ヘルツェゴヴィナにせよイェニパザルにせよクレタにせよ，オスマンの主権は損なわれない建前である。実際，ボスニアに対するオスマンの主権は，関連の議定書や協定でくりかえし確認されている[77]。だが，その「名」にもかかわらず，「実」はそれぞれブルガリアやハプスブルクの手中にあった。こうした方式は実は，ベルリン会議に先立ち，同会議でのオスマン支持と引き換えのイギリスによる「キプロス島の占領および統治」を認めたキプロス協定ですでに実行に移されていた[78]。しかも，1904年まで，キプロスは特権諸州にも含まれず，オスマン「主権」下にあることが自明視される。フランスが1881年にチュニジアに侵攻し，同地を保護領化した際も，名目上はオスマンの主権に変更は加えられなかった[79]。こうして，ブルガリア一国のみがオスマン「宗主権」下にある一方，エジプトもチュニジアもサモスもクレタも，単に特権を持つのみで，その「主権」下にあるという体制が整った。だがそれは，主権や宗主権には手を触れないことで，オスマンや他の列強諸国の反発を軽減しつつ，事実上の支配権確保に徹する，一種の「洗練された」非公式支配の方式が頻用される時代の幕開けでもあった[80]。

エジプト，東ルメリ，クレタ

その代表例が1882年のイギリスによるエジプト占領と1885年のブルガリアによる東ルメリ州占領である。この双方について，オスマン側は最終的に既成事実の承認を余儀なくされたが，それでもなお建前上の国制としては，上記の宗主権と主権の弁別は保持された。ブルガリアの東ルメリ侵略は，東ルメリ州知事をブ

---

75) Noradounghian, *op. cit.*, Tome 4, 1903, pp. 175-192 ; *Muahedat Mecmuası*, Vol. 5, pp. 110-141.
76) *Düstur¹, cüz-i rabi*, pp. 806-810.
77) Noradounghian, *op. cit.*, pp. 209-222.
78) *Muahedat Mecmuası*, Vol. 1, pp. 165-167 ; Noradounghian, *op. cit.*, Tome 3, pp. 522-525.
79) *Ibid.*, Tome 4, pp. 285-291.
80) この点については，M. Koskenniemi, *The Gentle Civilizer of Nations*, pp. 150-151 も参照。

ルガリア公が兼ねるという形式で正当化される[81]。他方でエジプトについても，自らの持つ「主権」の橋頭堡として，オスマン政府は1885年の協定で高等弁務官を設置した[82]。もちろん，現実にはこれ以降，イギリスのカイロ総領事が事実上のエジプトの主となるが，以後もオスマン帝国は，特に国内では，エジプトのみならず，イギリス・エジプト共同統治下のスーダンも，自らの主権下にあると表象し続けた。

　だがオスマン側の自己認識とは反対に，その実効支配領域はさらに縮小する。自治権の拡大にもかかわらず，ギリシア王国の煽動もあって1895年にクレタ島で正教徒の叛乱が起こると，それを口実に1897年にギリシアがオスマン帝国に宣戦する。この戦争自体はオスマン側の完勝に終わるが，戦後にクレタに対するオスマン政府の権限はむしろ縮減した。クレタを保護下に置いた英仏露伊4ヵ国は，自らの高等弁務官としてギリシア王子を任命する。それを一方的に通知されたオスマン政府はなお，これはクレタのオスマン国制上の地位に変更を及ぼすものではないという建前を守る。列強諸国もこの主張を公式に否定することはなかったが[83]，一般にこれは，オスマン「宗主権」下のクレタ「国家」の設置と認識された[84]。1899年公布のクレタ「憲法」第1条は，「クレタ島はその周辺島嶼とともに，列強4ヵ国の定める条件の下に，自治的政体（Αὐτόνομον Πολιτείαν）を形成する」と自己規定しているし[85]，また，実務的理解の例としても，これによりクレタは，「大宰相府の宗主権下にあるが，貢納は行なわない自治国（un État autonome, soumis à la suzeraineté de la Porte, mais non tributaire）」になったとする表現がしばしば観察される[86]。しかし，当のオスマン側の『国家年鑑』ではクレタは一貫して特権諸州ですらなく，一般の州と同列に記載され続けた。だが1899年以降その内実は，一切の人事情報がない空欄のままであり，実効支配の終焉を雄弁に物語るものとなっている。なお，『国家年鑑』でクレタが特権諸州に分類され

---

81) E. Hertslet, *The Map of Europe by Treaty*, pp. 3152-3157.
82) Noradounghian, *op. cit.*, pp. 364-366. この間の経緯については，S. Kızıltoprak, *Mısır'da İngiliz İşgali* も参照。
83) この点については，A. N. Adıyeke, *Osmanlı İmparatorluğu ve Girit Bunalımı*, II. Bölüm を参照。
84) この点については，B. Samardziev, "Le choix du gouverneur-général" を参照。
85) N. Κουσουρελάκης, *Κώδικες Κριτικῆς πολιτείας*, pp. 7-26.
86) A. Heidborn, *Manuel de droit public et administratif*, pp. 35-36.

るのは,青年トルコ革命後のことである。

ペルシア湾岸

これと前後して,久しくオスマン帝国とイギリスとのあいだで国境画定が問題となっていたペルシア湾岸諸地域でも,現地首長の自立傾向が高まる中,オスマン側の実効支配の縮減が始まる。イギリスは,1892年のバハレーンとの協定,1899年のクウェートとの協定で,それぞれにオスマンへの一切の言及をなすことなく,事実上その各領域を自らの保護下に置いた[87]。もちろんオスマン側が手を拱いていた訳ではない。むしろオスマン政府は19世紀半ば以降,イエメンや湾岸など,「辺境」地域への統制を強化することで,国境を明確化し,その内部での主権を保持することを図っていた。1906年のアカバの帰属をめぐるイギリスとの対立も,この文脈で理解されよう。ただしペルシア湾岸の場合,オスマン側のこうした試みがかえって現地の首長らの反発を招き,イギリスがそこに介入するという構図が生じていた[88]。そしてその際は,キプロスやボスニアでも見られたように,国際法やオスマン国制の上での位置づけを争点化せず,単に事実上の保護を及ぼすという方策が採用された。自らの劣勢を知るアブデュルハミトも,対内的に自国の「主権」を主張し得る内容なら黙認せざるを得ず,それがこうした手法の一層の拡大を招いていた。

「国民主権」の時代

だが,1908年の青年トルコ革命により,アブデュルハミトは議会制の復活を余儀なくされる。第二次立憲政の始まりである。国民代表をもって自任する議員や出版人たちは,「国民主権 (hakimiyet-i milliye)」の確立を求める輿論を代弁する形で,以上のような主権の侵害は,克服されるべき前代の悪しき遺産だとして公然と非難するようになる。しかしその反面,これまでアブデュルハミトが一手に握ってきた政策決定過程が複雑化したことで,オスマン帝国は内政外交ともに当

---

87) J. C. Hurewitz, *Diplomacy in the Near and Middle East*, Vol. I, pp. 209, 218-219.
88) この経緯について,イエメンの例は T. Kuehn, *Empire, Islam, and Politics of Difference* を,湾岸の例は Z. Kurşun, *Necid ve Ahsa'da Osmanlı Hâkimiyeti* ; idem, *Basra Körfezi'nde Osmanlı-İngiliz Çekişmesi* を参照。

面の混乱を余儀なくされる。それに呼応するかのごとく，それまでは曖昧な形でオスマン「主権」下の地域を侵略していた各国は，オスマン側の国権回収に先手を打つ形で，各地域の公式の併合に移った。革命直後の 1908 年 10 月初旬，ハプスブルクによるボスニア＝ヘルツェゴヴィナ併合，ブルガリア公国の独立と東ルメリ州の併合，そしてクレタのギリシア合併宣言が立て続けに起こったのは，その意味で決して偶然ではない。オスマン側は，ギリシアによるクレタ併合こそ認めなかったものの，前二者については，翌 09 年に承認せざるを得なかった[89]。

　しかもその後，オスマン帝国はベルリン条約以来の大規模な領土喪失を経験する。1911 年のイタリアのリビア侵攻は，連鎖的に翌 12 年のバルカン同盟による対オスマン宣戦を引き起こし，これに敗れたオスマン帝国は，バルカン諸国に分割されたヨーロッパ諸州の喪失を公式に認め，長年の懸案だったクレタもこれを機に正式にギリシアに譲渡した。だがイタリア占領下のその他のエーゲ諸島の帰属の決定は先送りにされ[90]，しかもそれが引き続く第二次バルカン戦争と第一次世界大戦の渦中で確定しなかったため，オスマン側はこの間，同諸島に対する自国の主権はなお存続しているという立場を採る。そしてやはりイタリア占領下のリビアについても，かつてのクレタ同様，オスマン側は，同地に対する自らの主権に変動はないという体裁を崩さなかった。そこで大宰相府は，あくまで同地に「完全な自治（muhtariyet-i tamme）」を付与したのみという態度を示し，代官（naibu's-Sultan）を任命もする[91]。以降の『国家年鑑』でも，リビア，即ちトラーブルスガルブ州およびビンガズィ県が新たに特権諸州に組み込まれた一方で，エーゲ諸島は「本土」の他の州と同列に記載され続けた。

　こうしてヨーロッパから逐われたオスマン帝国に対し，西欧列強はさらなる侵略の手を伸ばす。バルカン戦争の最中の 1912 年 12 月，フランスの圧力により，レバノン山岳県の自治権拡大が実現していたが[92]，翌 13 年の夏，オスマン帝国はイギリスとのあいだで，イラクおよび湾岸諸地域における国境の画定を進めた。この際，すでに事実上のイギリス保護下にあったバハレーンおよびカタールにつ

---

89) この経緯については，H. Ünal, "Ottoman Policy" を参照。
90) G. P. Gooch and H. Temperley, eds., *British Documents*, pp. 1049-1051.
91) *Düstur*², cilt 4, 1331h（1912-13），pp. 690-691；cilt 7, 1336h（1917-18），pp. 8-14.
92) *Düstur*², cilt 6, 1334h（1915-16），pp. 5-8.

いてはオスマン側の完全な権利放棄を定め,クウェートについても,現状維持の名の下にオスマン帝国の「自治郡(kaza autonome)」とすることで,事実上,大宰相府の実効支配を否定する協定が締結された[93]。そして翌 14 年には,ロシアの圧力による東アナトリア「改革」の名の下に,オスマン政府は,東部 6 州に事実上のアルメニア自治領を創設することを承認せざるを得なくなる[94]。だが,実施を待つのみだった同「改革」は大戦勃発により頓挫し,上記のイギリスとの協定も結局批准されることなく終わる。その意味で大戦勃発の報は,オスマン帝国にとっては,西欧列強による自領分割からの解放の報せでもあった。

　すでに青年トルコ革命以来,オスマン帝国は単一不可分の立憲国家の論理から,非ムスリムの宗教的特権の大幅な削減を試みていた。それは,当時のムスリム知識人にとり,宗教的特権とは,「普通」の主権国家では弁別されるべき「政治」と「宗教」の混同に他ならず,「国家の中の国家」を生み出す例外的事象と受け止められていたからだった[95]。そして大戦勃発の直後,1914 年 9 月にオスマン政府は外国人特権の廃止を一方的に宣言すると[96],翌年 7 月にはやはり一方的にレバノン山岳県の自治を廃して,これを「本土」並みの県とする。こうしたオスマン側の意志をさらに明確に示すのが,1856 年パリ条約および 1878 年ベルリン条約ならびにレバノンの自治の廃棄を一方的に通告した,1916 年の独墺あて覚書である[97]。この覚書は,クリミア戦争以来,オスマンの主権や領土保全の尊重を謳いながら,実際はあらゆる手段でそれを蚕食してきた西欧列強に対する指弾の書だった。「ヨーロッパの協調」への不信が極度に達し,主権保持の唯一の策としてムスリム・トルコ人を主体とした国土国民の均質化への欲求がいや増す中,非ムスリムについては,その宗教的特権にとどまらず,徐々にその存在自体を抹消する欲望が顕在化していく。大戦を通じて「ヨーロッパの協調」自体が崩壊する中,それへの包摂過程で創出された三つの特権,即ち外国人特権,宗教的特権,そして特権諸州の各々の廃絶,少なくとも縮小が図られた。これは,これらの

---

93) Gooch and Temperley, eds., *op. cit.*, pp. 183-196. この間の経緯については,F. F. Anscombe, *The Ottoman Gulf* も参照。
94) Z. Türkmen, *Vilayât-ı Şarkiye (Doğu Anadolu Vilayetleri) Islahat Müfettişliği* を参照。
95) この点について詳しくは,藤波伸嘉『オスマン帝国と立憲政』を参照。
96) TV^3, No. 1938, p. 1 ; *Düstur*^{2}, cilt 6, p. 1273.
97) *İkdam*, No. 7084, p. 1 ; A. Mandelstam, *Le sort de l'Empire ottoman*, pp. 402-404.

「特権」が、いかに西欧列強主導の国際秩序と不可分に機能していたかを、如実に物語っていよう[98]。

しかしまさにそれゆえにこそ、オスマンの敗戦条約たる1920年のセーヴル条約において、英仏両国はその宗主権どころか主権をも剝ぎ取ることで、オスマン側の意図とは反対の形で、旧来の特権をもはや不要なものにしようとした。イギリスはすでに大戦勃発直後に、クウェートの「トルコ支配からの解放」とその独立を認め、さらに、「エジプトに対するトルコの宗主権」を否定して、あらためてエジプトを自国の保護下に置いていたが[99]、大宰相府の側もそれを前提に、戦後、1919年6月の時点で、「オスマン帝国の不可分の領土」たるアラブ諸州に、「陛下の主権の下で広範な行政的自治」を付与すると述べた上で、エジプトおよびキプロスの地位についてはイギリスと協議する用意があるという、いささか悠長な条件を講和会議に提示していた[100]。もちろんオスマン側としても、これが通るとは考えていなかっただろう。実際、1920年1月に策定され、後にアナトリアでの独立運動の指針となった「国民誓約 (Misak-ı Milli)」は、事実上アラブ諸州を放棄しつつ、休戦時に残されていた「オスマン人ムスリム」の居住地は死守する意志を示していたが[101]、これこそが独立戦争後の新生トルコの領土となる。

だが英仏は強硬だった。セーヴル条約は、「トルコ」にクルディスタンの自治、イズミルやエーゲ諸島の割譲、アルメニアの独立、シリアおよびメソポタミアの委任統治領化、ヒジャーズの独立を認めさせ、さらにエジプト、スーダン、キプロス、チュニジア、リビアに対する「トルコ」のあらゆる権限を否定した上で、最後にあらためて、「トルコは、他国の主権下、あるいは保護下にあるムスリムに対する宗主権や裁判権に関わるあらゆる権利を、それがいかなる種類のものであれ、明確に放棄する。トルコから分離したいかなる領域においても、また本条約によってまさに分離されトルコがそれを認めたいかなる領域においても、いかなるオスマンの官憲によっても、直接的であれ間接的であれ、決してその権力が

---

98) 以上の過程については、藤波伸嘉「オスマン帝国と「長い」第一次世界大戦」も参照。
99) Hurewitz, *op. cit.*, Vol. II, pp. 4-7.
100) *Ibid.*, pp. 59-61.
101) MMZC, Dördüncü Devre-i İçtimaiye, Birinci İçtima, 11inci İnikad, p. 115. ただしここではその表題は Misak-ı Milli ではなく、Ahd-ı Milli と記されている。

行使されることはない」と謳っていた[102]。まさに，帝国の分割が頂点に達した瞬間だと言えよう。

　ところが，アナトリア分割に抗し，イスタンブルのオスマン政府に対峙してアンカラに拠る大国民議会政府が実力でトルコ独立を達成したことで，セーヴル条約は廃棄される。同政府は，1923年にあらためて西欧諸国とローザンヌ条約を結んだ際，カピチュレーションおよび宗教的特権の廃止には全力を尽くしたが，その一方で，自領外に対する権利放棄の項目はほぼそのまま残存している[103]。即ちトルコは，事実としての「宗主権」放棄には同意し得た。実際，同条約は，「イスラームの宗教的権威の精神的権能」の保持を謳っていたにもかかわらず，「世俗主義」に基づく新生トルコはこの翌年，自らカリフ制を廃止し，他のイスラーム諸地域と歩調を一にはしないことを明示する。オスマン王家の成員もこの際に国外追放され，トルコは名実ともにオスマンとの紐帯を断ち切った。「特権」に煩わされることのない「普通」の主権国家として再出発すべき新生トルコにとり，「宗教的」であれ「精神的」であれ，自領外との紐帯の放棄はむしろ望むところですらあっただろう[104]。まして「政治的」紐帯については言うまでもない。第10章で問題となるような，国境を越える世界総主教座のエキュメニカル性を否定する際，トルコ側がカリフ制廃止の実績をしばしば論拠に持ち出すことも，こうした発想を反映している。トルコ人の国民国家たる新生の共和国は，「世俗」的な「国民の意志」の顕現たる大国民議会の下，以後も「国民主権」の絶対性を金科玉条とし，ゆえにその単一不可分性に固執し続けていく。

　かくもオスマンの過去はトルコにとり否定されるべきものとして存在した。それはまさに，新生トルコが「普通」の主権国家として参入すべき近代国際秩序において，オスマン帝国とその「宗主権」とが，その対極として表象されていたか

---

102) *Traité de paix entre les puissances alliées et associées et la Turquie du 10 août 1920* ; N. Erim, *Devletlerarası Hukuku*, pp. 525-691. なお本条約では，オスマンが主権や宗主権を主張していなかったはずのモロッコについて，フランスによる保護領化を1912年に遡って承認することが定められた一方，かつての「属州」たるアルジェリアへの言及は見られない。

103) *Traité de paix avec la Turquie et autres actes signés à Lausanne* ; *Düstur, Üçüncü Tertip*, Cilt 5, 1931, pp. 13-357. ローザンヌ会議でのトルコ側のカピチュレーション廃止の試みについては，M. E. Elmacı, *İttihat-Terakki ve Kapitülasyonlar*, VI. Bölüm を，宗教的特権廃止の試みについては，A. Alexandris, "Lozan Konferansı"を参照。

104) こうした論理について，粕谷元「トルコにおけるカリフ制論議とラーイクリッキ」を参照。

らに他ならない。それをよく表すのが，冒頭にも引いた「万国公法」のオスマン像である。そこではオスマン帝国は，「人道的」介入を必要とする，非キリスト教の「野蛮凶暴」な国家として表象された。こうしたオスマン像を必要としたところに，「奉教之公法」に則る「文明諸国」の主権平等を原則とする近代国際秩序の在り方自体が逆照射されていると言えよう。「ヨーロッパの協調」を維持するためには，西欧列強諸国相互の利害調整の捌け口として，オスマン領を一種の分銅として用いて，それを必要な時に適宜分割することが決定的な意義を有していた。そのため，西欧列強によるオスマンの「主権」に対する集団的な侵害を正当化すべく，オスマン帝国は国際法の例外領域として表象される。その根拠とされたのが，「文明的」なキリスト教に対する「狂信的」なイスラームであり，その実施を円滑化するために創出された概念が，「宗主権」であった。

おわりに

近代オスマン帝国をめぐる主権および宗主権の所在について，以上をまとめれば次のようになろう。①オスマン帝国が条約で公式に認めた宗主権は，イオニア七島共和国，両ドナウ公国（および後のルーマニア公国），セルビア公国，ブルガリア公国に対する4例のみである。これらは全て「国」であり，しかもキリスト教徒の国だった。当初は必ずしも条約で宗主権を明言した訳ではないが，後に同様の扱いとなったモンテネグロ公国を加えても計5例にとどまる。そして，その概念が成立する前のイオニアを除き，これらは全て特権諸州に含まれる。

これに対し，②宗主権の語は適用されないが，特権諸州に含まれる諸地域がある。その多くが，条約およびそれに基づく勅令や特別法によってその自治的地位が承認された地域であり，国内的にもその統治様式の「特権」性は明示されていた。これには，エジプト州（ならびに後のエジプト副王領およびその統治下のスーダン），チュニジア州，サモス公領，東ルメリ州などが含まれる。また，1876年の露土戦争以降，必ずしも主権や宗主権に言及することなく，単に西欧列強に統治権が移管されたのみの地域，即ちボスニア＝ヘルツェゴヴィナ州，キプロス島，リビアなども順次ここに含まれた。これら各地域については，オスマン帝国は，

そこが自らの主権下にあることを決して譲らなかった。

そして，③事実上は自治権を持つが，宗主権は言うまでもなく，特権諸州であるとも認められない地域がある。レバノンがその代表例だが，実効支配喪失後しばらくのキプロスやクレタもここに当てはまる。なお，本章で扱った諸地域とはいささか文脈が異なるが，イスラームの両聖都を管轄するヒジャーズ州や正教会の聖山を擁するアトス郡など，「本土」と扱いの異なる特殊地域は他にも存在した。これらも③の類型に準ずるものであり，オスマンの当然の主権下にあるものと見做される。

しかも翻訳を介すことで，以上の各領域のあいだの質的相違は対内的にはさらに相対化された。トルコ語では，「主権（souveraineté）」については hakimiyet の語が定訳として確立するが，「宗主権（suzeraineté）」の訳語は定着しなかった。一応は tabi や metbu などの語に収斂するが，「従う」の意の語根から派生したこれらの語は，「主権」との質的な相違を喚起するものではない[105]。そもそも，条約のトルコ語版など必要やむを得ない場合を除けば，トルコ語ではこれらの語自体があまり用いられず，専ら「特権」の語が選好された。そして，特権諸州には①も②もひとしく含まれるのであり，やはり主権と宗主権の別は曖昧化される。実際，一般には「本土」のみならず，以上の①②③も包括した全領域の総体こそが，「オスマン領（memalik-i Osmaniye）」と称される。より雅やかには「神護の領土（memalik-i mahrusa）」とも呼ばれるこの領域の全てが，オスマン人の護るべき祖国として表象されるのであって，1856 年のパリ条約以降にしばしば用いられた「オスマン帝国の領土保全」の言説についても，オスマン側は，この全領域がその範疇に含まれるとの立場を採った。このようにオスマン帝国は，対外的には①以外には決して「宗主権」を認めず，自国の「主権」を主張し続けた一方で，対内的には主権と宗主権の別を曖昧にし，特権諸州にそれらを全て包含した。分離独立を食い止めることはできないが，その被害を最小限に抑えるべく，近代国際秩序の論理の中，自らの「主権」の範囲をできる限り広く示そうとする，オス

---

105) たとえば，tabi と語根を同じくする tebaa は，「臣民」を指す最も一般的な語であり，同じく tabiyet は，「国籍」を指す最も一般的な語である。また，次の辞書が，metbu の語義として souverain と suzerain とを併記していることも参照。Şemsettin Sami, *Kamus-ı Fransevi*, p. 965.

マン人の努力が伝わってこよう。

　これを「特権」の観点からさらに敷衍すれば次の通りである。即ち，「外国人特権」にせよ「宗教的特権」にせよ「特権諸州」にせよ，通商，司法，信教，領土に関わるこれら各種の「特権」は，西欧列強が自らのオスマン侵略に資するべく，近世に各分野で存在した個別具体的な権限を梃子に，それらを拡大解釈することによって，大宰相府に押し付けた概念だった。それを受けたオスマンの側でも，今や内外の弁別を原則とする近代国際秩序に組み込まれた自らの独立を守るべく，列強の意向には逆らえない中でも，これらの各権限をいかに自らの「主権」と矛盾しない形で国制に位置づけるかという問題意識から，「特権」の定式化を進めていく。それは，西欧近代の国際秩序が世界各地を一元的に塗り潰す中，オスマン側の自衛が「主権」に焦点化されるとともに，かつては重層する普遍性の下，その臣民諸集団各々の文脈で併存した多種多様な個別具体的な権限が，単一不可分の「主権」に対立する「特権」として前景化していく過程でもあった。この間，その起源からして他律的な概念として登場した「特権」はトルコ知識人の怨嗟の的となり，それが第一次大戦の渦中で，「特権」の根拠と目された在地の多民族多宗教性自体の暴力的抹消の欲望として噴出した。

　しかも，「特権」概念を駆使してできる限り「宗主権」の承認を避け，自らの「主権」を守るべく努めたオスマン側の営為も，所期の成果を上げたとは言い難い。条約上の建前や帝国の公式見解に基づく以上の整理に反し，手引書や国際法学書などでは，しばしばより実態に即した理解が存在していた。そもそも，自国の単一不可分性を謳うべき憲法第１条すら，「現有の諸領土（memalik ve kıtaat-ı hazıra / les contrées et possessions actuelles）」と「特権諸州（eyalat-ı mümtaze / les provinces privilégiées）」とを併記せざるを得なかったし[106]，より実務的な場では，領内の統治様式の差異は厳然たる事実として存在していた。1874年刊のある手引書では，セルビア，ルーマニア，モンテネグロ，エジプト，サモス，チュニジアが「貢納国（principalités tributaires）」に割り振られ[107]，同様に1908年刊の別の手引

---

106) *Hatt-ı Hümayun ve Kanun-ı Esasi*, p. 3 ; D. Nicolaïdes, *Doustour-i-Hamidié*, p. 7. なお本章では，大河原知樹・秋葉淳・藤波伸嘉訳「オスマン帝国憲法」4頁における「特別州」の訳語を，「特権諸州」に改めている。

107) Aristarchi, *op. cit.*, Section première, III–IV.

書は，オスマンの「主権」が無制約には行使され得ない「間接領（possessions médiates）」なるものを措定した上で，それをさらに，①「自治領（territoires autonomes）」即ちサモスおよびレバノン，②「外国の占領統治下にある領土（territoires occupés et administrés par des États étrangers）」即ちボスニア＝ヘルツェゴヴィナやキプロス，そして③「半独立国（États demi-souverains）」即ちブルガリアおよび東ルメリ，エジプトおよびスーダン，クレタ，チュニジアという三つに下位区分している[108]。これらは，本章で検討してきた大宰相府の公式見解とは背馳するが，実務的にはこうした理解が稀ではなかったことが窺われる。

ましてオスマンと無縁の一般の国際法学者のあいだでは，次章でも詳細に論じられるように，エジプトやチュニジアなど，オスマンが決して宗主権を認めていない②相当の地域についても，宗主権の対象だと見做す例は枚挙に暇がない。こうした宗主権概念の通俗化あるいは拡大解釈が，その意味内容のそもそもの不明瞭さとも相俟って，この概念が東アジアに波及する際の前提を成した。その際，オスマン側の自己規定は西欧でも東アジアでもほとんど顧慮されることはなく，世界に流通する像は専ら，「野蛮凶暴」な「土耳其」たり続けた。

その意味でいわば，近代国際秩序においてオスマンは二重三重に疎外された位置にある。まず，近世ヨーロッパ大陸の国際関係や近代外交の成立におけるオスマン帝国の重要性が忘却されたこと。オスマン帝国を「奉教之公法」の外部にある「野蛮凶暴」な国家という範疇に押し込め，もって国際法の例外領域と見做したこと。そしてそれを「ヨーロッパの協調」実現のための分銅として利用するに当たり，その構造を「東方問題」と名付け，あたかもオスマン側に内在する問題の噴出のゆえに，行為能力を欠くオスマン側に代わり，余儀なく西欧列強が「人道的」介入を行うのだと表象したこと。そしてそれに対するオスマン側の適応はほとんど顧慮されず，専ら西欧の視線に基づく「瀕死の病人」像が流通したこと。この際，「奉教之公法」の語にも明白な，西欧側の現実の宗派主義的な心性は看過される一方，オスマン側の対応はしばしば，「狂信的」なイスラームの所為だと一方的に断定された。こうした構造が打ち立てられる契機は，18世紀後半のロシアの伸長と，フランス革命以降の欧洲全体の国際秩序変動とにあり，それが

---

108) Heidborn, *op. cit.*, chapitre première.

19世紀初頭に,両ドナウ公国やセルビア,エジプトを焦点に可視化されたと言える。そして,この際に創出された「宗主権」の概念は,以後オスマン帝国の自己規定とは関わりなく,またオスマン独自の文脈から離れて,国際法上の概念として独り歩きを始め,それが東アジアにも広く流通していくことになる。

このようなオスマンの宗主権なるものは,1920年,帝国を事実上の滅亡に追いやったセーヴル条約で否定された。その後,トルコの「主権」を認めたローザンヌ条約に,「宗主権」の語はもはや存在しない。オスマン帝国解体のために創出された宗主権概念は,それが実現したことで,東地中海地域においてはひとまずその使命を終えた。英仏はこれ以降,従来の宗主権を介したオスマン領の分割に代えて,国際連盟の下での委任統治という新たな手法を編み出すと,これをシリアおよびイラクに適用して,各々が植民地主義支配を進めていく[109]。

近代西欧思想に内在するオリエンタリズムへの批判がなされて久しいが,奇妙なことに,世上一般に流通する国際法史や国際関係史の語りにおいて,本章で概観したような,近代国際秩序におけるオスマン帝国の地位の問題性は,必ずしも充分に対象化されていないように見受けられる。その克服のためには恐らく,近代国際秩序自体の生成や,非西欧各地のそれへの包摂の時期に遡り,その実像と表象の相関を,できる限り西欧中心主義から自由な見地に立って,歴史学的に検討するところから始めなければならないだろう。そしてそれこそ,本書が次章以降で具体的に取り組む課題である。

---

109) M. Mazower, *No Enchanted Palace*. なお,委任統治領における「主権」の所在もまた不分明であって,最後まで結論には至らなかった。等松春夫『日本帝国と委任統治』24〜32頁を参照。

第 II 部

西方から東アジアへ

第3章

宗主権と国際法と翻訳
――「東方問題」から「朝鮮問題」へ

岡 本 隆 司

はじめに

　現代世界を秩序づけるのは国際関係であり，それを律するのが国際法である。必ずしも現実はそうなっていないにしても，その建前は厳然としてあり，一定の説得力と拘束力を有すること，誰しも否定できまい。そして国際関係にせよ，国際法にせよ，近代西欧に起源し，19世紀から20世紀にかけて世界全体に定着した史実経過も，また周知のとおりだろう。

　現実を反映しきれない建前である現状と，西洋から世界に普及した歴史とは，無関係ではない。西欧以外の世界には元来，国際関係・国際法とは別の秩序体系が存在しており，その上にあらためて近代西欧的な秩序体系が構築されたからである。そこで新旧の体系が一挙に，全面的に転換した事例はない，と断言してよい。多かれ少なかれ両者は，当初より反撥対立，妥協並存，相互作用などを交々くりかえしながら，現代に至っている。

　西欧起源の国際関係・国際法がはじめて及んだ異文明は，オスマン帝国であった。本書第Ⅰ部でその歴史的なありようの一端をみたわれわれは，つぎに別の異文明，具体的には極東・東アジアに，国際関係・国際法が押し寄せる過程をとりあげなくてはならない。東アジアはほかならぬわれわれ自身の属する世界であり，その歴史過程がオスマンでの先例と無縁ではないからである。

　国際関係が異文明の秩序をいかに規定したか。この問いは具体的に，国際法が

オスマン帝国と「東方問題」をいかに認識しているか，と言い換えることも可能であり，決してヨーロッパとオスマンとの間だけで完結するものではない。そのありかたは，おくれて国際関係が邂逅した異文明の東アジアをも左右したからである。本章はその作用を近代東アジア，とくに「朝鮮問題」[1]でみつめるために，国際法テキストにみえる suzerainty という概念を手がかりにしたい。

　suzerainty の概念はすでにみたとおり，オスマン帝国・ロシアとヨーロッパの間で，係争地の国際的な地位に対し，西欧由来の外来語を用いたことにはじまる[2]。いわゆる「東方問題」とは換言すれば，その suzerainty が消滅してゆく過程であった。

　ところが suzerainty 概念は，極東の「朝鮮問題」で再生産され，日清間の係争地だった朝鮮半島で消滅しても，なお東アジア各地に転移拡散し，大きな問題でありつづける。その過程を跡づけるのが，本章の具体的な目的となる。

　東アジアにおける国際関係・国際法のありよう，とりわけその伝播に関しては，おびただしい研究がある。異文明・異言語であるため，そこには翻訳が不可分に関わっていたから，それに関する論考も少なくない。しかしながら法理論・法思想を考察すると，翻訳の史的問題を閑却してしまい，翻訳を重視すると，法律的・政治的・歴史的な着眼と考察に周到を欠く，というのが大づかみな現況である[3]。本章のめざすところは，なお初歩的な試みにすぎないながら，東西の実態に照らしつつ，新旧秩序への影響いかんもみすえて，国際法テキストの語彙概念とその翻訳を論じることにほかならない。

---

1) 本章のいう「朝鮮問題」とは，直接には中国の中国外交史研究の概念である。たとえば，蔣廷黻編『近代中國外交史資料輯要』を参照。ただしことさらそれを引くのは，当時の西洋人にとって，朝鮮半島をめぐる国際関係が，オスマン帝国とヨーロッパとの間の「東方問題（Eastern Question）」に比擬するものにみえ，やはり「朝鮮問題（Korean question）」とよばれた（*e. g. North-China Herald*, Oct. 5, 1887, "China's Corean Policy," p. 365），という歴史事実にもとづき，両「問題」の関連性に注意をうながしたい含意によっている。
2) その具体的なプロセスは，本書第 1 章のほか，黛『三つの世界の狭間で』193〜194 頁を参照。
3) 近年の代表的な研究のみ，列挙しておく。『翻訳の思想』，佐藤慎一『近代中国の知識人と文明』，丸山真男・加藤周一『翻訳と日本の近代』，山室信一『思想課題としてのアジア』，L. H. Liu, *The Clash of Empires* ; R. Svarverud, *International Law as World Order in Late Imperial China*, 林學忠『從萬國公法到公法外交』，周圓「丁韙良『万国公法』の翻訳手法」。

1 ホイートンと suzerainty

初 版

　国際法を論じたテキストはさまざまに存在するけれども，その東アジアへの伝播を考えるさい，決定的に重要なのが，ホイートンの *Elements of International Law* であることは，もはや贅言を要しまい。はじめて漢訳されたために，最も影響力をもち，東アジアでスタンダードとなった著述だからである。

　北京でその漢訳『萬國公法』が出版されたのは 1864 年[4]，その原書はおそらく 1855 年の版本[5]であり，初版は 1836 年の刊行[6]である。西洋が東アジアと本格的な政治的関係をとりむすびはじめたのは 1840 年代以降なので，当然そこに東アジアの事例は出てこない。

　つまり東アジアは，東アジア世界のことにはふれない著述を自らのスタンダードにすることが求められたわけで，それに準拠するかぎり，自分たちを別の世界の事例・慣例で律することになる[7]。別の世界とは，ヨーロッパ世界でなければ，オスマン帝国にほかならない。そこで *Elements of International Law* が，第Ⅰ部で検討したことをいかに論じているか，をみる必要が生じる。

---

4) その翻訳の事情は，関連の文献に多かれ少なかれ必ずふれるため，ほぼ周知のところだろうが，ひとまず，ジャニン・ジャン（張嘉寧）「『万国公法』成立事情と翻訳問題——その中国語訳と和訳をめぐって」前掲『翻訳の思想』所収，387〜395 頁，佐藤前掲書，60〜77 頁，岡本隆司訳「万国律例の刊行を要請する上奏（総理衙門）」，村田雄二郎責任編集『新編原典中国近代思想史 第 2 巻』所収，23〜25 頁，周前掲論文を参照。もっとも，その漢語語彙の選択・使用の具体的な経緯はわからない。訳業じたい人を得ず杜撰だったことは，1870 年代末にパリで国際法・法学を学んだ馬建忠が，やや誇張ぎみに「難解晦渋で，原書の面目がすっかり失われていた」と指摘しており（岡本隆司『馬建忠の中国近代』16〜19 頁，岡本隆司訳「翻訳書院設立案（馬建忠）」，村田責任編集前掲書，所収，142 頁），その点もわきまえておく必要がある。

5) Wheaton, *Elements of International Law*, 1855.

6) Wheaton, *Elements of International Law*, 1836.

7) 同時代の日本人が関わる印象的な史実としては，大久保利通が台湾出兵で深まった清朝との対立を解くべく，北京で交渉したさい，総理衙門大臣の文祥が，「又万国公法ナル者ハ近来西洋各国ニテ編成セシモノニシテ，殊ニ我清国ノ事ハ載スル事無シ。之ニ因テ論スルヲ用ヒズ」と言い放ち（『外文』第 7 巻「使清辨理始末」，明治 7 年 9 月 19 日「第三回応接」の記事，230 頁），国際法に対する日本との著しい態度の違いをみせたことがある。

まずその初版本に特徴的なのは，suzeraineté [suzerainty] の記載が存在しないことである。初版は1836年に出ているから，本書第1章でみたとおり，すでにオスマン帝国が結んだ諸条約に，suzeraineté と書き込まれたにもかかわらず，ホイートンはあえて言及していない。

まさかその事実を知らなかったはずはあるまい。エディルネ条約は1829年，そこで suzeraineté の言及があるワラキア・モルドヴァを，ホイートンは確かにとりあげているからである。では，どのように論じているか。

> したがって，貢納国およびたがいに封建的関係をもつ国々 (tributary states, and states having a feudal relation to each other) は，そうした関係が主権に影響しないかぎり，なお主権国だとみなされる。ヨーロッパの海洋国が以前おこなっていた貢納は，主権独立 (the sovereignty and independence) に影響しなかったのに対し，ワラキア・モルドヴァ両公国がロシアの仲介にて行う貢納は，その主権を名ばかりにすぎないものとしていると思われる[8]。

このくだりは「貢納 (tribute)」の分析，類別を試みるものであり，簡単にいえば，「主権 (sovereignty)」に影響する「貢納」もあれば，しない「貢納」もある，という論旨にほかならない。そこで「主権」を「名ばかり」にした前者の例として，ワラキア・モルドヴァを引いたわけである。ホイートンからみて，ワラキア・モルドヴァは十全たる「主権」がそなわっていない「貢納」国だった。

異 本

これが1855年の版本になると，論述がまったくかわってくる。言及の場所をあらため，セルビアをくわえて，以下のように述べる。

> ほかにも，ヨーロッパ既存の公法で認められた半独立の属国 (semi-sovereign or dependent States) がある。たとえば，モルドヴァ・ワラキア・セルビアの諸公国がオスマン政府の suzeraineté とロシアの保護のもとにある (under the *suzeraineté* of the Ottoman Porte and the protectorate of Russia) のは，両国間の諸条約で定められたことであり，1829年のエディルネ条約で確認された[9]。

さらにその注釈では，「ロシアの保護」の内容を具体的に説明する。こまかい訳

---

8) Wheaton, *op. cit.*, p. 63.
9) Wheaton, *Elements of International Law*, 1855, p. 48.

出の必要はないだろう。

> ... By the treaty of Adrianople, of 1829, between Russia and Turkey, it was stipulated that Moldavia and Wallachia being placed under the suzeraineté of the Porte, and Russia having guaranteed their prosperity, they were to preserve all their ancient privileges and immunities, including the enjoyment of their religion, perfect security, a national and independent administration, and the full liberty of trade.[10]

ホイートンはここでようやく，suzeraineté［suzerainty］に言及した。もちろんエディルネ条約とそこで決まった規定を説明する記述内容である。

このように，初版とは面目を一新したけれども，なぜそのように論述を改めたのか，その動機やいきさつをうかがえるような言説は，管見では書中に見いだせない。

手がかりとなるのは，この版本が出るときになって，ホイートンがはじめてこの条項を書き込んだわけではない，という事実である。かれには『欧米の国際法史』という著述もあり，そこに Elements of International Law の 1855 年版とほぼ同じ記述が出てくるからである。以下に引く一節は，その『欧米の国際法史』の英訳本，1845 年第 2 版からのものである。

> The 4th[sic] article stipulated, that the principalities of Moldavia and Wallachia, being placed under the *Suzeraineté* of the Sublime Porte, and Russia having guaranteed their prosperity, they should preserve all the privileges and immunities which had been granted to them, by their capitulations, and by the treaties concluded between the two empires, or by the hatti-scherifs issued at different periods. They should consequently enjoy the free exercise of their religious worship, of perfect security, of an independent national administration, and of full liberty of commerce.[11]

こちらも翻訳の必要はあるまい。引用した Elements of International Law の文は，むしろこの記述を下敷きとして書き込まれた，とみてよい。

『欧米の国際法史』の原著はフランス語で，英語版は通例それを翻訳したものである。けれども，引用文を載せる 1845 年英訳版のオリジナルたる 1841 年刊のフランス語版には，引用した記述に相当する文章は存在しない[12]。つまりこの英

---

10) *Ibid.*, p. 49.
11) H. Wheaton, *History of the Law of Nations in Europe and America*, p. 565.

語版が，ホイートンの著述において suzeraineté [suzerainty] の初出である蓋然性が高く，だとすれば，オリジナル版を出すころから，1845年までの間に，かれのなかで，にわかに suzerainty への関心が高まって，そこに書き込んだ，ということになる。

エジプトをめぐって

では，その時期に何があったのか。これは究極的には，ホイートン本人に質してみないと，正確な事情はわかるまい。ただその著述をみるかぎり，蓋然性が高いと類推できるのは，エジプト問題である。

第二次エジプト・トルコ戦争を終わらせた 1840 年のロンドン条約第 5 条について，*Elements of International Law* は以下のような説明を加えている。

5．エジプトはマムルークの支配時代，オスマン政府から従属地（a subject province）というよりも，属国（a vassal State）だとみなされてきた。ムハンマド・アリーがマムルークを打倒し，属国の君主（a princevassal）をあらためて，スルタンから完全に独立した地位とし，さらには支配を隣接地にまで拡げようとしたために，オーストリア・イギリス・ロシア・プロイセンのヨーロッパ四大国が 1840 年 7 月 15 日，ロンドンで協定を結び，オスマン政府も同意した。その後，この条約を履行するため，関係国がとった方策の結果，世襲のパシャとしてエジプトを支配する地位が，オスマン政府からムハンマド・アリーとその直系子孫に与えられ，ムハンマド・アリーはその代わり，毎年その suzerain たるスルタンに貢納をおこなった。オスマン帝国のあらゆる条約と法律は，ほかの地方と同じくエジプトにも適用されることとなった[13]。

---

12) H. Wheaton, *Histoire des progrès du droit des gens en Europe*. 1853 年刊の仏語第 3 版で，そのくだりがはじめて現れる。Idem, *Histoire des progrès du droit des gens en Europe et en Amérique*, Tome 2, p. 248. 対比のために引用しておこう。L'article 5 stipulait que les principautés de Moldavie et de Valachie, étant placées sous la *suzeraineté* de la sublime Porte, et la Russie ayant garanti leur bien-être, conserveraient tous les privilèges et immunités qui leur avaient été accordés par leurs capitulations et par les traités conclus entre les deux empires, ou par les hatti-scherifs publiés à diverses époques. Ils devaient conséquemment jouir du libre exercice de leur religion, d'une parfaite sécurité, d'une administration nationale indépendante et d'une liberté de commerce entière.

「属国（vassal State）」だったエジプトを支配し，オスマン帝国から「完全に独立（absolute independence）」しようとしたムハンマド・アリーが，suzerain としてのスルタンに「毎年」「貢納をおこなった（the payment of an annual tribute）」と述べるわけである。ところが実際の第 5 条に，vassal あるいは suzerain の語はみえない。確認のため，フランス語テキストを引いておこう。

§5. Tous les traité et toutes les lois de l'Empire Ottoman s'appliqueront à l'Egypte et au Pachalik d'Acre, tel qu'il a été désigné ci-dessus comme à toute autre partie de l'Empire Ottoman. Mais le Sultan consent, qu'à condition du payement régulier du tribut sus- mentioné, Mehmed Ali et ses descendants perçoivent, an nom du Sultan et comme délégués de Sa Hautess, dans les provinces dont l'administration lui sera confiée, les taxes et impôts légalement établis. Il est entendu, en outre que moyennant la perception des taxes et impôts susdits, Mehmed Ali et ses descendants pourvoiront à toutes les dépenses de l'administration civile et militaire desdites provinces.[14]

それなら，ワラキア・モルドヴァの suzerainty の記述で Elements of International Law の下敷きとなった『欧米の国際法史』に，このエジプトの例はどう描かれているだろうか。

こちらも条約の条文，およびそれに関する説明に vassal, suzerain の言及は存在しない[15]。しかしそれに先だつ叙述のなかで，ヨーロッパ列強の交渉時のエピソードとして，

イギリスはエジプトをオスマン帝国の属国・貢納国（a vassal and tributary of the Ottoman empire）として世襲的に領有することに，ムハンマド・アリーの権力をとどめるよう提案した。ただし，この種の危機からオスマン帝国を守る唯一の実効的な手段として，かれが占有したほかの地方は，スルタンに返還すべきだとした。この提案はオーストリア・ロシア・プロイセンが同意したけれども，フランスはムハンマド・アリーがオスマン政府の *suzeraineté* のもとで，エジプトとシリアの支配を世襲的に有することを認めることで，東方の現状を規制するよう提案した[16]。

---

13) Wheaton, *Elements of International Law*, 1855, p. 51.
14) Noradounghian, *Recueil d'actes internationaux*, Tome 2, pp. 308-309.
15) Wheaton, *History of the Law of Nations*, pp. 579-583.

という。*Elements of International Law* のロンドン条約第5条の説明も，このくだりをふまえたものとおぼしい。1840年に「貢納」すると決まったエジプトに対するスルタンを，ホイートンが suzerain だとみなして，そう表現したわけである。

そして『欧米の国際法史』にせよ，*Elements of International Law* にせよ，このエジプトの事例記載と並行して，ワラキア・モルドヴァの suzeraineté［suzerainty］が出てきた。それがたがいに無関係の，単なる偶然とは考えにくい。

だとすればヨーロッパ人，少なくともホイートンにとって，このエジプトの事例こそ，記録に残しておくに足る重大な事件だったのではないか。その重大事件を説明，理解する前例として，さかのぼってエディルネ条約のワラキア・モルドヴァを引用したとみなせば，整合的に説明できる[17]。

いずれにせよ，上の引用文の述べるところは，あくまでホイートンの主観的な理解であって，客観的な事実として正しいとはかぎらない。すでに本書第2章でも明らかなように，オスマン帝国が条約でみとめていた suzeraineté の対象は，セルビア・ワラキア・モルドヴァ・モンテネグロ・イオニアという五つの国・地域しかなく，エジプトはその埒外にある。しかもその五つの間でさえ，オスマン政府との関係は必ずしも同一ではなく，suzeraineté という概念がどこまで実体・内容を有していたのかは，一義的に論じられない。ましてや，そう謳っていないエジプトをワラキア・モルドヴァと関連づけては，まったく別のものを結びつけた，といっても過言ではないだろう。

以上に鑑みれば，ホイートンとしては，ある種の上下関係が存在し，「貢納」の行為があれば，それだけでひとしなみに，suzerain［eté］およびその対である vassal ととらえた，といってよい。その両者の実質的な関係が，ほとんど切り離されたものであろうと，あるいは，多分に従属的であろうとも，いずれにせよ suzerain-vassal 関係として括られてしまう。

ホイートンは註8に引いた文章に，"Tributary and Vassal State" というタイトルをつけたうえで，その vassal を feudal relation, feudal dependence といいかえている。けれども，その内実の説明はない。tributary と vassal がちがうのかどうか，

---

16) *Ibid.*, p. 573.
17) これは別の箇所で，エジプト離反の経緯をエディルネ条約とともに説明していることでも推察できる。Wheaton, *Elements of International Law*, 1855, pp. 103-105.

ちがうとすれば、どこがどのようにちがうのか、これを読むだけで精確に理解するのは不可能である。

逆にいえば、suzerain-vassal の実質的な関係は、厳密に定まったものではない、ということになる。術語としては用いられても、法理的なその定義はほとんどない。その従属形態としての semi-sovereign や「保護」の概念などとの関連も説明されていない。

そもそもこの文章は、suzerain-vassal を「主権国（sovereign states）」から逸脱する例として言及するばかりで、その定義は必ずしも明確ではない。このくだり自体が、そもそも「主権国」の定義を述べるものであって、suzerain-vassal 関係を説く目的ではなかったからである。

したがって、ある 2 ヵ国が上下の関係にあることは明らかながら、いかなる条件を満たせば、suzerain-vassal と呼ぶのかを決めているわけではない。Suzerain も vassal も、feudal と言い換えるとおり、もともとヨーロッパ中世の封建制を表現する語彙概念であって、自らの過去をもって、オスマン帝国など異世界の関係を比喩したにすぎないからである。

以上を前提にして、はじめて 19 世紀東アジアの国際法受容を語ることができよう。ただしそこには、もうひとつ考えておかねばならない問題がある。翻訳である。

国際法は西洋生まれのものであるから、それを東アジアが認識するにあたっては、当然ヨーロッパ言語じたいの解釈ばかりではすまない。漢語への置き換え・漢語にもとづく理解も関わってくる。

2 『萬國公法』から『公法會通』へ

『萬國公法』の漢訳

Elements of International Law を漢訳した『萬國公法』が、今日も使われる政治概念に関わる漢語語彙を提供したことはよく知られている。「権利」「主権」などは、その代表的なものだろう。

そのうち本書の考察対象に関わるものとしては、independence あるいは

第 3 章　宗主権と国際法と翻訳　99

sovereign の漢訳である「自主」，また semi-sovereign「半主」，tributary States「進貢之國」，vassal State「藩屬」，protectorate「保護」などの術語がある。まずはその訳出のありようを検討してみよう。Elements of International Law の原文をみたうえで，『萬國公法』の漢訳をつきあわせる。漢文はオリジナルの語彙・筆致を残すため，引用は訓読にとどめる[18]。まず前註 8 の引用文と一致する文をとりあげる。

> Tributary States, and States having a feudal relation to each other, are still considered as sovereign, so far as their sovereignty is not affected by this relation. Thus, it is evident that the tribute, formerly paid by the principal maritime powers of Europe to the Barbary States, did not at all affect the sovereignty and independence of the former.
>
> 進貢の國・並びに藩邦，公法は其の存する所の主權の多寡に就きて其の自主の分を定む。即如(たと)へば歐羅巴(ヨーロッパ)の濱海諸國，前に巴巴里(バーバリ)に進貢せし時，其の自立自主の權に於て，並びに礙ぐる所無し(さまた)[19]。

まず「進貢の國」「藩邦」が「自立自主（sovereignty and independence）」でありうる，という論点に目をとめておこう。

次に前註 9 の引用文。

> several other semi-sovereign or dependent States are recognized by the existing public law of Europe. These are : The Principalities of Moldavia, Wallachia, and Servia, under the *suzeraineté* of the Ottoman Porte and the protectorate of Russia, as defined by the successive treaties between these two powers, confirmed by the treaty of Andrianople, 1829.
>
> 此の二國を除くの外，歐羅巴(ヨーロッパ)に更に半主の數國，公法の認むる所と為れる者有り。即如(たと)へば摩爾達(モルドヴァ)・襪拉幾(ワラキア)・塞爾維(セルビア)の三邦は，俄(ロシア)國の保護に憑りて命を土耳其(トルコ)に聽く。此れ土・俄歷歷と約し定めて章程と為す者有るなり。

"under the *suzeraineté* of..."にあたるのが，「聽命……」という漢文であって，

---

18)『萬國公法』の該当箇所の訓読は，慶応元年版和刻本にもとづいた『開国』60〜65，70〜73 頁に，そのほとんどを収めている。本章では，それを参照しつつ，意を以て書き下した。

19) Wheaton, *op. cit.*, pp. 51-52.『萬國公法』巻 1，第 2 章第 14 節「進貢・藩屬所存主權（§ 14 Tributary and Vassal State）」。

suzeraineté の逐語的な対訳語彙概念はない。「俄國の保護」を仰ぐモルドヴァ・ワラキアなどを「半主（semi-sovereign）」と分類するところにも注目しておこう。

「聽命……」という漢訳表現は，別のところにも出てくる。旧神聖ローマ帝国・当時のドイツ連邦とその諸侯の事例である。

> 神聖ローマ帝国はおびただしい国々で構成されていた。その国々はいわゆる領主権（territorial superiority,（Landeshoheit,））なるものを享受しながら，皇帝もしくは帝国の立法権・司法権（legislative and judicial power）に服さねばならなかったため，完全な主権があった（completely sovereign）とはいえない。こうした国々は現ドイツ連邦を構成する国家の主権にすべて吸収された。ただし北海沿岸に，オルデンブルグ大公と以前の封建関係（former feudal relation to the Grand Duchy of Oldenburg）を保つクニップハウゼンの君主（the Lordship of Kniphausen）という例外があり，これはそれゆえ，半独立国（a semi-sovereign State）とみなすことができる。
>
> 日耳曼國(ゲルマン)は前に多邦の相ひ合ふところと為る，然れども各邦内治有りと雖も，猶ほ日耳曼國皇の定法・斷法の權に服す，故に全然たる自主と為すを得ざるなり。今は則ち日耳曼は並びに總統するの皇無く，前の國法と同じからず，惟だ數國の相ひ聯なりて以て治を為す有るのみ。其の半主の小國は，多く自主の國に兼併せられり。獨だ北海に濱するの諸侯國一處のみ，尚ほ舊章に率由(したが)ひて，命を俄定堡公(オルデンブルグ)に聽く。所謂半主の國なり焉[20]。

suzeraineté の訳語たる「聽命……」で "feudal relation to..." を表現している。さきにみたとおり，feudal relation は suzerain の対概念たる vassal の言い換えでもあったから，『萬國公法』に関するかぎり，この訳出には首肯できる。だとすれば，『萬國公法』は suzerainty と vassal が対概念であるのを理解したうえで漢訳していたことになる。

またこの場合，その vassal は「半主（a semi-sovereign State）」「とみなすことができる」といっている点もみのがせない。『萬國公法』はその vassal states に「藩屬」という対訳を与えている。また前註 19 の引用文で "States having a feudal relation" を「藩邦」と訳しており，漢語の語感からみても，これは同義の言い換

---

20) Wheaton, *op. cit.*, p. 51.『萬國公法』巻 1，第 2 章第 13 節「釋半主之義」。

えと解すべきだろう。つまり「藩属」=「藩邦」→「属邦（=属國）」=「半主」と読める[21]のである。

ところがその対概念たる suzerainty, suzerain にあたる漢語の一定した対訳概念は与えられていない。「半主」にかかわるホイートンの記述には，さらに，

> Semi-sovereign or dependent States rank below sovereign States. Semi-sovereign States, and those under the protection or Suzeraineté of another sovereign State, necessarily rank below that State on which they are dependent.

のように，suzeraineté のもとにある国々を「半主」と同じカテゴリーで論及したくだりがある。けれどもその漢訳は，

> 自主の國にて他國に依る者，等級は依る所の國より下なり，此れ言を待たず矣[22]。

というだけで，"protection" や "Suzeraineté" など，肝腎なところをまったく訳出していない。「聽命……」という動詞句だけでは，とても対訳とはいえないだろう。

それでは，前註 13 で論じたエジプトの事例はどうだろうか。

5. Egypt had been held by the Ottoman Porte, during the dominion of the Mamelukes, rather as a vassal State than as a subject province. The attempts of Mehemet Ali, after the destruction of the Mamelukes, to convert his title as a princevassal into absolute independence of the Sultan, and even to extend his sway over other adjoining provinces of the empire, produced the convention concluded at London the 15th July, 1840, between four of the great European powers,—Austria,

---

21) その「半主（semi-sovereign States）」を，ホイートンは以下のように定義する。
　　かくて完全な対外主権に不可欠な権限の行使（in respect to the exercise of certain rights, essential to the perfect external sovereignty）の点で，他国に依存する国を semi-sovereign States と称する。（Wheaton, *op. cit.*, p. 45.）
　　漢訳は以下のとおり。
　　凡そ國の他國に恃みて以て其の權を行ふ者，人之を稱して半主の國と爲す。蓋し此の全權無く，即ち全然自主する能はざればなり。（『萬國公法』巻1，第2章第13節「釋半主之義」）
　　この定義（および原文・訳文の隔たり）は，以下の所論とも関わるので，あえて記しておきたい。
22) Wheaton, *op. cit.*, p. 212.『萬國公法』巻2，第3章第3節「得王禮者分位次」。

Great Britain, Prussia, and Russia,— to which the Ottoman Porte acceded. In consequence of the measures subsequently taken by the contracting parties for the execution of this treaty, the hereditary Pashalick of Egypt was finally vested by the Porte in Mehemet Ali, and his lineal descendants, on the payment of an annual tribute to the Sultan, as his suzerain. All the treaties and all the laws of the Ottoman Empire were to be applicable to Egypt, in the same manner as to other parts of the empire.

という原文を，

埃及(エジプト)の國，前に馬毎路(マムルーク)一黨の占踞攬權するところと為る。彼の時其の土耳其に服するや，藩屬に似て，省部に似ず。阿里巴沙(アリーパシャ)其の黨を滅ぼせし後，更に藩屬を以て土耳其に事ふるを願はず，乃るに自立せんと欲す焉。惟だに此くの如きなるのみならず，猶ほ土國の附近の省部を臣服せしめんと欲す。此が為め英・奥・普・俄の四大國の公使倫敦に會して章程を定め，土國も亦た其の議を允す。是に於て埃及一邦を將て，之を巴沙(パシャ)に歸し，並びに其の世々代々相ひ傳ふるを許す。惟だ其をして毎年土王に進貢し，仍ほ之を尊びて主と為さしむ。土國の律法・盟約・章程は，皆埃及に行はれ，他處と異なる無し[23]。

と表現しており，ここでは"suzerain"を「主」と訳して「進貢 tribute」に対置する。すでにみたとおり，「進貢 tribute」は「自主」の場合もありうるので，suzerain に対する vassal の関係は，「半主 semi-sovereign」ばかりではありえない。ここも，その含意にもとづく論述である。

　前節にみたように，ホイートンのいう suzerainty は，ある種の上下関係を示しえても，実際の関係としては，ひとつの定義に収斂する概念ではなかった。漢訳した側ももとより，それを読み取っていたであろうから，『萬國公法』で一定の対訳概念になっていないのは，むしろ当然だといえよう。

　西洋語，Elements of International Law からひとまず離れて，漢語だけで考えてみれば，「藩邦」や「藩屬」，「屬邦」「屬國」の対概念は，「上邦」「上國」である。suzerain にあえてそれをあてなかったところに，『萬國公法』の用意をみることが可能であって，要するに，西洋語の suzerain-vassal 関係と清朝の「上國」「藩

---

23)『萬國公法』巻 1，第 2 章第 13 節「釋半主之義」。

屬」関係を一対一対応で該当する概念だとはみなさかったとおぼしい。

もっとも「上國」ということば自体が,『萬國公法』にまったく存在しないかといえば,決してそうではない。アメリカ合衆国のなりたちを述べるくだりに,以下の一節がある。

> 但だ其の平・戰にて外國と交際するの權は,合盟に按ずるに,盡く其の合成の國に讓りて,各邦此の權を用ゐるを禁ず。則ち其の在外の主權は,全く其の合成せる所の國に在るは,明らかなり矣。各邦の此等の主權,皆上國の主權に歸す,而して其の國は即ち所謂「合盟の國」なり。

「上國の主權」という訳文がみえる。その原文は,

> But since all those powers, by which the international relations of these States are maintained with foreign States, in peace and in war, are expressly conferred by the constitution on the federal government, whilst the exercise of these powers by the several States is expressly prohibited, it is evident that the external sovereignty of the nation is exclusively vested in the Union. The independence of the respective States, in this respect, is merged in the sovereignty of the federal government, which thus becomes what the German public jurists call a *Bundesstaat*.[24]

とあって,この「上國」とは要するに,アメリカ各州に対する「連邦政府(the federal government)」のことを指す。

「連邦政府」を漢語で直訳したものは「合成の國」であるが,原文は別の箇所で "The American Union is a supreme federal government" ともいっているので,「上國」という術語はそれにひきずられた表現かもしれない。ともあれいわゆる「上國」とは,各州が行使しえない「対外主権(the external sovereignty 在外之主權)」を有する。敷衍すれば,属する対象から主権の一部を接収している存在を指す,ということになる。

だとすれば,『萬國公法』で suzerainty の翻訳が「上國」にならなかった理由もわかる。オスマン帝国の suzerainty では,vassal の主権の帰属が場合によってまちまちで,アメリカの連邦政府と各州のような関係に限らなかったからである。

---

24)『萬國公法』巻2,第2章第24節「美國係衆邦合一」。Wheaton, *op. cit.*, pp. 77-78.

『公法會通』の変化

こうした翻訳情況はしかしながら，永続しなかった。国際法の漢訳，東アジアの国際法テキストには，やがて suzerainty の訳語としての「上國」概念が登場したからである。特筆すべきは，ブルンチュリ（Johann C. Bluntschli）の *Le droit international codifié* を漢訳した『公法會通』においてである[25]。

『公法會通』はさきに『萬國公法』を訳したマーティン（William A. P. Martin 丁韙良）らが翻訳，編纂したもので，「光緒庚辰（1880年）」の序がある。原著のオリジナルは1868年のドイツ語版だが，漢訳の底本は1870年刊行のフランス語訳であり[26]，仏語版のほうが東アジアに流布していたとおぼしい。

そのうち，まず引かねばならないのは，以下の文章[27]。現代日本語訳は省略する。

76　Lorsque la souveraineté d'un état dérive de celle d'un autre état, et que par suite l'un d'eux, pour reconnaître cette filiation, reste vis-à-vis de l'autre dans un certain rapport de subordination, le premier est dit état *vassal*, et autre état suzerain. L'independance de l'état vassal droit, en conséquence, être nécessairement restreinte sur le terrain du droit international.

1. On peut représenter cependent une foule de gradations entre l'état de liberté complète et l'état de dépendance, qui n'autorise les rapports diplomatiques d'un état avec d'autres états que par l'intermédiare de l'état suzerain. ―Les états allemands étaient, à la fin du moyen âge, des états vassaux, car ils tenaient leurs droits régaliens de l'empereur et dépendaient de l'empereur ; mais, depuis la paix de Westphalie, on leur reconnaissait le droit de conclure des alliances avec puissances étrangères.

25）国際法関係の漢訳テキストとしては，C. de Martens, *Le guide diplomatique* を訳した『星軺指掌』，および T. D. Woolsey, *Introduction to the Study of International Law*, 3rd ed., 1871 を訳した『公法便覽』が先行し，後者はヨーロッパ中世の "suzerain" を「上國」と訳す（第8節）ものの，オスマン帝国に関わる翻訳はみられないため，くわしくは立ち入らない。

26）『公法會通』の「凡例」に，「原書は布（プロイセン）文に係り，後に譯して法（フランス）文と為す。茲に法文より漢に譯し，復た布文と核對し，以て舛誤を免かる」という。また『公法會通』には，岸田吟香が1881年に刊行した和刻本がある。少なくとも本書に関わる問題では，おおむね訓点を付してあるのみで，特筆すべき訳語・按語は存在しない。

27）J. C. Bluntschli, *Le droit international codifié*, 1870, pp. 86-87. 改訂増補した1874年版も参照したが，少なくとも引用した部分に重大な出入はない。

第3章　宗主権と国際法と翻訳　105

Les états vassaux de la Turquie, les uns mahométans, comme Tunis, Tripoli et l'Egypte, d'autres chrétiens comme la Servie, les principautés danubiennes et le Monténégro, sont vis-à-vis de la Porte dans les positions les plus différentes. ...

第七十六章　此の國，彼の國に頼りて以て其の主權を行ふ者は，則ち彼を上國と為し，此を屏藩と為す。屏藩の外國と交接するや，其の主權自づから限制有り。【國の全然たる自主と夫の上國に藉りて以て外交を理むる者とは，其の間の等次一ならず。如昔日耳曼(ゲルマン)の各邦，倶に藩屬に係り，悉く上國の約束に歸す。威司發里(ウェストファリア)和約自りの後，方めて外邦と自ら通好を行ふを准さる。今土耳其(トルコ)の屏藩，回教を奉ずる者有り，如へば突尼(チュニス)・埃及(エジプト)等の國，是なり。基督教を奉ずる者有り，如へば賽費(セルビア)・孟徳内格(モンテネグロ)等の國，是なり。倶に上國と相ひ繋がるも，其の法一ならず，其の權差等あり。……】

　仏語原文からみよう。suzerain-vassal という概念をはっきり定義づけたところ，Elements of International Law とちがっている。歴史上の神聖ローマ帝国諸侯・同時代のオスマン帝国「東方問題」の事例をあげるのは，ホイートンとかわらないものの，ここではいっそう明確に suzerain-vassal 関係の根拠とした。ヨーロッパ中世と近代オスマンが概念的につながっていて，ヨーロッパ人のイメージがさらに固まったことがわかる。
　漢訳と『萬國公法』とのちがいは，さらにめざましい。"état suzerain"をはっきり「上國」とし，それに「屏藩（état *vassal*）」を対せしめている。「両ドナウ公国 (les principautés danubiennes)」，つまりモルドヴァ・ワラキアが漢訳では落ちているけれども，これは次の引用文から判断して，ケアレス・ミスでなければ，文のバランスを考慮した省略とみてよい。「上國」と「屏藩」の関係が，それぞれの場合でまちまちであることにも，明記がある。
　その関係をめぐっては，さらに論述がある。「半主（[de]mi-souveraineté）」に関する記述であり，この漢語概念は『萬國公法』とひとしい。

78　Les états qui, dans le sentiment de leur faiblesse, ont demandé la protection d'un état plus puissant et ont mis leur existence sous la sauvegarde de ce dernier, n'ont également qu'une mi-souveraineté, parce qu'elle est limitée d'une manière permanente par une souveraineté supérieure.
1. Le droit de protéger un état est analogue à la suzeraineté en ce sens que le protecteur,

comme le suzerain, prétend à une position supérieure à celle du protégé. Mais la mi-souveraineté de l'état protégé ne découle pas de la souveraineté de l'état protecteur. Cette position porte du reste en elle un germe de mort, car un état qui ne peut se défendre lui-même ne mérite pas de rester indépendant. ― Les états de cette catégorie sont rares aujourd'hui. ... Les principautés danubiennes, tout en étant vassales de la Porte Ottomane, sont sous le protectorat des puissances européenes.

　　第七十八章　衰弱の國にして，強鄰の保護に仰頼し滅亡に至らざる者は，之を半主の國と謂ふ，其の主權，保護する者の限制する所と為るを以てすればなり焉。【半主の國，他國の保護に頼ること，略ぼ屏藩の上國に於るが如し，其の主權滅び易くして存し難し。蓋し國自ら護る能はずんば，即ち以て自立し難し，今此の似き者有ること罕なり。……多腦江に沿ひし岸の賽費亞・路馬尼各邦，土國の屏藩為りと雖も，實は諸國の保護を頼りて，以て自主と為す。】

「半主」とは「保護（la protection）を求め」ることで，その「保護する（protéger）」「上位の立場（une position supérieure）」が suzeraineté に似る，というのが原文の趣旨である。

　それに対し，漢訳は原文の構成とはやや異なり，「保護に頼る」ところが「上國」と「屏藩」の関係に似る，と述べるにすぎない。いささか概括的であると同時に，原文にはない「屏藩」を記すところ，注目に値する。漢文テキストだけ読めば，「保護」される「半主（semi-sovereign 半独立）」が，とりもなおさず「屏藩（vassal state 属国）」だとみえてもおかしくない。

　ところがその例としては，『萬國公法』も引く「賽費亞・路馬尼（モルドヴァ・ワラキア）」をあげている。こうした国々はオスマン帝国の「屏藩（vassales）」でありながら，「保護」はヨーロッパ諸国に仰いでいるのであって，けっきょく依然，「上國」「屏藩」と「半主」と「保護」の関係，とりわけ「保護」権がどこに帰するのか，は実は明らかになっていない。

　このように『公法會通』に至って，漢語の対訳概念がおおむね定まり，「上國 suzerain」「屏藩（藩屬）vassal」という語彙概念も定着した。もっとも両者の関係は，なお内実が曖昧である。それはまず，原語・原著のありように起因している。

　Le droit international codifié でもやはり，概念を裏づける事例は，ほとんどオスマン帝国の史実経過であり，東アジアの事例は，日本の明治維新・廃藩置県に言

及するにすぎない。しかも漢訳の『公法會通』では，それを省略してある。これでは到底，東アジアすべてにあてはめるに十分ではないし，時と場合によってsuzerainty の意味内容はまちまちであって，法理的にみると，多分に齟齬や曖昧さを免れない。

　原語・欧文で術語相互の関係が確定していないのだから，訳語概念が曖昧になるのは，当然だといってよい。翻訳に問題があれば，なおさらである。しかも訳語のみで記述・表現するさいは，漢字の表記なので，漢語を使用する各国固有の語感・意図・意味づけにも左右されざるをえない。

　ともかくこうした国際法テキストに対する漢語概念定着の経過をみるかぎり，少なくとも二つの疑問が浮かぶ。ひとつは『萬國公法』にそれまで存在しなかった，「藩屬」に対する「上國」などの漢語語彙は，どこに由来したのか，という問題である。いまひとつ，こうして定着した概念は，以後どのような経過をたどってゆくのか。こうした問いにこたえることが，東アジアの国際秩序の推移をさぐることにもつながるだろう。

3　「朝鮮問題」と「上國」概念

suzerainty と「上國」

　第一の問いに対する回答を先にするなら，国際法の suzerainty にあたる「上國」という漢語概念は，朝鮮の国際的地位をめぐる外交交渉，いわゆる「朝鮮問題」から生まれた，というのが，筆者の見解である。そこで不可避的に附随した特徴とともに，史実をかいつまんでみていきたい[28]。

　まずフランスが朝鮮を攻撃した 1866 年の丙寅洋擾に際してである。フランス側は朝鮮政府のカトリック迫害に対する報復攻撃にふみきったのだが，その方針をとるにあたって，当時の清韓関係を考慮，確認せざるをえなかった。

> 清朝と朝鮮のあいだには久しく，宗主国と属国の関係（[d]es liens de suzeraineté d'une part, de vassalité d'autre）がある。その関係の存在をたしかめ，宗主

28）その史実経過全体は，岡本隆司『属国と自主のあいだ』を参照。

国（la puissance suzeraine）がどの程度まで，われわれが受けた凌辱の責任を負うものか知らなくてはならない。清朝政府とのやりとりで，その権利主張を放棄したことがわかった……[29]。

清朝を朝鮮の suzerain とみなし，その「責任」「権利」を「放棄した」と判断言明したわけである。

ここからわかるのは，1866年の段階で清韓関係を suzeraineté, vassalité で表現したこと，suzerain には vassal の行動に対する「責任」があるとみたことである[30]。清朝側はそれに対し，朝鮮は「納貢」しても「一切の國事」は「自主」であると回答した[31]ために，フランス側はその「放棄」とみなした。suzeraineté の概念に明確な内容があることは，注目に値する。

ついで同じ「洋擾」，アメリカが朝鮮を攻撃した1871年の辛未洋擾である。アメリカ当局もやはり丙寅洋擾のフランスとほぼ同じ論理で，朝鮮・清朝と交渉した。つまり清朝を朝鮮の suzerain とみなし，tributary state に対する「保護」の責任がある，という認識である。もっとも清朝は，この時点ではそれを否定した[32]。

アメリカ・辛未洋擾の場合で特筆すべきは，清米間でやりとりされた外交文書の英文・漢文テキストがみられることであり，そこでは suzerain の対訳が「上國」，tributary state は「屬邦」「屬國」となっている[33]。その訳出の意図・経緯はわからない。しかし使用言語が漢文だった外交交渉で，こうした訳語概念を躊躇なく使用していたことはみのがせない。それはアメリカばかりにとどまらないからである。

---

29) de Bellonnet au Départment, 13 juillet 1866, cité par H. Cordier, *Histoire des relations de la Chine avec les puissances occidentales*, pp. 268-269.
30) フランスは朝鮮のみならず，ヴェトナムに対する清朝も，suzeraineté 概念で理解している。上と同じ文脈でいえば，たとえば，*Documents diplomatiques*, Decazes à Brenier de Montmorand, 30 mai 1877, p. 62 にみえる "la renonciation à un droit de suzeraineté" との言い回しなどは，その好例である。それが以後の「越南問題」の争点になっていったのは，贅言を要すまい。それについては，岡本隆司「属国と保護のあいだ」を参照。
31) 『清季中日韓關係史料』第2巻，「法國照會」同治5年6月初3日，27頁。
32) この経過については，岡本前掲書，20～22頁を参照。
33) USDS, Vol. 31, Low to Prince Kung, Nov. 22, 1871, Encl. No. 4 in Low to Fish, No. 102, Nov. 23, 1871 ; Prince Kung to Low, Dec. 23, 1871, Encl. No. 1 in Low to Fish, No. 122, Jan. 11, 1872. 『中美關係史料』下冊，「總署收鏤斐迪照會」同治10年10月10日，「總署給美使鏤斐迪照會」同治10年11月12日，「總署片奏」同治10年11月13日，815, 829～830, 831頁。

当時の欧米の理解では，清韓関係は「保護」「責任」をともなう suzerain-vassal の関係にほかならなかった。「上國」「屬國」という漢語で翻訳表現していたそんな関係を，清朝が否定した，という事実経過だったのである。

このように，清朝が朝鮮に保護・干渉を加える意思を示さない，という情況のなかで結ばれたのが，日朝修好条規（江華条約）であった。そのなかで「自主之邦」という第 1 条の条文も生まれてくる。『萬國公法』にしたがって，その「自主」を independent と解した日本は，当然それに矛盾する地位概念には，否定的とならざるをえない。それが第三の例に直結する。

1879 年の記録に，清朝が「指揮」をおこなう「上國」である，という朝鮮側の言及に対し，日本の代理公使花房義質が反駁した文書が存在する。

> 条規第一款大書特筆シテ，「朝鮮国自主ノ邦」ト曰フ。若シ貴国ニシテ別ニ奉スル所ノ「上国」アリテ其「指揮」ヲ仰カハ是藩属ノミ，自主独立ト称スルニ足ラサルナリ[34]。

この「上国」「藩属」は上の仏・米のいう suzerain, vassal とほぼひとしい意味であって，日本の外交交渉では漢語の対訳概念が，すでに定着していたとみなせよう。

こうしてみると，『公法會通』をはじめ国際法の漢訳テキストで suzerain[ty] の訳語として「上國」が採用されたのも，むしろ自然ななりゆきともいえる。もっともそれは，逐語的・機械的なあてはめ・対応だった蓋然性が高い。少なくとも清韓の関係とオスマン帝国・バルカン諸国のそれとを厳密に対照分析したうえでの訳語選択ではなかったであろう。

「上國」の分岐

1882 年 5 月にアメリカと朝鮮がシューフェルト条約を結び，朝鮮国王からアメリカ大統領に「朝鮮は清朝の屬邦であり，内政外交は自主である」という趣旨の親書がわたされた。以後の「朝鮮問題」は，この「屬國」「自主」の概念を軸に展開する[35]。

---

34)『舊韓國外交文書』「清國을上國이라한書式退却의件」明治11年10月24日，32〜33 頁。また岡本前掲書，36〜37 頁も参照。
35) その経過については，同上を参照。

そのなかで「上國」suzerainty 概念はどうなったのだろうか。語義が安定に向かったのかといえば，決してそうではなかった。

朝鮮国王がこの「屬國」「自主」を表明したさい，その「自主」のほうは名目にすぎないというのが，清朝側の見解であった。これまで積極的な干渉をひかえてきた清朝は，ここで姿勢を転換する。数ヵ月後，勃発した朝鮮の内乱・壬午軍乱で，清朝はあえて出兵して反乱軍を鎮圧した。

もっとも，こうした清朝の論理と姿勢に関係国が納得したわけではない。日本も西洋諸国も，西洋流の国際関係を前提としていた。「自主」というのは，『萬國公法』では independent の訳語だから，朝鮮は独立国でなくてはならない。「自主（独立）」でありながら，「屬國」として干渉を加える，というのは理解をこえる論理であった。清朝の軍事行動でも，そうした困惑が生じざるをえなかったのである。

そこで出てきたのが 1882 年 9 月，壬午軍乱直後の井上毅の朝鮮中立化論[36]である。以下はその抜粋。

> 清国ハ朝鮮ニ対し上国たり，朝鮮は清ニ対し貢国（トリビュテール）たりと雖トモ属国（デペンデーシー）の関係あることなし。朝鮮ハ一ノ独立国たる事を妨けさるべし。而して清国は他の四国と共ニ保護国（プロテクトラ）たるを以て四国の叶同を得ズして独り朝鮮ノ内政ニ干渉することなかるべし[37]。

ここで井上は，「上国」を「貢国」に対応するものとして，まず言及する。それは独占的に「保護」を及ぼすわけではなく，むしろ在来の儀礼関係の概念・用語法に近い。上にみてきた「保護」をともなう，欧米・日本のいわゆる「上国 suzerainty」概念とは異なる。

ところが，同じ井上がほぼ同じ時期，清朝の使節・馬建忠にあてた漢文の書翰では，国際法を前面に出している。これまでの日米の議論同様，「自主」と「上國」を真っ向から対立矛盾するものとみなし，

> 所謂半主なる者は，内治は其の自主に任ずれども，外交は上國に由りて主持せらるるの謂なり。もし外交猶ほ其の自主に任じて上國の管束を受けずんば，

---

36) この問題については，岡本隆司「「朝鮮中立化構想」の一考察」を参照。
37) 井上毅「朝鮮政略意見案」明治 15 年 9 月 17 日，「梧陰文庫」A-855，『井上毅伝』312〜313 頁。ルビは原文。

則ち約を結ぶも約を渝（か）へるも，唯だ其の欲する所なるのみ，而して上國の主權は安くにか在らん焉。故に外交其の自主に任じて猶ほ待つに半主の邦を以てするは，公法に無き所なり。此則ち朝鮮は半主の邦に非ざるは，明らかなり矣。朝鮮既に半主の邦に非ずして自主の國為らば，則ち藩屬の名未だ當らず。

「上國」に対応するのは「半主」「藩屬」であり，その「外交」権を「上國」が持つものと定義した[38]。これは『萬國公法』の「半主」の定義によりながらも，suzerain を「上國」と翻訳したうえでの解釈であって，だとすれば，この場合，井上の語彙概念は『公法會通』の用法にかなり忠実だったものともいえよう。

要するに，井上毅は「上國」概念に関するかぎり，同じ字面で別の内容のものを使っていたわけである。一方は西洋語の関わらない漢語のみの概念，他方は国際法概念の漢訳で，「半主」に対応させた概念だった。これは井上の故意というよりも，なお一義的にさだまらない「上國」という漢語概念の振幅をあらわした，とみるべきであろう。

すなわち suzerain[ty]・「上國」といっただけでは，ヨーロッパの原語にしても，漢語概念にしても，「屬國」に対する「保護」がどこに帰するか，曖昧だったわけである。

「保護」のゆくえ

日本と西洋ばかりではない。清朝の態度には，当の朝鮮も納得していなかった。清朝との間が「屬國」の関係なのは，朝貢を行っているからにすぎず，かつて清朝が表明したように，「内政外交」は「自主」でなくてはならない。けれども，たとえば壬午軍乱での清朝の行動は，朝鮮政府を守ってくれた「保護」行為であると同時に，朝鮮の「内政」に対する干渉でもあった。干渉をともなう清朝の「保護」は，とりもなおさず「自主」に反する。ここに朝鮮と清朝の対立が生じはじめた。

朝鮮政府には自国を守るだけの軍事力が備わっていなかったから，内乱・外敵からの「保護」が必要だった。清朝に仰がないのであれば，ほかに頼らなくては

---

38) 井上毅「擬與馬觀察書」明治15年10月29日稿，「梧陰文庫」A-856。

ならない。1884 年の甲申政変で日本の援助を受けたり，翌年の露朝密約でロシアの保護が条件になったりしたのも，そのためである。

　清朝側はそれに反撥して，「屬國」と「保護」を不可分のものとみなした。当時のそうした認識の到達点をもっとも明快に語る資料として，袁世凱「摘姦論」を引こう。現代日本語に訳出し，重要なタームだけ，正字で原文を残す。

　　漢城(ソウル)に入って 3 日，各国公使にひととおり会って，最近の問題を談じたところ，「朝鮮政府に〈ロシアの保護を引き入れれば，他国は朝鮮を侮ることはできなくなるし，ロシア人の軍事教練を求めても，給与支給は必要ない〉と内密に進言した者がいる，と聞いた」という者がいた。これを聴いて，はじめは驚いたけれど，やがて奇妙に思い，最後には手を打って大笑い，冠がはずれるほどだった。……いったい保護の權なるものは，上國しか有さない。清朝が壬午・甲申の二度，内乱を平定したのは，その明証である。いまロシアは「朝鮮を従属させ領有する」といわないで，「朝鮮を保護する」とするのは，名目を変えて朝鮮を欺いたうえで，「他国は朝鮮を侮ることはできなくなる」と，巧みにことばを飾っているのである。他国はさておき，どうして清朝の存在を想起しないのか。清朝の屬國への待遇は，内政・外交をその自主に任せている。西洋はそうではなく，毎年年金を与えるだけで，内政・外交は自主できない。徴収した税収は上國のものとなってしまう[39]。

袁世凱はここで，西洋の「上國」と中国のそれとでは性格が異なることを強調しつつも，「保護」は清朝が独占することを明確にしている。「上國」概念の定義がひとつに決まらないことでは，井上毅の場合と同じでありながらも，「保護」との結びつき方で異なっていた。これも「上國」概念の振幅をあらわしたものだろう。

　もちろん，この主張に朝鮮側も外国も，納得するはずはない。こうして朝鮮に対する「保護」は，どこが担うべきか，定まらなくなる。「自主」という地位が，その答えをなかなか与えなかったわけで，それがこの地域を不安定にしながら，

---

39)　『清光緒朝中日交渉史料』巻 9，頁 9。訓読は岡本前掲書，168 頁を参照。
　　なおこれはやはり「朝鮮問題」に限ったことではない。ヴェトナムでも「保護」が「屬國」「上國」関係の要点になっていた。岡本前掲「属国と保護のあいだ」を参照。この点に関する最新の研究成果として，望月直人「清仏戦争前における清朝対仏政策の転換過程」を参照。

かえって相互牽制の作用も果たし，一種の勢力均衡をもたらした。甲申政変・天津条約以降，朝鮮半島が十年の平和を保ちえたのは，そこに大きな理由がある。

逆にいえば，その「保護」のゆくえが決まると，バランスが崩れ平和も壊れることになる。それが1894年，日清の朝鮮派兵に端を発する日清戦争であった。

朝鮮政府が「東學」を鎮定する援軍の要請を「壬午・甲申」にならったといい，清朝が援軍の派遣を「属国を保護する旧例（保護屬邦舊例）」にしたがうものだと説明したのは，端的にそうした事情を物語る。清・韓で「保護」のゆくえが一致したことが，かえって破局をもたらしたわけである。

デニーと兪吉濬

袁世凱・清朝側の主張に対抗して，朝鮮の地位にまつわる諸概念の関係を原語・横文字で，しかも朝鮮の立場にのっとって整理しようとしたのが，朝鮮政府の外国人顧問デニー（Owen N. Denny）が1888年に刊行した『清韓論』である[40]。

『清韓論』を貫くのは，朝鮮が「独立国（independent）」だという論旨であり，そこでvassalとtributaryを峻別した。朝鮮はすなわち後者であり，それがおこなう「貢納（tribute）」は「主権（sovereignty）」に影響しないから，事実上の「独立国」だとみなせる，というにある。その論拠をなすのは，前註8に引いたホイートンの説にほかならない[41]。

デニーはそれに対し，vassalはそうではなく，「主権」に関わる従属をともなった概念だとみなした。このvassalに対応するものとしてsuzerainを措定し，たとえば，次のように述べる。邦訳は省略に従う。

> Had vassalage [→ the relation of suzerain and vassal] existed between the two countries, in accord with international jurisprudence, at the time the American treaty was made, does anyone at all versed in public affairs suppose that the Viceroy would have tried so hard to procure their acknowledgement by a friendly power in a public treaty?[42]

---

40) デニーと『清韓論』については，岡本前掲書，226～259頁，およびO・N・デニー『清韓論』を参照。
41) 同上，18～19頁。現代日本語訳は，同上，52頁を参照。
42) 同上，20頁。下線や括弧などは版本による出入を示したもの。現代日本語訳は，同上，53頁を参照。

デニーのなかでは，"vassalage"と"suzerainty"は同義語で，互換可能な概念だった。もちろん朝鮮と清朝の関係は，それに該当しない，というのがかれの主張である。その論拠として，ブルンチュリの *Le droit international codifié* を引用しているの[43]のもみのがせない。

そこでいまひとつ，朝鮮に対する「保護」という問題を捨象して顧みないのが，デニーと『清韓論』の特徴的な論点となる[44]。朝鮮を独立国と指定した以上，現代のわれわれには，むしろ当然の論理的帰結というべきだろうが，ここでは vassalage, suzerainty を否定したことにともなう論理展開の側面を強調しておきたい。

それが袁世凱の「上國」＝「保護」＝干渉という論理に反駁する論拠をなしていた。と同時に，デニーの議論があまりに理論的で，朝鮮半島をめぐる実際の勢力関係を閑却した性格を有することにもなった。

朝鮮側がこのデニーの見解一色に染まっていたわけではない。この当時に自らの国際的地位をどのようにみていたのか，はむしろ不分明である。『清韓論』に対しても，朝鮮政府が公式にその態度を表明したこともないし，本音でどう考えていたのかは明らかでない。

もっとも，その一端をうかがう手がかりは皆無ではない。ここでは，兪吉濬の言説をみることにしよう。兪吉濬は当時，朝鮮政府が清朝側とやりとりした文書を起草していた人物であり，しかもその文章はデニーの議論を下敷きにし，かつ漢語で表現している[45]ので，分析には最適だといえる。

簡潔にその論旨をいえば，「贈貢國」と「屬國」は異なるものであり，後者は「半獨立國」で完全な「自主」「主權」を有しないのに対し，外交使節を派遣でき，「内治・外交，均しく自主に由り，しかも外邦の指揮を受けない」前者は，「正當な獨立國」だという。したがって「贈貢國」たる朝鮮は，「世界中の堂堂たる獨立國」なのであって[46]，当然ながら，デニーとほとんど同じ主張である。

---

43) 同上，24，25，84 頁。
44) 岡本隆司『『清韓論』の研究』210，224 頁。
45) 本章の問題に関わる兪吉濬とその文章については，岡本隆司「大君と自主と独立」161〜163 頁を参照。当時のかれ自身の思想については，月脚達彦『福沢諭吉と朝鮮問題』122〜125 頁も参照。
46) 兪吉濬「國權」『兪吉濬全書』第 IV 巻，26〜43 頁。また，同「邦國의權利」，同『西遊見聞』第 4 編，『兪吉濬全書』第 I 巻，所収も参照。

もっとも，両者まったく同じだというわけではない。兪吉濬に特徴的なのは，朝鮮を独立国と措定し，その「屬國」「半獨立國」の性格を否定しながら，同時に「保護を受」ける「受護國」だと認めていることである。

> 弱小國は時として其の自ら保つの道を爲し，以て他邦と約を訂する有りて，或いは其の保護を受くる者有り，此れ之を受護國と謂ふ。……もし能く實に獨立國の有する所の權を操(と)らば，則ち受護および贈貢の關係を以て，秋毫の損を其の權に起さず。……蓋し内治・外交，均しく自主に由りて外邦の指揮を受けざる者は，一の正當なる獨立國なり，究むるに其の明確なる據なり。此れ贈貢或いは受護なりと雖も，然れども他の獨立國と同等の修好通商諸約を議定し，互いに各級の使節を派し，自ら決和・交戰の宣告を行ふ。是れ皆な主權に附着し，以て自主の實を顯らかにせり[47]。

保護国でも独立国だというのは，依拠した『清韓論』にみられない独自の論点だといってよい。そして兪吉濬は「保護」「屬國」を論じ，「贈貢」「受貢」とは表現しても，「上國」には絶えて言及しない。この点，vassalage を suzerainty と言い換えたうえで，しきりに両者を論じながら，「保護」には論及しない『清韓論』とは，まさに対蹠的である。

兪吉濬の文章は明白に『清韓論』を利用して，当時の朝鮮の国際的地位を分析，定義したものだが，この顕著な異同が，かれの意識的な立論なのかどうか，なおわからない。ともあれ「保護」を否定しないその論旨が，『清韓論』よりも朝鮮の自意識を適切に表現していたことはまちがいないし，当時の東アジアの国際情勢の現実にいっそう合致するものであったともいえよう。

おわりに

以上にみてきた，19世紀末の清韓関係に対する井上毅・袁世凱・兪吉濬の意見は，日本・清朝・朝鮮それぞれの，代表的とはいえないまでも，ひとつの典型をなす見方だといってまちがいあるまい。そこからみてとれるのは，朝鮮に対す

---

47) 兪吉濬前掲「國權」31, 32, 33頁。

る「保護」の帰属という論点で齟齬をきたしている，したがって，各々の想定する「上國」の意味内容も，一致していないことである[48]。

それはもとより，清韓関係をめぐる日清韓の利害関心が，たがいに異なるところに起因していた。けれども，その前提をなすいっそう根本的な理由は，相互の対外的な地位を示す術語概念が一義的ではなかったところにある。直截にいえば，そもそも東アジアに伝わった国際法テキスト，およびその漢訳における「suzerain[ty]上國」概念の曖昧さに由来していた。

そもそもホイートンの著述に記載のある vassal, suzerain が，オスマン帝国の国際関係・歴史過程，いわゆる「東方問題」に由来する概念だった。しかもそれは，客観的な事実からも隔たりがあったし，法理的な定義からみても曖昧さを免れなかった，とりわけ「保護」との関係が，一義的にはならなかったものである。その特徴は後発のブルンチュリの著述にも引き継がれ，ともに漢訳されて，東アジアの標準的な国際法テキストとなった。

一般の西洋人が suzerainty という語から頭に思い浮かべる通念とは何か。それは究極的には，異言語・異文明に属するわれわれに解答できない問題ではあろう。けれども本書の立場からは，ひとまず問わなくてはならない。

「朝鮮問題」で「洋擾」が示したように，あるいはデニーがいいつのったように，suzerain とは vassal の上位にあって，そのすべてではなくとも，たとえば軍事的な保護権や外交権など，一定の主権を有する。そのあたりが，西洋人の最大公約数的な印象・理解ではなかろうか[49]。

なればこそ nominal suzerainty という言い回しも存在しうる。たとえば，第一

---

48) だとすれば，当時「朝鮮問題」を主導した北洋大臣李鴻章の役割は，諸方面との交渉を通じて，朝鮮に対する「上國」であるという清朝の立場を守りつつ，日・清・韓でくいちがう「保護」のゆくえを臨機応変に調整し，衝突に至らないようにしていた，と整理できよう。当時のかれの立場については，岡本隆司「清末の対外体制と対外関係」，同『李鴻章』を参照。

49) 20世紀初頭の事例としては，本書第7章に論及する「露中宣言」の「宗主権」を，モリソン（George E. Morrison）が「対外関係を支配下に置く」ものと定義し，「さもなくば宗主国（the Suzerain Power）とはいえない」と論じている（"The Russo Mongolian Chinese Conference at Kiakhta," Jan. 24, 1914, encl. II in Morrison to Ts'ai T'ing-kan（蔡廷幹），same date, in Lo Hui-min, ed., *The Correspondence of G. E. Morrison*, p. 282）。もちろんこれは，モリソンの主観的解釈だが，それだけに西洋人一般が「宗主権」をどう理解するかをうかがう材料のひとつになるだろう。

次ボーア戦争を終わらせ，トランスヴァール共和国の事実上の独立をみとめた1881年のプレトリア協定前文が定めるイギリスの"suzerainty"はそう形容されるし，またワラキア・モルドヴァはじめ，オスマン帝国の suzerainty も同じ場合が少なくない。nominal という以上，それはやはり，実をともなわない例外の意にほかならないだろう[50]。

だとすれば，suzerainty という術語のニュアンスからみると，オスマン帝国の条約・「東方問題」では，ことさら条約の条文でその例外規定を記した，とみるのが実情ではなかろうか。ワラキア・モルドヴァはオスマン帝国の suzerainty の下にあるけれど，例外的に，ロシアの保護をうける，といった含意である。例外だから，時と場合により，多くの様態がありうる。曖昧さはそこに由来するのであって，ホイートンの記載もその意味では，かれ自身も例外と認めたうえでのものだったと考えられなくもない。

もっとも，たとえホイートン自身はそうみた，そう書いたつもりだったとしても，それを一種の規範として受け容れた側が，同様に理解できたとは限らない。その意味で，西洋の一般的通念と東アジアの翻訳概念はひとまず辨別して，その異同をみわけ，隔たりを測定する必要がある。

東アジアの「朝鮮問題」では，「東方問題」の suzerain, vassal 概念をあてはめ，しかも漢語で「上國」「屬國」と翻訳したために，在来の秩序関係とも重なり合って，いっそう曖昧な概念となる。その曖昧なところが，各国の矛盾する解釈を許し，緩衝作用がはたらく余地が生じ，対立を緩和する，あるいは劇化させる要因とも化した。近代東アジアの国際関係とその転変は，こうした国際法概念そのものの成り立ちと翻訳の性格・影響を抜きにして，考えることはできまい。

日本が韓国を保護国化した後の1906年，国際法学者・有賀長雄が発した以下のような口吻は，そんな情況をしめす一例ではなかろうか。

　抑々保護国は独立国なのであるか，属国なのであるか。時事新聞の第二面受

---

50) 東アジアにも同様とみてよい事例がある。たとえば，本書第8章にとりあげるチベットの「独立」問題も，この"suzerainty"の"nominal"化と無関係ではない。1904年，英領インド総督カーゾン（George N. Curzon, 1st Marquess Curzon of Kedleston）が，清朝のチベットに対する「宗主権」を「虚構」「擬態」と判断して，チベットと直接にラサ条約を結んだことが，問題の端緒となったからである。岡本隆司「「主権」の生成と「宗主権」」202頁を参照。なおそれ以前については，本書第9章，とくに註15〜20あたりの論述を参照。

持記者は常に韓国に対し「宗主権」と云ふ字を使て居る。宗主権は宗主国が其の附庸国に対して持つ権利であつて普通保護者たる国が其の被保護者に対して行ふ権利を宗主権とは言はない。さすれば朝鮮は日本の附庸国、即ち属邦であるか。若し属邦なれば何故に日本の法令を直にソノママ朝鮮に行ひ、日本と各国との条約を直に朝鮮に適用しない。土耳格（トルコ）の法令は直に挨及（エジプト）に行はれ、土耳格と各国との条約はソノママ挨及に適用せられて居るでないか[51]。

いわゆる「保護」「属国」「宗主権」の一義的ならざる関係を本章の考察とつきあわせてみれば、機微が理解できるはずである。

　しかもそうした曖昧さは、固定不変なものではない。各国の勢力・利害と不可分である以上、それが変われば、翻訳概念それ自体も変化をまぬかれない。日清戦争で国際舞台に躍り出る明治日本の対応と戦後に激しさを増す東アジアの転換と相剋が、そうした史実の展開に大きく関わっている。

---

51) 有賀長雄「保護国論を著したる理由」2 頁。ルビは引用者。

補　論
東西の君主号と秩序観念

黛秋津／望月直人／岡本隆司

はじめに――「君主号」が示すもの

　近代西欧を主たる原動力として形成された国民国家と国際社会は，現在に至るまでに，ほぼ地球全体を覆った。こうしたグローバルな構造が成立する以前に，宗教的・文化的共通性に基づく広域のまとまり，いわゆる文明圏としての「世界」が，地球各地に並立していたという理解は，おおむね一般に受け入れられているものと思われる。そうした「世界」は，時期によりずれがあるものの，政治的にも一人の君主・単一の政権が統合した時代を有した。本書で検討しているユーラシアの東と西，すなわち東アジアと西アジアにおいても，それはあてはまり，その代表的な事例がオスマン帝国と清朝である。

　本書第Ⅰ部で扱ったイスラーム世界のオスマン帝国も，そしてのちにくわしくとりあげる「中華」世界の清朝も，近代西欧の進出によって，西欧的な世界秩序観とそれを具体化する西欧的「国際関係」や「国際法」を受容することを余儀なくされ，次第にその網の中に取り込まれることで，いわゆる「世界の一体化」が進展することとなった。そうした過程の一端は，前章で示されたとおりである。

　しかしながら，西欧が相対的にそれほどの力を持たなかった前近代においては，オスマン帝国・清朝いずれも，ともにそれぞれの宗教的・伝統的な価値観に基づく独自の世界秩序観を有しており，西欧諸国を外部の「世界」に属する，劣った存在と見なして自らの秩序の中に位置づけて対応した。そして，力関係で劣勢に

立つ西欧の側も，これを受け入れていたのである。

　異なる「世界」間の政治外交的な接触と交流とは，いわばこうした異なる秩序観念の衝突であったわけであり，そこでどちらの秩序観念とそれに即した「やりとり」が優先され実行されるかは，その時の両者の力関係によって決められたのであった。その「やりとり」とは，具体的には親書・条約などの文書の形式や様々な場面における外交儀礼などであり，力関係で優位に立つ方が他方に対し，自らの流儀を強制しうる立場に立った。

　したがって，両者の力関係が変化した場合，そうした文書や儀礼にかなり明確な形で反映される。このような外交に関する文書や儀礼の中で，力関係が比較的明確にわかりやすく表れるものの一つが，本補論でとりあげる「君主号」であるといえよう。

　オスマン帝国においても清朝においても，皇帝を頂点とし，その「世界」の内から外へと広がる空間を秩序づける独自の観念が存在し，前者においてはイスラーム，後者においては漢語のいわゆる華夷意識がその基層にあった。いずれにおいても，こうした世界観の中で中心であり，頂点に位置する皇帝は，外部の諸「世界」の権力者との平等の地位を想定し得ず，常に自らが優位であることは自明だった。

　しかし，15世紀のいわゆる大航海時代以降の西欧世界の他地域への進出，17世紀に本格的に始まるロシアのユーラシア各地への進出，そして18・19世紀における産業革命と資本主義の発達にともなう列強の急速な地球規模の勢力拡大を受けて，劣勢に立たされたオスマン帝国と清朝は，力関係で西欧・ロシアに逆転された。西欧中心の政治経済システムへと次第に包摂され，前近代に西欧に強制してきた外交儀礼などは，逆に西欧側から西欧的な流儀を強制され，公式文書で用いられる「君主号」についても，修正・変遷を迫られることとなったのである。

　このような西欧世界と非西欧世界との間の力関係の変化は，もとより複雑な過程を経て徐々に進行していったものである。その中でも，近世から近代にかけて，オスマン帝国と清朝が西欧の君主に対してどのような称号を用いたのか，言い換えれば，相手側による君主の自称をどのように「翻訳」したのか，という設問を検討することは，対西欧との力関係をつぶさに追う上で，重要な指標になると思われる。

以上のような観点から本補論では、オスマン帝国および清朝と西欧・ロシア間の条約や親書などの外交史料中に現れた君主号の歴史的変遷に注目し、それを通じて、「宗主権」概念の出現する背景となる西欧・ロシア中心の西欧的「国際関係」の非西欧世界への広がりという問題を考えてみたい。

本書で焦点を当てる「宗主権」にせよ、あるいは「主権」にせよ、西欧でもともと君主を意味した suzerain, sovereign に由来する概念である。君主号の考察はその意味でも、有力な視点たるを失わないであろう。

1　オスマン帝国における君主号——17世紀まで

イスラーム的世界秩序観

本書第1章で述べたように、オスマン帝国は何よりもイスラームを統治理念とする王朝であった。世界を、ムスリムの統治者によりイスラームの法（シャリーア）が施行される「イスラームの家」と、異教徒たちにより治められる地である「戦争の家」に二分するイスラーム的世界秩序観の下、西欧をはじめとする外部の世界との接触と交流は、シャリーアの中の、「イスラームの家」と「戦争の家」との間の関係の規範、すなわち「イスラーム国際法」ともいうべき「シヤル」と呼ばれる法体系に基づいて行われた。

その中では「戦争の家」に属する国家との一時的な和平（ṣulḥ）を認めつつも、「イスラームの家」拡大の不断の努力としての「聖戦」が義務づけられており、そのような状況の中では「イスラームの家」に属するオスマン帝国と「戦争の家」に属する諸国家との間に対等な関係は想定されず、両者の間の契約は、常に価値の優越する「イスラームの家」から価値の劣る「戦争の家」への片務的なものとして考えられていた[1]。

それゆえ、たびたび指摘されるように、近代において、オスマン帝国内における諸外国の諸特権と見なされるいわゆるカピチュレーション（capitulation）も、当初は劣った異教徒に対し、オスマン帝国側が恩恵として認めた片務的性格のも

---

1) もっとも、一時的な和平については双務的契約と考えられ、イスラーム側も契約を守るべきとされた。鈴木『イスラムの家からバベルの塔へ』22〜23頁。

のであった。

　13世紀末にアナトリアから勃興し，14世紀のバルカン進出後，15世紀のコンスタンティノープル征服を足掛かりに巨大な版図を形成したオスマン帝国は，16世紀初頭にメッカとメディナの両聖地を支配下に置くことにより，「イスラーム世界」[2]における中心的な王朝としての地位を確立した。さらにスレイマン一世時代には領土を大幅に拡大し，よく知られているように，西欧世界の中心の一つであるウィーンを1529年に包囲して脅かすなど，西欧やロシアを力の面で凌駕した。オスマン帝国の対外行動の基層にあるイスラーム的世界秩序観は，この時点では現実の力関係と合致していたがゆえに，西欧とロシアの側も，力で勝るオスマン帝国との接触と交流時には，オスマン側の流儀に従わざるをえなかったのである。

多様な君主号と対等性

　では，オスマン帝国が西欧・ロシアに対して力で優位に立っていた16世紀を中心に，不対等な関係がどのように君主号に表れているのかを見てみたい。

　初期のオスマン帝国において君主は，我々もよく知る「スルターン（Sultân）」を名乗り，文書でもこれが用いられていた。アラビア語で「権力」，あるいは「権力者」を意味し，イスラーム世界で統治者に対し今日に至るまで使用され続けているこの称号は，オスマン帝国においてはその後皇帝のみならず，女性も含めた王族にも用いられた。ロクセラナ（Roxelana）の名で知られているスレイマン一世の后が，オスマン語ではヒュッレム・スルターン（Hürrem Sultân）と呼ばれているとおりである。

　その他，モンゴルなどのユーラシア遊牧民を起源とする「ハーン（Khân）」や，ペルシア語で「王」を示す「シャー（Şâh）」なども現れたが，15世紀に入ると，オスマン皇帝は自らを「パーディシャー（Pâdişâh 大王）」と名乗り始めた。ペルシア語を起源とし，オスマン帝国では皇帝にのみ用いられるこの称号は，15世紀以降，オスマン帝国と諸外国間で結ばれる「条約（ahdnâme）」やオスマン皇帝と諸外国の君主間で交わされる「親書（nâme-i hümâyûn）」などの中で，オスマン

---

[2] ここでの「イスラーム世界」も，本書第1章註2で示したのと同じく，イスラームがその社会に大きな影響力を持つ領域，という緩やかな概念として用いる。

皇帝の自称として次第に使用され，16世紀前半には，オスマン皇帝の君主号として一般的となっている。

　本論で問題とする諸外国の君主に対してオスマン側が用いる称号については，前述のイスラーム的世界秩序観に基づいて決められた。オスマン帝国と同じ「イスラームの家」に属するサファヴィー朝やムガル朝の君主には，平時においてはオスマン皇帝と対等の「パーディシャー」の称号が用いられることもあったが，「戦争の家」に属するヨーロッパ諸国の君主に対しては，原則として用いられなかった。これはすなわち，異教徒の世界には，オスマン皇帝と並び立つような君主は存在しない，というオスマン側の認識を示すものである。

　西欧諸国の君主に対して一般的に用いられたのは，スラヴ語からの借用語で，元々カール大帝に由来しその後「国王」の意味に転じた「クラル（Kral / Kıral）」やアナトリアの君侯にも用いられる「ベイ（Beğ / Bey 侯）」などであった。前者は，イギリス，フランス，ポーランドの国王，後者はモスクワの公などに使用された。西欧の世俗権力の頂点に立つ神聖ローマ皇帝に対しては，時に「国王（Kral）」を用いることもあったが，多くは"Imperator"のオスマン語転写である"İmparator"の語を使っている。つまりは，西欧世界内の君主間の階層性を一応尊重していたわけである。しかしながら，神聖ローマ皇帝に対して，オスマン側が自らと同じ「パーディシャー」の称号を用いることは決してなかった。

　一方，西欧の君主からオスマン皇帝に送られる親書では，最上位の君主号，すなわち神聖ローマ皇帝と同様の称号である「皇帝（Imperator / Caesar）」が使われた。たとえば，1552年にフランスのアンリ二世からスレイマン一世へあてた親書は，以下のように始まる。

　　いと高く，いと秀で，いと強く，無敵にして寛大な君主，ムスリムたちの偉大な皇帝，スルタン・スレイマン・シャー，われらのきわめて親愛にして完全なる友，あらゆる美徳，名誉，そして慈悲に満ち溢れる者。全能の神がその恩寵をもって，あなたにあらゆる繁栄と幸福を与え，豊かにし，そしてそれを保つようにさせ，またあなたの敵に対する幸運なる勝利をあなたに与えますように，アーメン！[3]

3）フランス語テキストから訳出。原文は，"Très-haut, très-excellent, très-puissant, invincible et magnanime prince, le grand empereur des Musulmans, sultan Suléyman-chah, notre très-cher et

このように，オスマン側が西欧の君主に不対等の原則で臨んだのに対し，西欧側もそれを受け入れ，オスマン皇帝に対して「皇帝（Imperator / Empereur / Caesar）」という称号を用い，その優位性を認めていた。

君主号に関連して指摘しておきたいのが，西欧やロシアの君主に対してオスマン皇帝から送られる親書の形式である。それは，最初に美辞麗句で飾られたオスマン皇帝自身の称号（intitulatio / unvan）が長々と述べられた後，相手側君主に対するいわゆる「尊称（inscriptio / lakab）」が短く示される，というものであり，後者は時に，君主号と名前のみが非常に短く示されるのみであった。そしてその後に，「以下のことを知るように」というような，あたかも相手側に命令を下すような句で内容を伝える，というのが一般的な親書の様式である。16世紀においては，二国間の条約でさえも，このような形式をとった。たとえば以下のとおりである。

> 朕は諸スルターンの中のスルターン，諸君主の証，地上における神の影，地中海と黒海とルメリ（バルカン）とアナドルとルームとカラマンとエルズルムとディヤルバクルとクルディスタンとルリスタンとアジェム（イラン）とズルカドゥリエとエジプトとダマスクスとアレッポとイェルサレムとすべてのアラブ諸地方とバグダードとバスラとアデンとイエメンの諸国とタタールとキプチャクのステップの諸地方とブダペストとそれに属する諸地方と，さらにまた剣をもって獲得された多くの諸国の大王（Pâdişâh）にしてスルターンである，スルターン・セリム・シャー・ハーンの子，スルターン・スレイマン・ハーンである。その方，オーストリア地方の王（Kral）フェレンドゥシュ（フェルディナンド）であろう。以下のことを知るように……[4]

先に，オスマン皇帝は自らと同じ称号を西欧の君主に「原則として」用いないと述べたが，実は例外があり，それはフランス国王であった。

16世紀にオスマン帝国の西進の障害となったのは，ハプスブルク家の勢力で

---

parfait ami, en qui toute vertu, honneur et grâce abondent! Dieu tout-puissant, par sa grâce, vous veuille accorder, accroître et maintenir en toute prospérité et félicité, vous fasse heureusement victorieux contre vos ennemis, amen!" (Le Baron I. de Testa, *Recueil des traités de la Porte Ottomane*, p. 57)

[4] 1547年スレイマン一世からオーストリア君主フェルディナンド一世（その後神聖ローマ皇帝）への親書。鈴木前掲書，96～97頁。

あり，当時のハプスブルク家はドイツとスペインを領有していたため，フランスはその間に挟まれる形となっていた。そのためオスマン帝国とフランスは，ハプスブルク家という共通の敵に対して連携を取り，オスマン帝国はフランスに対していくつかの恩恵を与えた。それが，前述のいわゆるカピチュレーションであり，1535 年にフランスは，オスマン帝国から領事の常駐権やオスマン領内での通商活動の自由などの通商特権を得ることとなった[5]。

こうした中，君主号についても，16 世紀半ば以降，オスマン側はフランス国王に対して「フランス大王」を意味する "França Pâdişâhı" を文書の中で用い[6]，フランス国王をオスマン皇帝と対等に遇した。もちろんオスマン側にとって，これはあくまでフランス国王に対する恩恵であり，実質的な対等の地位を認めたわけではないが[7]，西欧に対する不対等を原則としながらも，君主号の用い方には多少の柔軟性は見られた。

転　機

こうした君主号の使われ方からも明白なように，16 世紀前半のスレイマン時代には，オスマン側が西欧側に対して優位に立ち，自らの外交の慣例を西欧側に強制する立場にあった。しかしながらこのような関係は，その後オスマン側と西欧側との力関係が次第に逆転して行く中で修正されてゆくことになる。こうした動きが本格的に見られるのは，18 世紀に入ってからのことであるが，その先駆けといえる動きは，すでに 17 世紀初頭にも見られた。

スレイマンの死後も，オスマン帝国はヨーロッパにおけるさらなる版図拡大を目指した。しかしイランのサファヴィー朝との戦いが同時進行していたこともあり，16 世紀後半以降のハプスブルク家との断続的な戦いに決定的な勝利を得られないまま，オスマンの版図拡大は停止する。

その中で，西欧世界の世俗の頂点に立つ神聖ローマ皇帝を輩出するハプスブルク家は，オスマン帝国に対して両皇帝の同等の地位を要求し，文書などに使用さ

---

5) Noradounghian, *Recueil d'actes internationaux*, Tome 1, 1897, pp. 83-87.
6) Ali Reşat and Macar İskender trans., *Kapitülasyonlar, Tarihi, Menşei, Asılları*, p. 74.
7) その他，オスマン皇帝からではなくオスマン政府高官からの「書翰」の中であるが，ヴェネツィア総督に対しても，「パーディシャー」が使用される例があった。M. T. Gökbilgin, *Osmanlı Paleografya ve diplomatik ilmi*, p. 65.

れる君主号について修正を求めた。15年にも及ぶ長い戦いの後，1606年に締結されたジトヴァトロク（Zsitvatorok）条約の第2条において，オスマン皇帝と神聖ローマ皇帝が互いに「王 Rege」ではなく「皇帝 Caesar」で呼ぶことが定められ[8]，これによりヨーロッパ語の文書テキスト上の君主号に関しては，両皇帝は対等となった。

しかしながらオスマン語テキストでは，その後もオスマン側から神聖ローマ皇帝あてに送られる親書や両国間の条約の中で，神聖ローマ皇帝に対して，オスマン語で「ローマ皇帝」を意味する"Roma İmparatoru"や，同じく「カエサル」に由来する"Çasar"を用いて"Roma Çasarı"と称したり，あるいは「ドイツ皇帝」を示す"Nemçe İmparatoru (Çasarı)"という語が使用されたりするなど，少なくとも18世紀までは，決してオスマン皇帝と同じ"Pâdişâh"が用いられることはなかった。

オスマン側からすれば，ラテン語起源の外来語である"Imperator"や"Caesar"を借用して，神聖ローマ皇帝に適用していたわけである。それにより，なお「パーディシャー」たるオスマン皇帝との差を保っていたことになる。

2　君主号の修正──18世紀以降

ロシアの台頭

17世紀末に神聖同盟側に敗れ，ヨーロッパ中央部の多くの支配地を失ったオスマン帝国は，西欧に対する力の優位をも失うことになった。こうした中，18世紀に入り，オスマン帝国に対等な地位の要求を強く求めてきたのは，ピョートル一世の下で近代化を進め台頭するロシアであった。

西欧のカトリックとは異なる「正教」を奉ずるロシアでは，15世紀以来，君主に「ツァーリ（Царь）」の称号を用いてきたが，先に触れたようにオスマン側は，当初はロシア（当時モスクワ）の君主に対する称号として「侯（Beğ / Bey）」を充て，一君侯国として扱った[9]。その後「モスクワのツァーリ」を意味する

---

[8] Noradounghian, *op. cit.*, p. 104. この問題については，尾高晋己「シトヴァトロク条約（1606年）について」を参照。

"Moskov Çarı（女帝には Çariçesi）"が一般的となったが，ピョートルがスウェーデンとの大北方戦争に勝利し，1721年に元老院から「全ロシア皇帝（Император Всероссийский）」の称号を贈られると，その後ロシアはこの「インペラートル（Император）」のオスマン語である「イムパラトル（İmparator）」の称号の使用をオスマン側に要求する。

オスマン側がロシア皇帝に使用してきた君主号である「チャル（Çar）」は，言うまでもなく「ツァーリ」に由来する。その「ツァーリ」は「カエサル」を語源とするものであるからして，その点では，神聖ローマ皇帝の「チャサル（Çasar）」と同様であったが，当時の西欧世界唯一の「皇帝」である神聖ローマ皇帝に対して，オスマン帝国が「チャサル」と並んで用いる「イムパラトル」の称号は，当然のことながら，それまでロシア皇帝には用いられなかった。18世紀初頭に台頭し，バルト海への進出などを通じて西欧世界ともつながりを深めつつあったロシアは，1721年以降，神聖ローマ皇帝と同様の君主号「イムパラトル」をオスマン側が使用するよう求めるのである。

その後1736年に勃発したロシア・オスマン戦争は，1739年のベオグラード条約にて終結したが[10]，その第12条で，ロシア皇帝の称号問題がとりあげられることが約束され，その2年後の1741年に，オスマン側がロシア皇帝に対し，従来の"Çar（あるいはÇariçe）"に代わって"İmparator（あるいはİmparatoriçe）"を使用するという合意がなされ[11]，オスマン側の発する外交文書においては，オスマン帝国にとってのロシア皇帝の地位は，神聖ローマ皇帝の地位と同等になった。

ロシアのオスマン帝国に対する力の優位は，18世紀後半さらに明確となる。1774年，ロシア・オスマン戦争後に締結されたキュチュク・カイナルジャ条約[12]の第13条では，オスマン語のあらゆる公的な文書において，ロシア皇帝に

---

9) M. S. Kütükoğlu, *Osmanlı Belgelerinin Dili*, s. 150-151. 1539年の文書。
10) オスマン語条文は *Muahedat mecmuası*, Vol. 3, pp. 244-251；イタリア語条文は D. A. Sturdza and C. Colescu-Vartic, eds., *Acte şi documente relative la istoria renascerei Romîniei*, pp. 108-118；ロシア語条文は ПСЗРИ, т. 10, с. 899-904.
11) オスマン語条文は *Muahedat mecmuası*, Vol. 3, pp. 252-253；ロシア語条文は ПСЗРИ, т. 11, с. 479-480.
12) オスマン語条文は *Muahedat mecmuası*, Vol. 3, pp. 254-273；ロシア語条文は ПСЗРИ, т. 19, с. 957-967；イタリア語条文は G. F. de Martens, *Recueil de traités d'Alliance*, Tome 2, 1817, pp. 286-322.

対し「全ロシアの大王"tamâmen Rusyaların Pâdişâhı（ロシア語テキストの表記では Темамен Руссиелерин Падышах）"」の君主号が使用されることが規定された。ここにロシアは，「戦争の家」に属する君主として初めて，力によってオスマン帝国に両国君主の同等の地位を認めさせたのである。キュチュク・カイナルジャ条約がオスマン帝国と西欧・ロシアとの力関係において一つの転換点となったことはこれまでに指摘されているが，この「君主号」の問題はそれを象徴的に表しているとも言えよう。

　その後のオスマン語の条約や書翰に現れたロシア皇帝の君主号を見てみると，
　　bilcümle Rusyaların Pâdişâh ve İmparatoriçesi（1779年アイナルカヴァク協約）
　　cemî' Rusyaların İmparatoru ve Pâdişâhı（1799年，1805年ロシア＝オスマン同盟条約）
　　bilcümle Rusya İmparatoru ve Pâdişâhı（1812年ブカレスト条約）
などの形が用いられており，「全て」を意味する語が"tamâmen"からその類義語に変化したり，あるいは語順の逆転などはあるものの，1774年の後，ロシア皇帝に対する「パーディシャー」号の使用は，おおむね定着したことが見て取れる。

　対等を熱心に求めるロシアのこうした姿勢は，東方においても顕著である。17世紀末に清朝と結んだネルチンスク条約で，互いに「皇帝（インペラートル）」「ツァーリ」という君主号をラテン語正文に明記した[13]。また以後18世紀を通じた交際・交渉でも，その態度に変わるところは見られない。西方の経過と対比することで，露清関係の意味もいっそう明らかになるだろう。とりわけ17世紀に急速に拡大し，正教世界の中心的存在に成長したロシアの，周辺世界に対する認識と世界における自らの位置づけを考える上で，東西の対比は興味深い。

西欧の場合

　君主号の問題について，このようにロシアが積極的にオスマン側に対等の地位を要求したのに対し，西欧諸国は18世紀において，オスマン側に「パーディシャー」の使用をロシアほど強く要求した形跡は見られない。それでも19世紀以降，オスマン帝国の外交文書において，西欧の君主に「パーディシャー」の君主

---

[13] Сборникъ договоровъ Россіи съ Китаемъ, c. 1-3. ネルチンスク条約については，さらに後註54を参照。

号を用いた例がしばしば見られるようになる。しかし，どのような場合にその君主号を用いるのかについて，オスマン政府の明確な基準を見出すことは難しい。

たとえば，すでに象徴的な存在になっているとはいえ，なお高い権威を持つハプスブルク家の君主に対しては，1806 年の神聖ローマ帝国の消滅まで "Roma İmparatoru" や "Roma Çasarı" が多く用いられ，「パーディシャー」の君主号は見られない。そして 1806 年以降も "Avustruya İmparatoru" の形が一般的であり，「パーディシャー」の君主号が現れる例がないわけではないが，極めて例外的である。

一方，従来「パーディシャー」の君主号が使われなかったイギリス国王には，1809 年のダーダネルス条約で "İngiltere Pâdişâhı" という称号が現れ，以後 "İngiltere Kraliçe ve Pâdişâhı"（1838 年バルタリマヌ条約），などの形で「パーディシャー」が定着した。ほかにもプロイセン国王に対しては 1840 年代以降，サルデーニャ国王には，王国末期の 1850 年代の条約に，"Sardunya Pâdişâhı" の形が見られる。

19 世紀前半の条約の中で目を引くのが，オーストリア，フランス，イギリス，プロイセン，ロシア，オスマン帝国間で 1841 年にロンドンで締結されたイスタンブル海峡に関する条約である[14]。この条約のオスマン語条文では，"Fransa Kralı ve Pâdişâhı"，"Prusya Kralı ve Pâdişâhı"，"Rusya İmparatoru ve Pâdişâhı" のように，締結国の君主すべての従来の称号の末尾に「パーディシャー」がつけられている。このようにすべての君主に「パーディシャー」が使われた例は非常に珍しく，その後しばらくの間，オスマン帝国が締結した条約の中では，同じ国でもその時々で「パーディシャー」がついたりつかなかったりと，揺れが見られる。

この理由は定かではないが，推測できないわけではない。19 世紀前半に開始されたマフムト二世による改革とそれに続くタンズィマート改革は，外交の分野にも及び，1830 年代半ばに新たに外務省（Hariciye nezâreti）が設立されるなど，この時期にオスマン外交を担う組織が改変されたこと，また，ウィーン会議や 1818 年のエクス・ラ・シャペル会議などを通じ，ヨーロッパにおける外交の規則が固まって行く中で，ヨーロッパの国際システムに加わりつつあったオスマン

---

14) *Muahedat mecmuası*, Vol. 4, pp. 216-218.

帝国も，徐々にそのルールを受け入れ始めるという，オスマン外交方式の過渡期にこの時期が当たっていたことなどが，このような君主号使用の揺れと関連があるのではないか。

もちろんこれに関しては，今後さらに検討し明らかにしなければならないが，いずれにしても，これまで見たように，19世紀前半にはロシアに続いて西欧諸国に次々と「パーディシャー」が使われ，かつてはオスマン皇帝にのみ用いられた君主号は，広く諸外国の君主にも使用されることとなったのである。

その一方，欧文の条約文や西欧の君主からオスマン皇帝あての親書などを見ると，19世紀にはいっても，オスマン皇帝に用いる君主号やそれに付随する尊称は，それ以前と比べてそれほど大きな変化は見られない。

たとえば，オランダ国王ウィレム一世（在位1815～40年）からオスマン皇帝アブデュルメジド（在位1839～61年）にあてた1840年10月7日付のフランス語の書簡には以下のような表現が見られる。

> いと高く，いと秀で，いと強く，いと寛大にして無敵の君主，ムスリムたちの偉大な皇帝，スルタン・アブデュルメジド一世，あらゆる名誉と美徳に満ち溢れる者，われらの極めて親愛なるかつ完全な友，神がその栄光と栄誉を，幸福なる結末を持って高めますように。
>
> Très Haut, Très Excellent, Très Puissant, Très Magnanime et Invincible Prince, Le Grand Empereur des Musulmans, Sultan Abdoul Medjed Premier, en qui toute honneur et vertu abondent, Notre Très Cher et parfait Ami, Dieu veuille augmenter Sa gloire et Sa splendeur avec fin heureuse.[15]

これを本書123頁に引用した16世紀の表現と比較してみると，皇帝の名前の後の称号「シャー」がなくなっている点は異なるが，それ以外の尊称についてはあまり変化がないことがわかる。また，「シャー」が見られない点についても，19世紀前半の他の同様の親書の中では「ハーン（Khan）」を伴っているものも多数見られ，必ずしも称号を省略し皇帝の名前のみを記すようになったというわけではない。17・18世紀についても，おおむね同様のことが言えることから，西欧側のオスマン皇帝に対する君主号や尊称は，両者の力関係の変化に影響されるこ

---

15) H. Tuncer, ed., *Sultana 101 Mektup*, pp. 63-65 (BOA, HR.MTV, 746/31).

とはなく，ほぼ不変であり，16世紀から19世紀にかけての君主号の変化は，もっぱらオスマン帝国側でのみ生じたものであるということができる。

イスラーム的世界観に基づき，自らの優位を自明のこととしていた前近代のオスマン帝国では，西欧やロシアに対する現実の力関係がその理念と一致していたため，自らの君主に対する「パーディシャー」という君主号は，フランスの例外を除いて異教徒の君主に用いられることはなかった。ところが，17世紀末の西欧・ロシアとの戦争での敗北を受け，18世紀に入るとオスマン帝国はその修正を迫られることとなる。

それを強力に要求したのは台頭するロシアであり，18世紀後半のロシア・オスマン戦争での勝利によってその要求を実現させた。19世紀にはいるとロシアに続いて，それまで「パーディシャー」が用いられていなかったイギリスやプロイセンなどの西欧諸国の君主に対しても，オスマン帝国は「パーディシャー」の君主号を使用するようになったのであった。以上の事実はまさに，君主号の問題が現実の力関係と密接に関連していたことを示している。

地理的に西欧・ロシアと隣り合うオスマン帝国は，建国初期の段階からこれらの国々と接触を持ち，20世紀初頭の帝国消滅まで，何世紀にもわたる長い関わり合いを持った。18世紀以降，自らの力の優位を失ってゆく中で，自らを優位と見なす従来のイスラーム的世界観と現実の力関係との差に何とか折り合いをつけつつ，次第に西欧を中心に成立した国家間システムへの参加を余儀なくされた。

その中で，西欧が君主号の修正に頓着しなかったのは，主権国家体系と国際関係を樹立し，原則として，君主の地位や称号によって国家間の上下関係を示さなくなったことの反映であり，逆にオスマンが自ら君主号の適用を改めたのは，西欧的な国際関係を強制され，そこに組み込まれていったことの反映だった，と見なすことができよう。そしてついに，19世紀半ばのクリミア戦争後のパリ講和条約において，ヨーロッパ諸国と同じテーブルで交渉を行うに至った。本書第2章でも述べたとおり，これを機にいわゆる「東方問題」が制度化されてゆくのである。

その頃，ヨーロッパ列強はすでに世界各地に圧倒的な力を以って進出しており，オスマン帝国の経験よりももっと短期間のうちに，非ヨーロッパ各「世界」に対して伝統的な秩序観念やそれに基づく関係の変更をせまる。その最大の標的の一

つが，東アジアであったことはいうまでもない。

そこで，東アジアの秩序観念とその変化を考えるにあたっては，まず18世紀までの漢語の君主号がどのようなものであったのか，確認しておかねばならない。本書導論でも述べたとおり，列強が大きな影響を及ぼしたのは，主として漢語圏だったからである。

3　西欧の君主号と漢語の君主号

18世紀までの漢語君主号

東方の漢語圏では，かつて先秦時代，「〔天〕王」を頂点として，公・侯・伯などの序列が存在していた。しかし戦国時代に諸侯が「王」号を用いるようになったことから，統一秦は「皇帝」の称号を創設する。始皇帝以後，漢語圏の規範では，「皇帝」は「天下」という「中華」世界[16]にあって至高かつ唯一無二の存在であり，同時に複数の人間が「皇」「帝」を名乗ることはできない。たとえ「皇」「帝」などの字を用いても，それは「中華」の正統王朝にとって偽号・僭称であり，とくに正史をはじめとする史書に，そう記載される[17]。

そして漢以後，この「皇帝」を頂点として，内外の階層秩序が構成された。「皇帝」についで，かつての最高位たる「王」，その下に「公」・「侯」・「伯」などが続く。こうした爵位は内外「天下」に通じて広く行われた[18]。

19世紀初編纂の『大清會典』では，諸「朝貢國」の君主は下表のように称される[19]。

---

16)「天下」という観念・範囲については，厖大な研究蓄積があるが，ひとまず本補論で立ち入って論じる必要は認めない。参照に値する最近の成果として，渡辺信一郎『中国古代の王権と天下秩序』，檀上寛『明代海禁＝朝貢システムと華夷秩序』387〜450頁を参照。「天下」の論理や範囲は，漢語圏・中国史での議論にとどまらず，ほかの「世界」との比較も視野に入れなくてはならない，というのが本書の立場となる。

17) たとえば，後述のヴェトナム「皇帝」にまつわる事物は，『宋史』外国伝・交阯の条，『元史』外夷伝・安南の条，『明史』外国伝・安南の条において，逐一「偽」「僭」の語句を冠して記される。

18) 檀上前掲書，345〜456頁。

19)『大清會典事例』巻395，禮部・朝貢の条，巻737，理藩院・喇嘛封號の条。なお『會典

補　論　東西の君主号と秩序観念　133

表1　『大清會典』の漢語君主号

国　　名	君　主　号
朝　鮮	朝鮮國王
琉　球	琉球國王
ヴェトナム	越南國王
シャム	暹羅國王
ラオス（ルアンパバーン）	南掌國王
ビルマ	緬甸國王
スールー	蘇祿國王
ポルトガル	西洋國王
オランダ	荷蘭國王
イギリス	英吉利國王
ロシア	俄羅斯察漢汗（察罕汗）
コーカンド	浩罕伯克
ネパール	廓爾喀國王
ブータン	布魯克巴額爾德尼第巴

　東南の漢語圏の規範で接した国々については，漢語を用いたか否かを問わず，その君主号は一律に「國王」となっている。のちアヘン戦争で漢語君主号に最初の転機をもたらすイギリスの君主も，1793年のマカートニー（George Macartney, 1st Earl of Macartney）使節に下された乾隆帝の上諭をはじめ，「國王」と呼称している[20]。

　さらに『大清一統志』によれば，実際には冊封や朝貢の関係を有しなかった君主も，「王」とみなしていたことがみてとれる。たとえば，明清を通じて使節を派遣することがなかったフランスの君主を「國王」と表記している[21]。

　同じく『一統志』巻555の日本に関する記述には，

　　其の國に天王なる者有り，開闢自り以來，相ひ傳へて今に至る，國事に與からず，兵馬を轄せず，惟だ世々國王の供奉を享くるのみ。

とある。日本には明代「國王」に封じた足利将軍や関白秀吉がおり，その上に天

における「朝貢國」の概念については，さしあたり J. K. Fairbank and S. Y. Têng, "On the Ch'ing Tributary System"；岡本隆司「朝貢と互市と會典」を参照。ここでは，「朝貢」を行ったという記載のある国々に限っている。
20)『大清高宗純皇帝實錄』巻1435，乾隆58年8月己卯の条。
21)『大清一統志』巻560，「法蘭西」の条。このような『會典』と『一統志』との微妙な表記のズレについては，岡本前掲論文を参照。

皇がいた。その「天皇」をことさら「天王」に作る[22]のは、「中華」の君主以外に「皇」の字を使用できない立場を鮮明にしたものである。19世紀以降は、いかなる国もこうした「王」の表記で、一律に「皇帝」より格下の君主として位置づけられた。

一方、西北方面の国々は「汗（ハン）」や「伯克（ベク）」など、音訳の君主号が目立つ[23]。これはモンゴル的な普遍性に基づいて関係を結んだ影響によっていた。たとえば、ロシア君主を「察漢汗」と表記したのは、モンゴル語の "Čaɣan qan"（チャガン・ハン）を音訳したもので、「察漢（チャガン）」とは、白い、の謂である。しかしながら漢文文書では、それぞれ「入貢」「進貢」したとするように[24]、音訳の君主号であっても、漢語圏の規範ないし当時の清朝の主観の上では、「皇帝」より劣位にあるとみなされたことは疑いない。

Emperorと皇帝

他方、西欧では中世以来、厳然たる序列をもつ君主号や爵位が存在してきた。代表的なものをあげれば、現代日本語では「皇帝」と訳す、ローマ帝国のimperatorの後継者たるEmperor、「王」と訳すKing、さらに「大公」などと訳すPrinceなどがある。こうした称号があらわす階層秩序は、西欧において主権国家体系が発展するとともに、影響力を失っていった。

その契機は何といっても、三十年戦争とそれを終わらせるため1648年に締結されたウェストファリア条約である。「神聖ローマ帝国」はそれによって著しく形骸化した。また前述のとおり、1721年にロシアのピョートル一世が

---

22) 『大清一統志』より引いた文は、『續文獻通考』巻234、四裔考・東夷の条から採録したものである。同じくだりを『皇朝文獻通考』巻295、「四裔考三」も抄録するけれども、『一統志』はあえて一貫して『續文獻通考』に依拠している。『皇朝文獻通考』が日本での称呼どおりに改めて「天皇」と作ったのに対し、「天王」と記す明朝流の華夷観念が、『一統志』にはむしろふさわしかったからであろう。こうした18世紀後半の『一統志』をめぐる華夷観念の転換については、岡本前掲論文を参照。もちろんこれは、19世紀後半の日中関係とも無関係ではない。後註53を参照。

23) このうち、ネパールの君主を「國王」と記載するのは、その関係が18世紀最末期に生じ、清朝の漢化が進んでいたためだとみられるが、この点はいっそうの考察が必要だろう。

24) たとえば「浩罕伯克」は、「貢物を呈進した」と記される。『大清文宗顯皇帝實錄』巻293、咸豊9年9月癸酉の条。

Император（インペラートル）を称し，1740年代のオーストリア継承戦争を経て，「神聖ローマ皇帝」やフランスなどもその称号を認め，Emperorが並存する状況が出来した[25]。1803年，ナポレオンが"l'Empereur des Français"に即位し，1805年には「神聖ローマ皇帝」フランツ二世が退位して，オーストリア皇帝フランツ一世を名乗る。かくて旧来の君主号を残したまま，主権国家君主間の対等という概念が広まった。

それが欧文における非ヨーロッパ諸国の君主号にも影響を与えた。西欧人はヨーロッパ外の君主をいうさいにも，自己の君主号を用いたからである。

上述のマカートニー使節が携えた，ジョージ三世の乾隆帝あて書翰の一節に，

His Most Sacred Majesty George the third, by the Grace of God King of Great Britain, France and Ireland, Sovereign of the Seas, Defender of the Faith and so forth, To the Supreme Emperor of China Kien-long worthy to live tens of thousands and tens of thousands years, sendeth Greeting.[26]

といい，その2年後，乾隆帝に謁見したオランダ使節団員が公刊した随行記録も，やはり"l'empereur de la Chine"と記す[27]。18世紀の西欧人は，Chinaの「皇帝」をEmperorだとみなしていたことが，これでわかる。ただ問題になるのは，引用文に明らかな"King"と"Emperor"の対等性である。

19世紀のはじめに出版されたモリソン（Robert Morrison）の *Dictionary of the Chinese Language* は，Emperor, King, Monarch の項目でそれぞれ表2のような漢語を列挙している。

もとより，「皇帝」―「王」は厳然たる階層序列の関係を有する。それがEmperor―Kingとして訳されているあたり，西洋におけるEmperorとKingにも元来は明確な階層性があったことを物語っている。しかし19世紀前半には，西洋に主権国家君主同士のEmperorとKingには，そのような区分はなくなっていたから，

25）1648年のウェストファリア条約をもって，近代主権国家による国際関係が成立したという定説は，近年みなおしが進んでいる（明石欽司『ウェストファリア条約』）。さらに最近の研究では，神聖ローマ帝国の形骸化についても，旧来いわれてきたよりも緩やかに，また長期にわたって進行したことも指摘されている（久保田徳仁・光辻克馬・鷲田任邦「神聖ローマ皇帝の消長とその理論」）。

26）"Letter from King George III to the Emperor of China," cited in H. B. Morse, *The Chronicles of the East India Company*, Vol. 2, p. 244.

27）A. Houckgeest, *Voyage de l'ambassade de la compagnie des Indes Orientales Hollandaises*, p. 142.

表 2　*Dictionary of the Chinese Language* の翻訳概念

Emperor	「皇帝」「皇上」「萬歲爺」「聖上」「陛下」「朝廷」「天子」「上」
King	「王」「國王」「國主」「帝王」「國君」
Monarch, absolute or other sovereign	「國主」「國君」「皇上」「皇帝」「王」「國王」

「皇帝」—「王」という君主号を直截に西欧近代の Emperor—King 関係に置き換えることはできない。訳語の対応と実際の関係にはギャップがあったわけであり，その帰趨をみさだめる必要がある。

そこでまず，Emperor＝「皇帝」の対応関係[28]を考えてみよう。もとより当時の実情を正確に復元することはできないものの，いくつか仮説をたてて考えてみよう。

「皇帝」とは漢語圏最高の称号であるから，西欧世界の最高称号の Emperor をあてて訳した可能性がある。しかしこう想定すると，ヴェトナムの事例が説明できない。たとえば，フランスと結んだ 1874 年の第二次サイゴン条約第 2 条の漢文テキストは，

> 大富浪沙國大皇帝明知大南國大皇帝係操自主權，非有遵服何國，致大富浪沙國大皇帝自許幫助。……[29]

とある。それに対応する仏文テキストは，

> Son Exc. le Président de la République française, reconnaissant la souveraineté du Roi de l'Annam et son entière indépendance vis-à-vis de toute puissance étrangère quelle qu'elle soit, lui promet aide et assistance...[30]

となっており，この後の条約もヴェトナム皇帝は，一貫して"Roi"である。

この事例は，「皇帝」という漢語が一対一的に翻訳されて"Emperor"となったわけではないことを示している。つまり漢語の称号にかかわらず，ヴェトナムの

---

28) ローマ皇帝を「皇帝」と「誤訳」した，という指摘は，岡田『世界史の誕生』241 頁が嚆矢だろうが，それはいまや，単に知識・思想レベルの現象にとどまらず，東アジアの国際政治史展開の不可分なプロセスとみるべき視座が求められている。

29) 『大南寔錄』巻 50，嗣德 27 年正月の条。

30) *Documents diplomatiques*, "Traité politique conclu entre la France et l'Annam, le 15 mars 1874," p. 1.

君主は"King"であり，それが西欧人なりの階層秩序認識による位置づけだった。これはまた，19世紀前半までに英・仏がビルマやシャムと結んだ条約でも，相手方の君主を"King of Ava", "King of Siam", "le roi du Siam"と表現していることからも傍証できる。そして，そうした西欧人の世界認識のなかで，清朝の君主にあえて"Emperor"をあてた，というのが実情に近い[31]だろう。

ひるがえって漢文テキストをみれば，ヴェトナムにとって「大皇帝」は自称であって，それと対等ならば，同じ「大皇帝」にならざるをえない。そもそもヴェトナムの「皇帝」は，中国中心の秩序体系から離脱するために，あえて「中国化」を選んで中華の君主と同じ称号にしたものである[32]。一方の「皇帝」と別の体系にあって比肩しうるものは，「皇帝」と呼ぶしかない。ヴェトナムの君主であろうと，フランス第三共和政の"Président"（大統領）であろうと，その漢語は「大皇帝」をあてることになる。こうした漢語の用法にも，留意しておかねばならない。

皇帝と King, Emperor

もっとも，このような西欧と漢語の君主号の関係は，不変ではなかった。それがわかるのは，アヘン戦争においてであり，これは周知のとおり，清朝と西欧諸国とが条約を結ぶ画期をなした事件でもある。

その交渉にあたって，イギリス外相パーマストン（Henry John Temple, 3rd Viscount Palmerston）の清朝「宰相」あて書翰（1840年2月20日付）が漢文で作成されており，冒頭に「大英國主欽命管理通外事務大臣巴麥尊，敬此照會大清國皇帝欽命宰相」と記す[33]。「國主」は，モリソンの Dictionary of the Chinese Language にある King の訳語を用いたものだろう。1841年，イギリス側が用意した川鼻仮条約の草案でも，清朝には「大皇帝」，イギリスには「〔大英〕國主」の表記を用

---

31) C. U. Aitchison, *A Collection of Treaties*, pp. 213ff., 316ff.; L. de Reinach, *Recueil des traités*, "Traités d'amitié, de commerce et de navigation signé le 15 août 1856 entre la France et le royaume du Siam," p. 37. 以上は吉村忠典のいう「濫喩」「代用」として理解すべきものだろう。吉村『古代ローマ帝国の研究』57頁を参照。

32) さしあたり，桃木至朗『歴史的世界としての東南アジア』を参照。

33) 佐々木正哉『鴉片戦争の研究』「第三図　パーマストン照会」。同上，「一　巴麦尊照会」3頁も参照。

いている[34]。そして1842年の南京条約では,「大清大皇帝」と「大英君主」という表記がなされた。このようにイギリス側は,漢文文書で自国のKingに対し,「皇帝」「王」の称号をいっさい用いず,「國主」や「君主」などの訳語を使用したのである[35]。

このようなイギリス君主に対する「皇帝」の不使用は,清朝の「皇帝」称号を尊重した配慮にもみえる。しかし,戦争中にイギリス側が作成して定海や香港の海関に出した告示においても,自国の君主を「君主」と称している。ゆえに,対清交渉をまとめる意図から「皇帝」を使用しなかったとは考えにくい。また,南京条約締結交渉におけるパーマストンの訓令にもあるように,イギリス側は一貫して対等性を重視しており,「大」「欽」などの字句の使用や抬写については,細部までこだわっていた[36]。イギリス側は,清朝君主の称号をとくに尊重したわけではなく,むしろそれと比肩する地位をめざしていた。

そこで,南京条約でいう「君主」は,イギリスが清朝との「対等性」を求めて採用した語だという指摘もある[37]。清朝が他国の君主の称謂として一般的に用いていた「國王」をあえて忌避したところに,その思惑をみてとれる。そうでありながら,清朝と同じ「皇帝」の称号を用いなかったのは,イギリスの側に自らの君主号であるKingは,Emperorではなく,よって「皇帝」ではない,という認識が存在したからであろう。とすれば,「皇帝」とも「國王」とも異なり,かつ清朝の「皇帝」と対等なkingの地位を示す漢語が必要になるのであり,それが「君主」という称号だった。

この「君主」は1847年の清朝とスウェーデン゠ノルウェーの「五口通商章程」でも用いられた。「大瑞典國挪威國等大君主」という称謂である。以後は「君主」がKingに対応する漢語の翻訳概念として定着した[38]。

他方,南京条約より後の1844年に,清朝とフランスが締結した黄埔条約では,以下のように君主号を用いている。

今大清國與大佛蘭西國以所歷久貿易,船隻情事等之往來,大清國大皇帝・大

---

34) 同上,「六九　条約草案」81頁。
35) 同上,第1部・第2部を参照。
36) 同上,「一九〇　璞鼎査照覆」1842年8月8日,190頁。
37) 吉澤誠一郎『清朝と近代世界』56頁。
38) *Treaties, Conventions, etc. between China and Foreign States*, Vol. 1, p. 45.

<u>佛蘭西國大皇帝</u>興念及妥為處置，保護懋生，至於永久。……[39]

Des relations de commerce et de navigation s'étant établies depuis longtemps entre la France et la Chine, <u>Sa Majesté l'Empereur des Français et Sa Majesté l'Empereur de Chine</u> ont jugé convenable d'en régulariser l'existence, d'en favoriser le développement et d'en perpétuer la dure : ...[40]

漢文テキストは，清仏双方の君主に「皇帝」の称号を用いており，これが「皇帝」を西洋諸国の君主に用いた最初の事例である。

　フランスは当時，七月王政（1830～48年）の時代にあたり，オルレアン朝のルイ・フィリップが "le Roi des Français"（フランス人の王）として王位にあった。したがって仏文テキストの "l'Empereur des Français" が，すこぶる奇異だというべきである。フランスはこの時期，多数の条約を締結しており，そこで "l'Empereur des Français" と称した例がないわけではない。しかしそれは，「ムスリム諸国との政治条約」においてであって[41]，1843年にスールー王国（現フィリピン南部）との条約，46年にハワイ王国との条約など，いずれも仏文テキストに "le Roi des Français" を使用していた[42]。"l'Empereur des Français" は，清朝を対象にした，いわば特別措置と見てさしつかえない。

　これはすでに指摘のあるとおり，フランスが清朝と対等であることを示そうとした行為だと考えられる[43]。ただそのさい，"l'Empereur des Français" を漢語テキストで「大佛蘭西國大皇帝」とし，ほかの表記ができなかったことは注目しておいてよい。つまりこの時期までに，「皇帝」＝ Empereur（≠ Roi［King］）であるとの認識が定まり，フランスがそれに基づいて，清朝との対等性を求めたがゆえに起こった現象と解釈できよう。

39）*Ibid.*, p. 771.
40）*Ibid.*
41）*Recueil des traités de la France*, Tome 5, p. 200. フランスが l'empereur の称号を用いたのは，1740年のフランス・トルコ条約，1790年のチュニジア条約，1844年のザンジバル＝オマーン条約であり（*ibid.*, p. 259），これは前註5，6に述べた仏土同盟締結による「パーディシャー」称号と関係している可能性がある。
42）Reinach, *Recueil des traités*, "Convention de commerce, conclue le 23 avril 1843, entre la France et les îles Soulou," p. 21；*Recueil des traités de la France*, Tome 5, "Traité de commerce et de navigation, conclu à Honolulu le 26 mars 1846 entre la France et les îles Sandwich," p. 438.
43）H. B. Morse, *The International Relations of the Chinese Empire*, p. 310, n. 49.

なお同じ時期、清朝と条約を結んだ国で共和政体をとっていたのは、アメリカのみである。1844年の望厦条約漢語テキストでは、「大合眾國大伯理璽天德」と"President"が音訳されている。

以上を整理すると、アヘン戦争からアロー戦争前までに定着した、西洋の君主・元首号に対する翻訳概念は、次のようになる。

　　Emperor：皇帝
　　King：君主
　　President：伯理璽天德

この三つの君主号・元首号が、以後も受け継がれる。しかしそれは、清朝が西欧的な主権国家体系を受容したことを意味するものではなかった。

『籌辦夷務始末』の改竄

では清朝の側は、英・仏などが用いた君主号に対して、いかなる姿勢・認識を示したのであろうか。1856年に成った『籌辦夷務始末』所収の条約文をみると、語句の改変が施されており、そこから清朝の姿勢・認識を看取できる。

南京条約第1条「嗣後大清大皇帝與大英君主，永存平和，……」[44)]のくだり、『籌辦夷務始末』は「嗣後大清大皇帝與英國君主，永存平和，……」[45)]と、「大英」は「英國」と改変して「大」の字を消去している[46)]。このほか、条約本体には見られる、清英双方の君主に対する抬写も、『籌辦夷務始末』では清朝皇帝だけになっている。

これは「対等性」を示す表記を改め、『籌辦夷務始末』を繙く者にイギリスが劣位にあると読ませる工夫であり、そこが清朝にとって重大だったことがわかる。ところが「君主」の表記は、改竄を加えていない。とすれば、「君主」はそのままでもさしつかえのない称号だったことになる。そもそも漢語通例の用法でも、「帝」で正統、「主」で僭称を示し、前者が後者より優位にあったから、イギリス側が期したとされる「君主」号の「対等性」は、少なくとも清朝の側では効果が

---

44) *Treaties, Conventions, etc.*, Vol. 1, p. 352.
45) 『籌辦夷務始末（道光朝）』巻59、道光22年8月戊寅の条、「清單」、耆英・伊里布・牛鑑の上奏に添付。
46) 同上。

乏しかった、といってよい。

　南京条約の後に行われた黄埔条約締結交渉で、フランス君主を"Empereur"＝「皇帝」と称するよう強く迫ったフランス側に対し、清朝全権の耆英は「國主(Seigneur du royaume)」の称号を勧めつつ、

　　まこと、われわれが尊崇する称号をフランスが用いては不適当なのである。この称号はフランスと全く異なる宗教的原理に基づいているのであって、その原理なくしては、無意味になってしまうからだ。……ともあれ、この〔皇帝 empereur という〕呼称をフランス王に適用しては、歴史に背き、語義を誤り、批判を引き起こす[47]。

と反論したという。その黄埔条約の「皇帝」号について『籌辦夷務始末』をみると、「大佛蘭西國大皇帝」という語句のある条約前文と第36条を記載しておらず、第1・4・5・34・35条に見える「大佛蘭西皇上」の字句も削除、または「佛蘭西國」に置換している[48]。フランスの「皇帝」使用が、清朝にとっていかに重大な問題だったかがうかがえる。逆にいえば、「皇帝」ならざる「君主」や「伯理璽天德」の称号は、「皇帝」を頂点とする漢語圏の規範に抵触する性質のものではなかったのである。

4　君主号の定着と漢語圏の変貌

「皇帝」＝ Emperor とその拡散

　清朝は、1856年に英仏との間で始まったアロー戦争を契機に、1858年に調停国ロシア・アメリカを含めた4ヵ国と個別に天津条約を結び、さらに1860年に同じく4ヵ国と北京条約を結んだ。ロシア以外の3ヵ国について、天津条約・北

---

47) J.-M. Callery, *Journal des opérations diplomatiques*, le 20 octobre 1844, pp. 252, 258. Cf. Louis Wei Tsing-Sing, *La politique missionnaire de la France en Chine*, p. 226. こうした議論の経緯からも、前述の emperor＝皇帝という互換的な対訳関係が固まっていることがわかる。

48) 『籌辦夷務始末（道光朝）』巻73、道光24年10月乙未の条、「咈囒哂貿易章程三十五款」、耆英の上奏に添付。総理衙門保存のオリジナルテキストを海関が編集・公刊した *Treaties, Conventions, etc.*, Vol. 1, pp. 771-790 所収の漢文テキストには、「大清國大皇帝」と「大佛蘭西國大皇帝」とを併記しており、こちらのほうが信憑性が高い。これについては、坂野正高『近代中国外交史研究』21～23, 453頁を参照。

表3　1860〜90年代の条約における漢語の君主・元首号

国　　名	締　結　年	呼　　称
プロイセン	1861	大布國大君主
ポルトガル	1862（発効せず）→ 1887：再締結	大西洋國大君主
デンマーク	1863	大丹國大君主
ベルギー	1863	大比利時國大君主
オランダ	1863	大和大君主
スペイン	1864	大日斯巴亞國大君主
イタリア	1866	大義國大君主
オーストリア＝ハンガリー	1869	大奧斯馬加國大皇上
ペルー	1874	大秘國大伯理璽天德
ブラジル	1881	大巴西國大皇帝
メキシコ	1899	大墨西哥國大伯理璽天德

京条約の君主・元首表記は，以下のようになっている。

　英：「大英君主」（天津条約）→「大英大君主」（北京条約）

　仏：「大法國大皇帝」

　米：「大〔亞美理駕〕合衆國大伯理璽天德」

フランスはすでに第二帝政下にあり，ゆえに Emperor / King / President という名称に準じて，「皇帝」「君主」「伯理璽天德」という区分が用いられたことになる。

　その後に清朝は，1860年代に普・伊・墺・白・丁・葡・西・蘭と通商条約を結び，1870年代から90年代にかけて秘・伯・墨が続く。その際の君主・元首号は表3のとおりである。

　上記をまとめて，称号別に分類すると，以下のようになる。

　「皇帝」：フランス・オーストリア（「大皇上」）・ブラジル

　「君主」：他の君主国（英・普・伊・白・丁・葡・西・蘭，King の欧洲諸国）

　「伯理璽天德」：アメリカ・ペルー・メキシコ

いずれも当該国の使用する Emperor / King / President の君主号にそれぞれ「皇帝（皇上）」「君主」「伯理璽天德」が対応している[49]。

　もとより，「皇帝」「君主」「伯理璽天德」の3称号自体は，アロー戦争前と変

---

49) 例外として，ベルギー王の私有地であったコンゴ自由国と1898年に結んだ条約が，国名のみの表記となっている。この条約は，後述の韓国とも無関係ではない。茅海建『戊戌變法史事考』451〜452頁を参照。

わりない。黄埔条約の「皇帝」号をことさら忌避した『籌辦夷務始末』も，天津条約・北京条約での「大法國大皇帝」の表記は，そのまま存置しており[50]，1850年代までとの違いをうかがうことができる。

さらに1864年，同文館が刊行した，ホイートンの *Elements of International Law* の漢訳『萬國公法』でも，Emperorは「皇」と訳す。たとえば，神聖ローマ皇帝を述べたくだりには，

　　昔者日耳曼(ドイツ)に皇有りし時，諸國之に禮欵を歸すること，較や他國の君より重し。蓋し羅馬古皇(ローマ)の位を繼續するの故に以爲(おも)ればなり[51]。

とある。このように，1860年代以降になると，清朝も欧米諸国が使う「皇帝」号は容認せざるをえなかった。けだし西洋諸国を指すに「夷」という蔑称の使用を天津条約が禁じたことと表裏一体をなすだろう。そこから対訳関係が確立，定着したのである。

こうした称号の対応関係の定着を裏づけるのが，西欧諸国の側における政体の変化と漢語の連動である。

　　フランス：普仏戦争後（1885年の清仏天津条約以降）に「大法民主國大伯理璽天德」に変わる
　　ドイツ：ドイツ帝国成立後（1880年の「續修條約」以降），「大德國大皇帝兼布國大君主」となる
　　イギリス：1877年にヴィクトリア女王が"Empress of India"となって以後，「大英國大君主五印度大后帝」となる（1886年のビルマ・チベット協定以降）

こうした連動は，欧米諸国の漢語称号が単なる対訳語と化して，漢語圏での旧来の意味内容をもちえなくなったことを示す。ドイツ統一によってヴィルヘルム一世がカイゼルに即位した直後，「皇帝」称号使用の旨を通達された際，総理衙門は上奏文の中で，

---

50)『籌辦夷務始末（咸豐朝）』巻28，咸豐8年5月丁酉，巻67，咸豐10年9月乙巳の条。
　　なお同じ時期，皇帝が幼少で，皇太后の垂簾聽政が行われたことが，こうした事態にいかほどの影響を与えていたかは，未知数である。国書捧呈など，外国との儀礼とその変化については，少なからず検討がなされているけれども，君主号の概念・表記には，まだ考察が及んでいない。関連の儀礼に関する最近の研究に，曹雯『清朝對外體制研究』，尤淑君『賓禮到禮賓』などがある。
51)『萬國公法』巻2，第3章「諸國平行之權」第3節「得王禮者分位次」。

西洋各国は称号に違いがありましても、交際に分け隔てをすることはありません。先ごろ条約を締結した各国で、このような〔「皇帝」という〕称号を名乗ったのは、ロシア・フランス・オーストリアの3ヵ国だけでした。今回プロイセンがこの称号を用いたのも、国内の諸小国が推戴したために相互の尊重をはかったもので、ロシア・フランスの前例にならったものです[52]。

と述べている。西欧諸国の君主号を翻訳する漢語概念が明確に対応していたため、西欧諸国の体制が直截に反映され、欧文の君主・元首号に変化が生じると、それに応じて漢語称号も変わった。こうして、かつて「天下」に唯一であるべきはずだった「皇帝」という表記が、同時に複数並立する、という漢語圏の伝統ではありえない事態が出来した。

もとより、欧米諸国においても Emperor が並び立ち、その使用が広がったのは、19世紀特有の傾向である。「皇帝」= Emperor という翻訳概念・対訳関係が定着し、それを前提とするようになったため、清朝の執着してきた「皇帝」号は、欧米の傾向に準じて、使用の範囲が拡散していった[53]。これを漢語圏の西欧化と呼ぶことにしよう。

露清関係と君主号

周知のとおり、露清関係における条約締結の歴史は、1689年のネルチンスク条約に始まる。この条約のラテン語正文の君主号は、上述のとおり、対等に近い形式になっているが、条約文はそれだけではない。満洲語テキストでは "enduringge hūwangdi"（聖皇帝）というように、満洲語化された「皇帝」号が清朝君主に用いられているのに対し、ロシアのツァーリは "cagan han"（チャガン・ハン）と称して、hūwangdi を使用しない。他方、条約の露文テキストによれば、ロシア君主を "Царь"（皇帝）と自称しつつ、清朝君主を "Богдыхан"（ボグドハン）と記している[54]。

---

52)『籌辦夷務始末（同治朝）』巻80、同治10年3月辛丑の条。
53) 念のため附言しておけば、これはなお欧米に限った現象である。1871年、清朝の「皇帝」と日本の「天皇」が結ぶ日清修好条規の交渉で、清朝側は同治年間に条約を締結した国はみな「君主」号を使用していると述べている（森田吉彦「日清関係の転換と日清修好条規」55頁）。事実に違う発言だが、「皇帝」あるいはそれにつながる呼称を、できれば回避したい、という清朝の姿勢を看取できよう。

これは露清双方の当時の自称・他称をそのまま反映したものであり、客観的にみれば、それぞれ他者を「ハン」と位置づけ、各々なかば帰属するモンゴル的な普遍性を通じて、対等の関係が成り立つしくみになっていた。露清の条約交渉で満洲語・モンゴル語が使用言語とされたのも、そう考えれば、必然である。

その後の条約では、君主間の序列にかかわる対立の発現を恐れてか、君主号を記さず、国名だけ記す場合が多い。アヘン戦争を経ても、それは変わらなかった。1851年のイリ条約も満洲語とロシア語で作られており、清露の君主称号は出てこない[55]。

この状況が変わる転機となったのは、アロー戦争である。その講和交渉を通じて、清朝の対露関係が理藩院管轄から総理衙門管轄へ移るなど、対露関係の西欧化と呼ぶべき現象が起きており、条約文にもそれに応じた変化が生じた。1858年の天津条約の正文をなす満洲語テキストでは、ロシア君主は"oros gurun i amba hūwangdi"（オロス国大皇帝）、"oros gurun i enduringge ejen hūwangdi"（オロス国聖主皇帝）と表記する[56]。さらに、清露条約で初めて作成された漢文テキストでは、「大俄羅斯國自專主大皇帝依木丕拉托爾（インペラトル）」「大俄羅斯國聖主皇帝」と翻訳された。表4にまとめた天津条約・北京条約の画期性は、次のような点になろう。

(1) hūwangdi をロシア君主にも使用した。
(2) 天津条約ではじめて漢文テキストを採用、北京条約は露清間ではじめて満文テキストを作成しなかった。[57]

ただロシア語の条約テキストは、ロシア君主に"Императоръ"、清朝君主に"Богдоханъ"（ボグドハン）を用いており、いまだ清朝君主を Императоръ とは呼ん

---

54) *Сборникъ договоровъ Россіи съ Китаемъ*, с. 1, 3, 7. 条約文テキストの解釈も含めたネルチンスク条約交渉の詳細については、吉田金一『ロシアの東方進出とネルチンスク条約』を参照。
55) *Сборникъ договоровъ Россіи съ Китаемъ*, с. 96-109.
56) Там же, с. 131, 141-142, 152.
57) ただし、この条約交渉ではロシア側と満洲語で文書のやりとりがなされており、その後も清露間の条約に、満洲語テキストがかなり遅くまで残ったことから窺われるように、露清関係に存したいわゆるモンゴル的普遍性が、すぐに消滅したわけではない。他方、本書第7章でつぶさにみるように、1910年代のモンゴル「独立」問題では、すでに漢語圏・西欧的な交渉になっている。それ以前におこったモンゴル的普遍性の精確な消滅時期の特定は、今後の検討課題であろう。

表4 天津条約（1858年）・北京条約（1860年）の翻訳概念

	満洲語（正文）	漢文	ロシア語
清朝君主	Hūwangdi	皇帝	Богдохан
ロシア君主	Hūwangdi	皇帝	Император

でいない。上の(1)(2)は，露清関係を清朝と西欧との関係に準じるところから生じた現象であって，露文テキストの称号はその過渡的な形態とみればよいだろう。

"Император"が清朝「皇帝」の翻訳概念として固まったのは，いわゆる「イリ危機」を収拾するため，1881年に結ばれたペテルブルク条約においてである。ここにようやく，西欧の Emperor と同じく，1870年代の末にはできあがっていた Император ＝ 皇帝という対訳関係[58]が条約上でも確立し，いわば露清関係の西欧化，それを通じた漢語圏への一元化が深まった，とみなせよう[59]。

日韓の「皇帝」号使用

では，こうした君主号の翻訳・使用は，漢語圏の内部ではどのような経過をたどったのであろうか。まず日本からみよう。

清朝と明治日本の国交は，1871年締結の日清修好条規で樹立された。しかしながら，この条約は国名のみを記し，君主号を記載していない。この点，1874年の台湾出兵を処理するため，翌年に結ばれた「北京専條」や，1884年末に朝鮮で起こった甲申政変の処理のため，締結された日清天津条約も，同様である。

日本側は日清修好条規の交渉で，「天皇」「皇帝」という君主号の記載を求めた。しかし清朝側は，これを頑なに拒んだのである[60]。すでに欧米諸国に「皇帝」号の表記をみとめていた事実を考えあわせると，清朝はほかならぬ日本が「天皇」「皇帝」号を用いて，「対等性」を示すのを認めがたかった，ということになる。それは日本が西欧ならざる国であり，また漢語圏の内部に位置していたからであ

---

58) たとえば，リヴァディア条約締結以前に書かれた П. С. Попов, *Русско-китайскій словарь*, 1879, с. 199 を参照。
59) これは人的な側面でも裏づけられる。ペテルブルク交渉では，漢人官僚の曾紀澤が清朝側の代表，実務にあたったのは，フランス語通訳の漢軍旗人・慶常だった。岡本隆司・箱田恵子・青山治世『出使日記の時代』137頁を参照。
60) 森田前掲論文を参照。

ろう。

　この日本の「皇帝」号使用は，1870年代に書契問題など朝鮮との関係悪化をもたらし[61]，漢語圏内部の不安定要因ともなっていた。それがひとまずの安定を回復するのは，漢語圏の西欧化がすすんでからのことである。

　　国書でつかう称号について。西洋各国の書籍に載せる聘問の国書を調べると，その称謂はもともと一律に訳されていない。たとえばドイツ・ロシア・オーストリア＝ハンガリーの君主は，みな「帝」と自称する。イタリア・スペイン・スウェーデンなどの君主は，みな「王」と自称する。漢文に訳して「君主」「君王」とするものもある。イギリスは君主が男なら「王」と称し，女なら「后」という。6年前になってはじめて「印度皇后」の称号を加えた。そこでもし「王」と称する国が「帝」を称する外国に国書を送る場合，互いにそれぞれ本来の称号に従うのであり，「帝」というから尊く，「王」というから卑しいわけではない。貴国は久しく中朝の冊封を受けているのだから，日本に報答する国書があれば，そのままその封号を用いるべきである。将来，伝わったとしても，各国は西洋の通例ではかるだろうから，無礼だと笑いものになることはあるまい[62]。

以上は北洋大臣李鴻章が1881年，朝鮮国王の「詢問」に答えた文面の一節で，欧米の君主号の慣例にならえば，「皇帝」を僭称する日本および西洋との関係も円滑に行くという示唆であり，事実もおよそそのように経過した。もちろん，後述する清韓の関係は，そこに含むものではない。

　転機は，1894年に勃発した日清戦争である。翌年の下関条約で「大日本國大皇帝」の称号が採用され，以後の諸条約でも踏襲された。清朝皇帝とまったく対等になったわけであり，また欧米諸国と同じ待遇にもなっている。なお欧米諸国との関係でしか起こらなかった漢語圏の西欧化が，こうしてその内部でも進展した。いわば外在的だった西欧化は，日本の衝撃で対内的なものに転じたのである。つづく韓国（朝鮮）の事例が，それを如実に示す。

---

61) 書契問題に関わる最近の精細な研究として，石田徹『近代移行期の日朝関係』を参照。もちろん「皇帝」号だけが問題だったわけではない。

62) 『李文忠公全集』奏稿巻40，「酌覆朝鮮詢問各條照繕清單」，「答覆朝鮮所問事宜摺」光緒7年2月初2日に添付，頁17。

朝鮮王朝は清朝と朝貢・冊封などを通して，事大関係を取り結んでいた。建国以来，明朝が賜った「朝鮮」という国号，「國王」という称号が，対内的にも対外的にも通用してきた。

その「朝鮮」王朝は日清戦争後の1897年，国号を「大韓帝國」と改め，「國王」は「皇帝」の君主号を採用した。国号は憲法に「大日本帝国」と自称した日本に，君主号は清朝にならって，双方との「対等性」顕示をねらったものである。これ以後，日本国内にとどまらず，漢語圏全域で「帝国」「皇帝」概念が定着，流布，そして氾濫していった。

清朝は当初，韓国との対等の関係を認めることを渋ったけれども，戊戌変法の過程で条約を結ぶことに決する。その結果，1899年に締結した清韓通商条約では，「大韓國大皇帝」の称号を採用した。しかもそこにいたるまでに，清朝からもたらす国書で「大韓國大君主」の表記を検討したいきさつがあった[63]ことからみても，西洋の king, emperor の「対等」化プロセスに準じていた，といってよい。

以上は，清朝がかつて「朝貢國」であった韓国の「独立自主」を公認した史実経過にほかならない[64]。そもそも清韓の関係は，前章でみたとおり，国際法にいう suzerainty になぞらえられた。それが漢語圏内部の西欧化にともない，「皇帝」概念の多用を通じて sovereignty の関係に転化し，漢語圏そのものの秩序体系変容の一大契機をなした[65]わけである。

では，その suzerainty と sovereignty はどこにいくのか。それがほかならぬ20世紀東アジア国際政治の焦点となる。

---

63) 茅海建前掲書，456〜459頁。「大君主」（あるいは「君主」「國主」）は，1882年の米朝条約締結以来，朝鮮国王が西洋諸国との交渉で使ってきた対外的な称号であり，西洋との対等関係を示そうとしたものだった。ここでは，それを清朝が自らと対等に近いものとして用いたわけである。

64) 岡本隆司「韓国の独立と清朝の外交」。

65) そのなかで，漢語の「國王」は「皇帝」の下位に置かれ続けた。前註62に引いた李鴻章の発言は，朝鮮に対しそれを糊塗する巧緻な論理だったともいえる。顕示する事例でいえば，韓国併合のさい，日本の「天皇」が「大韓皇帝」を「昌徳宮李王」に冊封した著名な史実が，その典型をなすだろう。漢語圏におけるこうした転換後の，「國王」概念およびその「皇帝」概念との関係については，別途あらためて詳論したい。

第4章

ロシアの東方進出と東アジア
―― 対露境界問題をめぐる清朝と日本

山 添 博 史

はじめに

　ロシアは17世紀以来東方に進出し，清朝に阻まれたが，19世紀には近代国家の国力をもって清朝から領土を獲得し，またサハリン（樺太）を確保した。

　19世紀半ばまでのロシアの東方進出を，以上のように説明して誤りではない。しかし，この一文を読む前提がすべて現代の国民国家のそれであれば，さまざまな誤解もそこから生じるだろう。

　当時の支配地域のとりきめは，こんにちわれわれが見るような地形図の上で行われたのではないし，中国人や日本人が国境まで居住し行政管理する領土が，一筆の署名によってロシア人のそれになったのでもない。現在と当時にも認識にギャップはあるし，当時の当事者どうしには，さらに重大なギャップがあった。

　17～18世紀，ロシアは大清国および徳川幕府の構築する秩序に対し，西欧型ではない独自の形で接触していた。この時代から19世紀半ばにかけて，ロシア自身も西欧秩序への参加や近代化の過程を経る[1]。1840年代～50年代には，欧米諸国が西欧秩序の力と論理を持ち込んで東アジアの秩序を変容させたが，ロシ

---

[1] ロシアの西欧秩序への参入として，ピョートル一世，エカチェリーナ一世の治世が著名である。欧洲諸国との同盟条約を締結する習慣に着目すれば，その画期は17世紀末から18世紀初めにかけてであった。小川裕子「ロシア帝国とオスマン帝国のヨーロッパ国際体系への参入」259頁。

アもまた東アジアに以前とは異なった形で関与していく。そこで境界問題（あるいは領有権問題）は清朝と徳川日本に対する重要テーマとなった。

　清朝では，次第に対外関係における理念と実態の乖離が大きくなり，外国への姿勢全般や境界をめぐる合意の扱いにおける対応のしかたが，自らに不利な結果を招いていた。ロシア側でもこれに応じて，条約に対する粗雑な姿勢が見られるが，日本はそれに対し，ロシア接近を契機として近代的領有に向かう蝦夷地経営を構想するようになり，境界交渉においては条約・合意の恒常性を利用し，外交上の成果を引き出す。

　本章はこうした過程をたどるなかで，境界の変更そのものよりも，境界と土地に対するそれぞれの概念に着目し，当時の認識ややりとりを検証し直し，東アジア秩序の変容を考察する試みである。

　はじめに少し用語法を整理しておきたい。対象とする時代では特に，清朝の支配は地域ごとに異なる原理を使い分けており（本書導論参照），こんにちの中国のような統一的原理によるものではなかったため，この政権を正式呼称の「大清国」、あるいは通称の「清朝」と呼び，「中国」は主にロシアや欧米の用語の翻訳として用いる。「領土」「国境」なども，人口稠密な地帯では類似した状況がありうるものの，本章で扱うのは大清国にとっては北方の辺境であって，あまりふさわしくない。そこにはただ「土地」があり，交通や産業の必要性がなければ厳密で排他的な支配権は必要なく，また支配権の切れ目である「境界」も面と面が接する線ではなかった。最後に「条約」であるが，のちに述べる理由により，1858年5月のアイグン（瑷琿）におけるもののみ，国家間の関係を拘束するものとして問題点が多いため，本章ではたんに「合意」と記述する[2]。

---

2) この時期，国家間の「条約」にあてる単語としては，договор あるいは трактат とされる場合が多かったが，本来この二つの語に明確な違いはなく，同じものでも договор と呼ばれたり трактат と呼ばれたりする。なお，ロシア語 договор は，こんにちも一般の契約など，広く合意事項に用いられている。

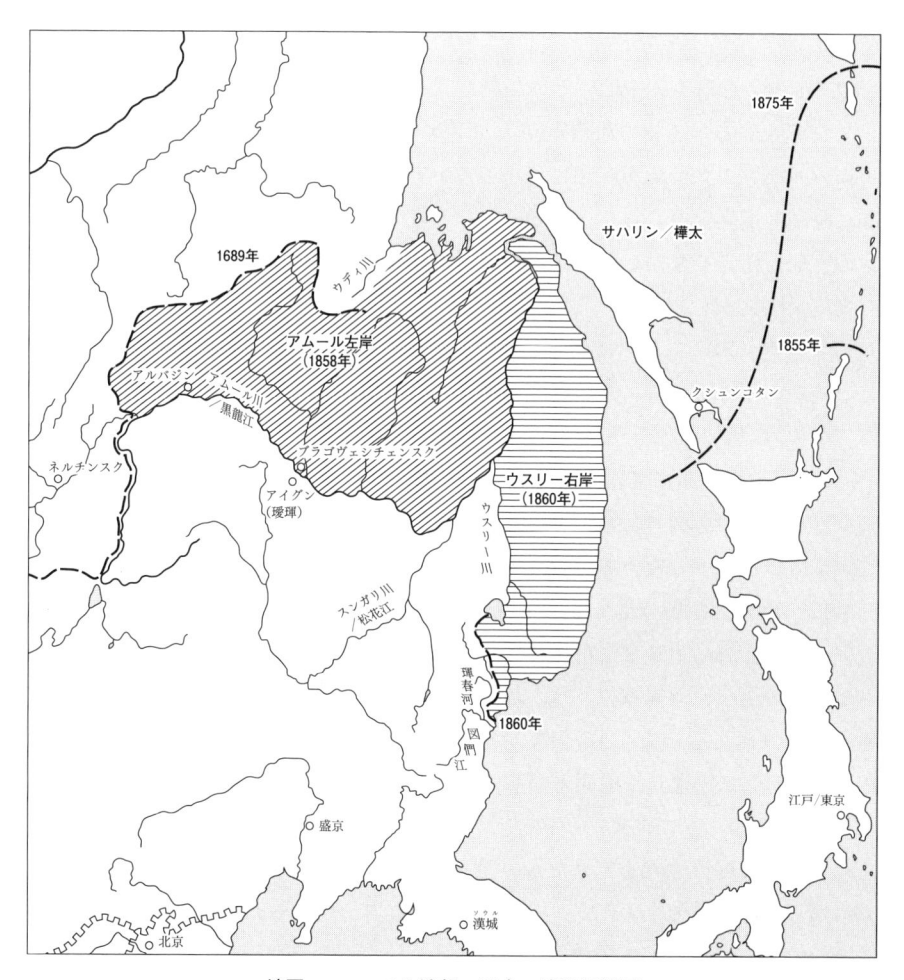

地図4　ロシアと清朝・日本の境界関連図

1　ロシアの伝統的対清関係の成立

　ロシアのウラル山脈を越えた東方進出は，アムール川（黒龍江）流域やオホーツク海・カムチャツカに至る。17世紀にはネルチンスク・アルバジンなどの駐屯拠点をつくり，現地住民から毛皮の貢納を受けて利益を得ていた。マンジュ

（満洲）のアイシンギョロ氏の政権は，モンゴルの大ハーン位を継承して大清国を成立させ，朝鮮王朝や旧明朝の版図を服属させるなど，勢力を拡大していた。

ロシア人部隊と清朝の派遣軍が1650年頃から衝突をくりかえした結果，1689年にネルチンスク条約が成立し，ロシアがアルバジンなどの拠点を放棄して大清国に有利な境界をつくることとなった。とはいえ，大清国が武力のみでアルバジンの支配を確立できたわけではなく，基本的には両者の交渉による決着が追求された[3]。大清国は「外モンゴル」とロシアとの境界も決めたかったが，ジュンガルのガルダンがいるために支配を及ぼしておらず，果たせなかった[4]。このときには清朝の側にいたイエズス会士が条文作成に関わり，ラテン語が使用され，西欧文明の論理も一部加わっていた。この条約は，漢訳された際には平等ではなく「中華」中心の論理に書き換えられた。また，境界は主に，両者の係争になっていた地域の決着を図ったものであり，のちに問題になる北東地域の両者の領域について，はっきりした合意や認識共有はなかった。

1712～15年，清朝はトゥリシェン（図理琛）を，モンゴル高原から駆逐されロシア帝国に服属しカスピ海沿岸に居住するトルグート部のもとに派遣した。トゥリシェンの著した『異域録』は，以後も長らく中国におけるロシア理解のもっとも優れた文献となった[5]。続いてロシアのピョートル一世はイズマイロフ（Лев В. Измайлов）を派遣し，通商と領事の設置を大清国に求めた。

1727年にはキャフタ条約が成立した。これは大清国に属するモンゴル族地域とロシア領の間の境界を定めたもので，満文テキストでは「大清国」「オロス国」が「境界」を論じている[6]。つまり大清国の限界が定められており，のちに強要された境界交渉における糊塗とは異なる。

これ以前に明文の境界とりきめはなかったが，双方の勢力範囲の地理的限界についての共通の認識はある程度あったと考えられ，それに基づいて哨所が設置され，両国はかねてより，越境逃亡などの問題を処置していた。1712年のトゥリシェン，1720年のイズマイロフの往来も，この「境界」の存在を前提としてお

3）吉田金一『近代露清関係史』97頁。
4）同上，116頁。
5）トゥリシェン『異域録』。
6）満洲文の逐次解釈については，野見山温『露清外交の研究』66～80頁を参照。

り，のちにキャフタ条約で定められた境界と近かったと考えられる[7]。

　加えてキャフタ条約が重要なのは，境界の交易市キャフタにおいて通商の制度，また外交通信にあたる制度が成立したことである。キャフタは茶貿易の拠点として，シベリア鉄道が開通するまで繁栄した。ロシアでは元老院が清側の理藩院（ロシア語で Трибунал Внешней Сношений すなわち「対外関係法院」と呼ばれた）と通信することになった。北京にはロシア正教の伝道団が置かれ，10 年に 1 度モスクワから派遣されて交代した。これがロシアの漢語・満洲語・モンゴル語の知識，および清朝の情報分析の供給源となった。

　大清国ではモンゴル人との連合政権の大ハーンが，チベット仏教の保護者となる一方，漢語圏については「中華」の天子として，東南沿海の諸国に対応した。その漢語圏の域内に位置した徳川日本は，清朝や朝鮮に対し，相手の秩序原理を受け入れない形で自己の地位を保持しており，同じ漢語を用いていても，その重要な意味内容をいわば「翻訳しない」ことにして，関係を維持していた[8]。モンゴル・チベットの事務を所轄した理藩院が関係を扱ったところからもわかるように，ロシアは漢語圏とは異なる範疇にある。けれども，秩序原理を厳密に一致させずに大清国との関係を構築したのは，日本の場合と同様である。

　北京におけるロシア族は「中華」文明に従い通商を求める北方諸族の一つであり，モンゴル人にとってのロシア人は単なる北の隣人であり，モスクワにおける中国(キタイ)は通商と通信ができる相手国であった。ロシアは清朝の土地に入って活動を行う限りにおいて，その秩序と礼制に参加したともいえ，たとえば漢語の記録には，ロシア使節の北京来訪を「朝貢」と記している[9]。

　少ないながら，その点では例外といえる出来事もあった。雍正帝はロシア政府に公式の使節トシを派遣し，1731 年にかれらはアンナ・イワノヴナ女帝に謁見した。ロシア側文献によると，トシはジュンガル人がロシア領に逃亡した際の取り扱いを要請し，また大清国がジュンガルの土地を占領したあかつきには，ロシアにその一部を譲渡しうると申し出た[10]。またこのとき，使節はアンナ・イワノ

---

7) 柳澤明「キャフタ条約以前の外モンゴル―ロシア国境地帯」4〜5 頁。
8) 與那覇潤『翻訳の政治学』を参照。
9) 柳澤明「清朝とロシア」195 頁。
10) 『故宮俄文史料』露文文書第 23 号，露暦 1757 年 5 月 20 日ペテルブルク，180〜181 頁。

ヴナ帝に対して「一跪三叩頭」を行ったという[11]。

その後，乾隆の治世となり，『實録』を残すにあたって「中華」の観念にそぐわない内容が漢文に残るのを好まなかったのか，使節派遣の事蹟ごと排除されたようである[12]。清朝の帝室や支配層の漢化が進み，漢語圏・「中華」文明の論理を直截に表現する傾向が強まるにつれ，叩頭などの儀礼を受け入れがたく思うロシア側とのギャップも開いていった。

2　日本へのロシア接近と北方領域をめぐる言説

日本が初めて北方にロシア人という集団が現れたのを知るのは，18世紀半ばのことである。ロシア人はネルチンスク条約のあと，ベーリング海峡を越えて北米大陸の西海岸や，カムチャツカ半島からクリル諸島に活動拠点を広げていった。当時の問題は物資補給の困難であり，このため日本との交易開始を試みたのである。

松前藩は蝦夷地統治が江戸の関心を引くのをおそれて，ロシア人を受け付けなかったが，ベニョフスキー（Moric Benyovszky）がカムチャツカを脱出して阿波などに立ち寄り南下すると，日本では北方に敵国が現れているという言説が出るようになった。日本の知識人はオランダ人から得られる海外知識に基づき調査を行い，蝦夷地の向こうに現れたのはロシアらしいと理解し，ロシア分析に応じて蝦夷地，北蝦夷地（樺太）の経営を論じた[13]。

たとえば林子平は，ロシアが軍事的に東方に拡大し，蝦夷本島に近いエトロフ島まで来て交易をしているが，それだけではなくエトロフ島も併呑する意志があるのではないだろうか，と述べている[14]。工藤平助は，ロシアに現地住民がなびく前に，日本が有効な統治を確立し，その土地と住民を確保すべきと主張してい

---

11) 松浦茂「清朝の遣ロ使節とロシアの外交姿勢」8〜11頁が，ロシア側史料で詳しく紹介している。柳澤明「1768年の「キャフタ条約追加条項」をめぐる清とロシアの交渉について」579頁は，満文檔案も参照している。
12) 野見山温「清雍正朝対露遣使考」，同『露清外交の研究』所収，142〜146頁。
13) 山添博史「江戸時代中期に胚胎した日本型「近代的」国際秩序観」。
14) 林子平「三国通覧図説」251〜252頁。

る[15]。日本は直接の境界折衝はしていないが，その事態が至る前に，境界までの土地を他者に対して確保しておくという考え方が北方に対して生まれたのである。対照的に，同時期，ロシアと関係を持っていた北京は，その間にある土地に対して経営するという意識を持っていなかった。

1792年，シベリア総督ピーリ（Иван А. Пиль）は，陸軍中尉ラクスマン（Адам К. Лаксман）に命じ，漂流してきた大黒屋光太夫らの日本人を蝦夷地の根室に送り届け，関係樹立を求めた。江戸幕府の老中筆頭松平定信らは，これを交易開始の要請と受け止めて討議を行った。その際に松平定信は，従来の対外関係が「朝鮮との通信」および「清国人，オランダ人との通商」に限定されてきたと整理し，これがのちに「鎖国」体制として確立されたものと考えられるようになった[16]。

松平定信の考え方は『魯西亜人取扱手留』に詳述されているが，前提となるのは欧洲発の外洋船の出現についての脅威認識である。かれはかねてから，これに対する海辺防御の必要性と対策を論じていた。ロシアに対しても防御を準備しつつ，当面は衝突を回避すべきと考え，衝突を回避する外交的対応の一部として，「礼と法」を基準に，日本とロシアを媒介する論理を構想した。

> されど今度来るところは彼も名を正しくして来りたり。こなたよりも礼と法をもて防がんほかはなし。抑このおろしいやといふはゑうろパ洲よりあじや洲へかけ，たるたりやなども皆わが属国として世界にならびなき強大国なり。ことに無名の軍はなさずと已に蛮国之書にもあれば，ことに大切なる事なり[17]。

返答においては，まず日本で定まってきた秩序を支えるルールを「法」として示し，外国との関わりが限定した相手と方法のみになっていることをロシアに説明する。「礼」は漂流民送還という親切に対する応分の処遇であり，幕府高官を派遣して，長崎入港のための文書を交付し，口頭ながら交易の可能性を伝えるという結果であった。

この「礼と法」という基準が，これまで関係のなかった相手国にも共有されうる，と定信は考えたのであろう。日本の秩序論の範囲を超えたところに，共通に

---

15) 工藤平助「赤蝦夷風説考」221〜222頁。
16) 藤田覚「鎖国祖法観の成立過程」275〜292頁。
17) 『魯西亜人取扱手留』1巻，6頁。

なりうる何かを想定しようとしたことは興味深い。つまり，普遍は自己から発して他者に受け入れられるのではなく，自己流ながらも自己と他者との間に想定するものなのである。少なくとも「華夷秩序」の認識でロシア対応を決めてしまったのではなかった。

　松平定信の対応策の背景にある異文明観は特殊なものであるが，他の同時代人に共通するのは，北方に出現しつつある国家が日本の利益とぶつかる可能性を想定し，その保護を試みている，ということである。結局は幕府の政策は十分な蝦夷地経営，防衛体制を実現するには至らないが，秩序のとらえかた自体は，徳川幕府が従えている空間の外に目を向けたものである。そのうえで，松平定信は，相手との媒介となる論理を導き出して提示しようとした。

　ただし，このあとロシアと日本の関係樹立は成立せず，それどころか1806年にロシア船が樺太・択捉の日本人拠点を襲撃するという事件や，1811年にはゴロヴニン事件が発生した。また松平定信は，蝦夷地経営を行わないことでロシアとの距離を保っておく，という考え方であったし，ロシアと接する地域までの幕府直轄統治は，紆余曲折を経てほぼ放棄された。

　それでも，北方統治のための調査や分析が18世紀から蓄積され，紛争処理の経験も経たことは，のちに通商や境界の問題を扱うべき時代への準備となった。

3　アロー戦争時の露清境界交渉をめぐる概念

ロシアの境界変更の試み

　清朝と英国の間で，1840年にアヘン戦争が起こり，1842年に南京条約が成立したが，清朝の通商体制は変化したものの，対外的な秩序概念の根本的な変化とはならなかった。ロシアは英国，米国，フランスなどに続いて海港で貿易を行う権利を得ることはできず，陸上交易の権利を維持した。当時中央アジア地域への統治を進めていたロシアは，事実上行われていた新疆におけるロシア臣民による通商の法制化を求め，1851年にイリ通商条約を締結した。清朝は当時圧迫を受ける環境にはなく，通商についてはキャフタ条約において容認した条件をイリでも施したといえよう[18]。

英仏は1842年体制の履行が不十分であることを問題視し、やがて条約履行を要求してアロー戦争（1856〜60年）をひきおこすが、ロシアはそれに先立って、東方で支配地拡大に関する動きを進めていた。1847年にムラヴィヨフ（Николай Н. Муравьев のちに Муравьев-Амурский）が東シベリア総督に就任すると、かれはイルクーツク周辺から海に出るためにアムール川（満洲語呼称「サハリャン・ウラ」、「黒龍江」はその漢訳）の利用を必須と考え、支配権確保に動き出した。念頭にあったのは英国の海上勢力の拡大の脅威であり、今のうちにアムール川流域や河口の南部、河口対岸の拠点にあたるサハリンを確保し、カムチャッカのロシア領を固めるべきと考えていた。そのためには支配地拡大だけでなく、守りきれないアメリカ大陸のロシア領すなわちアラスカは、アメリカ合衆国に譲り渡すべきと考えていた[19]。

　ムラヴィヨフは、アムール川の航行可能性の調査、サハリン探査、アムール川・ウスリー川流域の入植と進めて、ネルチンスク条約上の境界とは無関係に支配力を確立し、沿海州とアムール州を設置した。実際に清朝はロシア人の活動に警告を発してはいるが、現地の把握は不十分で、最盛期の支配とは異なっていた。かつてあった黒龍江流域やサハリン周辺の統治拠点も、ほぼ活動をしなくなり、そこは北京がほぼ関知しない土地となっていたのである。

　このあとの条約関連の経過をあらかじめ簡単に示しておく。1858年5月にムラヴィヨフがアムール川沿いのアイグンにて「合意」を成立させ、アムール川は両国のみが航行利用可能、アムール川の北側（以下「アムール左岸」）がロシア領、南側のうちウスリー川の東側（以下「ウスリー右岸」）が両国に属すと規定される。北京はこれをいったん認めたがのちに否認する。同時期に交渉された1858年6月の天津条約は、新たな通商・外交体制を規定した。1860年11月、アロー戦争の最終和平に際し、北京の恭親王がロシアに認めた条件として北京条約が署名され、ここに「アイグン条約」の有効化、ウスリー右岸のロシア領有、その他通商も含めて詳細な内容が規定される[20]。

18）野田仁『露清帝国とカザフ＝ハン国』254頁。
19）И. Барсуковъ, *Графъ Николай Николаевичъ Муравьевъ-Амурскій*, кн. 1, с. 322–323.
20）宮崎正義『近代露支関係の研究』は、条約文を複数の原語と和訳で紹介し分析している。英訳は J. L. Evans, *Russian Expansion on the Amur* を参照。

このような結果とはなったが，その過程は，ロシアの意図通りではなく，多分に偶然によるものであった。ムラヴィヨフは先に対象地の支配を進めながら，条約による承認を大清国に求めたが，北京はその必要を認めず無視を続けたのである。ムラヴィヨフの論理は，東シベリアの生存のためにはアムール川の利用が重要であり，英国の支配を避けるためにロシアと大清国はともに防御をすべきだ，ということであり[21]，ロシアと大清国の間にあった既存の合意に準拠する姿勢は希薄であった。このあとも，自らがつくった合意すらも軽視するムラヴィヨフの姿勢が顕著となる。

実際，ロシアは既存の条約合意を認めていた。ネルチンスク条約やキャフタ条約は，全権委任や批准などの手続きが現代のものと違っていても，その後両国の主権者により承認され，有効に運営されてきた事実がある。さらにネッセルローデ（Карл В. Нессельроде / Karl R. Nesselrode）外相らは，ムラヴィヨフの積極進出策は英国や清朝を刺激するという理由で反対していた。1853年6月，ロシア外務省は元老院を通して清朝理藩院に，ネルチンスク条約による境界を有効と通知した[22]。この時点で両国主権者は公式に，合意文書に基づく境界を有効に持っていた。ムラヴィヨフも該当の土地がネルチンスク条約により中国に属すると認められたが，このままではいけないと書いている[23]。

そのあと，ロシアのほうでも事情が変わり，クリミア戦争で英国と衝突したことにより，英国との摩擦を東方で回避する必要もなくなり，むしろ英国が狙う恐れがあるところを先んじて確保することが強く要請されるようになった。実際，ムラヴィヨフは戦争勃発による英仏軍の攻撃を予期しており，1854年にはアムール川を通じた補給によってカムチャツカ半島ペトロパブロフスクの防衛戦を支援した。アムール周辺の進出政策をさらに進めて新たに境界を定めるべきという

---

21) ムラヴィヨフは，この要求は自然に中国にも認められるものであると論じていた。S. C. M. Paine, *Imperial Rivals*, pp. 10, 68 はこのようなロシア側にくりかえされる誤解を「友好神話」と呼んでいる。

22) П. Шумахеръ, «Къ исторіи пріобрѣтенія Амура», с. 274 に露暦1853年6月16日付書翰の一部引用。『籌辦夷務始末（咸豊朝）』巻6，咸豊3年8月丁丑の条，「俄羅斯咨文」。ロシア外務省管轄のロシア帝国外交史料館（Архив Внешней Политики Российской Империи）で筆者が該当するファイルの閲覧を請求したところ，目次には同日付の書翰が書いてあったが書翰本文はなかった（2006年3月）。

23) Барсуковъ, Указ. соч., кн. 2, с. 125.

方針は戦後も，新しい皇帝アレクサンドル二世と外相ゴルチャコフ（Александр М. Горчаков）が支持するものとなった。

プチャーチン派遣から現地談判まで

　ムラヴィヨフは領土変更の法的承認のため，大清国の吉林将軍などに境界変更の必要を申し入れたが，北京は変更の必要を認めなかった。ロシア外務省は英仏連合軍が清朝に派遣されるのを機に，プチャーチン（Евфимий В. Путятин）を送って境界と通商の問題を交渉させることにした。当初，やはり清朝はプチャーチンを受け付けなかったが，かれが英仏連合軍に合流して交渉に加わるのにつれ，対応せざるを得なくなった。

　1858年2月，蘇州において英仏米露の4ヵ国使節は共同で，貿易体制の是正と北京政府高官との直接交渉を要求する文書を清朝に出した。この際プチャーチンは，他の外国に知られないようにして境界交渉の要求も添付した。3月21日，咸豊帝はこれに対して勅諭を出し，ロシアは長年の友好国であり，英仏の広東問題に関わり助力するいわれはないので干渉すべきでないこと，入植したロシア人を恩寵により追放はしないので，旧条約を理解して撤収させるべきことを，ロシア人に説得（「理論」）するよう命じた[24]。

　北京政府はプチャーチンに黒龍江の現地に赴いて境界の話をするよう求めたが，かれは英仏軍とともに行動し，ロシアにおいても国境問題は再びムラヴィヨフの任務となった。以前にイリ将軍としてロシアと条約交渉を行ったことのある黒龍江将軍奕山が，黒龍江沿いのアイグンに派遣され，ロシア人の説得にあたることになった。咸豊帝が命じたのはあくまで説得であって，交渉による境界の明確化，あるいは変更ではなかった。この時点で，この場で生じる合意が主権者間の合意となるのかどうかは疑わしい。

アイグンでの談判

　1858年5月，アイグンにて黒龍江将軍奕山と東シベリア総督ムラヴィヨフが談判し，合意文書をつくった。これをここでは「アイグン合意」と呼ぶが，その

24）『籌辦夷務始末（咸豐朝）』巻19，咸豐8年2月甲寅の条。

内容が当時,北京とペテルブルクで共有されたかどうか疑わしい。
　確かに露文・満文・蒙文で3ヵ条の条文は作成され,交換された。しかし,ウスリー右岸の共同統治などについて,『四國新檔』『籌辦夷務始末』などに漢訳されて残っている記録,およびロシア側条約集や一般文献で,内容にずれが見られる[25]。また,20世紀初めの満鉄調査部によると,露文でウスリー右岸について明確に規定されているのに比べて,満文テキストは意味が通らないと評している[26]。
　ロシア側の記録は,最初の儀礼的,友好的会合など,具体的に詳しく記述しているが,奕山の上奏は簡潔にロシアが脅迫的だったと記している[27]。交渉は満洲語で行われ,奕山は漢語通訳を通じて対話した[28]。ロシアは草案として6ヵ条を提起し,アムール川およびウスリー川を境界とし(すなわちウスリー右岸もロシア領に),川は両国のみが通航し通商を行い,アムール左岸の大清国所属の住民が3年間で右岸に移住し,旧条約を修正・追加するというものであった[29]。
　両者の交渉後,合意文書に残ったのは3条であり,第1条がアムール左岸をロシアに「所属」,ウスリー右岸を両国の交渉決着までは「共通の管理」として,アムール川・スンガリ川(松花江)・ウスリー川は両国民のみが利用し,アムール左岸の大清国所属の住民は大清国管轄のまま残ると規定した。第2条が川での通商,第3条が文書の交換要領を定めている。
　わずか3条しかなく,全権や正文,批准の規定もなく,同時代の他の条約と異なっていた。さらに,北京の皇帝が明示的な権限を与えているわけでもなかったため,現代の感覚で「条約」と呼ぶものとは,かなり落差がある。
　談判過程の詳細でも不明な点が多いが,明らかなのは,奕山はロシア側提案の内容を変えさせ妥協させたことであり,現にムラヴィヨフは不満で,すぐにそれを有利に塗り替える行動に出たことである。
　ムラヴィヨフの補佐官で交渉担当者だったペロフスキー(Петр Н. Перовский)

---

25) R. K. I. Quested, *The Expansion of Russia in East Asia*, pp. 148-152 ; idem, "Further Light on the Expansion of Russia in East Asia."
26) 宮崎前掲書, 287〜288頁。
27) 『籌辦夷務始末(咸豐朝)』巻25, 咸豐8年5月戊寅の条。
28) Г. Невельской, *Подвиги русских морских офицеров*, с. 371.
29) Шумахеръ, Указ. соч., с. 298.

の報告によると，ロシアはアムール左岸とウスリー右岸の領有を認めさせる意図を持っていたが，奕山の主張に応じて条約内容を変更している。奕山は黒龍江将軍であり，吉林将軍管轄のことを論じる権限がないため，ウスリー右岸については条約で定めないことにした。ロシアはこれに応じていったん「ウスリー右岸はこれまでどおり未画定」としたが，ペロフスキーの提案により，「交渉決着まではこれまでどおり両国の共有（впредь до определения по сим местам границы между двумя государствами, как ныне да будут в общем владении дайцинского и российского государств)」に変更した[30]。これによって，該当地域の権利者にロシアが追加されたことになり，同時期のサハリン／樺太をめぐる日露の状態に類似する形になっている。

また，奕山は「境界」という言葉が条文に入るのを望まず，アムール左岸が「ロシアに所属」，右岸が「大清国に所属」する，と書き換えられた。ペロフスキーは同じ意味であると述べている[31]。境界はすでにもっと北に定められている，という立場の清朝の代表としては，新たに境界をとりきめると，譲歩し変更したことになって，不都合と考えたのであろう。

ここで1842年の南京条約を見てみると，英文テキスト第3条は清朝皇帝が英国女王に香港を「割譲する（cede）」と書いてあるが，漢文テキストでは「給予」することを「准す」と書いており，そこで英国が遠路はるばる来るために利用して立法し治めてよい，となっている[32]。英国では香港は清朝のものではなくなったと理解されただろうが，清朝は皇帝が「天下」のものを英国に利用させることを許可しただけであり，皇帝が許可を取り消せば，もとに戻るとも考えうる。

1858年のアイグンでも，根本的な概念は変化していない。大清国の限界である「境界」を新たに定めずに，「夷」のロシア人に居住の恩恵を与えると考えたのだろう[33]。

奕山は北京に戻って上奏し，ロシアが怒っていて，乱暴をする恐れがあるので，

---

30) Перовский‐Ковалевский，10 июня 1858, № 17, Государственный Архив Иркутской Области, ф. 24, д. 8, лл. 1-6об.
31) Там же.
32)『籌辦夷務始末（道光朝）』巻59, 道光22年8月戊寅の条．
33) 大清国側の「アイグン合意」満文テキストでは，アムール左岸のロシア居住は一時的貸与に過ぎない，と書かれていたとの証言もある．Quested, *Expansion*, p. 151.

一時しのぎに便宜を与えたと釈明した。それに対する勅諭は,越権であるが,この際しかたないと述べ,人がいないところは与えてもよい,という論理も示した[34]。

ここに見られるのは,条約における合意が自らを拘束するという規範意識の欠如,支配は「領土」の統治でなく,属人的な支配であるという概念である。このような支配の概念において,臣民のいない土地は王朝の危急存亡に比べて守る価値が低いのであり,本書第9章で見るとおり,のちに「領土」支配という概念を持って初めて,その土地が「失われた領土」となるのであった。人類史上の多くの時期と場所において,土地の排他的支配は必ずしも完全ではなかったが,それを要求する近代という時代の到来が,ロシアと清朝でずれていたのである。

天津条約と境界問題のその後

天津で通商,外交に関する条約交渉をしていたプチャーチンは,1858年6月に天津条約の締結に至った。清朝はアロー戦争の講和として英・仏・米・露と天津条約を結んでおり,ロシアとの条約は最も早く6月13日に署名し,通商などの具体的内容に乏しいが,最恵国待遇を含む全12条のものだった。

このあと初めてプチャーチンは,清朝代表から,すでに5月にアイグンでの境界合意が成立したことを知らされた。北京はこれを利益供与として,ロシアをして英仏の要求を和らげさせ和平に至ることを期待した。このときに清朝は,ロシア使節に対して境界を変更したと認めているのであり,また,「アイグン合意」に引き続いて北京からイルクーツクに対して通商協定の設定を含む文書を送っている。この時点で北京の主権者は,境界変更に合意したことを前提とした公的立場を示しており,両国間で境界変更の合意は成立していたと見なしうる。

しかしその「アイグン合意」承認の意思はこのあと不明確になる。6月に英仏との天津条約で和平が成立し,英国代表エルギン(James Bruce, 8th Earl of Elgin and 12th Earl of Kincardine)は外交官常駐の権利行使をしばらく猶予するという妥協を与えた。英仏はのちに公使が本国から批准書をもたらすことにして,艦隊を撤退させた。このあと,北京政府は米国とロシアの天津条約について批准書交換を行

---

34)『籌辦夷務始末(咸豊朝)』巻25,咸豊8年5月戊寅の条。Quested, *op. cit.*, p. 152.

ったが,「アイグン合意」の批准は行わなかった。天津条約の第9条は未確定の境界をこれから調査して合意すると規定しており,「アイグン合意」が認められていない状態では, アムール川についても境界は未確定というように解釈しうる。

さらに1859年6月, 英国の公使ブルース (Frederick W. A. Bruce) が批准書交換に向かう際のルートについてトラブルになり, 清朝のセンゲリンチン (僧格林沁) の部隊が英国艦船を撃退した。この段階で北京政府は, ロシアに対して「アイグン合意」を認めないという姿勢をはっきりさせた。ただし, 依然としてロシア人を押し戻す対策をとることはなかった。

この北京の姿勢を見ると, ロシアや米国との間の合意内容の遵守などは, ある程度認めるものの, 条約を恒久的な関係規制のための遵守事項というより, 和平達成のための一時的な約束と見る傾向も見られる。天津条約を交渉した桂良らは, 英仏の艦隊が退いたら自分たちを罰して条約を捨ててよいと上奏した[35]。

ムラヴィヨフ自身も「アイグン合意」を最終的なものと考えず, すぐにウスリー右岸をロシア領と認めさせるべく要求を開始した。アイグンで自ら艦船を率いて奕山に要求した際に妥協して取り下げた条項を, すぐあとにペロフスキーが天津条約批准書交換などのために北京に赴くにあたり, あらためて北京政府に提示して同意させようとしたのである。

当然それが成功するはずもなく, また1859年8月に自ら艦隊を率いて直隷湾に赴いて圧力をかけても, 北京政府に同意させることはできなかった。この時にはかれ自身, 英仏が大兵力を上陸させてやっと要求を通したのに対し, 現状のロシア艦隊だけでは北京の意思を変えるのは難しい, と述べている[36]。1858年5月から60年8月にかけて, ウスリー右岸をロシア領と認めさせようというムラヴィヨフの願望には, 合理的な実現の見通しは乏しかった (太平天国の乱および英仏軍の再来という清朝の苦境は想定できたとしても)。

そもそもムラヴィヨフは, 両者の合意文書を恒久的に遵守すべきとりきめであるとは考えなかった。ただ自らの最終的な願望を満たす前の一時的な段階の要求に過ぎなかったのである。

---

35)『籌辦夷務始末 (咸豐朝)』巻26, 咸豐8年5月庚寅の条, E. Swischer, ed., *China's Management of the American Barbarians*, No. 374, June 26, 1858, p. 505.

36) Барсуковъ, Указ. соч., кн. 1, с. 558.

北京条約

　ムラヴィヨフの無理な願望を実現するべく北京で活動を行ったのは，ペロフスキー，続いてイグナチエフである。

　1859年6月の大沽事件のあと，北京政府は外国に利益を与える状況ではなくなり，ロシアからは彼らと対話の糸口を見つけるのが精いっぱいであった。ところが1860年8月に英仏連合軍が再来し，大沽砲台を占領し，天津から北京に進軍するようになった。

　北京政府は再びロシアに，英仏の要求を和らげるよう期待し，イグナチエフは仲介の立場をとることで両側に要求を伝えた。咸豊帝は北京を去り，後事を任された恭親王が和平交渉を行い，イグナチエフの仲介で10月末に北京追加条約で和平が成立した。11月初めに北京から英仏軍が撤退すると，イグナチエフは恭親王と北京条約を結び，はじめてロシアの要求していた内容が包括的に規定された[37]。このあと恭親王により総理衙門が成立するなど，すでに結ばれた条約や北京への公使常駐などの制度を一応の基盤として，清朝の外交が運営されていくようになる。

　北京条約は「アイグン合意」に言及しており，事後的に両国が「アイグン合意」を明示的に確認したことになる。ここでは「アイグン合意」の「所属」と異なり，明確に境界が規定された。アムール左岸とウスリー右岸がロシア領となり，やや詳細な地点の記述を付している。これを踏まえ1861年の現地調査による境界の協定が結ばれており，北京政府は1860年の北京条約などを廃棄せずに，対外関係を運営するようになった。

　はるかのちの時代，1960年代・1990年代の国境交渉の際に，北京の中国共産党政権は，1860年の北京条約を「不平等」と称しつつも，それを基礎として国境問題を討議し，川の中州の帰属についての詳細において国際規範に準じた画定に成功した[38]。その意味で1860年の北京条約はロシア・ソ連と満洲・中国との基本的な合意として維持され，近代的国境を定めるその具体的な適用形態は，1990年代に至って決着したのである。

---

37) イグナチエフによると，ロシアの要求が認められない場合には，英仏軍を呼び戻す，と恭親王に書き送り，要求の承認を促した。Quested, *op. cit.*, p. 271.

38) M. T. Fravel, *Strong Borders, Secure Nation*.

ロシアの1850年代の支配拡大は法的根拠を欠いており，1859年までの合意や交渉も法的に定着させるには不十分であった。このまま1880年代を迎えれば，ロシア極東の領有権は異なったものとなっていたであろうから，1860年の北京条約および北京政府の条約遵守は重大な意義を持っている。それもロシア自身の実力や脅迫によるものでもなく，アロー戦争の経過による偶然の産物ではあったが。

4 日本の条約交渉と領土経営

下田条約と樺太／サハリンの地位

1840年にアヘン戦争が起こると，江戸幕府は情報分析を行った。これにより，現状での欧米外洋船との全面対決はすべきでないという結論に達し，異国船打払令の実施を緩和した。1853年，浦賀に米国のペリー（Matthew C. Perry），長崎にロシアのプチャーチンが入港し，幕府は条約交渉による安定的関係の樹立が必要と判断し，締結するに至った。

ロシアのプチャーチンは樺太・国後・択捉などの島々をめぐる境界交渉も任務としており，長崎においても予備的交渉を行った。この際，ムラヴィヨフの命を受けてサハリンを南下していたロシア部隊に対し，プチャーチンは日本の抗議を受けて撤退を要請した。再度の来航ののち，1855年2月に下田で日露和親条約が成立した。

幕府としても，境界が定まらずにロシア人が南下を望んでいる状態は不安定なので，交渉により決着する意思を持っていた。少なくとも18世紀以来，この地域をロシア人に対して確保し経営するという問題にとりくんできたのである。

日露和親条約において国後・択捉の日本領は確定したが，樺太について交渉が決着せず，和文において「界を分たす是まて仕來の通たるへし」と定められた。この部分について，日本側は変化がないので樺太南端のクシュンコタン（のちの大泊，コルサコフ）周辺の日本側拠点は確保されると考えたのに対し，ロシア側は「これまでと同様に未分割のまま（остается неразделенным между Россией и Японией, как было до сего времени）」を「境界なしの共有」，すなわちロシア人もサ

ハリン全島で活動する権利があると解釈した。このため両者の摩擦が長らく続くことになる。

ムラヴィヨフの江戸来航とサハリン再交渉

　ムラヴィヨフはアムール川の利用による流通を不可欠と考え，それを防衛し確保しうるための拠点を領土として獲得することに努めたため，ウスリー右岸に加え，アムール川河口の向かいにあたるサハリン島の確保も重視していた。1858年5月の「アイグン合意」に，アムール左岸のロシア領有，ウスリー右岸の露清共有を書き込んだあと，このウスリー右岸とサハリンの共有状態をロシア占有に書き換えるための要求を持ち出すようになった。日清はロシアから同じアプローチ，衝撃を受けたことになる。

　1859年8月，ムラヴィヨフは艦隊を率いてアムール川を下り，江戸に寄港してサハリン占有を認めるよう幕府に要求した。幕府も決着の必要性は認めていたため，天徳寺で対話を設定した。このときは，北緯50度で境界を定めるなどの具体的な提案の議論はなく，ムラヴィヨフの全島領有の主張は受け入れられない，と日本が返したのにとどまったが，ムラヴィヨフと幕府の論理にずれが見られた。

　ムラヴィヨフは清朝からアムール川流域の領有権を得たことを告げ，自動的にサハリン島[39]も領有すべきと主張した。幕府の若年寄遠藤胤緒と酒井忠毗は，未決のままでは第三国が干渉する恐れがあるため決着すべきという点では同意した。

　ムラヴィヨフは，先の下田条約においてプチャーチンはサハリンについて境界を定める権限はなかったので，今回は自分が交渉しに来たと述べた。幕府側は，プチャーチンが境界を定める権限の委任状を持ってきたので，応じて条約を結んだ，と答えた。ムラヴィヨフは，その点の委任はなかったと述べた。幕府側は，前回委任状を信用したのに今回否定するならば，今回の談判は次回に有効であるのか分からなくなると指摘した。その後も幕府側はくりかえし，プチャーチンに境界を定める権限がなかった，と言われるのは不都合で，ものごとの順序として前回の委任状は正当だったのか確認したいと要請した[40]。

---

39) アムール川の満洲呼称「サハリャン・ウラ」の向かいにある島というのが，ロシア呼称「サハリン」の由来と言われ，ムラヴィヨフもこれを主張した。
40) 『大日本古文書』244〜262頁。

ムラヴィヨフは自分こそが地方の総督として管轄地域の領土問題を取り仕切っており，外務省から委任状を持ってきたプチャーチンに権限はなかったという[41]。これは，黒龍江将軍や吉林将軍は皇帝の明示的委任がなくても，管轄地域の境界を定めうる，という考え方にも通ずる。さらにムラヴィヨフは，すでに成立した合意のうち，有利なものはそのままに，不利なものをいつでも変える，という考え方であった。これでは，いくら正当な権限をもって合意を形成してもすぐ意義を失うことになる。外務省やプチャーチンはこれほど既存の合意を軽視することはなかったが。

　日本側はそれに対し，未決の案件を交渉することに異存がなくとも，前回の委任状を簡単に否定することは今後の合意の信用を崩してしまうので，再三確認を求めたのである。条約は両国が恒久的に拘束され，今後を安定的に運営するための基礎だという信念を強く持っていた。こうした姿勢は，同じ時期の清朝の交渉態度とひき比べれば，すこぶる対蹠的である。

　ムラヴィヨフは強い要求をくりかえすことなく，またロシア水兵が殺害される事件があったにもかかわらず，幕府に強くプレッシャーをかけることなく立ち去った。そして経営を始めた沿海州の港湾を視察し，前述のようにイグナチエフを支援すべく艦隊で北京に対しプレゼンスを示した。

　帰国後かれは，また日本に要求してサハリン占有を目指すべきと述べたが[42]，かれの任期中には実現しなかった。ロシアのサハリン占有の必要性を主張すれば，日本人は理解するだろうとの考えを述べており[43]，前註21に言及した中国との「友好神話」に少し類似している。同時にムラヴィヨフは，日本人の能力を高く評価し，欧州文明を導入すれば強国になると述べた[44]。

---

41) 同上。前年5月の「アイグン合意」のあとの6月に天津条約を結んで，領土条項を曖昧にしたプチャーチンに対し，ムラヴィヨフは批判的だった。
42) Барсуковъ, Указ. соч., кн. 2, с. 276-277.
43) Там же, с. 115-116.
44) Там же, кн. 1, с. 558-559.

5　ロシアの衝撃と日・清の岐路

ロシアの東方アプローチ

　本章では，1850年代東アジアの境界問題とそれをめぐる概念を扱ってきた。まとめとして，その後しばらくの展開を概観したい。

　ロシアは19世紀近代の西欧型国際秩序が東アジアに到達する前に，西欧の制度を受け入れつつある国家として立ち現れた。17～18世紀の清朝とは，内陸アジアの一国という立場で関係を結び，かつ交易や調査の根拠を維持した。日本への接近はゆるやかなもので，間歇的な接触を経験してきた。

　そのロシアは19世紀半ばに至って，清朝にも日本にも，従来の慣習を利用しそれに応じた姿勢で接し，アムール左岸・ウスリー右岸・サハリンをほぼ「領土」として確保した。しかしそれぞれのプロセスは，一様ではない。条約や「領土」において西欧近代の要請に応じられていない清朝からは，急速に利益を確保した一方，「領土」経営と条約交渉の準備をしてきた日本に対しては，外交交渉で時間をかけてサハリン／樺太と千島の問題を決着させたのであった。

　このような歴史過程をたどったのには，まずロシア側の要因がある。当時のロシア帝国東方の総督は，「一般帝国法が適用されない辺境を統治する，個人的・カリスマ的・状況即応的権力」だった[45]。たとえば，条約というものに対するムラヴィヨフの，外務省の意向をも介しない，恣意的とも見える行動は，元来はそこに由来する。

　またロシアは唯一，北京にロシア正教伝道団を持つことから，語学知識や情報収集で西欧諸国に比べ抜きんでていた。プチャーチンの外交アプローチも，そのような既存の特殊な待遇を利用しつつ，外交方式において英国ほど厳格なものを清朝に求めなかった[46]のである。

　そのため東アジアに対するロシアの姿勢は，中央政府が西欧近代を規範とした西方・ヨーロッパに対するアプローチとは異なる，近代とも前近代ともいえぬ中間的なものになった。かくてそれを受け止めた日・清の相違をもきわだたせる。

---

45) 松里公孝「プリアムール総督府の成立とロシア極東の誕生」299頁。
46) 山添博史「露清天津条約におけるプチャーチンの「仲介外交」」。

樺太問題の決着と日本外交の近代化

　日本では樺太問題は，1867年に幕府がペテルブルクに赴いて交渉した樺太島仮規則を経て，明治政府の榎本武揚が同地で結んだ1875年の樺太・千島交換条約において決着することになった。

　この間，ロシアは一貫してサハリン全島の領有を主張し，すでに部隊を駐屯させていたが，日本側の危機に乗じて条約を呑ませるという機会は得られなかった。日本もクシュンコタンに拠点を持っていたため，ロシアの立場からは現状の変更も必要だった。

　日本の明治政府は当初の樺太確保論から，経営・防御困難のための放棄論に移行していったが，その過程でも島上国境の設定の代償に千島で領土を得るよう交渉をしてきた。サハリン／樺太島全体では，ロシアの支配力が日本よりも優勢になってきたが，日本は南端の支配をてこに，交渉をすることができた。日本はロシア部隊が全島を占領するなどの事態に至る前に，ロシア外務省を相手とし，既存の合意に基づいた条約交渉アプローチをとった結果，1875年には千島全島の領有という代償を得たのであり，放棄することになった樺太においての紛争も大規模にはならなかった。

　日露の境界問題に関しては，客観情勢に加えて，日本の対応の背景にあった概念の内容が重要である。これは明治以前にすでに，西欧近代の秩序に親和性の高いものになっていた。

　18世紀のロシア接近は日本の知識人，および徳川幕府が蝦夷地を辺境地から防御対象に変える契機となり，一貫した「領土」経営や十分な防衛体制には至らなかったものの，近代国家・「領土」としていくための一定の支配事実を維持してきた。加えて，合意や条約の恒常性を信頼し，利用する姿勢があった。前述の1859年のムラヴィヨフ来航に際しては，幕府は互いの主張以前に合意事項が今後も遵守されるか否かを重視し，既存の合意条件を軽視するムラヴィヨフを追及した。

　日本人にとって条約とは，相手国と自国の間で守るべき規範であり，自国が遵守することによって，相手国もその合意の範囲内に制限できる，というメリットを信じていた。やがて国際法が入ってくると，それは道義的に守るべきとともに，国際関係の主要要素として利用し活用できる，という信念にもなったのである。

以後の日本の外国交際は，こうした信念に基づいて展開した。

　横井小楠の議論はそうしたなかの一つの典型を示す。かれは「国是三論」のなかでアロー戦争について論じ，清朝は条約を破って禍を招いた，と指摘している。清朝は大国だが，傲慢に陥り条約を遵守せず，危機のたびに条約違反の償いとして港と土地を失ってきた，外から学ぶことを知らない，と批判した[47]。隣の清朝の思考行動様式が，日本の外国交際にも影響を及ぼしていたのである。

清朝における概念の動揺とその後の変容

　横井がこのように評した1850年代の清朝は，近代国際社会における「領土」確保という条件を満洲北東部に持つことができていなかった。そもそも北京政府も黒龍江将軍・吉林将軍も，黒龍江左岸の経営・確保に関心を持っていなかったし，そのために線を定めてそこまで支配するという概念を持たなかった。ネルチンスク条約に決められたあいまいな線を持ち出してロシアを非難した頃には，該当地域へのロシア人の支配が進み，清朝に属する人々の支配は弱かった。清朝側のアイグン・天津・北京それぞれの条約交渉者も，当時の情勢で中央の危機ほどに満洲北東部の土地を重視したわけではなかったし，ロシアの協力を得る代償として，一時的に便宜を供与するという程度の意図しかなかったのである。1860年の北京条約という境界変更の確認とその後に及ぼした規制作用がなければ，ロシアの「領土」確保は確立しなかったかもしれない。当時の清朝としては，手放した土地は日本でいえば樺太北部にあたるような，守るべき利害も関心もない土地に過ぎなかったが，それについて外交交渉を行って代償を得られたわけではなかったし，与えた合意の条約，境界としての恒久的意味を当時，十分には理解していなかった。

　清朝では魏源が1842年に『海國圖志』を著すなど，現実的認識を求める人々もいた。その魏源にしても「夷を以って夷を制す」という「中華」思想の典型的認識を示している。これですら清朝ではしばらく忘れられた。『海國圖志』が広く読まれたのは，むしろ日本である。アロー戦争によって天津条約を結ばざるをえなくなったとき，清朝のある官僚は上奏において，魏源の『海國圖志』を挙げ，

47）横井小楠「国是三論」449〜450頁。

これを印刷して皇族や文武官僚が外国の事情を学べば,「夷」に抵抗することも不可能ではないと知るべきだと述べた[48]ことから,そうした事情が分かる。条約は自国に利益を与えるものではなく「中華」中心の世界で恩恵が与えられる「夷」に対するルール提示であり,「中華」がそれで縛られるという意識はない。

　このような意識および英仏軍の意図や能力に対する認識不足が,再度の遠征と敗北を招いた。恭親王も1861年1月,総理衙門を設立する提案を行った上奏において,「夷」が清朝の弱さにつけこんでいるが,まず内乱を平らげ,次いで「壌地」を蚕食するロシアを,そのあと貿易を求める英国をコントロールすべきだと論じた[49]。北京条約を結び,総理衙門を通じて外国と対応する必要を説く当事者であっても,外国交際とは相手のコントロールであると主張し,あるいは部内議論でそのようなレトリックを用いなくてはならないことは,清朝自らが西欧近代型の秩序に参加しているという意識の低さを示している。

　この1860年の時点までにおいて,清朝の境界問題をめぐる各種概念は動揺し,ロシアとの境界関係で不利な結果をもたらす一因となった。かつて,ロシア帝国と大清国の間で境界設定や外交使節往来は二国間関係として扱われていたが,乾隆帝以降の清朝で高まった「中華」の秩序意識にうまく収まらなくなった。19世紀半ばには黒龍江周辺やその向こうへの認識や支配の実態も廃れ,黒龍江将軍奕山はムラヴィヨフに対してその場しのぎのロシア人入植の承認を与えたが,このあと恒久的な国境設定という結果に至った。この時期,清朝は他国に与えた合意に拘束されるという認識がうすく,それが関係をこじらせた。ロシア側のムラヴィヨフも,以前の自国が与えた合意をその瞬間の都合で変えてゆくという姿勢で「領土」要求を続けており,それが結果的には他の状況変化に助けられてロシアに有利な境界の変更をもたらした。

　清朝の対外姿勢はこのあと変容していく。以前のように,「中華」の皇帝・天子が外から来た人間に,一方的に文書で恩恵を与え,事情が変われば,また一方的にその内容を無視するというのではなく,条約は当事国間の恒久的な合意であ

---

48) 『籌辦夷務始末(咸豐朝)』巻28,咸豐8年5月癸卯の条,兵部左侍郎王茂蔭の上奏。Swischer, ed., *op. cit*, No. 378, July 9, 1858, p. 510.

49) 『籌辦夷務始末(咸豐朝)』巻71,咸豐10年12月壬戌の条。Ssu-yü Teng and J. K. Fairbank, *China's Response to the West*, p. 48.

り，次に当事国が合意して変更するまでは，それに拘束されるという考え方にひとまずは移行していった。

　東北，西北の辺境についても，ただ人と土地が大清国大ハーンに属しているというだけではなく，国家が継続的に管理，経営し，国境をその限界として重視するという西欧近代の考え方に近づいていく。満洲では土地を漢人の移住から守るという考え方から，満洲に漢人を入れて経営し，ロシアから守るという考え方に変化した。1870年代のいわゆる「イリ危機」から1881年のペテルブルク条約に至る辺境の境界画定問題の解決は，清朝が西欧近代の条約・外交関係・領土経営の視点から見ても，かなり異なった政権となってきたことを示している。それはやがて中国という国家に変貌する前提をなす過程だったといえよう。

第 III 部

近代日本と翻訳概念

第5章
Diplomacyから外交へ
――明治日本の「外交」観

森田吉彦

はじめに

　「外交」という言葉は，常に，今日われわれが抱いている外交の概念を表すとは限らない。それだけでなく，今日の外交という概念のうち，意識的な部分と普段あまり意識されない部分とでさえ，意味に隔たりがある場合もある。

　たとえば，今日「外交」という言葉を英訳すれば，ほぼ間違いなく"diplomacy"という語が選ばれるであろうし，逆に，"diplomacy"という言葉を和訳すれば，「外交」という語が選ばれるであろう。和英・英和それぞれの辞書を引けば一応ほかの訳語も出てはいるが，ほかのものを選べばそれは直訳ではなく意訳であるように受け止められるに違いない。

　しかし実際には，「外交」と"diplomacy"とは，等号では結べない。両者の内容が一致する場合もあれば，一致しない場合もあるからである。まずは，この翻訳の問題をざっと見ておきたい。

　分かりやすいのは，現代中国語の「外交」との比較である。これは，現代日本語の「外交」と重なり合うが，しかし完全には一致しない。英語の"diplomacy"との関係で見れば，たとえば，1931年のR. H. Mathews, *A Chinese-English Dictionary* には，「外交」の項目に"foreign relations or intercourse"と記されており，訳語に"diplomacy"は挙がっていない。一方，1979年の北京外國語學院《中英辭典》編集委員會『中英辭典』では，"diplomacy ; foreign affairs"とあり，"diplomacy"が出てくるが，"foreign affairs"の意味も強そうである。念のため日本語に戻ると，たとえば手元の増田綱編『研究社 新和英大辞典』第4版（1974年）を開けば，「外交」の訳語として"［術］diplomacy；international politics；［政策］a foreign policy；［国交］diplomatic intercourse"が挙げられている。第5版（渡邉敏郎ほか編，2003年）では，"［国家の］diplomacy；diplomatic relations；international politics；(a) foreign policy"とあり，さらには"［社外での業務］(door-to-door) sales"との訳も付されている。これだけでは事例が少なく充分ではないが，中国語では diplomacy のほかに foreign relations や foreign affairs の意味が強い一方で，日本語では diplomacy が第一義であり，場合によって foreign policy と言えることはあっても，foreign relations や foreign affairs とはまず訳せない，ということになる。

　日本語と中国語の違いでわれわれがよく目にするのは，外政機構の名称であろう。日本の外政機構は「外務省」であるが，中国では「外交部」と呼ぶ。両者とも，英訳すれば"Ministry of Foreign Affairs"である。言い換えれば，日本語の「外務」と中国語の「外交」という異なる単語が，同じ"foreign affairs"の意味で使われていることになる。ちなみに，漢文という共通の文化を持っていた韓国では，1948〜98年には「외무부」（外務部）だったが，現在では「외교부」（外交部）と呼ぶ。ヴェトナムでは"Bộ Ngoạigiao"（外交部）である。

　西洋諸国では，"diplomacy"はほぼそのまま，それぞれの国の言語で綴りなおされるにとどまる。上記の旧漢語圏では，"diplomacy"の音訳（つまり，「ヂプロマチー」など）は廃れているが，そのほかの非西洋諸国，ローマ字（ラテン文字）を取り入れた国々では，音訳がまだ通用しているようである。モンゴル語の"dêplomati"，マレー語では"diplomasi"，スワヒリ語なら"diplomasia"のように，音訳語が語彙に入っているように見受けられる。ただし，モンゴル語では"Gada-Gadu bodulGa"（対外政策）の方が馴染むようであるし，マレー語辞書には"urusan luar negeri"（直訳すると外国事），スワヒリ語辞書には"kigeni"（外務）や"nchi za nje"（直訳すると外国事）の表現もある。なお，ローマ字を用いないタイ語の辞書には，音訳ではない"การทูต"（直訳すると使節事）の語が見られる。

　かくして世界各国で，"diplomacy"ないし日本語の「外交」に相当する言葉は，さまざまな異なる形で用いられている。では，"diplomacy"はどのようにして

「外交」という言葉になったのか。あるいは，日本語の「外交」は"diplomacy"以外にどのような意味を持つのか。それを歴史的にたどることで，明治日本——正確に言えば，明治前期の日本の「外交」観を論じ，その世界史上の位置をさぐるのが，本章の狙いである[1]。

1　「外交」と"diplomacy"の語源と変遷

漢語の場合

まずは，「外交」および"diplomacy"のそもそもの語源から見ていこう。古い漢語の中にも，一応「外交」という言葉があるが，これは現代日本の「外交」という語とはいささか趣が異なる。

諸橋轍次『大漢和辞典』によると，「外交」とは，「①国と国との交際。国交。……②国外の人と個人としての交際，国外の人との交際。又，それをすること。……③世間の人々との交際」のことである。「……」で省略したのは，古典の中の事例であり，引用の数だけで言えば②がかなり多い。ともあれ，①は若干今日の意味に近いが，diplomacy というよりも foreign relations の方がふさわしく，②は悪く言えば「内通」「私通」に相当し，③は世間づきあいのことであって，現在で言う「外交的な人物」の「外交」の意でしかない。

これを逆から見ると，"diplomacy"という語は，当初，「外交」のような曖昧な中国語に訳されてはいないのである。1864年にマーティンがホイートンの *Elements of International Law* を『萬國公法』として訳したとき，第3巻第2章の節の一つである"diplomatic history"は，「主持公論之學」と訳されている[2]。また，1884年に井上哲次郎が訂増した羅布存徳（ロブシャイド）（William Lobscheid）の『訂増英華字典』

---

1) 外交という概念については，内山正熊の「外交の概念規定について」をはじめ一連の優れた研究がある。日本語で書かれた diplomacy の考察では，『古典外交の成熟と崩壊』などの高坂正堯の著作を挙げないわけにはいかない。なお，日本語の「外交」への先駆的な指摘は，『社会科学大事典』など神川信彦による。これを受けた渡邉昭夫の「外交とは何か」は，この問題の基礎文献と言える。
2) たとえば『万国公法蠡管』下編上，第3巻第2章第19節。版によっては異同があり，節ごと存在しないものもある。

には，"diplomacy"の訳として，「欽差總例，議政規例，朝廷欽差等，精於國政」が挙がっており，「外交」とはなっていない。

西洋の場合

　一方，"diplomacy"の方は，そもそもどういう語源を持つどういう意味の言葉なのか。この問題ではすでに数多くの言及があるので[3]，ごく簡単に確認だけしておこう。一口にまとめれば，diplomacy とは，外交官が政府（ないしそれに準ずるもの）を代表して交渉し，合意をつくる恒常的な営みのことであり，そこから，国家対等観念や在外公館などの諸制度とも結びついてきた。その語源は"diploma"にあるが，これは古代ローマ帝国で二重の金属板に捺印され，折り畳まれ，縫い合わされた金属旅券のことである。そこから，特権の賦与や，外部の共同体や種族との取り決めを記した公文書のことに意味が広がり，やがて，フランス語で，公文書を取り扱うこと（diplomatie），扱う者（diplomate）から転じて「外交」「外交官」を指すようになっていった（それぞれ1791年，1792年に初出）。その後，英語に取り入れられ，"diplomacy"は1796年，"diplomat"は1813年が初出とされる。いずれにせよ，こうして文書が重視されること，すなわち，交渉がその場限りにとどまらず継続的なものとなり，ある種の秩序が機能し始めることと表裏であり，「合意は拘束する（*pacta sunt servanda*）」とのラテン語がよく引き合いに出されている。

　ともあれ，"diplomacy"という言葉の歴史は浅く，西洋諸国が清朝や日本にあらためて接触するようになる時期と大差ない。つまり，diplomacy はヨーロッパ諸国の近代化と共に育まれ，その活動範囲の変化とともに変化してきた概念であり，清朝や日本が接したときまだ発展途上だったのである。

日本の外政機構の場合

　では，日本語の――和製漢語の――「外交」ではどうか。まず，『古事類苑』を見ておこう。同書は，古代から明治維新に至る数多の文献から分野別に事例を

---

3) ごく一例として，4点だけ挙げておく。H・ニコルソン『外交』，A. Watson, *The Evolution of International Society*；G. R. Berridge, et al., *Diplomatic Theory from Machiavelli to Kissinger*；細谷雄一『外交』。

収集した書物であり,「外交部」だけでも 1,800 頁ほどあるが,解説部分は別にして,本文中には「外交」の語は見られない。「通交」「通信」「交易」「應接」「談判」などの用例ばかりが並んでいる。いずれにせよ,大陸の漢語から近世以前に「外交」の語が日本に入り,定着した跡は見受けられない。

続いて,外政機構における名称の変遷を瞥見する[4]。明治政府の外政機構は当初「外国事務掛」と呼ばれており,これが最終的に「外務省」になる。すなわち 1868 年,戊辰戦争と並行して外政機構が整備され,「外国事務掛」は「外国事務課」から「外国事務局」を経て「外国官」になった。1869 年の外国官約定,外国官職制によれば,この機構は「外国交際ヲ主務トス」とされている。同年の職員令によって「外国官」は「外務省」に変わったが,最高責任者である外務卿は「外国交際ヲ総判シ貿易ヲ監督ス」るのが職掌であり,また外務省独特の官である訳官の職掌は「翻訳外国交通辞令文書」であるとされた。なお,このとき王政復古の趣旨から,701 年の大宝令に倣って各省が設置されたが,外務省だけは全く新造の省であった。言い換えれば,「外務」の語には古い起源がなく,それまでの「外国事務」の省略形として「外務」が現れたと見ることができる。そしてその仕事が,「外国交際」であった。これが後に省略されて「外交」になる。

その後,省則や章程が短期間に何度も改廃されたが,1873 年の外務省事務章程は,外務卿は「諸省使長官ノ最頂ニ立テ朝政ノ万機ニ通知シ恭ク聖意ヲ体シテ時々ノ論旨ヲ遵奉シ並ニ邦国相交ルノ公法ヲ照準シ海外各国政府ト我帝国天皇陛下政府トノ交際事務ヲ奉行スルヲ以テ職掌トス」と,その仕事が「交際事務」にある最重要の省であることを高らかに謳った。1875 年,太政官正院法制課が法制局に昇格したのに伴って,あらためて外務省職制并事務章程が制定され,そこでは「外務省ハ外国交際締約ノ事務ヲ管理シ及ヒ国内在留外国交際官吏ノ諸接遇且内外交渉訴訟ヲ暢達シ兼テ在外吾国人ヲ保庇スルヲ掌ルノ所トス」と,外務省の仕事が整理し直された。ここでは日本に駐在する外国の官吏を「外国交際官吏」と表現しているが,「外交官」の語はまだ見られない。1877 年に本省事務課目が示され,本局は「外国交際事務ニ付調理ス可キ事件ヲ措弁シ太政官及其他ノ照会申牒ヲ作為シ又我国在留各国外交官トノ公文往復ヲ掌管ス」と,「外国交際

---

4) この箇所の史実は,『外務省の百年』第 1 編(稲生典太郎執筆)による。以下,引用文中の傍点はすべて引用者による。

事務」をその仕事としている。ここで「各国外交官」の言い回しが現れるが、この後 1893 年の勅令第 123 号までの十数年間、今日いうところの外交官は「外国交際官吏」の省略形としての「外交官」と呼ばれたり、また「交際官」と呼ばれ直したり、をくりかえしていて名称が一定しない。なお、1885 年に内閣制度が発足、1886 年各省と同じく外務省官制も勅令第 2 号で公布されたが、「外務大臣ハ外国ニ対スル政略ノ施行及外国ニ於ケル我国貿易ノ保護ニ関スル事務ヲ管理シ交際官及領事ヲ監督ス」と、外務省の仕事の中に「政略」という言葉が現れている。

　ともあれ、以上から言えることは、日本の外務省は「外国交際事務」を担当する機関であり、外交官とは「外国交際官」のことであった、ということである。外政機構においては、「外務」の語は「外国〔交際〕事務」の省略形として、「外務省」の名とともに 1869 年に始まる言葉である。一方、「外交」は「外国交際」の省略形であるはずだが、こちらはなかなか定着しない。「外交官」の名称から見ると、1890～93 年に始まった言葉であったとも言える。いずれにせよ、外務省は、もともと「外交」ではなく、「外国交際」を仕事とする機構だったのである。

英和、和英辞典の場合

　では同じ時期、辞書の類ではどうか。こちらでも、"diplomacy" すなわち「外交」とはなかなかならない。結論を先に言えば、"diplomacy" は当初「使節」にまつわる語として認識されていたが、やがて「交際法」と訳されるようになる。それが「外交」にたどり着くとともに、「権謀術数」の義が加わっていくのである。

　まず、「使節」云々としてだけ訳された時期から。英和辞典の嚆矢である本木正栄の『諳厄利亜語林大成』(1814 年) には、さすがに "diplomacy" のような言葉は出てこない。「洋書調所辞書」と愛称され、英蘭辞書を利用してつくられた堀達之助の『英和対訳袖珍辞書』(1862 年) には、"diplomacy" とは「使節ノ勤方ヲ孚ブ術」とあり、説明的でこなれないが、これは対応する日本語がないからだと言える。ヘボン (James C. Hepburn) の『和英語林集成』(1867 年) 英和の部には、この言葉は見られない。いわゆる「薩摩辞書」の『和訳英辞書』(1869 年) では、

"diplomacy"には「使節ノ勤方」の訳語が当てはめられている（なお，"diplomatics"には「古書ニ依テ全権ノ役ノ勤方ヲ吟味スル学術」とあり，これも正確であるがこなれない）。ヘボン『和英語林集成』の再版（1872 年）英和の部は，"diplomacy"とは「国事を取り扱うこと，使節の勤方」と訳しており，「開拓使辞書」として親しまれた荒井郁之助『英和対訳辞書』（1872 年）にも，「使節ノ勤方」と記されている。なお，この辞書では"diplomat, diplomate"を「使節ノ勤方ニ達シタル人」として「達シタル」の語感が加わり，また"diplomatics"には「古書ニ依テ全権ノ役ノ勤方ヲ吟味スル学」と『和訳英辞書』同様に説明している。

ここまでの辞書では，"diplomacy"は「使節」という存在と関連づけて捉えられたが，これを「交際」という概念に結びつけた早い事例が柴田昌吉・子安峻『附音挿図 英和字彙』（1873 年）であった。この辞書は外務省の二人の英語専門家がまとめたものであるが，"diplomacy"に「公使ノ職制。交際法。各公使。交際ノ高手（じょうず）」といくつもの訳を当てはめて，何とか簡単な日本語に置き換えようと努めている。しかも，「交際」だけでなく，その上手さという意味合いまで加えられた。その後，サトウ（Ernest M. Satow）・石橋政方の *An English-Japanese Dictionary of the Spoken Language*（1876 年）は"diplomat"にはローマ字で「kôsai-ka」（交際家）と綴ったものの，"diplomacy"は名詞形とするだけで訳語がなく，過渡期的である。続く第 2 版（1879 年）でようやく，「kôsaihô」（交際法）の訳を採用した。

当時，ロブシャイドの『英華字典』を邦訳したものがいくつか出版されているが，これは結局のところ漢語の辞書でしかない。先に挙げた井上哲次郎訂増『訂増英華字典』（1884 年）では，"diplomacy"は「欽差總例，議政規例，朝廷欽差等，精於國政」，"diplomatic"は「執照的，有印票的，奉命出使，當欽差，欽差，各國交際，交接往來」としている。津田仙ほか訳・中村敬宇校正の『英華和訳字典』乾（1881 年）と比較すると最後に「各國交際，交接往來」が付け加えられていることが分かるが，これが井上の訂増なのであろう。なお，同年の井上哲次郎『哲学字彙』（1884 年）では，"diplomacy"に「使節，公使」の訳語が与えられており，一貫しない。

ナットル原著／棚橋一郎訳『英和双解字典』（1886 年）は，"diplomacy"とは「公使ノ職。交際法。各公使。使節。交際ノ高手」であると，これまでの訳例を

引き継いでいる。斎藤恒太郎纂述『龢訳英文熟語叢』（1886年）は熟語を採録した変わった辞書で、"diplomatic intercourse"に「各国公際」、"diplomatic agent"に「欽差」、"diplomatic body"に「朝廷欽差等」などの訳文が充てられている。ヘボン『和英語林集成』の第3版（1886年）英和の部は、"diplomacy"に「交際法，使節」、"diplomat"に「交際家」の訳語をつけて第2版を踏襲するが、和英の部では「交際法」は"the art or rules of an envoy; diplomacy"、「交際家」には"a diplomatist"の訳を当てはめており、若干入れ違う。

　「外交」という語を"diplomacy"の訳に用いた最初の事例は、管見の限りでは、1888年に登場した。島田豊纂訳『附音挿図和訳英字彙』は、"diplomacy"に「外交術，權謀」、"diplomat, diplomate, diplomatie, diplomatist"には「外交官，外交ニ熟セシ人，權謀ニ長ゼシ人」としており、訳語に「外交」だけでなく「外交官」まで見えるばかりか、同時に「權謀」の義まで加わっている。同じ年のイーストレイキ・棚橋一郎共訳『ウェブスター氏新刊大辞書和訳字彙』にも、"diplomatic, diplomatical"に「特許状ノ，得業証書ヲ受タル，外国交際上ノ，外交ニ長シタル，外交ニ関シタル，古文学ノ」とあり、"diplomatic"の下に挙げられた"diplomatic intercourse"の熟語には「各国交際」の訳が付された。翌年、尺振八訳『明治英和字典』（1889年）は、"diplomacy"を「外国交際ノ術。外交学。權謀術数。各国公使」と訳し、"diplomate"や"diplomatist"を「外交ニ熟セシ人。權謀ニ長ゼシ人」、"diplomatic"には「外交家。外交ニ精シキ人。權謀ニ長ゼシ人」の訳語を当てはめた。

　以上、1880年代末までの英和，和英辞典の類を見ると、幕末維新期には「使節」の意味しか示されていなかったが、1873年には「交際法」の訳語が登場、1888年からは權謀のような義とともに「外交」の語が現れていることが分かる。これは、上述の外政機構について見た変遷とも附合する。ただし、よく見ると、"diplomacy"をそのまま「外交」と等号で結んだ訳はまだ存在せず、「外交術」「外交学」と、ひとつ間を置いたものばかりである。

2 「外国交際」と福沢諭吉

明治初年の若干の事例

　和製漢語の「外交」の語源は「外国交際」という言葉にあることが，外政機構および辞書の変遷から分かった。第2節と第3節では，この「外国交際」ないし「交際」の意味を中心に検討する。そのために特にとりあげるのは，福沢諭吉の対外論である[5]。

　なぜ福沢諭吉なのか。あらためて指摘するなら，第一に，福沢こそ，翻訳家として先駆的な業績を残した人物であり，西洋の概念に影響されているであろうこの頃の和製漢語について考えるのに適しているからである。また第二に，かれは翻訳だけに終わらず，さまざまな考察を展開しており，吟味できる素材が多い。しかも第三に，かれは長期にわたって数々の論を発表して，日本に大きな影響を及ぼした。さらに言えば第四に，その福沢の著述にはかなりの頻度で「交際」の語が現れる。かれを「交際」の思想家と言っても過言ではないのである。次節で述べる福沢の議論の表面的な変化から，この第2節ではほぼ1870年代を，次の第3節でほぼ1880年代をというように，分けて検討することにしたい。

　福沢をとりあげる裏面の事情として，当時はまだ対外問題を扱った書籍が少なく，利用可能なまとまった資料がそれほど豊富ではないこともある。当時の『東京書籍館書目』や『東京書籍出版営業者組合書籍総目録』を見ても，政治学や国際法の本はそれなりに数が挙がるが，今日でいう国際政治学の分野に相当するものは少数にすぎない[6]。

　まずは，数は少ないが見逃せない，福沢以外の事例を二，三見ておこう。福地源一郎はさまざまな分野で業績を残した人物であるが[7]，ここでは二つの訳業を

---

5) 福沢に関する研究は数多く，対外論に絞っても枚挙に暇がない。本章の関心に緊密に関連する近年の成果を3点だけ挙げる。西村稔『福澤諭吉』，小川原正道「福沢諭吉における「外交」」，都倉武之「福沢諭吉の外交思想」。

6) 「外交」を扱った書籍の出版は，1880年頃から増加している。ただし，渡辺修次郎『日本外交始末』や田口卯吉『日本開化小史』のような歴史書にせよ，馬場辰猪「外交論」や小野梓『東洋論策』のような時事論にせよ，「外国交際」ないしその略語としての「外交」は出てくるものの，"diplomacy" に相当する言葉はなかなか出てこない。

7) 福地の研究は近年増えているが，上質な最新の成果として，五百旗頭薫「福地源一郎研究

挙げておかなければならない。『外国事務』(1868年)は、「魯西亜外国事務局の規律」を翻訳したものであり、外国事務局の首務は「諸外国との交際を取扱ふ」ことにあるとしている。また、馬児顚（マルテンス）『外国交際公法』(1869年)は、福地が原著の英訳版 Diplomatic Guide を訳したもの。福地が元にしたという英訳版が見当たらないため、フランス語原著の Le Guide Diplomatique と比較しておくと、すべての項目が抄訳にとどまっており、そのうえ、diplomacy とは何かを論じた序論が除かれてしまっている。先の『外国事務』もそうであるが、翻訳の関心は狭い意味での使節の実務にのみ注がれていると言えるかも知れない。もっとも、「交際上ノ談判」(「続篇目録」の第59章として項目名だけあがる)が "Des négociations diplomatiques" の訳に相当するのだとすれば、diplomacy の意を「交際」と訳した最初期の事例である可能性がある。

　ところで、マーティンが "diplomatic history" を漢語に訳して「主持公論之學」を充てていたことにはすでに触れたが、日本語ではどうであろうか。ひとつ挙げておくと、ウールジー（Theodore D. Woolsey）の著作 Introduction to the Study of International Law (1860) を箕作麟祥が訳した『国際法』(1873〜75年) がある。残念ながら、箕作はここで、"diplomacy" そのものに訳語を当てはめてはいない。第46条で "be incorporated into the ordinary diplomacy of states, or into the institutes of the law of nations" を「国際法ノ定則ト為ス」と訳したり、第82条で "courtesy in diplomatic intercourse" を「交好ノ礼款」と訳したりと、文脈の中に入れこむ形でまとめるにとどまる。

幕末の翻訳者・福沢諭吉

　そこで、福沢諭吉である。幕府に出仕していた頃の福沢の訳稿には、関連する言葉がいくつか出てくるが[8]、ここで「交際」が "relations" の訳語として登場してくることが目を引く。残念ながら "foreign relations" との表現は出てこないが、もしあれば「外国交際」と訳して差し支えなかっただろう。そのほか、オランダ語の「ヂプロマチーキ」は音訳にとどまり、日本語は当てはめられていない。

序説」。
[8]「幕末外交文書譯稿」『福澤諭吉全集』第20巻（以下、『全集』⑳のように略す）、小野修三解題「『福沢諭吉全集』（一九六三年刊）未収録幕末外交文書訳稿十三篇」。

1866 年，福沢は，幕府の長州藩再征に際して建白書を提出した[9]。かれは「先年外国と御条約御取結に相成候以来，世間にて尊王攘夷抔虚誕の妄説を申唱候」という理解を示しており，幕府の専権であるべき対外関係に，間違った説を差し挟もうとする者が多いと憂えている。福沢によれば，長州征伐は徳川家の中興に結びつくものであり，長州を討った武威を以て，「外国交際の事抔に就ては全日本国中の者片言も口出し不致様仕度義に奉存候」ことを説いた。ただし，福沢は長州藩を侮ってはいない。必要な方策として，「第一条　長賊外交の路を絶其罪状を万国へ鳴候事」「第二条　内乱御鎮圧に付外国の力を御用相成度事」の二つを挙げている。

福沢の見るところ，長州はアメリカ南北戦争時の南軍のように「外交」しているし，ドイツ諸邦のような「大名同盟」で，幕府を度外視してあらためて外国と締約しようとしている。かれらを論破して公にその非を鳴らし，西洋各国との接近を絶つべきであった。しかし，長州はすでに軍を西洋化しており，成敗できるかどうか分からないから，外国の兵を借りて討つべきだとかれは説く。そうすると懸念は人心と入費であるが，勝てば名分などどうにでもなるし，費用ならば防長 2 州を取り潰して入る金を充てれば，利息込み 20 年で返済できると見通しを示すのである。

なかなか強引な議論であるが，西洋諸国に向けた広報活動を重視していること，国債発行を提唱していることなどは，福沢らしい感覚であると言えよう。なお，幕府が従事する公の「外国交際」に対して，長州の「外交」はそれを私にするものと，両者を使い分けているようにも読めるが，ほかに類似の事例が見当たらない。

ここにもあるように，福沢は明らかに開国論者であったが，それを受け容れない人々に向けて説いたというのが前年の『唐人往来』（1865 年）である[10]。かれはそこで，外国との関わりを「附合（つきあい）」と表現し，大きな清朝が敗れ，小さなポルトガルが独立を保っているのを引き合いに，「世界普通の道理」を堅く守れば兵力が弱くとも無闇に侮られることはないと主張。開国を恐れず，近代化して軍備を整えるべきだとしている。かれ自身省みるように，開国を説くためのやや楽観

---

9) 『全集』⑳。
10) 『全集』①。

論に偏した観測であるが，結論が近代化と軍備にあるのはこの頃から変わらない。

その後，単なる一役人の枠にとどまることなく，福沢を世に出すことになったのが，西洋各国のさまざまな書物を抄訳・編纂した『西洋事情』である（1866～69年）。その初編にはそのまま，「外国交際」の項が設けられている。たびたび引かれる一文であるが，『唐人往来』でも用いた「附合」を日本の大名間のそれへと意味をずらし，西洋の「交際」の制度を手際よく説明していることは，やはり見逃せない。

> 西洋の諸国は其風俗言語各々異同あれども，新たに開たる支那日本の風俗と西洋の風俗と相異なるが如くならず。其各国交際の模様を譬へて云へば，日本の諸侯の国々にて互に附合するが如し。……然れども元と何れも独立の国にて制度一様ならざるが故に，其争端を防ぐ為め各国互に約束を結で，懇親を固くし交易を便にするもの，之を条約と名づく。既に条約を締めば……[11]

ここには「外交」の語は出てこないが，アメリカの項では「外国交際」の省略形としての——「外国交際」と別の意味は有さない——「外交」が登場する。ワシントン（George Washington），アダムズ（John Adams）のくだりで「外国の交際」「外国との交際」，ジェファーソン（Thomas Jefferson）の箇所では前後語調を整えて「貿易を勉め外交を修め」云々と記した[12]。また，イギリスの項では，エドワード一世の治世で「外国交際に於ては其勢甚盛なり」としている[13]。加えて，イギリスは広大な海外領土があるから豊かで強いという説を退け，貿易の利害は海外領土も独立国も同じで，むしろ海外領土は防衛の負担が大きいと指摘する。「英国の富強文明にして他に躍づる所以は，其地理の便利にして産物の多きと，人才の多くして政治の公正なるとに由てなり」[14]。軍備や領土獲得よりも商売や学問の方が有益だというのは，後の福沢自身の議論にも連なる。

初編の次に出版された外編には，「外国交際」ならぬ「各国交際」の項があり，西洋諸国間の「交際」を別の角度から論じている。ここで，戦争と国際法の結びつきが論じられていることは注目される。

---

11) 同上，298頁。
12) 同上，326～327頁。
13) 同上，359頁。
14) 同上，379～380頁。

そこで指摘されるのは，それぞれの国々が独立して領土を保っているのは，基本的にその兵力によるという，当たり前のことである。裏を返せば，この「各国交際の有様は，今日に至るまで尚ほ往古夷民の互に匹夫の勇を争ひしものに異なら」ない[15]。西洋諸国といえども，その限りで野蛮なままなのである。しかし，かれらは戦争を多少とも減じたり，緩やかにしたりする要素も有していた。それが，①万国公法であり，②「国力の平均」（勢力均衡（バランス・オヴ・パワー））であり，③文明の教えであり，④緩やかな貿易である[16]。

　①世の文明に進むに従て一法を設けこれを万国公法と名けり。抑も世上に一種の全権ありて万国必ず此公法を守る可しと命を下すには非ざれども，国として此公法を破れば必ず敵を招くが故に，各国共にこれを遵奉せざるものなし。各国の間，互に使節を遣て其国へ在留せしむるも，其国々互に公法の趣意を忘るゝこと無らんが為めなり。

　②欧羅巴諸大国の間には，国力の平均と唱ることありて，世の太平を保つの一大助となれり。……其国力を平均して互に優劣なき所以は，元と相羨み相嫉むの情に出でしものにて，……抑も方今諸国の形勢を察するに，右に論ずる如く，唯国力の平均のみを以ては未だ其争端を制するに足らず。

　③文明の教を以ては，未だ戦争の根源を止るに足らずと雖ども，稍や其惨毒を緩にす可し。

　④英国にて貿易の法を一新してこれを寛大にせしより，諸国の交際更に懇親を増したり。……故に云く，各国戦争の源因を絶つは貿易の法を寛にするに在りと。

万国公法は，まずは「各国交際」の制度の一部分として位置づけられている。法の内容云々よりも，諸国家が分立し，相互にその遵守を促し合っているのが「交際」ということになる。中でもその軸が，大国間の勢力均衡であった。これも正義の概念などとは関係なく，互いに相手の突出を恐れるがゆえに維持されているにすぎない。

　外編は福沢の著作というよりも翻訳書であるが，少なくとも，かれがそのようなものとして理解し，認識した考え方が示されていることは確かである。そして

---

15) 同上，411頁。
16) 下記の引用はそれぞれ同上，412，412〜413，413，414頁。

実のところ，これらもまた，後々まで福沢の言論の基礎となるのである。

『學問のすゝめ』と『文明論之概略』

　福沢の代表作と言えるのが，『学問のすゝめ』と『文明論之概略』である。『学問のすゝめ』は，1872〜76年に17編まで刊行。福沢の名を一躍高からしめた。この作品は主として「人間交際」のありようを説いたものであるが，それもつまりは「外国交際」を支えんがためであった。

　第5編「明治七年一月一日の詞」(1874年)の中で，福沢は，「今や外国の交際俄に開け，国内の事務，一としてこれに関せざるものなし」とまで「外国交際」の重要性を強調している。しかも，一つ一つの事柄を外国（西洋諸国）と比較すれば，日本などはるかに及ぶものでなく，その独立は危うい。かれは，人々が学んで外国人と知恵を争うほどになり，独立の精神と日本を守る気力を備えるという望みを語っている[17]。

　こうした福沢の基本姿勢が最も端的に表明されているのが，1874年に『学問のすゝめ』の第12編として執筆されたものの，実際には出版されることのなかった一編である[18]。かれは，一国内の「人間交際」ではなく「外国交際」こそが重大であるとし，ここまで『学問のすゝめ』は内容はばらばらであったが，一貫した趣旨は「上下同権，共に日本国を守て独立を保たんとするの一事に在るのみ」，と述べるのである。そして，

> 巻末に又一言を附せん。凡強弱大小相交て互に平均するには，其道極て難く其法も亦一ならずと雖ども，人の習慣も亦有力なるものなり。一度び屈する者は復た伸ぶ可らず。内に居て弱き者は外に向て強きこと能はず。……唯其目的とする所は，理に拠て強大に抗するの習慣を養ひ，以て外国交際に平均を得るの一事に在るのみ[19]。

　福沢が『学問のすゝめ』でくりかえし個々人の独立心を説いてきたのは，そうして人々が独立の習慣を身につけ，「外国交際に平均を得る」，つまり，優越する西洋諸国を相手にしてもきちんと対峙できる基盤を涵養するためなのであった。

---

17)『全集』②，57〜62頁。
18)『全集』⑲，222〜227頁。
19) 同上，227頁。

福沢のもう一つの代表作と言える『文明論之概略』（1875年）も，こうした問題関心を共有している。第2章「西洋の文明を目的とする事」では，次のようなことが記されている[20]。世界の国々を「文明」つまり欧米，「半開」（半分開化している状態）つまりアジア，「野蛮」つまりアフリカやオーストラリアの三つに分けて通論とする見方があるが，これは相対的なものにすぎない。たとえば，戦争ほどの災いはないが，西洋諸国は戦争ばかりしている。盗賊も人殺しもいる。国内で徒党を組んでの権力争いが行われ，「況や其外国交際の法の如きは，権謀術数至らざる所なしと云ふも可なり」。これが文明国と言えるのか。
　しかしそれは，はるかな未来に可能な開化の極みからすれば西洋とて完全ではない，ということでしかない。福沢いわく，文明は「死物」ではなく進歩するものであって，順番を経る必要がある。野蛮は半開に，半開は文明に，その文明もさらなる次の進歩に，それぞれ向かうものである。だから，西洋諸国も開化の途上にあるが，日本はやはりかれらを目標にするしかない，と。
　ここで注目すべきは，「権謀術数至らざる所なし」と指摘されている「外国交際の法」である。具体例が挙がっていないのが残念だが，戦争，盗み，殺人，党派争いと並んで出てくることからも，これは広い意味での国家と国家との間の闘争などではなく，その一部である"diplomacy"の訳語を念頭に書かれていると見るのが至当ではないだろうか。1875年に出版された著作であるから，福沢も所縁のある柴田らの『附音挿図 英和字彙』に，"diplomacy"の訳語として「交際法」の語が出た後のことである。ここでようやく，かれの議論に"diplomacy"としての「外国交際の法」が取り入れられたと言えよう。
　福沢の対外論を論じるときに，結論的な第10章の「自国の独立を論ず」をとりあげない者はいないだろう。かれは言う。今の日本の困難は近年急に生じた病であって，すでに日本の枢要を犯してしまっており，取り除くこともできなければ，治す薬もなかなかなく，これまでのままでは抵抗することができない。「識者は此病を指して何と名るや。余輩は之を外国交際と名るなり」と[21]。
　もちろんこの「外国交際」が，世界中の国々との関係全般ではなく西洋諸国との関係のことであるのは，疑うべくもない。第2章で目標にせよと説いた西洋こ

---

20)『全集』④，16〜19頁。
21) 同上，193頁。

第 5 章　Diplomacy から外交へ　189

そ実は「病」の根源である。というよりも，日本がその西洋を目指さなければならないことまでも含めて，それが「外国交際」という「病」なのである。だからこそ，それは容易に克服できるものではない。

　かれは，イギリスによって巧みに支配されるインド，白人が原住民を駆逐したアメリカ，ヨーロッパ人が徐々に勢力を広げる清朝など，各地の事例を論じながら，数々の楽観論を斥ける。そして，これは日本人全員の病なのだから，全員が療法を求めるしかない，とするのである。

> 我日本に於ける外国交際の性質は，理財上に論ずるも権義上に論ずるも至困至難の大事件にして，国命貴要の部分を犯したる痼疾と云ふ可し。而して此痼疾は我全国の人民一般の所患なれば，人民一般にて自から其療法を求めざる可らず[22]。

それは大変なことであろう。しかしかれは，国民たるもの，毎朝戒め合い，「外国交際に油断す可らず」と言ってから朝御飯を食べるほどであるべきだとさえ述べて，全国民の覚悟を促すのである。もっとも，「油断す」るなといっても，商売と戦争の世の中では，軍備をかためればよいという安易なものでもなく，商売と釣り合いが取れなければ借金で国が倒れることも指摘している。問われているのは，「文明」という総合力だということになる。「国の独立は目的なり，今の我文明は此目的に達するの術なり」[23]。

　独立の維持とはもちろん，「外国交際」を無事にやり遂げるということである。この頃の福沢は特に，何について語ろうと，すべてを「外国交際」の問題へと収斂させてばかりであった。たとえば『学者安心論』（1876 年）でも，『分権論』（1877 年）でも，『民間経済録』二編（1880 年）でも，結局問題は「外国交際」の如何に行き着いている[24]。

「外国交際」不信

　それでは，あらゆることが大事であるとしても，その中での軽重はないのか。福沢は，「教育説」『福沢文集』巻之二（1878 年。初出は 1876 年）で，日本人は

---

22) 同上，203 頁。
23) 同上，209 頁。
24) それぞれ同上，228，289〜290，379 頁。

「商売の国」であるイギリスの言語を学ぶべきだと論ずる中で,そのことに触れている。日本の独立の維持は武力や「政府の交際法」ではなく学術や商売によってなされるのであり,今大事なのは商売なのだと。

> 今外務省の取扱ふ所のものは何物なるや。外国交際なり。外国交際とは其性質品柄を吟味して何事なるや。日本の人民が外国人と交りて知恵を交易し品物を交易する事より外ならず。……然るに青年の書生輩が奇計妙策を運らして,人民の智恵をも問はず商人等の巧拙をも顧みず,官吏の筆端口頭を以て外国の交際を維持せんと思ふが如き……空中楼閣とは此事なり。されば我国の品格を重からしむるものは,武力にも在らず又交際法にも在らず,熟目今の有様を察し,推して今後の成行を量りて,僅に他日独立の望を属す可きものは,唯学術と商売との二箇条のみ[25]。

さきに『文明論之概略』で指摘したように,ここで言う「交際法」も,"diplomacy"のことであると言って間違いない。福沢は,武力や「交際法」によって国威を輝かそうとしても,基盤が成り立っていなければ無意味だとしたのである。その基盤とは学術と商売であるが,上記の引用に続けて,学術が発展しなければ商売には勝てず,商売がうまくいかなければ学術の発展は閉ざされる,という関係にあると論じている。とにかく,ここで福沢が,国力に適わぬ小手先の術策に走るのをはっきり否定していることは,銘記しておいてよい。

福沢の対外論で一つの里程標となるのが,『通俗国権論』(1878年)である。その跋にいわく,もしこれを15年前(つまり,幕末)に口にしておれば,志士たちは誤解して「外国の交際」に一大変事を生じてしまったかも知れないとするほど[26],一見,『唐人往來』などとは真逆の悲観論であった。

『通俗国権論』は実際,「外国交際」を批判するにとどまらず,それに対する不信で満ち満ちた書物のように見える。福沢は第2章「国権を重んずる事」で,西洋人の交渉態度を取り上げ,「今我国の外交に於て」は人民相互の取引から政府の応接に至るまで(この「外交」は無論「外国交際」の略),外人(ここでは西洋人の意)は常に本国の力を後ろ盾に屁理屈を述べ,酷いものでは些細なことで軍艦を差し向けるなどと乱暴な言葉を用いる,と苦笑してみせる。かれは,「外国交

---

25) 同上,434〜435頁。
26) 同上,645頁。

際」が不十分なのは国力が不足しているからやむをえないとしつつ，その度を過ぎて道理に合わないことまで受け容れさせられる者もある，と指摘する。そして，政府はもちろん，人民はみな，常に「独立国の大義」を忘れず，外国人に対してはわずかな権利もなおざりにすべきでない，と説くのである。

　こうした「外国交際」への不信の表明は，第7章に至り，遂に「外戦止むを得ざる事」という過激な論題で展開される。福沢は，条約は名目のものにすぎず，「交際の実は権威を争ひ利益を貪るに過ぎ」ないと指摘する。その争いの如何を決めるのは兵力の強弱だけであって，「百巻の万国公法は数門の大砲に若かず，幾冊の和親条約は一筐の弾薬に若かず」とさえ述べるのである。そのうえで，普仏戦争（1870～71年）や露土戦争（1877～78年）を引き合いに，「各国交際の道二つ，滅ぼすと滅ぼさるゝのみと云て可なり」とし，ましてやかれらが「東洋諸国を御するの法」は，万国公法すら用いず「唯虚喝の一法あるのみ」だと言う。しかし，

　　西洋諸国必しも鬼神国に非ず，固より恐るゝに足らず。殊に欧洲各国の交際
　　は恰も禽獣の餌食を争ふものにして，互に相睥睨して寸隙を示すこと能はず。
　　欧洲の実力は正に欧洲の自家に費して余あることなく，東洋諸国に対しては
　　唯此実力の余光を用るのみ[27]。

　福沢は，「外国交際」の厳しさを口を極めて強調しながら，なおかつ西洋諸国は「虚喝」すなわち空脅しばかりで「恐るゝに足らず」と言っているのである。かれらは確かに強力だが，遠く日本まで大きな戦力を投入できるはずもない，とかれは指摘する。だからこそ，東洋では空脅しを行ってくるのであって，そうであるならばこちらは虚ではなく実戦の覚悟を持てば対抗できる，というわけである。むろん，これは精神論の類ではない。ほかでもそうであったように，福沢は，舌先三寸のみの力など評価しない。

　　之を要するに我日本の外国交際法は，最後に訴る所を戦争と定め，戦へば頑
　　固剛情にして容易に兵を解かず，幾月も幾年も持続して双方艱難に堪るの度
　　を競ふの一法あるのみ。斯の如く覚悟を定れば亦容易に戦争にも及ばざる者
　　なり。虚喝は実地に臨て効なきものと知る可し[28]。

[27) 同上，637～638頁。
[28) 同上，638頁。

もっとも，それは覚悟の問題であって，もちろん福沢は好戦的になることを勧めているわけではない。ここでも「外国交際法」すなわち"diplomacy"の言葉が用いられているが，無論，その中に戦争という選択肢が含まれるのではなく，戦争の脅しに怯んでいては交渉が成り立たないということである。以下を読み進めれば，福沢の言の向かうところも判然となろう。「外国の交際にも誰か紛議の生ずるを悦ばんや，誰か戦争の起るを楽まんや」と，かれは明言している。そして，たとえ不満はあっても，さまざまに考慮したうえで平和をとるのは当然である，と。

> 国に外務省あるも専ら此平和を維持せんとするの方便にして，外務の人は常に条約の明文に依て懇親の意を表し，百方に周旋して心配することなれども，其周旋心配の際にも，後ろ楯として人民の気力に依頼す可きものあらざれば，断じて事を行ふ可らず。外務の困難は唯この一点に在るのみ[29]。

それはつまり，外交交渉で平和を保つにも力の裏づけがいる，ということであった。言い換えれば，平和の維持が目的であるのはもちろんだが，それには不当な圧力に屈しないという人民の支持がいる，ということにほかならない。福沢は結論する，「之を要するに余輩の主義とする所は，戦を主張して戦を好まず，戦を好まずして戦を忘れざるのみ」。

かくして，1870年代の福沢の対外論では，戦争への備えは必須だが平時の貿易こそ主戦場であったし，単に武力を整えればよいという話ではなく，日本の総合力が試されていると捉えられていた。そこで重要なことは，かれが「外国交際」を考えるとき，それは具体的には西洋諸国との厳しい対峙関係を指していたことである。裏を返せば，同じく西洋諸国との「外国交際」に曝された清朝や朝鮮のような国との関係は，主敵たる西洋諸国に比べて二の次であったと言ってよい。

隣国への視座？

実際，遡って1874年の台湾出兵においてさえ，福沢の議論の主眼は西洋諸国の脅威にあった。『明六雑誌』に掲載された「征台和議の演説」で福沢は[30]，「此

---

29) 同上，639頁。
30) 『全集』⑲，539〜542頁。

度の一条は日本と支那との間の事なれども，其利害得失に至ては別に之に関する者あり，即ち其これに関する者とは何ぞや。西洋諸国，是なり」と喝破する。かれらは日清の和戦に直接関わらないが，両国に古い大砲や艦船を売って儲けるばかりである。

> 結局今の我困難は外国交際に在り。今の我勁敵は陰に西洋諸国に在り。然かも其敵は兵馬の敵に非ずして商売の敵なり。此智戦の勝敗は今後我人民の勉強如何に在るのみ[31]。

同様の論理から，当時の征韓論に対しても，明確に否定した「亜細亜諸国との和戦は我栄辱に関するなきの説」を，『郵便報知新聞』に寄稿している[32]。かれはそこで，朝鮮との是非など問題にしていない。むしろ，西洋諸国こそが問題であって，アジア諸国との関係は些細なものにすぎないと断ずるのである。「我国の独立如何の心配は……其源因は亜細亜にあらずして欧羅巴に在るなり」「今我邦の困難事は一概に外国交際に在りと云ふ可らず。余輩は此外国の字義を狭くして欧米諸国との交際に付き困難ありと云はざるを得ざる也」。くりかえし論じたうえで，福沢は明言する。「我日本は欧米諸国に対して並立の権を取り，欧米諸国を制するの勢を得るに非ざれば，真の独立と云ふ可らず。而して朝鮮の交際は仮令ひ我望む所の如くなるも，此独立の権勢に就き一毫の力をも増す」ものではない，と。

しかし，1880年代に朝鮮をめぐって清朝との対立が具体化し，軍事力を背景とした厳しいものになると，福沢は隣国との関係についてあらためて検討を迫られるのである。

3　朝鮮問題と「外交」観の変化

1880年代の福沢諭吉

西洋諸国の間に紛争が生じるのと同様，非西洋諸国も一枚岩などではない。日本と隣国との間にも対立・摩擦が生じるのは当然のことである。福沢が『時事新

---

31) 同上，542頁。
32) 『全集』⑳，145〜151頁。

報』を始めたその頃，朝鮮問題が大きく浮上する。西洋諸国との「外国交際」を大きな課題にしてきた福沢は，隣国との「交際」にも苦慮することを知る。この二つの「交際」は，問題の性質がいささか異なっていた。西洋諸国は日本の総合力で対峙し，肩を並べていくべき強敵であった。だが，かれにとって，清朝や朝鮮がそうした相手になるとは考えにくかった。むしろ，この両国は敵ではないが味方にもしにくく，弱ければ弱いで，乱が起こったり西洋諸国の拠点になったりして問題だが，強ければ強いで，清朝は朝鮮を圧迫し，日本の安全の不安材料となると考えたのである。大きく捉えるとそこには正解がなく，ならば個別の問題をそれぞれに考えていくしかなかった。隣国との「交際」を通じて，「外国交際」は長期の文明的課題から，より具体的な政策や交渉の問題になっていく。

『通俗国権論』に続いて注目すべき福沢の著作は，『時事小言』（1881年）である。この書物では「外国交際」に対する不信から，さらなる考察へと議論が展開している。

かれは，「万国交際」には名実二つの性質があると言っている。「名」とは世界中の人民は兄弟であり，貿易で互いの過不足を相補うべきであるという見方であり，いつかは戦争のなくなる日も来るとさえ言われる。しかし，「実」の方はそうではない。たとえば条約を破るようなことが起こってもそれを裁く法廷はなく，約束を守るか否かは道義ではなしに，国と国との間の金と兵の力関係によるにすぎない。福沢はまた，西洋諸国は新兵器の開発を進め，兵力も増やし続けており，戦争はなくなるどころか今後ますます盛んになるだろうと予測する。愚かなことだが，相手がそうくるならこちらも同様に応じるしかない。権謀術数でくるなら権謀術数で応じるだけである。

なおかつそこで，西洋と東洋との間の問題がある，とかれは指摘する。両者は相手を獣のように見ることはさすがにないが，共感のようなものがあるわけでもない。西洋諸国は自分たちをキリスト教国家と称して他と区別しており，万国公法といっても，キリスト教諸国にしか適用されない。イギリス人のインド支配の酷さなど，「誠に人類の交際と云ふ可らず」。インドが弱いからだとの論もあるが，西洋諸国にも無力なものはあるから，原因はそれだけではない。西洋諸国の間では「権力の平均（バランス・ヲフ・パワ）」が働くが，東洋諸国に対してはそうではないのだ，と[33]。

万国公法のような法が非西洋諸国にきちんと適用されるか怪しいだけでなく，勢力均衡のような力学でさえ働き方が変わるとすれば，これは大変である。ならば東洋の国同士が助け合うことも考えられようが，福沢はこれをとらない，あるいはとれない。ペルシアや朝鮮はとても頼りにならないし，アジア最大の清朝も恃むに足りない。なぜなら，清朝はイギリスと交わって 100 年近く経つが，まだ 20 年ほどの日本と比べても近代化が進んでいないからである[34]。となれば，東洋の先駆けとなって西洋諸国と対する責任は日本人にある，とかれは述べる。そのうえで，

> 我日本の武力を以て之に応援するは，単に他の為に非ずして自から為にするものと知る可し。武以て之を保護し，文以て之を誘導し，速に我例に倣て近時の文明に入らしめざる可らず。或は止むを得ざるの場合に於ては，力を以て其進歩を脅迫するも可なり。……今日の要は何等の方便を用ゆるも，唯これを誘導して我と共に運動を与にする程の国力を付与し，以て其輔たり唇たるの実効を奏せしむるに在るのみ[35]。

朝鮮問題が浮上したとき，福沢の念頭にはこうした考え方があり，実際，それを時評の中で当てはめていくのである。

『時事新報』社説の始まり[36]

1882 年 3 月 1 日付で発行が始まった『時事新報』の社説のうち，対外関係を論じたものは必ずしも多いとは言えない。しかし最初のこの年は，対外関係，中でも朝鮮との関係が大きく注目された年の一つとなった。日朝修好条規の締結以降，両国の関係が良くも悪くも動いていたからであり，この年の 7 月には壬午軍乱が起こるからである。

『時事新報』社説がとりあげた最初の対外問題は，「条約改正」であった（3 月

---

33) 『全集』⑤，184 頁。
34) 同上，185 頁。しかもかれは以前，清朝は近代化しなければ国を失うことになるだろうし，近代化すれば政府が転覆するだろうとも見ていた（同上，114 頁）。
35) 同上，187 頁。
36) 周知のように，平山洋『福沢諭吉の真実』をはじめとする一連の研究により，『時事新報』社説の中でどれが福沢が起筆したものであるかが明らかになってきた。ここでは，福沢によることが確からしいものだけを対象とする。行論上，それ以外のものを短くとりあげる場合には，主語を福沢ではなく『時事新報』とした。

7日)[37]。福沢の起筆にかかるものかどうかは分からないが,「今の禽獣世界に於て立国の基は腕力に在りと云ふも可なり。其基未だ立たずして其末を求め,僅かに外務の官吏に望て事の成敗を期するが如きは,迂闊の談と云ふ可きのみ。外務官の働は国勢を後楯にして政府の権力に據り,此勢力を巧に利用するに止て,結局事の成敗は其人に在らずして全体の勢力に存するのみ」と,交渉に性急な期待をかけることを戒めている。西洋諸国との関係を厳しく捉え,外務の仕事よりも日本の総合力が問われているとする立論は,これまでの福沢の議論と合致する(ここでは「外務官」の語が用いられていることにも留意)。

　福沢は,3月11日の「朝鮮の交際を論ず」で,今度は朝鮮との関係をとりあげた。かれは,朝鮮は弱く未開の国であるために,日本との関係はいまだ密になっていないと言う。このまま特に何もせず,朝鮮が発展するのを待つという考え方もあるが,福沢はこれをとらない。なぜならば,①日本は朝鮮との和親貿易の道を開いた国としての「行き掛り」があるし,②日本には西洋人のアジア侵略を防ぐ役割があるからである。これは,先の『時事小言』の議論をそのまま適用したものと言えよう(かれはそれを「我日本の為に止むを得ざるもの」と位置づけて,奇麗事の理想主義に走るのを防いでいる)。

> 今の支那国を支那人が支配し,朝鮮国を朝鮮人が支配すればこそ,我輩も深く之を憂とせざれども,万に一も此国土を挙げて之を西洋人の手に授るが如き大変に際したらば如何。……我日本国が支那の形勢を憂ひ又朝鮮の国事に干渉するは,敢て事を好むに非ず,日本自国の類焼を予防するものと知る可し[38]。

壬午軍乱の衝撃

　壬午軍乱が7月に起きると,『時事新報』は朝鮮の政治家を,保守党と改進党とに便宜的に分類し,兵を送って後者を支援することを説いている[39]。福沢はこれに続き,8月5日から断続的に4回,「朝鮮政略備考」と題した社説を記した[40]。「備考」とある通り,事変自体を扱うのではなく,福沢がこれまでに知り

---

37) 『全集』⑧,20～22頁。
38) 同上,30～31頁。
39) 同上,251～259頁。

えた朝鮮事情を語るというもので，人口，境界，地方ごとの人情，身分，科挙，宗教，君主専制，官吏，兵制，地方統治，租税，賄賂や臨時徴収などを逐一説明しており，拙速に朝鮮観を語ることを避けている。福沢は「朝鮮国の人民を日本国民に比較すれば，身幹壮大にして食料も多く膂力強きが如し。我輩は之を見て羨ましきことと思」うとしているが，しかし，全体を通じて示されているのは，個々人は立派でも，国政全体が分裂と腐敗を構造化していることであった。

そこで続けて福沢が社説にとりあげるのは，やはり壬午軍乱への対応の如何である。「愚直論を恐る」(8月14日)，「大院君の政略」(15～16日)，「出兵の要」(18日)，「朝鮮の事に関して新聞紙を論ず」(19日)，そして「兵を用るは強大にして速なるを貴ぶ」(26日)と，喫緊の事件だけに，かれは連日のように筆を執った。

福沢は，朝鮮は日本が求める改進開国へと国政を転換することはできず，「朝鮮を以て属国と認るの妄想」を持つ清朝の仲介で曖昧な決着を図るだろう，それでは交渉が進まなくなると読む。日本が出兵すべきは，交渉担当者の護衛や日本人の保護のためだけでなく，要衝を占領して交渉を促す圧力をかけるためである。これは，かれいわく「万国普通の常例とも云ふ可き程のこと」にすぎない。のみならず，大軍を派遣するべきなのは朝鮮の兵力を恐れてでもなければ利のない国土を奪うためでもなく，未開で情報に疎い朝鮮国人は日本のことをよく知らないから，警備の兵だけではこちらを侮り，和平が遅れるからだと述べるのである[41]。

交渉促進のための占領の参考例として，福沢は薩英戦争でのイギリスを引き合いに出している。実はその当時，イギリス国内で自国艦隊の砲撃を批判する論とやむを得ないとする論の両方があり，軍事的には正しい行動だが，武力行使は無闇にできるものでもないと，かれは冷めた見方をしていた[42]。日本の朝鮮に対する軍事行動も，あくまで交渉妥結という目的に限定し，無闇な武力行使に否定的であるからこそ，かえって大軍で速やかに事態を収拾するという考え方をとったのであろう。

こうした軍事力についての考え方を，福沢は，9～10月の『時事新報』に18

---

40) 同上，275～284頁。
41) 同上，285～292，294～296頁，『全集』⑳，240～243頁。
42) 「隅川宗悦・南条公健宛」1863年，『全集』⑰，15～16頁。

回連載し，『兵論』一書にまとめている[43]。実のところ壬午軍乱では，速やかに大軍を投入し，大院君を拉致して交渉をまとめたのは，日本ではなく清朝の方であった。清朝の実力と手際の厳しさは福沢の意想外であり，衝撃的でさえあった。かれはそれを受けて，日本の官民あげて軍備に取り組むことを主張することになったのである。

　福沢はまず，兵制の改革は明日にも着手でき，効果もすぐ表れると，その特性を論じる。そして，清朝の軍備について，李鴻章の西洋化した精鋭は全体のごく一部にすぎないが，それでも日本全軍に匹敵すること，すでに日本の倍の戦艦を保有していることを指摘し，警鐘を鳴らすのである。「外国交際」には永遠の友好はなく，友好国も敵国となりうる。

　　方今，日本と支那との間は誠に親睦にして誠に平和なれども，国と国との和親は百年の和親に非ず。殊更に我れより敵を求むるに非ざれども，世界古今の事実に徴するに，外国の交際は友中常に敵あり。唯其敵意を包むに友情の外套を以てするのみのことなれば，一旦の変に際して此外套を脱却するときは，世界万国皆敵ならざるはなし。此点より見れば支那も亦敵国中の一にして，然かも一葦水を隔つるの隣に在るものなれば，此隣邦の兵備を聞知して漠然の観を為す可けんや[44]。

　かれは，「支那人」の体力は日本人と同等か上回っており，ただ兵制が不完全であるために怯懦に見えているにすぎない，このまま兵制が整えば獅子の爪牙を備えた大きな象のようになると指摘する。

　福沢は，壬午軍乱を引き合いに出して，「支那政府は公然我に向て朝鮮為支那之所属の論を吐かず，又朝鮮政府の外交を傍より干渉するの痕跡をば現はさずと雖ども，支那と朝鮮と両国限りの間柄を見れば，決して対等の隣国には非ざるが如し」と述べる。「外国交際」では客観的な要素だけでなく，相手に対する認識——これまで苦慮してきたのは，西洋諸国の対日認識であったが——にもよると理解してきた福沢にとって，清朝の「朝鮮為支那之所属の論」は恐るべきものであった。自分たちの軍事行動は「保護」だとかれらは考えているし，一国の指導者の拉致という暴挙を遅疑なくできるのは属国と見ているからである，と。

---

43)『全集』⑤，295〜348頁。
44) 同上，311頁。

この先，清朝の「政略」はあっさりしたものとは思われない，と福沢は述べる。朝鮮と西洋諸国との条約締結もあり，「朝鮮為支那之所属の論は必ず一場の問題となりて，日本政府は固より大に之に関係し，支那政府も此問題に就ては恰も主人の資格を以て辨論することならん。之を辨論して所属論を廃棄するか持長するか，何れにも談判は面倒なるものならんと憶測せざるを得ず」。もちろん日本から清朝を敵とするものではないし，清朝も初めから日本に敵意があるわけではないだろうが，平時の交渉に軍事力の背景を要することも明白である，とかれは捉えた。

　　外国の交際は双方の敵意を包むに外面の友情を以てするのみにして，談判の背後に兵力の必要なるは識者を俟たずして明白なることなれば，兵は単に戦に臨て用るの器に非ず，其平和の時に入用なること，封建の武士が朋友談笑の間も親戚懇会の時も，坐臥進退，片時も身に刀を離さゞりしが如くならざる可らず[45]。

兵備の充実を説くが，それは戦をするためではなく平和の時にこそ必要なのである，こうした考え方そのものは福沢にとって新機軸ではない。しかし，それでも朝鮮問題でのかれの「外国交際」論の展開が重要なのは，日本が対処すべき具体的な問題に対して，状況を捉え，相手の出方を予測し，打つ手を検討することになっているからである。ただし，付言すれば，平時の備えとして軍事力を考えるのに念頭に真っ先に浮かぶのは，このときでさえ隣国ではなく西洋諸国であった。「今の外国交際に於て，西洋諸国に対し，又近く隣国たる支那朝鮮に接しても，兵力の缺く可らざるは誠に明白ならん」[46]。

　かくて，壬午軍乱の衝撃は福沢にさまざまな検討を促したが，結局目前の問題は現実的に対処すればよく，そこに，日本が隣国の文明化を進めるという希望が加わったところで収まった[47]。ここでもかれの目は，西洋諸国との対峙に向けら

---

45) 同上，313〜314 頁。
46) 同上，315 頁。
47) 『全集』⑧，497〜506 頁。よく知られているように，福沢はこれを単なる言葉の上だけにとどめず，特に朝鮮の開化には実際に関わっていった。慶應義塾で留学生を受け入れたこともあってか，「朝鮮も追々開進に赴候よし。仁川港も次第に繁昌いたす事ならん。何卒無事に進歩致候様呉々も所祈候」などと，個人的な思いを吐露することもあった（「井上角五郎宛」1883 年 1 月 21 日，『全集』⑰，603 頁）。

れていたと言える。福沢はこの後,「開国論」と題してあえて幕末の原点から今日の日本を再考する社説を連載[48],「我帝国をして純然たる一新西洋国と為し,新西洋国の文武を以て旧西洋国を圧倒せしめんとするの志願」さえ表明するのである。

甲申政変以降の危機

次に福沢自身の対外論として目を引くのは,1884年6月の『時事新報』に連載し,書籍にした『通俗外交論』である。これは「外国交際の次第を論じたる」ものであるが[49],具体的には治外法権撤廃論に終始しており,diplomacyの問題には関わらないので,これ以上とりあげない。

その後,12月の甲申政変の勃発から翌1885年4月の天津条約締結に至る展開については,『時事新報』の紙面はともかく,個人的には福沢は批判的であったようである[50]。かれにしてみれば「朝鮮事変ハ大怪我ニ即効紙を帖したるが如く」であり,「事なき昔しの有様へ返れば最上之仕合なれ共,元トハト申せバ余計な事を仕出したりと云わるゝも一言なき次第なり」。天津条約で事を収められたのは良かったが,元はと言えば事変を起こしたことが余計であった,というわけである。ただしその後,「今回之一条ハ結局平和を以て我が体面を蔽ふこと難し。無茶ニも兵ニ訴へて非を遂るの外なし」という考え方を提示し,「時事新報抔ニも専ら主戦論を唱へ候事なり」とも述べていることが注目される。

この点にも関連して,福沢の「外国交際」観として重要なのは,同年3月9日に『時事新報』に掲載した「国交際の主義は修身論に異なり」であろう[51]。かれは言う。文明開化の理想はあるが,個人も国家も不完全な中にいる。個人は道徳的に生きうるが,国家には難しい,と福沢は論じる。

なぜなら,「人民の報国心」とは,ただ自国の幸福を祈って他国の利害を顧みず,酷いときには他国の損害を自国の利益とする心のことであり,道徳的には国民それぞれの私心にすぎないからである。しかし,「今の人間世界の不完全なる,

---

48)『全集』⑧,541〜554頁。
49)『全集』⑤,423頁。
50)「田中不二麿宛」1885年4月28日,福沢研究センター「福沢諭吉関係新資料紹介」252〜253頁。
51)『全集』⑩,234〜238頁。

道徳は僅に一個人に行はるゝの路を開きたるのみにして，国交際には尚未だ其痕跡をも見ず，残念ながら之を如何ともす可らかざるなり」。その好例として，ある国の外交官が交渉の後，今日の公の約束は守るが，その後の談話で語ったことはすべて嘘かも知れないし，自国の利害によって貴国の不利に働くかも知れない，自分の甘言を信じて頼りにするのは無益だ，と語ったという逸話を挙げている。

この話の真相がどうあれ，福沢が「国交際」の，少なくとも一面に抱いた印象をよく物語るものではあろう。これまでかれが「外国交際」と言うとき，そこには外国人との個人的な関係，友情なども含まれてきた。しかし「国交際」を用いるとき，個人の付き合いとは異なる，国家間にだけ生じる論理が，一層強調されているように思われる。

> 国として一度び其非曲を世界中に披露するときは，事実の有無に拘はらず其汚名を雪ぐこと甚だ易からず。過を改むれば其過は益々評判と為り，後悔して謝罪すれば其罪は益々明白と為る可し。或は夫れまでに至らざるも，此方に少しく落度ありとて遅疑して差控ふるときは，敵対国の慢心を助るのみならず，世界各国に我が内幕を洞察せられて，遂に何事に就ても共に歯するを得ざるに至る可し。是即ち古来今に至るまで国と国との交際に無理を犯して容易に謝罪したる者あるを聞かず，落度あればとて之が為に国の活働を差控へたるものあるを見ざる由縁にして，偶々是あれば其国力小弱にして非を遂るに足らざるの証として見る可きのみ[52]。

先に挙げた手紙はこの 2 ヵ月弱後に書かれたものであるが，「無茶ニも兵ニ訴へて非を遂るの外なし」と綴ったときに，自身の手になるこの社説を想起しなかったということはないだろう。

この前後，突然イギリスが朝鮮半島の南の島を占領した巨文島事件が発生，さらには朝鮮がロシアの支援を頼んだ露朝密約事件が発覚し，情勢はさらに複雑化した。3 年前，隣国が「万に一も此国土を挙げて之を西洋人の手に授るが如き大変」を憂いていた福沢にとって，事態は非常に悪いものであった。かれは，英露に南北から圧されて，朝鮮の独立は風前の灯火となったと捉えたのである。『時事新報』に掲載した社説には，あえて「朝鮮人民のために其国の滅亡を賀す」と

---

52) 同上，236〜237 頁。

題した[53]。朝鮮は腐敗した専制の政府なのだから滅んでも仕方ないし、イギリスに統治されるなら幸せではないかと述べているが、いずれにせよ福沢の焦慮は当たらず、このとき朝鮮が滅亡することはなかった。

なお、福沢はこれに続けて、「朝鮮の滅亡は其国の大勢に於て免る可らず」を執筆しているが[54]、『時事新報』が暫時発行停止を命ぜられてしまったため、発表していない。かれはそこで、「凡そ国の将に亡びんとするや、其大勢に於て如何ともす可らざるものあり」と記している。なぜか。「弱肉強食とは机上の談に非ず、今の世界に行はれて隠れもなき事実なり。殊に近年欧洲の各国、交通の利器を利用して東洋に其肉を求むるの急なるに於ては、朝鮮の如き弱国は到底其独立の体面を全ふするを得べからざるは、甚だ以て睹易きの数なり」。

福沢は、古くから「国交際の言に国力権衡（バランス・ヲフ・パワル）と云うこと」があり、「大国の力の釣合」が小国に自立の余地を生じると指摘するが、ヨーロッパから遠く離れた今の東洋では当てはまらない、と捉えた。ヨーロッパの大国は東洋人に憐れみを持たず、その国土を奪う利益を知り、それに充分の武力を自負し、揃ってこの利益を分けるのが得策と考えるようになったので、東洋の弱小国は滅亡を免れない。すなわち、勢力均衡は、東洋では西洋諸国による分割競争を引き起こすだけだという見通しを示したのである[55]。

「外国交際」と "Diplomacy"

日清戦争前1892年の福沢の社説に「国会難局の由来」があるが[56]、全体の内容はさておき、そこに一言、興味深いことが述べられている。

> 殊に外国の交際法に至りては、条約改正の談判こそ毎度失敗したれども、内外関係の全体より観察を下すときは、世界に対して我日本国の重きを成したるの事実は之を争ふ可らず。畢竟我人文の進歩と貿易の発達とに由りて然るものなりと雖も、外交官の勉強も亦与りて大に力ありと云はざるを得ず[57]。

---

53) 同上、379〜382頁。
54) 同上、382〜387頁。
55) なお、福沢はこの後も何度か、「外国交際」の意味をより限定して「国交際」の言葉を用いている。
56) 『全集』⑥、73〜96頁。
57) 同上、86〜87頁。

福沢がこのように誇るのも、前年の大津事件への対応があったからであるが、かれの言自体は、例えば15年ほど前の「教育説」とも一致している。つまり福沢は、学術と商売の発達こそ大事であるという立場のまま、この間の日本による「外国の交際法」を高く評価しているわけである。福沢はこの頃には男女関係などさまざまなことで「交際法」という言葉をよく使うようになっているが、ここはより意識的な用法、すなわち"diplomacy"の訳として「外国の交際法」を用いていると見てよかろう。

かくして、福沢において、"diplomacy"を表す最も適した日本語となったのは「(外国)交際法」であったが、かれより下の世代による同時代の事例を二つとりあげて、この節を終える。

一つは、"diplomacy"を「外交」の語と密に結びつけた早い例として、木場貞長の「外交政略論」(1881年) がある[58]。これは A. W. Heffter の *Das Europäische Völkerrecht der Gegenwart auf den bisherigen Grundlagen* の[59]、227〜233節を訳したものであり、"diplomatische kunst"すなわち「外交術」を論じた部分である。ここで木場は「外交法ハ亦一箇ノ藝術ニシテ一切外交ニ関スルノ事務ヲ調整処理スルノ学ナリ」と訳出しており、「外交法」に「ヂプロマチー」とルビを打っているのが注目される。この一文半ばの「外交」の方は原文では"auswärtigen Angelegenheiten"であり、こちらは「外国交際」の省略形にほかならない。ほかの箇所の訳例を見ても、「外交」の語は文脈に応じた意訳の形で用いられている。「外交」が"diplomacy"と等号で結ばれるまで、あと一歩というところである[60]。

もう一つの事例は、高田早苗の東京専門学校での講義 (1884〜89年) と[61]、その訳書の『英国外交政略』(1886年) である[62]。この書物は原典が明記されていないが、内容からして S. Walpole, *Foreign Relations* の全訳に相当する。"foreign relations"を「外交政略」としたのはもちろんかれの意訳になるが、内容的には

---

58) この文献は、春名展生氏から教示を受けた。記して謝意を表したい。
59) 荒川邦蔵・木下周一合訳『海氏 万国公法』として邦訳。
60) なお"lügendiplomatie"を「詐謀政略」と訳している点(つまり、ここでは"diplomatie"は「政略」と訳されている)、内容的にも詐偽の類を正道に背くものと批判する考え方が示されている点なども興味深い。
61) 伊藤信哉「日本における外交史学の起源」も参照。
62) 第4章以下は、高田早苗訳「外交機関論」として『中央学術雑誌』第1号 (1885年) 以降で先行して訳出され、断続的に連載されている。

外交史の書物であるとともに外交論の書物でもあった。

『英国外交政略』は，イングランド外交の起源から欧洲外交を描き，「権力平均」の原則や diplomacy 論を含んだ非常に適切な概説である。長い期間を扱っているだけに，事実の整理にとどまらず，長い歴史の中では事実を捉える概念も変化していくという一歩退いた視座も含んでおり，日本人がこれから西洋の国家間関係を学んでいく入口には適していた。この頃の東京専門学校の「外交政略」の試験問題を見ると[63]，たとえば「（第一）権力平均ノ起原及変遷ヲ問フ（第二）普国墺国等代リテ日耳曼ノ盟主トナレル顚末ヲ問フ（第三）クライミヤ役ノ源因及其結果ヲ問フ（第四）公使領事ノ差異并ニ其職務ヲ問フ」とあり，この本に即して講義が行われていたと推定できる。

高田自身が記した「例言」によると，歴史こそが「万国公法ノ判決例」である，というのが訳出時の問題関心であった。その中でもイギリスが重要であるのは，古来ヨーロッパ外交の中心と言われており，この国の外交家たちが各国弱肉強食の間で「権力の平均を維持せんことを勉めた」からである[64]。いまや，日本人もこうした事例を学ぶべき時期にきたとかれは理解していた。出版は 1886 年，訳出を始めたのはその 1 年以上前であろうが，まさにそれは甲申政変以降の危機の時期であり，高田の念頭にもそのことがあった[65]。

もっとも，高田はただ機械的にこれを逐語訳したわけではない。日本の読者に合わせて，中には省略や補足，強調などが行われている。たとえば，

> 蓋シ惟フニぢぷろましい（外交及）ぢぷろまちすと，（外交官）ナル語ハ近時ニ至リ始メテ英国ニ用ヰラルヽ所ノ語ニシテ，さみゆえる，ぢおんそん（英国有名ノ文人ニシテ始テ完備セル字典ヲ編纂シタル人ナリ）辞書ヲ著セル時此語ヲ載セサリキ[66]

ジョンソン（Samuel Johnson）についての注釈は原典にはないものであり，もちろん「ぢぷろましい（外交及）ぢぷろまちすと，（外交官）」などといった表現も翻訳上の工夫である。わざわざ音訳を示したのは，「外交」「外交官」では正確に

---

[63] 早稲田大学大学史編集所編『東京専門学校校則・学科配当資料』76 頁。
[64] 高田早苗訳『英国外交政略』1 頁。
[65] 同上，2 頁。
[66] 高田訳「外交機関論」62 頁。傍線は高田による（次項も同じ）。

意味がとれないおそれがあり，それらは"diplomacy"や"diplomatist"の訳語として用いていることを示しておかなければいけないという配慮であろう[67]。

おわりに

本章の知見を短くまとめれば，和製漢語の「外交」は，当初"foreign relations"すなわち「外国交際」の省略形であったが，その考察の中で"diplomacy"すなわち「(外国)交際法」が登場し，やがてこちらも「外交」と表すようになった，となろう。二つの異なる言葉が一つの日本語に収斂された結果，日本語の「外交」は"foreign relations"という場ないし関係を指すとともに，"diplomacy"という行為ないし術を指す言葉になったのであった。

ここで扱った時代から数十年後，ニコルソン（Harold Nicolson）が"diplomatic negotiation"（外交交渉）と"foreign policy"（対外政策）との峻別に注意を促したことは，今日，国際関係を学ぶ者には常識となっている[68]。それに加えて，日本語の「外交」は"foreign relations"の意味まで持つことになったのであった。しかも，福沢の「外国交際」つまり「外交」の考察に見た，秩序そのものへの受身だ

---

67) 中には過度とも思える強調も散見される。とりわけ次に挙げる事例などは，高田による授業の雰囲気をも彷彿とさせるものである。原文も合わせて示しておきたい（それぞれ，高田訳「外交機関論（接前々号）」41～42頁，S. Walpole, *Foreign Relations*, pp. 131-132）。

　　女王ゑりざべつす此時ニ當リ使節ノ職ヲ奉ジタリシさあ，へんりい，うおつとんナル人嘗テあむばつせいどるナル文字ヲ義解シテ国家ノ幸福ヲ計ルガ為メニ外国ニ使シテ詐欺瞞着ス事トスル公明正直ノ人ナリト云ヒ奈破烈翁陴相めとるにいつちヲ評シテ孺子政事家タルニ近シ孺子能ク詐欺ヲ為スト云ヘルニ因テ之ヲ観ルモ当時詐欺瞞着ハ外交家ノ欠ク可ラザル性質ナリシヤ明ラカナリ

　　In the days of Elizabeth, Sir H. Wotton, himself an envoy, punningly described an ambassador as an honest man sent to "lie" abroad for the good of his country. Napoleon said of Metternich that "he approaches to being a statesman—he lies very well ;"

　元になったウォルポールの文章と比べると，"punningly"（語呂合わせで）の軽妙さが消えており，"lie"（居る，嘘を吐く）の駄洒落も訳されていない。そのうえ，「当時詐欺瞞着ハ外交家ノ欠ク可ラザル性質ナリシヤ明ラカナリ」というのは，原文にない一文である（「当時」は「現在」の意）。その結果，「外交」に，過剰な権謀術数の意味合いを持たせることになっている。

68) ニコルソン前掲書。

が根本的な反発と，かれ以後，「交際法」そして「外交」が帯びていった，秩序を利する能動的な術策観との間には，本来大きな隔たりが存在しているのである。

　以上の福沢の対外論が展開された 1870〜80 年代は，この和製漢語の「外交」ができあがる前の過渡期であった。そして，福沢が恐れていた通り，日本の前に清朝の「朝鮮為支那之所属の論」，すなわち清韓の suzerain, vassal 関係が立ちはだかることになる。「外国交際」の相手であった西洋諸国の目が注がれる中，当初「外国交際」には含まれていなかった——それどころか良くも悪くも除外されていた——隣国との摩擦・衝突が待っていたのであった[69]。

---

69) 追記：脱稿後，石川暎作編訳『泰西政事類典』第 2 巻（1884 年）にも，"diplomacy" の訳として「外交法　外交学」の項目が挙がっていることに気がついた。石川は慶應義塾出身者である。術（art）の側面が「外交法」，知識（branch of knowledge）の側面が「外交学」というわけであろうが，両者を合わせたものを「外交」という風には呼んでいない。彼は "diplomatic relations" を「諸外国トノ交際」と訳しており，憶測するほかないが，「外交」はあくまで「外国交際」の省略形であると捉えていたのではないか。

第6章

日清開戦前後の日本外交と清韓宗属関係

古結諒子

はじめに

　日清戦争前に朝鮮と清朝の関係がエジプトとトルコの関係であると比喩されたように，そして，開戦後に井上馨が朝鮮内政改革をイギリスのエジプト政策と表現し，戦後には陸奥宗光が三国干渉を説明する際にサン・ステファノ条約を先例に挙げたように，19世紀末，東アジアの「外交」が他者に説明される際，西アジアの「東方問題」は恰好の題材であった[1]。しかし，東西アジアにおける「宗主権」概念の歴史的展開を考察するには，言説や対外観といった分析にとどまらず，日本が東アジアにおける「宗主権」なるものと実際にどのように関わったのか，その運用も重要な問題となろう。

　その試みの一つとして，本章では日清開戦前後の日本外交を清韓宗属関係に留意して分析する。これにより，日清共同朝鮮内政改革案と朝鮮独立論という日本の両主張が，異なる外交原理を伴いながらも清韓宗属関係を解体する共通目的を有しており，日清戦後にも同様の対応が続くことを明らかにする。

---

1) 一例ではあるが「「ボアソナード」意見書」，明治15年8月9日，『外文』第15巻，171頁。伊藤博文あて井上馨書翰，明治27年12月13日，『伊藤博文関係文書　一』271～272頁。陸奥宗光『蹇蹇録』369頁。『蹇蹇録』は初め外務省で印刷され，1896年に刊行されたが，長く「部外秘」とされ，1929年まで公刊されなかった。詳細については中塚明『『蹇蹇録』の世界』を参照。なお，『蹇蹇録』の史料的偏向については，古結諒子「『蹇蹇録』の描いた国際社会」を参照。

従来，19世紀末の東アジア世界は，20世紀の帝国主義体制の確立を到達点とした目的論的過程の中で，欧米の国際政治体系に包摂される環境であることが前提とされてきた[2]。日清戦後，清朝では利権獲得競争が展開するため，日清戦争は帝国主義国家となるか植民地となるかの状態で，列強による極東分割の前に朝鮮制圧を目指す日本が，朝鮮に対する清朝の「宗主権」排除を狙った戦争とされた[3]。

　しかし，近年は19世紀末の東アジアを不平等条約体制と冊封体制が並存する時代として評価した，東アジア固有の国際的環境に注目する研究が進展している[4]。アヘン戦争後の南京条約締結（1842年）以降，欧米による条約関係が朝貢関係にとってかわったわけではなく，条約が相対化・手段化されて朝貢と並存したとの問題提起がなされ[5]，その具体的実証として，岡本隆司は1880年代の清朝の対朝鮮政策に焦点をあてた。その結果，清朝は英露米をも清韓宗属関係（宗主―藩属関係）に密接に関係させて朝鮮を「属国・自主」とすることで，自ら維持する秩序を内在的に変化させた過程を明らかにした[6]。このような見方の転換に伴い，清韓宗属関係と日本の直接的な関わりを分析することが課題として浮上しているのではなかろうか。とくに日清開戦前後は清朝に対する日本外交の特質がよくあらわれており，その分析は，同時代の「宗主権」または「宗主国」といった言葉の扱われ方を理解することにもつながるであろう。

　ところが，日清開戦前後の日本外交を扱う従来の研究では，清韓宗属関係に対する配慮が十分ではなかった。日本の政策内容を朝鮮政策として分析することが重視され，朝鮮との宗属関係を有する清朝の立場が後景に退く傾向があったこと

---

2) 井口和起『日本帝国主義の形成と東アジア』290〜305頁。近代以前に東アジアにおいて安定的に機能していた体制が解体し，西洋列強が優位に立つ新しいシステムが成立する過程の中で，日本は前者の解体の口火を切った存在とされた。永井和「東アジアにおける国際関係の変容と日本の近代」。
3) 宇野俊一「日清戦争」。藤村道生『日清戦争』。
4) 『東アジア近代史』第13号において「東アジアの国際秩序と条約体制」という特集が組まれたことを挙げられる。
5) 濱下『朝貢システムと近代アジア』。その際，朝貢理念が条約そのものを内部に取り込むようになったとされる。
6) 岡本『属国と自主のあいだ』。このほか，朝鮮側からは朝貢関係と条約関係を使い分ける外交姿勢に関する研究が進展しつつある。崔蘭英「近代朝鮮の外交政策の一側面」ほか。

を指摘できる[7]。

たとえば，日清共同による朝鮮内政改革を推す首相伊藤博文を対清協調方針，宗属問題の提起を希望する外相陸奥宗光や朝鮮公使大鳥圭介を対清対決方針に区分して両者を対立軸でとらえ，どちらが国内において主導権を握るのかというように高橋秀直によって二者択一的に開戦過程が論じられた[8]。政策内容を朝鮮政策として解釈したため，宗属関係を有する清朝の立場に沿った形で両政策を評価する視点を欠いている。

同様のことは，日清共同朝鮮内政改革を対清協調と評価し，その実現に失敗した結果開戦したと論じた，大澤博明の研究においても指摘できる[9]。日清間の交渉の主軸が日清共同による朝鮮内政改革であったことは首肯できるが，改革方法の変化や，副軸であった朝鮮公使大鳥が唱えた独立論と併せて，当時の東アジア全体における位置づけを意識した両政策の分析が求められよう。要するに，日本の朝鮮政策が対清政策の側面を有していたことに鑑み，政策の内容が朝鮮のことを指すのか，朝鮮に対する清朝の立場のことを指すのか，それとも両方を指すのかという区別を，交渉相手の相違や提起されるタイミングなどから意識的に汲み取ることが求められる[10]。

また，近年，日清戦後の清韓関係を追った研究では清朝の姿勢が転換する画期として，下関条約だけでなく 1897 年の大韓帝国の成立も注目されている[11]。したがって，清韓宗属関係に留意して日本外交を分析する場合，日清戦後の朝鮮における清朝の後退を前提に，日露戦争や韓国併合過程として戦後の日本外交を分析するだけではなく，日清戦争の延長線上に大韓帝国成立期までを視野に入れることも重要であろう。

そこで，本章は日本外交を清韓宗属関係に留意して分析するにあたり，日本か

---

7) これは，中塚明『日清戦争の研究』に挙げられるように，第二次世界大戦後の日清戦争研究の成り立ちにも因る。日本は韓国併合（1910 年）を行うため，分析上清韓宗属関係を意識しつつも朝鮮をどうするのかという議論に収斂する傾向がある。
8) 高橋秀直『日清戦争への道』第Ⅱ篇。
9) 大澤博明「日清開戦論」。
10) なお，1880 年代の対外論を検討する際にも，朝鮮問題と中国問題とを区別する重要性が指摘されている。坂野潤治『明治・思想の実像』25〜29 頁を参照。
11) 小原晃「日清戦争後の中朝関係」，岡本「韓国の独立と清朝の外交」，閻立「日清戦争後の清韓関係」などを参照。

ら見た清朝にも比重を置き，大韓帝国成立期まで展望したい。ただし，19世紀末当時，suzerainty は必ずしも「宗主権」と翻訳されたわけではないため，適宜史料上の表記を添える。

各章で明らかなとおり，「宗主権」の内実は多種多様であるため概括的には論定できず，地域や時代を絞って同時代的に分析することが求められる[12]。19世紀末の東アジアを理解する上で，「宗主権」や「宗主国」は20世紀以降多用されてきた言葉であるが，ひとまず史料上の表記に立ち戻ることで，漢語としての成り立ちとその後の歴史的展開を明らかにする一助となれば幸いである。

1　日清戦争前の東アジアと日本外交

欧米各国と朝鮮の条約締結を契機とした日本の東アジア政策の変化

宣戦布告前に日本が清朝に提起した日清共同朝鮮内政改革案の特徴は，独立国か否か，また，属邦（＝属国）か否かといった朝鮮の国際的地位を問うものではなく，むしろ，清韓宗属関係における清朝の立場を争点とした点である。この内政改革案は井上毅の「朝鮮政略意見案」[13]に由来するとされるが[14]，ここではこのような構想が1882年頃から登場するようになった国際的背景を概観したい。

1882年は，日本史の文脈では朝鮮漢城（ソウル）の兵士の反乱によって日本公使館や閔妃が襲撃された壬午軍乱の発生に目がいく[15]。だが東アジアに視野を広げると，朝鮮が欧米と条約を結ぶと同時に清朝との間に中朝商民水陸貿易章程を締結しており，近代国際法に基づく関係と，朝鮮と清朝の宗属関係，という異なる二つの形式が並存した姿を考える上で重要な年である[16]。参事院議官井上毅の言葉を借りれば，この時期の東アジアの状況は「支那は各国之上に位置する之勢あり」と

---

12) 慣例や互いの黙認が決定的な役割を果たしていたため，一定した厳密な規定はなかったと見ることが可能であろう。崔前掲論文，84頁を参照。
13) 井上毅「朝鮮政略意見案」明治15年9月17日，『井上毅伝』312～313頁。
14) 大澤前掲論文，28～29頁。
15) 壬午軍乱の際，清朝は属邦である朝鮮の漢城にある日本公使館を保護するために出兵し，大院君の拉致を行ったが，日本は朝鮮との間に済物浦条約を締結して事件を処理した。
16) 1882年の重要性については，岡本前掲書，35～69頁を参照。

され,「属邦自主之二点並行不レ悖之意味を顕したるもの也」[17]というように, 朝鮮と欧米の条約, 朝鮮と清朝の宗属関係, という二つの形式が衝突せずに並存する状況であった。朝鮮をめぐる国際関係の構成要員の増加や, 清韓宗属関係の強化にともない, 日本の東アジア政策も転換した。

　第一に, 日本は清朝だけでなく欧米各国をも包摂する形で朝鮮の国際的地位を独立国として規定することが可能になった。このことは, 壬午軍乱後に井上馨外務卿が朝鮮国内の開化派を支援するだけでなく, 調印後に朝鮮との修好通商条約の批准を渋るイギリスやアメリカに対して, 独立国としての承認へのはたらきかけを行ったことに象徴される[18]。それまで日本は日朝修好条規（1876年締結, 江華条約）第1款「朝鮮国ハ自主ノ邦ニシテ日本国ト平等ノ権ヲ保有セリ」[19]という条文を根拠に, 独立論を朝鮮の国際的地位として主張していた。それゆえ朝鮮と欧米各国の条約締結は同時に, 各国が朝鮮を独立国として扱うことにもつながると考えられたのである[20]。

　第二に, 日本は朝鮮と宗属関係を有する清朝の立場を多国間で規定し, その独占を否定することが可能になった。このことは井上毅による「朝鮮政略意見案」の登場に象徴される。当時この意見案は実行されなかったが, 井上毅は日本, 清, 米, 英, 独の5ヵ国が共同して朝鮮を保護することが, 清朝に対する牽制となることを次のように記した。

　一　清国ハ朝鮮ニ対し上国たり朝鮮は清ニ対し貢国（トリビュテール）たりと雖トモ属国（デペンデーシー）の関係あることなし朝鮮ハ一ノ独立国たる事を妨けさるべし而して清国は他の四国と共ニ保護国（プロテクトラ）たるを以て四国の叶同を得ズして独り朝鮮ノ内政ニ干渉

17）吉田清成あて井上毅書翰, 明治15年10月31日,『吉田清成関係文書　一』112頁。
18）広瀬靖子「日清戦争前のイギリス極東政策の一考察」144〜146頁, 崔碩莞『日清戦争への道程』39〜44, 77〜86頁, 高橋前掲書, 50〜51頁などを参照。1883年5月19日の米朝条約批准後, 英, 独, 伊, 露と続く。
19）『外文』第9巻, 115頁。「自主」は万国公法におけるindependenceの翻訳語である一方で, 朝鮮からすると, 朝鮮は清朝の「藩属」＝「属邦」であっても内政・外交は「自主」であるという「属邦自主」を意味した。これらの点については, 田保橋潔『近代日鮮関係の研究』上, 482頁, 岡本「大君と自主と独立」, 月脚達彦「日本から見た「韓国併合」」82頁などを参照。
20）壬午軍乱の処理に対する岩倉具視の意見書を挙げられる（『岩倉公実記』897〜899頁）。8月9日直後に出されたと推定されている。高橋前掲書, 53頁, 註23。

することなかるべし」[21]

　この史料は「貢国」と「属国」を区別した朝鮮の地位についてのみ注目されてきたが，ここで重視したいのは朝鮮を保護する構成要因に清朝と日本を同時に包含している点である[22]。同史料は「支那の覊軛を脱シ」と続くことから，清朝単独による朝鮮への内政干渉を否定していると理解できる。井上毅の意見案は清朝が独占的に内政に干渉する状況を否定する方策として，朝鮮との条約を締結した欧米や日本の動向を組み込んでいることを見いだせよう[23]。

　ところが，清朝は朝鮮で国際法に基づいて対等な関係が構築される状況を逆手に取って，同時並行的に宗属関係の再編を進めた。日清開戦直前まで清朝と朝鮮の清韓宗属関係を規定することとなる中朝商民水陸貿易章程を，同年10月に締結したのである。章程の前文は朝鮮が清朝の「属邦」であることを明文化し，第1条は李鴻章と朝鮮国王を同等の立場とした。また，朝鮮と条約を結んだ清朝以外の第三国への均霑を阻止し，通商上の清朝の優位性を保った。そして，章程締結後，清朝は朝鮮における海関設置や鉱山開発と一緒に，借款供与を行ったのである[24]。

　このことは，井上毅の構想で否定が図られていた清朝単独による朝鮮への内政

---

21) 井上毅「朝鮮政略意見案」明治15年9月17日，『井上毅伝』313頁。
22) 大澤博明「明治外交と朝鮮永世中立化構想の展開」，同「朝鮮永世中立化構想と日本外交」，岡本「「朝鮮中立化構想」の一考察」，長谷川直子「壬午事変後の日本の朝鮮中立化構想」，同「朝鮮中立化論と日清戦争」，同「朝鮮中立化構想と日本」などにより，「朝鮮永世中立化構想」または「朝鮮中立化構想」と称される。だが，本章は朝鮮の国際的地位より，むしろそれをとりまく各国の位置づけに注目したい。なお，この井上毅の構想は甲申政変後に登場する兪吉濬の「中立論」の論旨と似ていることが指摘されているが（月脚達彦『朝鮮開化思想とナショナリズム』41頁，同『福沢諭吉と朝鮮問題』124頁），「朝鮮中立化」という朝鮮の国際的地位にとどまらず，構想に含まれる清朝や日本，列強各国の立場に考察を加えると，異なる構想であることを理解できる。
23) 対清政策の一環として欧米列強を有利に位置づけようとしているため，1880年代の日本の対清・対朝鮮政策を欧米列強への対応を主として，それへの従属とする評価（津田多賀子「1880年代における日本政府の東アジア政策展開と列強」）や，西欧のアジア侵略に対抗する手段としてのアジア連帯論との評価（大澤前掲「明治外交と朝鮮永世中立化構想の展開」306頁）とは異なる。
24) 秋月望「朝中間の三貿易章程の締結経緯」，濱下武志「19世紀後半の朝鮮をめぐる華僑の金融ネットワーク」71〜72頁，岡本前掲書，67〜69，126〜132頁などを参照。翌83年3月には中江通商章程（奉天・朝鮮辺民貿易章程），同年6月には吉林通商章程（会寧通商章程）が結ばれ，清側商人が朝鮮側域内で交易することが認められた。

干渉が，むしろ進展したことを意味した。章程締結については，清朝には"suzerainty"[25]を確認する意図があると報じられ，通商貿易，内政改革，資本輸出を含む一連の動向は「清国干渉ノ大ナル件」[26]とみなされた。それは，かつて駐日英公使パークス（Sir Harry S. Parkes）が「朝鮮に対する清朝の干渉権は，その宗主権の条件次第である」[27]と表現した現象の出現にほかならない。

その後，日本が実際に清韓宗属関係における清朝の権利に焦点をあて，それと同等に自らを位置づけようとする姿勢を打ち出したのは，1884年に発生した甲申政変の処理過程であった[28]。天津で行われた日清両国の第5会談において，清側特派全権大臣李鴻章は朝鮮に対する日本と清朝の地位の相違を述べた上で，朝鮮内乱の際に兵を派遣して国王を保護する義務を主張し，派兵権の明文化を希望した[29]。このことは，李鴻章が「上国ノ権理（suzerainty）ヲ固執スルニ在ル事判然タリ」[30]と日本本国に報じられた。もちろん，日本側特派全権大使伊藤博文からすれば，清朝による「朝鮮ニ於ケル主権」[31]の容認となるため，相互均一ではないとしてこの要求を受け入れることはできなかった[32]。

---

25) 井上外務卿あて駐清榎本公使電報写，明治15年12月8日，公信局「来往電綴29 明治15年電信写来」。

26) 井上馨・山県有朋あて竹添進一郎機密信，明治16年2月13日，「三条家文書」第59冊 34—9。

27) "The right of China to interfere in Corea must therefore depend upon the conditions of her suzerainty." FO46/288, Sir H. Parkes to Earl Granville, No. 154, Nov. 28, 1882. ただし，当時，「宗主権（当時の言葉では「上国権」など様々な訳）」という語句とならんで「干渉権」や「保護権」が必ずしも相互関係が明確ではないまま意識，使用されていたようである（「ビートン氏意見書」日付不明，伊藤博文編『秘書類纂 朝鮮交渉資料』中，119～121頁，「ロイスレル氏」意見書」明治18年2月8日，「ウールジー氏万国公法干渉論抄訳」「梧陰文庫」A-789，C-36など。また，「保護」と「干渉」は表裏一体的な意味として使われていた（金正明編『日韓外交資料集成』211頁）。もちろん，日清戦争前後の外交文書類には「保護」という言葉が頻出するが，それを「保護国」に直結させることはできない（田中慎一「朝鮮における土地調査事業の世界史的位置」39～40頁）。

28) このとき，日本は朝鮮と清朝の交渉を個別に行う方針をとり，まず朝鮮との直接交渉で漢城条約を締結して独立国という体裁を保ち，その後清朝との交渉を行った。

29) 『外交』第18巻，277，280，288頁。清仏戦争の際にも総理衙門は「属邦の難を済ふは上国（the suzerain of Annam）の義務也」と発言した。『外文』第16巻，474～476頁。

30) 『外文』第18巻，307頁。"This proves to keep up China's suzerainty over Corea." 同上，290頁。

31) 同上，288頁。

32) 史料上，「上国ノ権理」と朝鮮に対する「主権」が同じ意味として表現されているが，そもそも清朝が主張する朝鮮に対する「主権」は，万国公法の主権（sovereignty）と異なる

ただし，交渉を経て成立した天津条約（1885年4月18日調印）は「上国権」の潜在的存在を証明し，条文上清朝は日本と対等な立場となった。日清両国いずれかが朝鮮に派兵する際には，互いに「行文知照」（文書による通報）を行うことを規定するとともに，事態が終局を迎えた場合には朝鮮から撤兵することを規定したのである[33]。清朝は属邦を保護するために，日本は壬午軍乱後に朝鮮と締結した済物浦条約を根拠に，朝鮮に出兵する権利を有した[34]。出兵という軍事面に限定すれば，朝鮮に対して日清両国はあくまで明文上は均等の権力を有したのであり，朝鮮に対する清朝の独占的立場が多少後退することになったとも言えよう[35]。

天津条約締結後の変転

しかも，天津条約締結当時の朝鮮の動向は，日本がさらに清朝の立場に揺さぶりをかける機会を与えた。というのも，甲申政変直後から朝鮮国王高宗は，第三国であるロシアに接近して朝鮮の保護に関する協約を結ぼうと働きかけていた[36]。その上，天津条約締結直前にイギリスは朝鮮の巨文島を占拠した[37]。そこで，外務卿井上馨は高宗の策動を封じるために，後の朝鮮内政改革案の原型になる[38]，「弁法八ヶ条」[39]を清朝に提起したのである。

その内容は，李鴻章の立場に対して井上が優位に立つ形での朝鮮への内政関与であった。たとえば，第3条は，朝鮮国内政治を委任する人物の選任について国王は李鴻章の承認を受け，さらに李鴻章は井上と協議する，とした。第7条は，

　　　ことは，日本国内で意識されていたようである。『外文』第16巻，589頁。
33)　『外文』第18巻，309頁。
34)　同上，324〜325頁。済物浦条約は1882年8月30日に締結され，日本は公使館の警備を理由に兵を置くことが可能になった。『外文』第15巻，200頁。
35)　陸奥前掲書，35頁。FO405/35, No. 118, Mr. O'Conor to Earl Granville, May 26, 1885.
36)　伊藤編前掲書，下，124〜126頁。朝鮮とロシアとの間で密約が結ばれたという風聞は，1885年の「第一次朝露密約」と1886年の「第二次露朝密約」というように数度流布したが，いずれの場合にも密約なるものは存在しなかった。佐々木揚「朝露関係と日清戦争」131〜132頁を参照。
37)　イギリスの占拠は1885年4月15日から87年2月27日まで続く。
38)　森山茂徳『近代日韓関係史研究』13頁を参照。
39)　1885年6月5日，井上は駐日清朝公使徐承祖に提示した（中島雄「日清交際史提要」359〜360頁，修正案は380〜381頁）。「陸奥宗光関係文書」第26冊73-2, 73-3。日付推定は高橋前掲書，198頁の註22。なお，「弁法八ヶ条」の呼称は高橋前掲書に従う。

陳樹棠（総辦商務委員）の後任には李鴻章が訓令を与え，赴任前には日本に立ち寄らせて井上と面会する，という条件であった。つまり，政策を実施するにあたって李鴻章は必ず井上との話し合いを必要としたのである[40]。提案にあたり，井上は巨文島占拠事件を李鴻章に対する説得の論理として用いた[41]。

しかし，李鴻章は朝鮮を独立国として扱う日本の姿勢を指摘して，井上の提案を拒絶した[42]。しかもその後，井上が提起した「弁法八ヶ条」の内容を単独で実行し，朝鮮政策の遂行に当たる現場の布陣を一新した。陳樹棠と外国人顧問メレンドルフ（Paul G. Möllendorff）の罷免，後任の顧問アメリカ人デニーの登用を行い，そして清朝の代表として漢城に袁世凱を駐在させたのである[43]。

また，清朝は朝鮮に直接干渉するだけでなく，列強の動向を媒介とすることで，朝鮮に対する自らの立場を強化した。このとき李鴻章は巨文島を占拠したイギリス政府に対して"Chinese Suzerainty"[44]に依拠して抗議を行った。さらに1887年には朝鮮の土地を占拠しないというロシアの口頭保証を以て，イギリスを巨文島から撤退させた[45]。朝鮮で生じたイギリス，ロシアとの問題を自ら処理したのである。それは日本からすれば，「英露両国は……清国をして対局責任者たるの位地に当らしめたり」[46]と映じた。朝鮮に対する清朝の立場，清朝に対する朝鮮の立場，清韓宗属関係は国際法に基づく条約には規定されていないものの，実際には国際的通用力があった。天津条約の明文上と実際の朝鮮における日清両国の立場は異なっていたのである。

ただし，朝鮮に対する清朝の干渉は以降継続的に強化されたわけではなく，露

---

40) 中島前掲調書，382頁。
41) 同上，356～361頁。「弁法八ヶ条」は「朝鮮親日化政策」との評価もあるが（崔前掲書，135頁），朝鮮政策であると同時に朝鮮に対する清朝の立場を意識した，対清政策でもあることに注目したい。また，ロシアの浸透を防ぐための対清協調路線との評価もあるが（高橋前掲書，195頁），ロシアの脅威は李鴻章に対する説得の論理であり，清韓宗属関係を前提にすると日本は自らの立場を清朝以上に位置づけようとしていることが理解できる。
42) 中島前掲調書，382頁。
43) 岡本前掲書，248～255頁を参照。
44) 井上外務卿あて駐清榎本公使電報写，明治18年7月8日，公信局「来往電綴35　明治18年電信写来」。
45) 佐々木揚「日清戦争前の朝鮮をめぐる露清関係」41頁を参照。清朝は，英露を同時に一緒に扱うのではなく，清―露，清―英と2ヵ国間交渉を積み重ねることで問題を処理した。
46) 陸奥前掲書，132頁。

朝密約説が流布した当時のように，朝鮮政府自身も様々な形で反発した。1888～89年にかけて，アメリカに国書を捧呈した駐米公使朴定陽の行動，1890年，朝鮮の神貞王大妃趙氏葬儀の際における清朝の弔問使節の辞退などが挙げられよう[47]。

それは，1893年，防穀令事件の処理においても同様であった[48]。日本と朝鮮が賠償金額をめぐって対立状態となった際，日本は直接交渉で朝鮮を独立国として扱うものの，いっぽうで，朝鮮に対する清朝の立場を援用して李鴻章に仲裁を依頼した。しかしこの時，清朝も朝鮮に対してなかなか影響力を行使できない状況であったのである[49]。

このように概観すると，朝鮮と欧米の条約締結や清朝による清韓宗属関係の再編以降，日本は清朝との直接交渉では国際法で解釈した形での朝鮮の国際的地位に関する議論よりも，むしろ清韓宗属関係の存在を前提とした形で清朝の国際的地位を問う姿勢を打ち出していたことを理解できる。そして再び，1894年になると日本は朝鮮国内動向に乗じて日清共同による朝鮮内政改革案を清朝に提起し，封印していた朝鮮独立論も宣戦布告前に急浮上させることになるのである。

2　朝鮮内政改革案による「宗主国」の争点化

「第一次絶交書」の宣言

以下，日本が清朝の交渉相手を変えつつ清韓宗属関係における清朝の立場を事実上の争点とした交渉を行い，その結果，豊島沖海戦が発生した過程を追ってい

---

47) 岡本前掲書，第6章，月脚前掲『朝鮮開化思想とナショナリズム』149～150頁，高橋前掲書，242～243頁などを参照。
48) 防穀令とは，朝鮮のある地方で穀物が欠乏した際，地方官が穀類の売買や移出を禁じる法令を指す。日朝通商章程（1883年）に，発令1ヵ月前に日本領事に事前通告を行うことになっているが，1889年10月の防穀令の際には突然の実施により日本商人が損害を受けたため，損害賠償に関する交渉が始まった。高橋前掲書，245～252頁を参照。
49) 同上，245～252頁，李穂枝「防穀賠償交渉（1893年）における日清韓関係」などを参照。そのため，朝鮮をどのように扱うのか李鴻章自身が悩む様子が，日本に報告されていた。大澤博明「日清共同朝鮮改革論と日清開戦」10頁，同前掲「朝鮮永世中立化構想と日本外交」59頁を参照。

く。

　1894年になると，朝鮮国内の不安定な状況がかえって日清両国による改革を可能にする，という駐朝公使大鳥圭介や公使館二等書記官杉村濬の建言がもとになり，首相伊藤博文は朝鮮問題について頭を抱える李鴻章に対し，朝鮮内政改革を提案しようとした[50]。

　しかしその後，朝鮮に対する清朝の「宗主権」が行使されることにより，軍事的動向が加わった。朝鮮で生じた甲午農民戦争鎮圧のために6月，清朝は朝鮮政府の依頼によって出兵したのである。いっぽう日本側も事前に出兵準備を整えていたが，朝鮮政府による出兵要請を清朝が諒解したタイミングに合わせて出兵した[51]。しかし，両国の出兵先は離れており，兵に対する姿勢も異なった。漢城より南の沿岸部に位置する牙山を出兵先とした清朝とは異なり，日本は出兵の目的を済物浦条約で規定される公使館や居留民の保護としたため，漢城や仁川への出兵となった。しかも，日本側，とくに外相陸奥宗光は日清両国の駐兵を希望したが，李鴻章は天津条約の規定に従い，内乱平定後の日清両国による同時撤兵を希望したのである[52]。

　このような軍事動向と予定されていた朝鮮内政改革案，異なる二つの動向が一つに括られる契機となったのは，6月15日の閣議決定であった。

　まず，朝鮮内政改革の内容は，日清両国から常設委員を朝鮮に置き，①財政を調査すること，②中央政府や地方の官吏を淘汰すること，③国内の安寧のために警備兵を設置すること，などであった。そして，これらの内容が清朝によって拒絶された場合には駐兵を継続させたまま日本単独で朝鮮に改革を提起する交渉方針が確立された[53]。内政改革の内容と交渉方針からは，かつて井上馨が「弁法八ヶ条」を提起した後に清朝が単独で改革を行って「宗主権」の再強化を図った展開とは異なり，日清の立場が入れ替わることを理解できる。

---

50) 伊藤編前掲書，中，267〜270頁。同，下，192〜199頁。大澤博明「伊藤博文と日清戦争への道」145〜151頁，高橋前掲書，252〜257，330頁を参照。
51) 斎藤聖二『日清戦争の軍事戦略』53〜55頁を参照。
52) 大鳥駐朝公使あて陸奥外相書翰，明治27年6月11日，「陸奥宗光関係文書」第28冊75－11。陸奥宗光あて伊藤博文書翰，明治27年6月15日，同，第3冊10－63。『外文』第27巻第2冊，170〜171頁。
53) 『外文』第27巻第2冊，206〜207頁。

しかも，伊藤や陸奥はこの「日清共同」による朝鮮内政改革案の提起が，李鴻章によって拒絶される可能性があることを理解していた[54]。「属邦論」[55]を主張して他国が同等の地位に立つことを容認し得ない清朝の立場からすると，日清両国が共同で朝鮮内政に関与することは受け入れられない。かつて，井上が「弁法八ヶ条」を提起して失敗した背景と同様である。

そのため，翌16日，陸奥が閣議決定の内容を駐日公使汪鳳藻に伝えた後[56]，22日に汪公使は清朝の見解として，内政改革の必要性は認めるものの，朝鮮の内政に関与しないことや，撤兵についても李鴻章と伊藤が締結した天津条約を守るよう日本に主張した[57]。事実上の拒絶回答である。

この回答に接した陸奥は，汪公使に朝鮮から軍隊を撤退し得ないことを伝え，一たび交渉を破談にした。これは「第一次絶交書」[58]と呼ばれる。また，陸奥は大鳥駐朝公使に日本単独で内政改革を朝鮮に申し入れることを伝え，その詳細な訓令を加藤増雄外務書記官に携帯させて漢城に派遣した[59]。同時に，政府は閣議を行い一時中断されていた混成旅団残部（第二次輸送部隊）の派遣を決定した[60]。

---

54) 陸奥前掲書，50頁。陸奥宗光あて伊藤博文書翰，明治27年6月15日，「陸奥宗光関係文書」第3冊10-64。なお，内政改革は開戦の必然性を意識した分析によって駐兵や軍事的衝突，そして，開戦に持ち込むための手段と評価されている（中塚前掲書，134頁，藤村前掲書，63頁ほか）。これに対して開戦を紆余曲折的にとらえる研究では対清協調と評価されている（高橋前掲書，大澤前掲書）。ここでは日本が開戦や軍事的衝突を目的としていたか否かという議論とは別に，朝鮮に対する清朝の立場が争点となっている点に注目したい。
55) 陸奥前掲書，55頁。英訳草稿（日付・執筆者ともに不明）では"her so-called suzerainty"と記されている。「陸奥宗光関係文書」第20冊66-8，49頁。
56) 『外文』第27巻第2冊，208〜212頁。これにより，出兵直後から漢城で行われていた袁世凱と大鳥公使による日清共同撤兵の交渉と，東京で私的に行われていた駐日公使汪鳳藻と伊藤博文による朝鮮内政改革の交渉は一元化された。田保橋前掲書，下，第71，高橋前掲書，347頁，栗原純「日清戦争と李鴻章」162頁などを参照。
57) 『外文』第27巻第2冊，234〜235頁。
58) 陸奥前掲書，57頁。『外文』第27巻第2冊，235〜237頁。
59) 杉村濬『明治廿七八年在韓苦心録』285頁，『外文』第27巻第1冊，559〜560頁の英文に相当。同上，558〜559頁。
60) 高橋前掲書，359頁を参照。陸奥は清朝への回答と派兵再開とを関連づけていた（斎藤前掲書，77頁，註60）。なお，この時点で考えられていた軍事的衝突は，漢城と平壌間における短期間の戦闘であった。檜山幸夫「日清戦争における外交政策」52〜53頁を参照。

「第二次絶交書」の宣言

　しかし，汪公使に宣言した「第一次絶交書」が，清朝との軍事的衝突の発生につながったわけではなかった。その点について，従来は列強の動向が要因として指摘されてきたが[61]，ここでは列強よりも日本から見た清朝の動向に注目する必要があろう。日本による列強への対処が，あくまで清朝の交渉主体を天津の李鴻章から北京の総理衙門へと移す一環として行われていたためである。

　「第一次絶交書」の宣言後，北京の総理衙門と天津の李鴻章が異なる姿勢をとったことにより，清朝は兵の増派に至らなかった。この時李鴻章は増派を希望したが，総理衙門は乗り気ではなかったのである[62]。そこで，李鴻章が方針を変えて列強を動かそうとしたため，イギリスやロシアは日本との意見交換を活発化させた[63]。

　イギリスは第三国，とくにロシアの関与を防ぐため，日本に清朝との直接交渉を促した[64]。その際，駐日英臨時代理公使は陸奥に対して「属邦問題（the question of suzerainty）」[65]に言及しない限りは日本側提議を受け入れる清側の意向を伝えた。キンバレー（John Wodehouse, 1st Earl of Kimberley）外相も青木周蔵駐英公使に，イギリスが過去にビルマに関する「名誉上ノ要求」を認めた事例を挙げつつ，清朝の「主権ニ関スル名議上ノ要求（to nominal claim of China to[sic] suzerainty）」[66]について争わないよう日本に勧告した。

　イギリスとは異なり，ロシアは李鴻章や朝鮮政府の依頼に基づき，清朝との同時撤兵を日本に勧告した[67]。

---

61) 中塚前掲書，136 頁，高橋前掲書，378～409 頁。
62) 伊藤編前掲書，下，758 頁。22 日出発した清兵約 500 名は 24 日に牙山に到着したが，これは補充のためであった（『外文』第 27 巻第 1 冊，574 頁）。李鴻章はこの補充隊以外に増援部隊を牙山に派遣することができなかった。田保橋前掲書，612 頁を参照。
63) 陸奥前掲書，102 頁。
64) 『外文』第 27 巻第 2 冊，272～273，281 頁。
65) 同上，286 頁。英文は青木周蔵駐英公使あて陸奥外相電報，明治 27 年 7 月 1 日（「東学党変乱ノ際韓国保護ニ関スル日清交渉関係一件」）に相当。なお，大鳥駐朝公使や駐清臨時代理公使小村寿太郎にも同内容を伝えているが，小村と大鳥への電報では"the question of suzerainty"を「属邦論」と訳している。『外文』第 27 巻第 2 冊，287，288 頁。
66) 『外文』第 27 巻第 2 冊，290 頁。英文は陸奥外相あて青木駐英公使電報，明治 27 年 7 月 3 日（「東学党変乱ノ際韓国保護ニ関スル日清交渉関係一件」）に相当。イギリスは朝鮮内政改革の重要性は認めていた。

ただし，英露の対日活動の活発化に伴って陸奥が注目したのは，英露の活動それ自体であるよりも，英露双方に対する北京と天津の位置づけであった[68]。というのも当時，駐清英公使オコナー（Sir Nicholas R. O'Conor）は北京の総理衙門との間で，駐清露公使カッシニ（Артур П. Кассини）は天津の李鴻章との間で，それぞれ独立して朝鮮問題について協議を行っており，陸奥はこの相違を看取したのである[69]。そこで，伊藤の提案もあり，陸奥はイギリスに対しては清朝との交渉を再開させる意向を伝えるいっぽうで，李鴻章と通じたロシアに対して，撤兵の申し入れを拒絶する回答を行った[70]。このことは，日本が総理衙門を交渉相手に選択したことを意味した。日本は，総理衙門や李鴻章といった清朝の交渉主体を選択する一環として英露への回答を行ったのである。

その際，日本は清朝の「宗主国」としての立場の独占を否定する案を提示した。7月3日，陸奥は駐日英臨時代理公使に対して内政改革について清朝との交渉に応じる前提条件を提示したが，その中に「日本国ハ朝鮮ニ於テ凡テ政治上及通商上ノ事項ニ関シ清国ト同様ノ権利特権ヲ享有セサルヘカラス」[71]という条件を含めた。これは，暗に中朝商民水陸貿易章程などの日本への均霑を求めたものと言える。つまり，日本がその特権の享有を要求することは，朝鮮と条約を結ぶ他国にも均霑されることになり，事実上，清朝の通商的立場の優位性を否定することにつながる。また，通商だけでなく政治上の立場についても日本は自らを清朝と同等に位置づけようとした。そのため，日本が提示した交渉の前提条件を見た駐清英公使オコナーは，日本政府が快く協議すると装って時間を稼いでいるという印象を受けた[72]。「属邦問題（the question of suzerainty）」を避けることを勧告した

---

67) 『外文』第27巻第2冊，274〜277，284〜285頁。
68) 伊藤博文あて陸奥宗光書翰，明治27年6月30日，『伊藤博文関係文書 七』294〜295頁。
69) 『外文』第27巻第2冊，279頁。駐清露公使カッシニは北京を去って天津に立ち寄り，李鴻章と接触した。同上，279〜280頁。
70) 陸奥宗光あて伊藤博文書翰，明治27年6月30日，「陸奥宗光関係文書」第3冊10−71。『外文』第27巻第2冊，286，288〜289頁。ギールス（Николай К. Гирс）外相あて駐清カッシニ公使電報，1894年7月7日（佐々木揚編訳『19世紀末におけるロシアと中国』152〜153頁）。
71) 『外文』第27巻第2冊，290頁。宗属問題は形式的・儀礼的問題であるため，日英は交渉を破綻させるような要求とは考えていなかったと指摘されている（高橋前掲書，404頁）。だが，これまでの歴史的経緯をふまえると，日本は清朝が受諾し難い条件であったことを自覚していたであろう。

イギリスに対して，日本は清朝にとって受け入れ難い交渉条件を提示したのである。

　そして，清朝も北京の総理衙門で行われる日本との交渉を進展させる意図はなかった。7月9日，総理衙門の王大臣たちは，天津条約では反乱の鎮圧とともに速やかな撤退を規定しているため，日本が撤兵しなければ清朝政府は交渉に応じないことを臨時代理公使小村寿太郎に主張した[73]。

　日本は，イギリスやロシアの活動に便乗して交渉相手を天津の李鴻章から北京の総理衙門へと移し，再び朝鮮内政改革案によって清朝の立場（宗主国）に揺さぶりをかけた。だが，総理衙門は撤兵を理由に日本の提示条件に応じず，双方の主張は依然として平行線をたどったのである[74]。

　閣議の後，7月12日に小村は総理衙門に対して「第二次絶交書」[75]を宣言した。また，大鳥駐朝公使には，朝鮮内政改革の要求とともに京釜鉄道敷設権および電信架設権，木浦開港を含む利権獲得を行う訓令が送られた[76]。戦闘発生に備えた措置がとられたのである。

日本の最後通牒とイギリス

　総理衙門に直接提起した「第二次絶交書」は，平行線をたどっていた日清間の交渉の流れを一変させた。清朝政府は激怒し，兵の増派に至ると同時に[77]，交渉前の撤兵を主張して「属邦問題」の争点化に応じなかったそれまでの姿勢を転換させた。これにより，軍事的衝突の可能性が一気に高まったのである。

　当時，北京の軍機処や総理衙門は朝鮮への増兵については反対ではなかったが，

---

72) FO405/60, No. 44, Mr. O'Conor to the Earl of Kimberley, July 6, 1894. しかし，キンバレー外相は，日本の要求は妥当であり，清朝が日本の4ヵ条を受け入れるだろうと考えた。FO405/60, No. 42, the Earl of Kimberley to Mr. O'Conor, July 6, 1894. そのため，清朝と朝鮮の関係や清朝が有する"suzerainty"がどのようなものかについてイギリス側が一致した見解を有していたのかは，疑問である。
73)『外文』第27巻第2冊，246頁。
74) 日本はロシアに対抗するためイギリスに頼る必要性が生じたと解釈されていたが（高橋前掲書，398〜402頁），李鴻章と総理衙門の使い分けとして理解できる。
75) 陸奥前掲書，90頁。『外文』第27巻第2冊，248〜249頁。
76)『外文』第27巻第1冊，596〜597頁。
77) FO405/60, No. 92, Mr. O'Conor to the Earl of Kimberley, July 16, 1894.『外文』第27巻第2冊，262〜263頁。田保橋前掲書，615頁を参照。

天津の李鴻章を介した調停に期待を寄せ，清朝の体制を維持できれば譲歩してでも時局を解決したいと考えていた[78]。この状況を察知した駐清英公使オコナーは北京と天津双方に接触を図り，日本側が交渉の基礎として7月初めに提出した4ヵ条に修正を加えた形で李鴻章の承諾を引き出した[79]。

その意向は，19日朝，駐日英臨時代理公使によって，清朝政府の談判条件として覚書で伝えられた。重要な点は，朝鮮国王に対して内政改革の採用を勧告するにとどめ，その採用を強制しないことや，日清両国が朝鮮で通商上同一の権利を有するが，「政治上」という文字を記入しないこと，そして，「属邦論」[80]を提出しないことなどである。

だが，この条件に日本が応じることはなかった。陸奥は清朝が受諾できない修正を加えて即日伝えた[81]。主な修正点は，日清両国が内政改革の採用のために朝鮮国王に影響力を行使する，ということと，朝鮮における立場について，通商上だけでなく「政事上」[82]という文字の記入を希望した点である。この条件は総理衙門の王大臣たちからすると"Suzerain Power（宗主国）"[83]としての立場に打撃を加える隠された意味を有するものであった。

しかも日本は，この修正案に対して清朝が5日以内に回答を行わなければ，受け入れないという最後通牒を送った[84]。というのも，すでに7月19日，李鴻章は牙山の葉志超に対する増援軍派遣を決定していた[85]。兵を増派した清朝への対抗措置をとったのである。

この最後通牒の後にもイギリスによる調停活動は続いたが，そこでも日本は朝鮮における清朝の立場を争点にした。26日，駐日英臨時代理公使は覚書で「政治上及通商上ノ事項ニ関シ清国ト（with China）同様ノ権利特権ヲ享有」という部分を他国と同様の権利 "with other Powers"[86]に修正して談判を継続しようとする

---

78) 同上，585頁を参照。
79) FO405/60, No. 114 and No. 369, Mr. O'Conor to the Earl of Kimberley, July 18, 1894.『外文』第27巻第2冊，262〜263頁。
80) 『外文』第27巻第2冊，261頁。原文は "Question of suzerainty."
81) 陸奥前掲書，92頁。
82) 『外文』第27巻第2冊，261頁。
83) FO405/60, No. 60 and No. 408, Mr. O'Conor to the Earl of Kimberley, July 24, 1894.
84) 『外文』第27巻第2冊，261〜262頁。
85) 伊藤編前掲書，下，762頁。『外文』第27巻第1冊，612頁。

清朝政府の意向を伝えた。しかし，朝鮮における政治上通商上第三国と同様の権利は，条約で既に日本にも享有されているため，陸奥はこの内容には同意できない旨口頭で答えた[87]。清朝と同様の権利，特権を求める主張が貫徹されたのである。そして，期限内に清側の回答を得られなかった日本は，朝鮮に増派された清軍に攻撃を加え，その結果，豊島沖海戦が発生したのである。

以上のように，日清間の交渉内容が朝鮮内政改革案であったことには違いないが，その内容を当時の国際的環境を踏まえて見直すと，清韓宗属関係の中でも朝鮮に対する清朝の立場が争点になっていたことを理解できる。日本は清韓宗属関係の存在を前提に朝鮮内政改革案を提起することによって"Suzerain Power（宗主国）"としての清朝の立場を争点とし，その結果，豊島沖海戦が発生したのである。

3　朝鮮独立論による清韓宗属関係の否定

いっぽうの朝鮮では，日本は単独で内政改革を提起し，なおかつ清韓宗属関係の破棄を図ることとなった。そこで唱えられたのが朝鮮独立論である。ここでは，国際法の原理を清韓宗属関係と対立的に置く主張の結果，成歓の陸戦が発生した過程を追っていく。

そもそも宣戦布告前における日本の対清交渉姿勢には二つの方向性があった。なかでも外相陸奥宗光や漢城の大鳥圭介公使は，首相伊藤博文とは異なって朝鮮の地位を国際法的に解釈した形での外交的対処を希望した[88]。それは，出兵直後に清朝の「行文知照」における「属邦」の語句を一時的ながらも批判した陸奥の姿勢や[89]，「第一次絶交書」を李鴻章に提起しても清朝が兵を増派しなかった当

---

86) 『外文』第 27 巻第 2 冊，320 頁。
87) 田保橋前掲書，526～527 頁を参照。
88) 陸奥前掲書，60，129～130，384 頁。『蹇蹇録』は国際法を基準に日本を欧米側に位置づける傾向が強い。このほか，総理衙門と外務省を主軸に外交展開を図る陸奥を，李鴻章との私的関係を軸にする伊藤の姿勢とは対照的に語っている。古結前掲論文を参照。
89) 出兵早々清朝の照会文に対する批判を中断したのは，陸奥が日清両国による駐兵を希望していたためであった。大鳥駐朝公使あて陸奥外相書翰，明治 27 年 6 月 11 日，「陸奥宗光関係文書」第 28 冊 75-11。

時,「大鳥が申越したる属邦論の争」[90]によって清朝との衝突を試みる考えを陸奥が伊藤に伝えたことからも理解できる。この時の大鳥の意見は,「清国ハ朝鮮ニ於ケル君主権（her suzerainty over this country）ヲ維持シテ我朝鮮ノ独立論ヲ否認シ」[91]と,「宗主権」が朝鮮独立論を否定する概念であることを朝鮮に主張して,牙山に滞在する清兵を朝鮮国外に追い出すことであった。日朝修好条規と,清韓宗属関係を対立的に置く主張であることを理解できる。

しかし,独立国としての朝鮮の国際的地位を追求する方法は政府方針とはならず[92],朝鮮政府が聞き入れるか否かを問わず,内政改革案を提案することが朝鮮での交渉方針となった[93]。清韓宗属関係に沿って清朝の立場を争点とする交渉を主軸としたのである。結局,朝鮮政府は日本による内政改革を拒絶し,かつ日本の撤兵を求めたため[94],提案を行った当の大鳥としては十分な回答を得られない状況が続いた。

そこで,現地漢城では朝鮮政府から内政改革の合意を取り付けるため,「第二次絶交書」が提起された後,朝鮮独立論を主張することで清韓宗属関係の決着が図られた。

袁世凱が漢城を出発して帰国した7月19日[95],大鳥は日本兵のために営所を建設することを朝鮮政府に要求し,20日には朝鮮政府に対する照会を2件送った。1件目は朝鮮独立の有効性を主張することで,「属邦保護」を理由に駐屯する,牙山の清兵への攻撃の正当性を確保しようとするものであった[96]。

もう1件は,中朝商民水陸貿易章程・中江通商章程・吉林通商章程の三章程廃

---

90) 『伊藤博文伝』64頁。
91) 杉村前掲書,282頁,『外文』第27巻第2冊,218頁の英文に相当。
92) ただし,朝鮮の電線不通のため,6月28日に大鳥は本国の認可を得ずして一時的に朝鮮政府に清朝の属邦か否かを照会した（杉村前掲書,293頁,『外文』第27巻第1冊,582〜583頁）。陸奥宗光あて伊藤博文書翰,明治27年6月29日,「陸奥宗光関係文書」第3冊10—70。そのため陸奥は,軍事的手段を用いることを控えて内政改革の提案に限定するよう大鳥に指示した（『外文』第27巻第1冊,583頁。同第27巻第2冊,286〜287頁）。
93) 杉村前掲書,294〜295頁,『外文』第27巻第1冊,577〜578頁の英文に相当。同上,584〜585頁。
94) 同上,604〜605頁。
95) 杉村前掲書,307頁。
96) 『外文』第27巻第1冊,615〜616頁。

棄の要求であった。この時の大鳥の照会文には,「清国ノ君主権」[97]によって制定されたこれら章程が,日朝修好条規の第1款を無視するものであると表現された。それまで実態として並存した日朝修好条規と中朝商民水陸貿易章程による朝鮮の国際的地位を,いわば対立的であると主張することで,朝鮮に二者択一的な選択を迫ったのである。

これに対して朝鮮統理衙門は,袁世凱帰国後に漢城に駐在していた清朝代理交渉通商事宜唐紹儀の校閲を経て,回答を伝達した。だが,大鳥公使はこれに不満足であることを表明し,23日,現地漢城の日本兵は王宮を占拠,それを以て大院君政権を樹立させた。その過程で朝鮮統理衙門は,唐紹儀に対して三章程廃棄に関する照会を行った[98]。そもそも日本がイギリスを介して清朝に最後通牒を提起した同日,陸奥は大鳥に対して兵による王宮包囲を行わないよう訓令を送ったが[99],本国との通信が途絶えた状況の中でこの訓令は届けられず,結局は大鳥公使の判断によって王宮占拠が実行されたのである。

王宮占拠が既成事実となった後,日本国内では牙山の清軍に対する攻撃への賛否両論が存在したが,電信線が不通であったこともあり,攻撃を控える指示は現地に届かなかった[100]。その間,清軍増兵輸送の開始を知らされた大島義昌部隊は,漢城から南の牙山への進軍を決めて25日に出発し,29日に成歓を占領,翌日には牙山を占領した[101]。成歓の陸戦である。

朝鮮内政改革案によって発生した豊島沖海戦と異なって,成歓の陸戦は朝鮮独立論によって生じた。二つの戦いは,発生に至る交渉ルートや交渉内容が違うものの,ともに清韓宗属関係が原因となって生じたのである。

---

97) 同上,629頁。
98) 田保橋前掲書,第78を参照。
99) 『外文』第27巻第1冊,612頁。日本指導部全体(とくに天皇や伊藤)が積極的な開戦決意を固めていたわけではなかったと指摘されているが(高橋前掲書,426〜435頁を参照),開戦か否かの意見相違よりも,大鳥が意見具申をしたような王宮包囲に対する意見相違が存在したと解釈できよう。
100) 伊藤博文あて陸奥宗光書翰,『伊藤博文関係文書 七』297〜298頁。7月24日付と推定されている(高橋前掲書,452頁,註1)。電信線不通については,同上,451〜452頁を参照。
101) 斎藤前掲書,69頁を参照。ただし,大鳥公使が朝鮮側から討伐の委任状を受け取ったのは,大本営の命令によって大島義昌旅団長が出発した後であった。杉村前掲書,326〜327頁。

さて，発生した軍事的衝突が「戦争」として処理される契機となったのは，豊島沖海戦で生じた高陞号事件である。というのも，増援を決めた清側は輸送船が間に合わず，イギリス国籍汽船高陞号を借り上げており，これを日本が撃沈した。そして，第三国を局外中立にする方策として，日本は宣戦布告を含む外交的処置をとったのである[102]。その 8 月 1 日の宣戦布告では，朝鮮独立論と朝鮮内政改革案を戦争の原因に転換し，世界に向けて公表した[103]。

こうして，東アジアで生じた軍事的衝突は，戦争として姿を現したのである。

4　朝鮮内政改革案と朝鮮独立論のその後の展開

宣戦布告前に唱えられた朝鮮内政改革案と朝鮮独立論は，以後，実施されることになったが，両者は理論的には矛盾するため，日本は表面上の体裁を取り繕う課題を抱えた[104]。ただし，ここではそうした理論的矛盾点よりも，清韓宗属関係に直結した共通点の存在を確認したい。

宣戦布告前に日本が持ち出した朝鮮内政改革は，戦争とほぼ同時期に甲午改革として，かつて「弁法八ヶ条」を提案した井上馨が中心となって着手された。その内容には清朝との宗属関係を否定する事象が含まれていた。たとえば，外交儀礼の「脱属邦化」が試みられた点，公文書における清朝の年号の使用を禁止し，李成桂の朝鮮創建を紀元とする「開国紀年」を用いることにした点はその例として挙げられる。また，清と借款契約を結んでいた朝鮮に対して日本が借款供与を進めたことは，戦前に李鴻章が朝鮮に対して行ったことを，日本が再施行したと理解できる。しかし，この甲午改革自体は紆余曲折を経て，朝鮮国王高宗がロシア公使館に移って保護を求めた俄館播遷事件（1896 年 2 月）によって頓挫した。朝鮮国王は 1880 年代後半の清朝に対すると同様，今度は日本に対する牽制として再度ロシアに接近したのである[105]。

---

102) 檜山前掲論文，60 頁を参照。23 日大沽を出発して牙山に向かった第二次輸送分約 1,000 名は日本軍艦浪速と遭遇し，上陸を前に撃沈された。田保橋前掲書，620〜623 頁を参照。
103) 『外文』第 27 巻第 2 冊，264〜266 頁。陸奥前掲書，149 頁。
104) 『外文』第 28 巻第 1 冊，396〜397 頁。駐露公使西徳二郎あて陸奥外相書翰，明治 28 年 7 月 31 日，「陸奥宗光関係文書」第 50 冊 98−23。

いっぽう，朝鮮独立論の帰結の一つに下関条約が挙げられる。だが，その条件をめぐるイギリスとのやりとりを見ると，日本は朝鮮が独立国であるという国際的地位と同時に，清朝の立場を重視していたことを理解できる。

開戦前からイギリスは東アジアにおける清朝の立場を維持することに専心していた。それが当時のイギリスにとって，政治的・通商的利益につながると考えられていたのである[106]。そのため，戦時中の対日講和提議でイギリスが用意した条件は「各国ニテ朝鮮ノ独立ヲ担保スルコト」[107]と，主語が「各国」であって清朝ではなかった。これに対して陸奥宗光は甲案として「清国ヲシテ朝鮮ノ独立ヲ確認セシメ」，乙案として「各強国ニテ朝鮮ノ独立ヲ担保スル事」[108]と起草した。朝鮮独立をめぐって清朝が主語である甲案は，朝鮮に対する清朝の姿勢を規定することとなる。これは，列強各国による朝鮮独立の担保，いわばイギリスの提案を回避する案でもあった[109]。だが，清朝が主語ではない乙案は列強の担保であるため，清朝の立場には事実上影響を及ぼさない条件である。これはイギリスが用意した講和条件に近く，この乙案をイギリスに提示することは，戦争の早期終結を意味した。日本が清朝を重視していた点は，陸奥が駐日英公使トレンチ（Power H. Trench）に対し，清朝に対して朝鮮独立を担保することが重要であり，それ以上のことは各国からは何も求めないという見解を伝えていたことからも理解できる[110]。

結局，日本はイギリスの提案に応じず，翌1895年4月に締結した下関条約第1条で，「清国ハ朝鮮国ノ完全無欠ナル独立自主ノ国タルコトヲ確認ス因テ右独立自主ヲ損害スヘキ朝鮮国ヨリ清国ニ対スル貢献典礼等ハ将来全ク之ヲ廃止スヘシ」[111]と定めた。講和会議では修正案として，朝鮮独立を日清両国でもって確認する案が清側から提起されたが，日本側はこれを認めなかった[112]。要するに，

---

105) 以上，月脚前掲書，第4章，同前掲論文，87〜88頁を参照。
106) FO405/60, No. 422, Mr. O'Conor to the Earl of Kimberley, July 27, 1894. なお，通商政策のために1880年代後半からイギリスが「宗主権」を認知するようになった点については，小林隆夫『19世紀イギリス外交と東アジア』を参照。
107) 『外文』第27巻第2冊，474頁。
108) 『伊藤博文伝』140〜141頁。陸奥前掲書，207頁。
109) 伊藤博文あて陸奥宗光書翰，明治27年10月8日，『伊藤博文関係文書 七』301〜302頁。
110) FO405/62, No. 266, Mr. Trench to the Earl of Kimberley, Oct. 11, 1894.
111) 『外文』第28巻第2冊，363頁。

清朝が独立国としての朝鮮の国際的地位を日本に対して認めることが重要であったのである。

その後，日本は朝鮮独立について，日本が独力で維持する方法，列国と協議の上で成立させる方法，日露両国で協定する方法，などを考案していたが[113]，閔妃殺害事件以降，交渉相手をロシアに限定するようになった。これは同時に，朝鮮問題に対してロシア以外の欧米各国や清朝の関与を制限することを意味した。とりわけ，イギリスは日本に対して朝鮮問題を語る際には清朝を包含させようとした。ソールズベリ外相（Robert Arthur Talbot Gascoyne-Cecil, 3rd Marquess of Salisbury）は駐英公使加藤高明との対談で，朝鮮独立を確実にするのは，ロシア，清朝，日本による保護であるという見解を伝えた[114]。また，日清戦後も依然として1887年の巨文島撤退時の清朝に対するロシアの口頭保証の有効性を主張しており[115]，朝鮮に対する清朝の立場については効力があることを示唆していた。しかし，日本は交渉相手として清朝を認めなかった。

結局，日本が朝鮮問題の交渉相手をロシアに限定する傾向は，1896年2月の俄館播遷事件以降，日露協商の締結という形でいっそう鮮明になった。事件後，イギリスはロシアによる保護権の創出や清韓宗属関係の再編成を示唆することで，朝鮮の中立か各国によって独立を担保する宣言に同意するのか日本に訊ねたが，日本の同意を得られなかった[116]。その後もイギリスは朝鮮の国際的地位について，主に利害関係がある清朝，日本，ロシアが諸外国との話合いのイニシャチヴをとるべきであるとの見解を述べた[117]。だが，日本は小村・ウェーバー覚書で衛兵の駐留や憲兵隊の総数などの軍事的状況についてロシアと現状維持を認め合い，さらに，ロシア皇帝ニコライ二世戴冠式に際して，山県・ロバノフ協定で日

---

112) 同上，349～357頁。
113) 『外文』第29巻，745頁。
114) FO405/65, No. 22, the Marquess of Salisbury to Sir E. Satow, Oct. 25, 1895.
115) 『外文』第28巻第2冊，162頁。これに対して加藤駐英公使は，朝鮮に対する清朝の立場が変化したため，ロシアの保証は有効性に欠けると主張した（『外文』第29巻，594頁）。ロシア政府も，拘束力は持たないと表明していたようである。FO405/73, Inclosure in No. 12, Mr. Jordan to Sir C. MacDonald, Dec. 2, 1896.
116) 『外文』第29巻，582頁。FO405/71, No. 34, Sir E. Satow to the Marquess of Salisbury, May 3, 1896.
117) FO405/71, No. 47, the Marquess of Salisbury to Sir E. Satow, May 13, 1896.

露両国の朝鮮における利権を定めた[118]。そのため，駐日英公使サトウからすれば，1895年秋以来，つまり，閔妃殺害事件以降，日本は朝鮮問題をロシアとだけ関係する問題として扱ったように見えた[119]。

いっぽう，戦後，清朝は，朝鮮が対等の地位に立つことを容易に認めようとはしなかった。ただし，清朝の姿勢の変化として重要な点は，戦前のように小国を慈しむという朝貢理念ではなく，国際法に基準を置いたことである。朝鮮より上位である表現として，1896年11月，清朝はイギリスやドイツの例にならい，袁世凱とともに日清戦争前の対朝鮮政策を担った唐紹儀を，朝鮮総領事に任命した。その上で，朝鮮との通商章程の締結に備えた[120]。

ただし，1897年11月の大韓帝国の成立は，韓国に対する各国の姿勢を劇的に変化させた。翌98年3月，イギリス総領事は公使に昇任した[121]。また，同年4月に日露間で締結された西・ローゼン協定では，その第1条に「日露両帝国政府ハ韓国ノ主権及完全ナル独立（the sovereignty and entire independence of Corea）ヲ確認シ」[122]と，韓国の主権と独立を確認することが明記された。これは，山県・ロバノフ協定に日露両国が朝鮮の独立を担保するという文字の挿入を日本が試みたものの，ロシアに拒絶された前例とは大きく異なったのである[123]。そして最後に，清朝は1899年に入り，ようやく従来の「属国」とする認識から「友邦」へと韓国の位置づけを改め，正式に独立を承認，清韓通商条約の締結に至った[124]。

---

118) 『外文』第29巻，789〜792，815〜818頁。日本は戦後も朝鮮において駐兵の方針をとった。中塚前掲書，200頁を参照。
119) FO405/73, No. 52, Sir E. Satow to the Marquess of Salisbury, Feb. 18, 1897.
120) 小原前掲論文，岡本前掲「韓国の独立と清朝の外交」170頁，閻前掲論文，38〜41頁などを参照。
121) 同上。イギリスは1883年末以来，李鴻章の要望に応じるかたちで，駐清公使に駐朝公使を兼任させていた。当時，イギリスも朝鮮と清朝の関係を固定的に規定しようとはしておらず，漢城に総領事を置くにとどめ，公使みずから常駐しなかった。岡本前掲書，317，343頁を参照。
122) 『外文』第31巻第1冊，英訳文は183〜184頁，和訳文は184頁。日本が韓国において商工業上優越することが認められた。
123) 『外文』第29巻，812〜813頁。『外文』第31巻第1冊，130〜131頁。1896年当時，露清秘密同盟条約（李・ロバノフ条約）を締結したロシアは，朝鮮独立を明文化するには至らなかった。
124) 岡本前掲論文を参照。「大韓國大皇帝」と「大淸國大皇帝」と表記され，対等条約となった。こうした表記のもつ意義については，本書補論を参照。

日清戦後の日本外交は，三国干渉を行ったロシアとの対抗関係として意識される場合が多い。だが，甲午改革を行うと同時に，清朝以外の第三国との協約上で朝鮮独立の明文化を働きかけた日本の姿勢を，清朝やイギリスの動向と併せて見ると，宗属関係の再生を封印しようとする開戦前からの流れとしても把握できる。つまり，朝鮮に対する清朝の影響力の後退は戦争によって自明になったわけではなく，日本は引き続きロシアとの協商を通じて，日清戦後の朝鮮問題から清朝を遠ざける作業を行わなければならなかったとも言えよう。

おわりに

　清朝への日本の対抗姿勢は，もっぱら国際法を規範に朝鮮独立を追求する姿として描かれていることが多い。だが，少なくとも日清開戦前，日本は東アジア在来の清韓宗属関係と国際法の二つの外交原理を用いて清朝への対抗姿勢を示した。それは，清朝の立場を争点とした朝鮮内政改革案と朝鮮の立場を争点とした朝鮮独立論である。日本による清韓宗属関係の解体作業は下関条約締結後も続き，紆余曲折を経て大韓帝国の成立によって決着を迎えることになる。

　本章は，19世紀末の日清開戦前後の日本外交を清韓宗属関係に留意して分析するにあたり，朝鮮政策としてみるのが主流であった傾向とは異なり，対清政策の側面があることを意識した。

　まず，朝鮮と欧米各国の条約締結は，朝鮮をめぐる国際関係の構成要因の増加をもたらしたため，日本から見た朝鮮の国際的地位と朝鮮に対する清朝の立場を，ともに欧米各国を媒介として措定することを可能にした。しかし，その後清朝が段階的に宗属関係を強化するに伴い，欧米各国の黙認も加わって，宗属関係は国際的通用力を有するものとなっていった。その中で日本は，朝鮮が独立国か否か，属邦か否かといった朝鮮の国際的地位に関する議論よりも，むしろ，天津条約の締結，「弁法八ヶ条」の提起などで自らを清朝と対等以上の関係に位置づけることで清韓宗属関係の「宗主国」としての清朝の立場の独占を否定しようとする姿勢を前面に打ち出していたのである。

　そのため，1894年，属邦を保護する義務を伴う「宗主権」が出兵という形で

清朝によって行使された後，日本の政治指導者が主張した日清共同朝鮮内政改革案と朝鮮独立論も，目的として二者択一的に存在したわけではなかった。従来，両者は対立概念でとらえられ，それによって国内政治も非戦論（内政改革）と開戦論（独立論）に分けて考えられていたが，むしろ清韓宗属関係を解体する共通目的のもとで展開された手段の相違として位置付けられる。そして戦後のロシアとの協商も，朝鮮の国際的地位の明文化と同時に，清朝を意識的に排除する側面を有した。戦前の清韓宗属関係をさらに封印する対処として理解できよう。

かくて清朝の朝鮮に対する suzerainty を排除した日本は，日露戦争期になると，自らが韓国に対し suzerainty を有する国として登場する。1905 年 7 月，桂・タフト覚書での規定である[125]。その後の第 2 回日英同盟協約（同年 8 月）第 3 条や，日露講和条約（同年 9 月）第 2 条で，日本は「保護」に対する英露の承認を獲得したため，以上の過程はすべて韓国に対する「保護権」の確立とみなされてきた[126]。桂・タフト覚書がどのような意図で suzerainty と表現したのかは，なお検討を要するが，すでにこの時期，日本人法学者が日本語の「保護権」の内実を追究し，またそれと suzerainty との相違や関係を議論するような社会的状況は，日本国内に整っていた。そのため，日清戦争前には必ずしも「宗主権」と訳されていなかった，朝鮮国王を保護する義務を伴った suzerainty という概念にも，すでに「宗主権」という定訳が与えられている[127]。日本漢語の「宗主権」概念の確立は，韓国保護国化の時期と重なるのではないだろうか。

---

[125] 桂・タフト覚書では，日本がフィリピンに対して攻撃的意図をもたないことが表明され，アメリカは韓国における日本の立場をみとめた。覚書の外務省記録が焼失しているため，当時，suzerainty がどのように翻訳表現されたのかは確認できない。長田彰文『セオドア・ルーズベルトと韓国』97〜144 頁を参照。

[126] ただし，「保護」関係の設定や実際の運用に際して様々な見解が存在した。浅野豊美「国際関係の中の「保護」と「併合」」を参照。

[127] 有賀「保護国論を著したる理由」。本書第 3 章末文も参照。

第 IV 部

翻訳概念と東アジアの変貌

第7章

モンゴル「独立」をめぐる翻訳概念
——自治か，独立か

橘　　誠

はじめに

　オスマン帝国と周辺政権との関係を表すために登場した「宗主権 suzerainty, suzeraineté」なる術語は，19世紀のうちに東アジアに伝播し，清朝と朝鮮，清朝とヴェトナムなどとの関係を表すために漢語でも記されるようになった。もとよりこの語の意味する内容はアジアの西と東で完全に一致するわけではなく，その東西においてすらもそれぞれ確固とした定義が存在していたわけではなかった。それでも，ある術語の存在は当時の国際環境における何らかの必要性から出現したものであり，「宗主権」について言えば，それは「主権」とは異なるもの，そしてそれを否定するものという側面を有していた。

　本章が扱うモンゴルは，周知のごとく現在では独立国家を形成しているが，このモンゴルについても中国との関係において「宗主権」が使用された時代があった。それは，辛亥革命勃発直後に独立を宣言したモンゴルと中国の関係を規定した1913年の露中宣言および1915年のキャフタ協定においてである。ここでも「宗主権」は中国の「主権」を否定するものとして作用し，それと同時にモンゴルの「独立」を否定するはずのものであった。しかしながら，当時の史料に即してこれを考察すれば，事はそれほど単純ではなく，各国それぞれの解釈と思惑が錯綜していたことに気付かされるのである。

　この独立宣言後のモンゴルの政治的地位をめぐっては，これまでモンゴル国の

サンダクの論文[1]に代表されるように,「自治か,独立か」というテーマが盛んに議論されてきた。すなわち,当時のモンゴルが実質的に独立状態にあったのか,あるいは自治状態にあったのかを争う議論である。しかしながら,その議論の中で用いられるモンゴル語の「自治（автономи）」も「独立（тусгаар тогтнол）」も当時のモンゴルには未だ定着していない術語であった。言い換えるならば,1910年代のモンゴルは,そもそも「自治」や「独立」,あるいはこれに関連する「宗主権（сюзеренитет）」といった,その後の歴史叙述においては当たり前のように使用される概念自体がいかに表現され,そしていかなる意味を有しているのかが重要であった時代,地域であったのである。

中国の皇帝体制に終止符を打って共和制の実現を目指したとされる1911年の辛亥革命は,モンゴル人にとっては全く異なる観点から理解される。すなわち,辛亥革命はモンゴルが清朝から独立する絶好の機会を与えたということである。すでに清末にはモンゴル人による独立への志向が見受けられるが,1911年10月10日の武昌蜂起後に内地の各省が清朝からの独立を宣言した好機を,かれらは見逃さなかった。早くも12月1日には,外モンゴルのハルハ部の王公,ラマらが清朝からの「独立」を宣言したのである。ただし,同じ「清朝」からの「独立」であっても,内地の各省が将来的に「中国」へ統合されることを想定していたのに対し,モンゴルは新たに樹立される「中国」に統合されるつもりは毛頭なかった[2]。

この独立宣言後,1912年の露蒙協定,1913年の蒙蔵条約,露中宣言を経て,1915年にモンゴル・ロシア・中華民国間に締結されたキャフタ協定により「外モンゴル」は中華民国の「宗主権」下の「自治」を獲得した。1919年にその「自治」はロシア革命後の混乱の中で強引に撤廃され,外モンゴルも一度は中華民国の主権下に編入されることになるが,1921年のいわゆる「モンゴル革命」により事実上の独立を獲得するに至り,現在までその独立の地位を保持している。

このように,独立宣言後のモンゴルの政治的地位を協定・宣言中に使用された術語を基に現在の日本語で通観するのは極めて容易く,また非常に明快でもある。

---

[1] Ш. Сандаг, "Автономи юм уу, тусгаар тогтнол юм уу?".
[2] 辛亥革命に対するモンゴルの反応についての詳細は,T. Nakami, "A Protest against the Concept of the 'Middle Kingdom'";橘誠「辛亥革命とモンゴル」を参照。

しかしながら，これら「独立」，「自治」，「宗主権」といった術語は各協定，宣言においてはそれぞれモンゴル語，ロシア語，漢語，あるいはチベット語という異なる言語で記されたものであり，それぞれの術語の意味する内容も相互に完全には一致するものではなかった可能性が予想される。また，同一言語の同一術語であっても，その意味内容は時代の移り変わりとともに変化することもあり得るだろう。

朝鮮やヴェトナムなどの「朝貢国」「属国」とは異なり，モンゴルはチベットなどとともに清朝のいわゆる「藩部」として位置づけられており，辛亥革命後に新たに誕生した中華民国とモンゴルの関係を規定することは，中華民国にとってのみならず，最重要関係国であるロシアにとっても新しい問題であったと言える。また，協定・宣言中に用いられた政治的概念をモンゴル語によっていかに表現するかということは，独立宣言後に初めて政治主体として国際政治の舞台に登場したモンゴルにとって新たに直面した問題であったはずである。日本や中国，朝鮮などの漢字文化圏内ならば，たとえ同字異義であったとしても，「宗主権」や「自治」といった語彙はそのまま利用できるが，モンゴル人はそれらの概念を自らの言葉で表現する必要に迫られることになったのである。

本章の目的は，「自治」，「自主」，「自立」，「独立」といった「宗主権」にも密接に関連する1910年代のモンゴルの政治的地位を表す術語を当時のモンゴル語，ロシア語，漢語の文脈で分析し，それぞれの概念を当事者がいかに翻訳し，そしてそれらの翻訳概念にいかなる意味が付与されていたのかを描き出し，それらの翻訳概念が実際の外交交渉に及ぼした影響を検証することにある。

1 「独立」を何と言うか？

モンゴルの独立宣言

すでに言及したように，1911年12月1日，モンゴルは清朝からの「独立」を宣言したとされる。このこと自体は周知のことであり，歴史的にも誤った説明ではない。しかしながら，これを当時のフレー駐在ロシア領事ラヴドフスキー（Владимир Н. Лавдовский）は，「今朝，王公たちは，ハルハが自治 автономный で

あるという宣言を出した」³⁾と伝えている。

なぜラヴドフスキーはモンゴル人が「独立」ではなく「自治」を宣言したと理解したのであろうか。本章の目的からすれば，ここでその理由を問うことは無意味な作業ではなかろう。

現代モンゴル語で「独立」は"тусгаар тогтнол"，「独立する」は"тусгаар тогтнох"，「独立国」は"тусгаар тогтносон улс"というが，1911年12月1日のいわゆる「独立宣言」においては，

> われらモンゴルは，もともと別個の一国（тусгаар нэгэн улс）であるのであり，今や旧例に倣いて自ら国家を建設し，自らの事〔を処理する〕の権利を他国に行使させず，新政権を樹立することを決議した⁴⁾。

と述べられるにとどまり，「独立」を意味するはずの"тусгаар тогтнол"という表現は見受けられない。また，1911年12月30日にハルハの王公が清朝の外務部などに送付した文書には，

> モンゴル人がもし独立しなければ（өөртөө эс тогтновоос），戦禍に巻き込まれ分裂することからは逃れ難い……⁵⁾。

とあり，「独立」を意味していると思われる箇所に"өөртөө тогтнох"という表現を用いている⁶⁾。

これより先，清朝の対モンゴル政策を転換させた「新政」を停止させるに際して帝政ロシアからの支援を求めるためにペテルブルクに派遣されたモンゴル代表が，1911年8月15日にロシア外務省に手交した21ヵ条からなる文書にも，その第19条において，「われらモンゴルが，大国を頼り，小国となって өөртөө тогтнож（独立）することができるならば」⁷⁾のように，やはり"өөртөө тогтнох"

---

3) *Международные отношения в эпоху империализма*, Серия II, том 19, часть I, 1938, № 136, с. 120.
4) *Монголын ард түмний 1911 оны үндэсний эрх чөлөө, тусгаар тогтнолын төлөө тэмцэл*, 110 дахь тал. 本来ならば，当時のモンゴル語はモンゴル文字のラテン転写をもって記すべきところであるが，本章ではキリル文字によって刊行された資料集から引用しているため，そのままキリル文字によって記すこととする。また，人名についてもキリル文字によって表記することとする。
5) *Монголын ард түмний 1911 оны үндэсний эрх чөлөө*, 170 дахь тал.
6) 引用史料中の эс は否定辞。-воос は仮定を意味する。
7) *Монголын ард түмний 1911 оны үндэсний эрх чөлөө*, 168 дахь тал.

という表現が用いられている[8]。

漢語直訳モンゴル語の出現

1912年4月10日，モンゴル国のハーンに即位したジェブツンダムバ・ラマの名で臨時大総統に就任していた袁世凱に送られた電報には，

> もし独立しなければ（өөртөө эс тогтновоос），狩人に捕まえられることから逃れ難いのが実情である。もし独立（ганцаар тогтнох）を破棄するというならば，それは破れた靴を捨てるようなものである。ただ，清国の皇帝が政権を放棄する前に，〔モンゴルは〕すでに独立する（өөрөө эзэн болох）ことを内外の国に布告したのである[9]。

と記されている。やはり，"тусгаар тогтнох"と言う表現は見られず，"өөртөө тогтнох"を用いている。ただ，ここでは同じ「独立」を意味すると思われる"ганцаар тогтнох"，あるいは"өөрөө эзэн болох"という表現も用いられている。

実は，袁世凱が受けとった漢語の電報を見てみると，

> 乃不<u>自立</u>。難脱漁囊之實在情形也。本喇嘛視舍<u>獨立</u>。猶棄敝屣。惟於清帝辭政以前。業經<u>自主</u>。佈告中外[10]。

となっており，明らかにこの電報は初めに漢語で準備されたものをモンゴル語に翻訳したものであったことが分かる。そもそも，モンゴル側としては袁世凱にあてている電報であるので，漢語によって理解されなければ意味がなく，モンゴル語訳はあくまで参考のために作成された可能性が考えられる。よって，漢語の素養のない当時のモンゴル人がこのモンゴル語訳を読んだとしても，その厳密な意味内容を理解できたか否かは不明とせざるを得ない。いずれにしても，この電報においてモンゴル語で記された"өөртөө тогтнох"，"ганцаар гогтнох"，"өөрөө эзэн болох"などは，本来全て漢語の「自立」，「独立」，「自主」をモンゴル語に直訳したものなのである。

このことは，『萬國公法』のモンゴル語訳からも確認できる。周知の通り，『萬國公法』とは，宣教師マーティンらにより翻訳されたホイートンの *Elements of*

---

8) 引用史料中の -ж は動詞の副動詞形語尾。
9) *Монголын ард түмний 1911 оны үндэсний эрх чөлөө*, 172 дахь тал。
10) 『民國經世文編』「内政三」2411頁。下線は引用者による。

International Law の漢訳であり，1864 年に刊行されたものである[11]。この『萬國公法』は，日本や朝鮮，ヴェトナムにも伝播し，国際法がアジアに普及するに際し，重要な役割を果たしたと見なされている。モンゴル人も 20 世紀の初頭にこの『萬國公法』をモンゴル語に翻訳し，*Түмэн улсын ердийн цааз* と名付けていた[12]。

そこにアメリカの独立宣言に関する記述があり，

> 新たに樹立された国をたとえ他国が承認していなくても，その内事を自ら処理することができればその国は存在するため，その権利もあるのである。すなわち，アメリカ合衆国が 1776 年に布告文を出し，今後は必ず独立する（өвсвээн эззэрхэж өөртөө тогтномуй）。イギリスには二度と従わない，とした[13]。

と記される。該当する『萬國公法』の原文は，

> 蓋新立之國，雖他國未認，亦能自主其内事，有其國即有其權也。即如美國之合邦，於一千七百七十六年間出誥云，以後必<u>自主自立</u>，不再服英國[14]。

となっている[15]。すなわち，「自主自立」の直訳のモンゴル語である "өвсвээн эззэрхэж өөртөө тогтнох" を以て「独立」の意を表していたことになるのである。『萬國公法』における「自主」，「自立」はそれぞれ専ら "sovereignty"，"independence" の訳語として用いられていた。

1911 年 12 月 1 日のモンゴル人の宣言を「独立」ではなく「自治」であるとロシア領事ラヴドフスキーが理解したのは，このようにモンゴル語において「独

---

11) 『萬國公法』の引用については，本書第 3 章と重複する箇所があるが，本章ではあくまでも諸概念のモンゴル語への翻訳をとりあげるため，訳文はモンゴル語からの翻訳を示すこととする。
12) 『萬國公法』のモンゴル語訳については，橘誠「モンゴル語訳『万国公法』について」を参照。
13) *Түмэн улсын ердийн цааз*, 29 дэх тал.
14) 『萬國公法』巻 1，第 2 章第 6 節「在内之主權」。下線は引用者による。
15) *Elements of International Law* の該当箇所は，

> A new State, springing into existence, does not require the recognition of other States to confirm its internal sovereignty. The existence of the State *de facto* is sufficient, in this respect, to establish its sovereignty *de jure*. It is a State because it exists.
>
> Thus the internal sovereignty of the United States of America was complete from the time they declared themselves "<u>free, sovereign, and independent</u> States," on the 4th of July, 1776.

である（Wheaton, *Elements of International Law*, 1855, p. 30）。

立」を表す術語が未だ定着しておらず，漢語の「自主」や「自立」の直訳語をもって表現されていたことと関係しているのかもしれない。

では，このように漢語からの直訳により新造されたモンゴル語の術語は，実際の外交の場においていかに利用されていたのであろうか。

2　露蒙協定，蒙蔵条約における「自治」，「独立」

露蒙協定における「自治」

独立宣言後，モンゴル政府は1912年11月3日に帝政ロシアと露蒙協定を締結した。本協定締結の背景としては，モンゴルの独立宣言後にモンゴル・中国間の調停を試みていたロシアが，あくまでモンゴル問題を内政問題と位置づけていた中国による交渉拒否に遭ったため，交渉がより容易であると思われるモンゴルと先に協定を締結し，その協定の基礎の上に中国との交渉に臨むという方針に変更したことにある[16]。モンゴルとしては，大国ロシアと条約を締結することにより，「独立」を実態のあるものにする狙いがあったと考えられる。ロシアの全権代表として前駐清ロシア公使コロストヴェッツ（Иван Я. Коростовец）が派遣され，交渉はおよそ1ヵ月の間続き，全4条からなる露蒙協定が締結された。その第1条においては，

> ロシア帝国政府は，確立されたモンゴル（国）の автономия（ru）/ өөртөө тогтнож өөрөө эзэрхэх（mo）制度，およびモンゴル領内に中国軍を入れず，中国人による植民地化を許さずにモンゴル国軍を編成する権利を維持することに対して，モンゴル（国）を支援する[17]。

と規定され，ロシアがモンゴルの「自治」を保障することが謳われている。この第1条においては，モンゴル側がロシア語の"автономия（自治）"という語に"өөртөө тогтнож өөрөө эзэрхэх"という語をあてていることが分かる。また，ロシア語テキストにおいて「モンゴル（Монголия）」と記されている箇所は，モンゴル語テキストでは「モンゴル国（Монгол улс）」と「国」であることが明記され，

---

16) 中見立夫「モンゴルの独立と国際問題」98頁。
17) *Монголын ард түмний 1911 оны үндэсний эрх чөлөө*, 175 дахь тал.

ロシア政府もこれを容認している。ただし,「モンゴル国」の範囲については,ロシアがこれを決定するという通告が協定締結当日にコロストヴェッツからモンゴル政府に対して行われている[18]。これは,モンゴル側が内外モンゴルを含めたモンゴル国の独立を求めたことに対し,外モンゴルのみの自治に制限しようとするロシアと意見が対立し,「モンゴル(国)」という具体的な領域が不明瞭な語を用いることにより協定締結を急いだ結果であった。

　本協定は,モンゴル国が独立宣言後に初めて締結した国際条約であることから,モンゴル国の外交に関する論考において必ず言及され,モンゴル国が独立を獲得する過程において重要な役割を果たしたとされる[19]。その中で,これまでも特に協定第1条に関してはいくつかの問題が提起されてきた。サンダクは,「露蒙協定第1条はボグド・ハーン制モンゴル国を「モンゴルの」,「自治制度」と定義した。しかしながら,モンゴル語テキストにおいては「モンゴル国(Монгол улс)」,「自立自主(өөртөө тонтнож өөрөө эзэрхэх)」と主権国家(бүрэн эрхт улс)という意味で記された」[20]とし,また,ジャムスランも,「「自立自主の制度」という語をモンゴルの指導者は「独立 тусгаар тогтол」と理解した」[21]と述べ,露蒙協定第1条におけるロシア語「自治(автономия)」のモンゴル語表現"өөртөө тогтнож өөрөө эзэрхэх"が「独立」の意味であるとの見解が示されてきた。しかしながら,いずれもなぜ"өөртөө тогтнож өөрөө эзэрхэх"を「独立」と理解することが可能なのかの根拠を示すことはなかった。

　すでに言及したように,"өөртөө тогтнож өөрөө эзэрхэх"という表現は,語順は逆ではあるものの,モンゴル語訳『万国公法』のアメリカ独立宣言中の「自主自立 өвсвээн эзэрхэж өөртөө тогтнох」とほぼ同じ表現である。また別の箇所には,

　　貢物を捧げる国と服属する部族(харьяат аймаг)の国を,公法においてはその残った主の権(эзний эрх)の大小を見てその自主の割合を決める。すなわち,ヨーロッパの海浜諸国が,以前,バーバリ国に貢物を捧げる時,その独立(өөртөө тогтнож өөрөө эзэрхэх)の権に全く抵触することはなかったのであ

---

18) СДДМВ, № 25, с. 30-31 ; *Монголын ард түмний 1911 оны үндэсний эрх чөлөө*, 180 дахь тал.
19) О. Батсайхан, "Монгол-Русское соглашение 1912 г."
20) Сандаг, "Автономи юм уу," 21 дэх тал.
21) Л. Жамсран, *Монголчуудын сэргэн мандалтын эхэн*, 106 дахь тал.

る[22)]。

と露蒙協定の条文と全く同じ表現を見出すことができる。該当する『萬國公法』の原文は，

> 進貢之國，並藩邦，公法就其所存主權多寡，而定其自主之分。即如歐羅巴濱海諸國，前進貢於巴巴里時，於其<u>自立自主</u>之權並無所礙[23)]。

である。よって，モンゴル側は中国との関係が規定されていない автономия を漢語の「自立自主」の直訳語を以て表現し，「独立」のような意味として理解しようとしていたことになるのである。

ただし，ロシア側がこのモンゴル側の思惑にこの時点で気づいていたか否かは不明である。ロシアとしては最終的に中国を含めた三国での合意を目指しており，モンゴルの活動はいつでも掣肘し得ると見なしていたため，モンゴル語テキストにまでは注意を払っていなかったとも考えられる。

この露蒙協定締結直後，モンゴル国はロシアにより「独立」が承認されたとの認識から，イギリス，アメリカ，ロシア，ドイツ，オーストリア，デンマーク，オランダ，日本の 8 カ国に「独立」を通告する文書を送付した。日本あてのものは，1912 年 11 月 18 日付で，12 月 13 日にハルビン総領事館に届けられた。総領事の本多熊太郎の報告によれば，文書はモンゴル語と漢語によって記され，使者は漢語を解せず，簡単なロシア語を解するだけであったと言う[24)]。この文書には，

> 現在，わが国全体は古来の土地と地域（газар орон），宗教，制度を失うことなく保持するために，すでに清国より分離し，独立（өөртөө тогтнож өөрөө эзэрхэх）国家を樹立した[25)]。

とあり，漢語版は，「我蒙古全体為保全原有領土暨宗教風俗起見故与清廷分離建設<u>自立自主</u>之国」[26)]と記しており，やはり露蒙協定同様，「自立自主」の直訳モンゴル語 "өөртөө тогтнож өөрөө эзэрхэх" という表現が用いられている。

---

22) *Түмэн улсын ердийн цааз*, 35 дахь тал.
23) 『萬國公法』巻 1，第 2 章第 14 節「進貢藩屬所存主權」。*Elements of International Law* の該当箇所は，本書 99 頁に原文を引く。
24) 『外文』第 45 巻第 2 冊，「露蒙協約一件」784 頁。
25) *Монголын ард түмний 1911 оны үндэсний эрх чөлөө*, 181 дэх тал.
26) 『外文』第 45 巻第 2 冊，「露蒙協約一件」784 頁。

蒙蔵条約における「独立」

　では，1913年1月11日に締結された，モンゴルとチベットが互いの「独立」を承認したとされる蒙蔵条約ではどのような表現が用いられているのであろうか。本条約には，モンゴル側からは代理外務大臣ラブダン（Равдан），外務次官ダムディンスレン（Ж. Дамдинсүрэн），チベット側からはドルジエフ（Агван Л. Доржиев）らが署名した。蒙蔵条約は，これまで条約の原文が発見されていなかったために長く条約の存在自体が疑われることもあったが，2008年にはモンゴル語，チベット語双方のオリジナル・テキストが刊行され，その存在が証明された[27]。しかしながら，モンゴル，チベットが独立国家としての承認を他国から受けていなかったこと，あるいはチベット側署名者のドルジエフがロシア臣民であったことなどから，条約の有効性に関しては未だに様々な議論が続けられている[28]。

　本章の関心である条約文中の語彙については，これをモンゴル語テキストから見てみると，条約の前文では，

　　われらモンゴル・チベット両国は，清国の支配より逃れ，中国より分離し，
　　それぞれ独立（өөртөө эзэрхэх）国家を建設した。

と，また第1条および第2条では，

　　モンゴル国は独立（өөртөө эзэрхэн）して国家（улс төр）を樹立し，黄教の主
　　ジェブツンダムバ・ラマを国のハーンに亥年の十一月九日の日に推戴したこ
　　とをチベット国のハーン・ダライラマは承認する。

　　チベット人は独立（өөртөө тогтнон）して国（улс）となり，ダライラマを国
　　のハーンに推戴することをモンゴル国のハーン・ジェブツンダムバ・ラマは
　　承認する[29]。

と記されている。それぞれ「自主」の直訳語である"өөртөө эзэрхэх"，「自立」の直訳語である"өөртөө тогтнох"により「独立」を表現していることになる。チベット語ではともに「独立（rang btsan）」とあり[30]，ロシア語においては「独立

---

27) О. Батсайхан, *Монголын сүүлчийн эзэн хаан VIII Богд Жавзандамба*, 334–336 дахь тал.
28) 蒙蔵条約の国際法的な有効性などをめぐる最新の成果については，*The Centennial of the Tibeto-Mongol Treaty* 所収の諸論文を参照。
29) Батсайхан, *Монголын сүүлчийн эзэн хаан*, 334 дэх тал.
30) チベット語 "rang btsan（ランツェン）" 概念については，本書第8章を参照。

（あるいは自立）（самостоятельный）」と訳されている[31]。ロシア語訳を参照した日本語訳やフランス語訳においても「独立」，「独立 indépendant」と記されている[32]ことから，やはり蒙蔵条約では"өөртөө эзэрхэх", "өөртөө тогтнох"をもって「独立」を表現しようとしており，また他国もこれを「独立」と理解していたと見て間違いないであろう。くりかえしになるが，露蒙協定において，これらの語彙は「自治 автономия」の訳語として使用されたものである。

このように，「独立」を表現するモンゴル語の術語は完全には定着していなかったものの，モンゴル人は漢語の「自立」，「自主」の直訳による新造語をモンゴル語として使用し始めたのである[33]。後述するように，この時期の漢語ではすでに「独立」の語が使用されていたため，これらのモンゴル語の直訳語彙と本来の漢語との間では意味の乖離が生じていたが，直訳語彙は次第にモンゴル語としての意味を帯び始めていった。

3 露中宣言における「宗主権」と「自治」

露中交渉の開始

露蒙協定締結後，ロシアと中国はモンゴルの独立問題に関する合意を目指して交渉を開始[34]し，1913 年 11 月 5 日に露中宣言が成立した。

はじめ，中国は露蒙協定の廃棄を交渉開始の条件としていたが，ロシアは交渉の基礎は露蒙協定にあるとの立場であり，中国もこれを認めざるを得なかった。露中間の合意を必要としていたのは，むしろ中国であったからである。1912 年 11 月 23 日，中国は協定案を提示し，「ロシアはモンゴルに対する中国の主権を承認する」とし，さらにモンゴルの自治には触れずに「モンゴルの旧状の恢復」を要求したが，ロシアは，11 月 30 日，協定案の前文において，中国がモンゴル

---

31)「露蒙協約一件」第 2 巻（アジア歴史資料センター Ref. B06150061300）。
32)『外文』大正 2 年第 1 冊，「露蒙協約関係一件」584, 588〜589 頁。
33) 漢語からの直訳語によりモンゴル語近代語彙が形成されていったことについては，フフバートルによる先駆的研究がある（フフバートル『モンゴル語近代語彙登場の母体』）。
34) 露中交渉の詳細については，中見立夫「1913 年の露中宣言」，張啓雄『外蒙主権帰属交渉』を参照。

の「宗主国」であることを認め，「モンゴルの自治 автономия を確立する」ことを謳った。

　12月7日，中国が，「モンゴルにおける中国の完全なる領土主権を尊重する」ことをロシアに求めたため，ロシアは1913年1月4日，「宗主権（сюзеренитет）」，「自治（автономия）」という表現を避け，「モンゴルが中国と種々の関係にあること」，そして，「その関係より生じる権利」を尊重することを認めた。しかしながら，中国は，1月11日にも，依然「モンゴルの「主国（суверенное государство）」である中国」などの表現を使用し続けるなど，露中間の主張の相違は，モンゴルに対する中国の「主権」か「宗主権」か，そして，モンゴルは清代と同様の体制下に置かれるのか，あるいはモンゴルは「自治」を享受するのかという点に収斂していった。

　その後の交渉の結果，ロシアが中国に大幅に譲歩する形となり，1913年5月末，両者はほぼ妥結に至った。この時の条文の主な内容は，「ロシアはモンゴルが中国領の完全なる一部分であることを承認する」，「この領土関係から生じる中国のこれまでの種々の権利をロシアは尊重する」という，実質的に中国の主権を承認するようなものであった。そして，「中国はモンゴルがこれまで有してきた地方自治制度を変更しないことを保証する」[35]と，モンゴルの自治も曖昧な形で規定された。

　しかしながら，中国の国会では，このロシアが妥協した協定案にすら反対意見が続出し，修正要求が提出された。ロシア外務大臣サゾノフ（Сергей Д. Сазонов）は交渉を振り出しに戻し，交渉のやり直しを北京駐在ロシア公使クルペンスキー（Василий Н. Крупенский）に訓令した。ロシアが1913年7月11日に提出した新宣言案は，「中国は内モンゴルを除くモンゴルの自治を承認する」，「ロシアはモンゴルに対する中国の宗主権を承認する」[36]と「自治（автономия）」，「宗主権（сюзеренитет）」を明記した，当初のロシアの主張に立ち戻っていた。

　このロシアの新宣言案が基礎となり，中華民国承認問題もからみ，露中宣言は

---

35)「外交檔案」『衆議院會議俄約案』北字2329號，「中俄商訂蒙事協約節要」民國2年6月3日。

36) СДДМВ, № 75, c. 65-68；「外交檔案」『庫倫獨立案』第10冊，「致駐俄劉公使俄約事」民國2年7月16日，暑字第22號。

ともかく成立に至った。露中宣言の第1条では、「ロシアは中国のモンゴルにおける宗主権を承認する」、第2条では、「中国は外モンゴルの自治権を承認する」とほぼロシアの主張が通り、交換公文第1条において、「ロシアは外モンゴルが中国の領土の一部をなすことを承認する」と、中国側の要求が盛り込まれた。

様々な露中宣言解釈

交渉開始以来歩み寄りを続けていたロシアが方針を転換して出発点に立ち戻った背景としては、露蒙協定を締結したコロストヴェッツの働きがあった。1913年11月23日、当時ペテルブルクを訪問中であったモンゴル国首相サインノヨン・ハン・ナムナンスレン（T. Намнансүрэн）は、フレーの総理府にあてて、

> ロシア政府には中国派・モンゴル派と言う二つの派閥がある。中国派は極めて強力であるため、露蒙間で締結した協定を中国が承認しないと、モンゴルのために中国と争ってはならないとし、この夏、中国・ロシア両政府が協議し、中国に権利を完全に掌握させ、協定を調印させようとしていた。その時、前公使（コロストヴェッツ）が〔フレーより〕到着し、急いであらゆる説得を行いこれを制した……この時にロシア首相（ココフツォフ）、イルクーツク総督（クニャゼフ）の後押しにより、あらためて協議して協定を締結し、批准して各国に布告したのである[37]。

と伝えている。「この夏」のくだりは、5月末の露中間の合意を指し、「中国に権利を完全に掌握させ」とは、中国の「主権」を承認することを意味していると思われる。そして、コロストヴェッツがこれに反対し、首相ココフツォフ（Владимир Н. Коковцов）、イルクーツク総督クニャゼフ（Леонид М. Князев）がかれに同調したというのである。実際、ペテルブルク到着後、コロストヴェッツはココフツォフ、クニャゼフに面会している。

コロストヴェッツは、5月末の協定案に対し、「それは、第一に中国の主権の承認を含んでおり、われわれのモンゴル人との条約の意味と目的を著しく変えていた」[38]という感想をその手記に記している。さらに、コロストヴェッツはサゾ

---

37) МУУТА. ФА2-Д1-ХН11, Х3а-6b. Ф は Фонд（フォンド番号）、Д は Данс（目録番号）、ХН は Хадгаламжийн нэгж（案件番号）、Б は Бичиг（文書番号）、Х は Хуудас（頁数）を示す。
38) И. Я. Коростовец, *От Чингис хана до Советской Республики*, c. 379.

ノフの説得を試み,「中国の主権を承認する場合,モンゴルにおけるわが国の将来の地位にとって好ましくない結果」を指摘し,「何をするべきか」と問うサゾノフに対し,「中国は外モンゴルの自治を承認し,ロシアは外モンゴルに対する中国の宗主権とそこから生じる権利を認めるという声明を中国に対して出すこと」を提議した。サゾノフは,「われわれの草案において言及された,中国の構成部分としてのモンゴルの承認が中国の主権を承認することと同然であるとは考えていなかった。それを考慮せず,誤った」[39]と述べたという。ここでコロストヴェッツがサゾノフに提議した内容は,7月11日にサゾノフが北京駐在ロシア公使にあてた訓令とほぼ同じ内容であることに注目すべきである。こうして見てみると,対中交渉の方針転換は,5月末の協定案に反対したコロストヴェッツによるサゾノフの説得,そしてコロストヴェッツに賛同するココフツォフ,クニャゼフの後押しにより達成されたと見なすことができよう。

合意に達した露中宣言について,『ノーヴォエ・ブレーミャ』紙の1913年11月23日の社説には,

> 中国はついにモンゴルの自治をそこから生じる全ての結果とともに承認した。外モンゴルは自らの内政を中華民国のあらゆる干渉を排除して管理する。……言い換えるならば,中国政府はモンゴルの主権的領有(суверенное обладание)の要求を断念したのである[40]。

と,ロシアは「宗主権」と「自治」を中国に承認させたことにより,モンゴルに対する中国の「主権」を否定したと見なした。

一方の中国は,国務院が11月22日に各省に送った電報において,

> 領土を保持するのは,すなわち主権を維持するがためである。外モンゴルの自治を承認したのは,元来,昨年8月に公布した蒙古待遇条例第2款[41]において許した所に係る[42]。

と伝え,モンゴルが中国領の一部であることを承認させたことが重要であると位置づけ,将来的に主権を回復する意図をのぞかせた。

---

39) Там же, с. 381.
40) *Новое время*, 10-го(23-го) Ноября 1913г., № 13530.
41) 蒙古待遇条例(1912年8月19日)第2款は,「各蒙古王公ニ於ケル原有ノ管轄治理権ハ一律従前ノ通リトス」(『中華民国治憲法令及決議案集』20〜21頁)というものであった。
42) 『東方雑誌』第10巻第6號,1913年,「中俄關於蒙事協商之成立」23頁。

このように，ロシアは露中宣言により中国の「宗主権」とモンゴルの「自治」を承認させたことにより中国の「主権」を否定したと認識していたのに対し，国内的な説明であったことは考慮する必要はあるものの，中国はモンゴルを「中国領の一部」としたことにより主権を維持することが可能になる，と両者は対立する立場を示したことになる。

ただし，露中宣言成立前の 1913 年 10 月 5 日，ロシア臨時外務大臣ネラトフ（Анатолий А. Нератов）は，「モンゴルにおける中国の宗主権を承認することにより，わが国が外モンゴル領を中国領の一部と認めることは明らかである」[43]とも述べており，ロシアにとって「宗主権」と「領土」の関係は自明のものであった可能性も指摘し得る。それでも，ネラトフは宣言に「中国領の一部」と明記することには違和感を覚えていたため，あくまでも宣言には盛り込まれず，交換公文中に記されることになった。

一方，ロシアのフレー駐在総領事ミルレル（Александр Я. Миллер）はこの露中宣言を 1913 年 12 月 9 日付でモンゴル側にモンゴル語訳した上で手交した。第 1 条では，「中国とモンゴルの制限付き関係（хэмжээтэй холбогдол）をロシア国は承認する」，第 2 条では「外モンゴルは内政において自ら権利を行使し（өөрөө эрхийг ээзрхэж），中国政府とは関わりのない国となった（Хятад засгийн газар хамаагүй улс болсон）ことを中国政府は承認する」[44]と記されている。注目すべきは，「宗主権」や「自治」という表現は用いられずに極めて説明的な翻訳がなされ，露中宣言のロシア語，漢語いずれのテキストにもない，「中国政府とは関わりのない国となった」という表現が加えられていることである。モンゴル側にとっては「宗主権」や「自治」は理解し難い概念であるために，あえてこれらの表現を避けたとも考えられるが，モンゴル側が最も気にかけていた中国との関係を考慮し，意図的に「中国政府とは関わりのない国となった」のような表現を加えたものであると推測される。

おそらく，この訳文を参考にしたためと思われるモンゴル政府からロシア政府にあてた 12 月 16 日付の書翰には，

〔露中宣言が〕われらモンゴル国が完全に自立した政治主体となった（манай

---

43) СДДМВ, № 93, с. 80.
44) МУУТА. ФА4-Д1-ХН162-Б5.

第7章 モンゴル「独立」をめぐる翻訳概念　249

　Монгол улс бүрмөсөн өөртөө тогтнож улс төр болсон（mo）/ вполне самостоятельного политического существования Монгольского госдарства（ru））道理を友好的にそして真摯に確認したことを知った。また，われらモンゴル国は中国との関係から完全に離れたので，モンゴル国の承諾なしで決定したいかなる関係も受け入れない[45]。

と記され，露中宣言はモンゴル国が独立国家となったことを認めており，中国とはいかなる関係も有しないとの認識を示した。ただし，これはあくまでもモンゴル政府が外交的に自らの主張を宣言したものであったと思われる。

　実は，ロシア側から与えられた翻訳とは別に，モンゴル側も独自に露中宣言を翻訳していた。その訳文において，第1条は，「ロシアは中国が外モンゴルを制限付きで支配する（хэмжээтэй эзэрхэх）ことを承認する」，第2条は，「中国は外モンゴルが自治する（өөртөө эзэрхэх）ことを承認する」，第3条は，「中国は外モンゴル人が外モンゴルの内政を自治（өөрөө засах）することを自ら行う」[46]と訳しており，「中国政府とは関わりのない国となった」という表現はもちろん含まれていない。この翻訳は，「問題」を"асуух сэдэв"と訳す[47]など，明らかに露中宣言の漢語テキストからのモンゴル語訳であることが分かる。だが，同じ「自治」という語でも，"өөртөө эзэрхэх"，"өөрөө засах"とわざわざ訳し分けている理由は詳らかではない。

　このように，露中宣言における「宗主権（сюзеренитет）」，「自治（автономия）」に関しては露中間でも認識にズレが見られ，モンゴルの認識とも大きな隔たりが見られた。これらのズレを調整するために開催されたのが次節で検討するキャフタ会議である。このキャフタ会議でモンゴル，ロシア，中国三者間の認識のズレが一層鮮明になる。

---

45) *XX зууны Монголын түүхийн эх сурвалж*, 239-240 дэх тал ; А. Л. Попов, "Царская Россия и Монголия," с. 37.
46) МУҮТА. ФА4-Д1-ХН162-Б4.
47) 一般的に，「問題」には"асуудал"という一語の語彙が当てられるが，漢文からの翻訳の場合，モンゴル語に対応する語が存在するにもかかわらず，二字熟語を直訳した二語のモンゴル語で表現されることが多々見受けられる。たとえば，キャフタ会議の際には"төлөөлөгч"という語があるにもかかわらず，「代表」という語を「代」と「表」を直訳して"төлөө илэрхийлэгч"と訳している場合もある。

4 キャフタ会議における「自治」と「独立」

会議議事録の特徴

　キャフタ会議は，1914年9月8日の第1回会談より1915年6月7日にキャフタ協定が締結されるまで，公式会談だけで40数回を数えた。キャフタ会議については各国語（モンゴル語，ロシア語，漢語）の議事録が作成されており，そこにはモンゴル，ロシア，中国三方が内容を確認した署名がなされている。署名者を見ると，モンゴル側は通訳のジャムツァラーノ（Ц. Жамцарано 漢名は阿木薩拉諾弗）とツォクト・バダムジャブ（Цогт Бадамжав 漢名は卓克托），ロシア側はレンネ（Арвед-Адольф-Эдгар Ф. фон Ренне 漢名は連納）とブルンネト（Ипполит С. Бруннерт 漢名は卜倫納），中国側が范其光である。ジャムツァラーノとツォクト・バダムジャブは二人とも帝政ロシア領であったブリヤート・モンゴルの出身であるためロシア語を良く解した。レンネはアイグン副領事館の書記官・通訳官，ブルンネトはロシアの北京公使館において語学研修生（1907～11年），二等通訳官（1912～17年）を歴任し，*Современная политическая организация Китая, Пекин, 1910* という著作もあるために漢語に通じていたと思われる。そして范其光は同文館を卒業し，ロシアへの留学経験も有する蒙蔵院僉事であり，ロシア語に長けていた。これら3ヵ国語の議事録を併読していくと，当然のことながら内容は同じなのであるが，モンゴル語版では使用される語彙にブレがあることに気づく。以下，特にこのキャフタ会議議事録における「自治」と「独立」をめぐる言説を検討することにより，このブレが生じた原因を明らかにしたい。

　交渉においては，モンゴル，ロシア，中国ともにかねてからの自らの主張を繰り返していた。翻訳に関わる検討であるため，以下モンゴル語，ロシア語は日本語訳して適宜原語を付し，漢語はそのまま提示していく。

　1914年9月15日に行われた第2回会談において，モンゴル代表は，

　　われらモンゴル人は……清国から離れ別個の国家（тусгаар улс төр (mo) / отдельное государство (ru)）を樹立し……独立国家（өөртөө тогтносон улс (mo) / самостоятельное государство (ru)）となり，すでに4年が経過した[48]。

　　我蒙古……前与満清脱離關係，另組成國……自獨立以來，迄已四年[49]。

と述べ，独立宣言以降，「独立」した「国家」の状態を保持し続けてきたという認識を示した。これに対し，1914年9月19日に行われた第3回会談において中国代表が，

> ロシアは外モンゴルの独立（тусгаар тогтносон（mo）／ независимость（ru））を承認したのか。
> 俄國是否已承認外蒙獨立。

と問い質すと，ロシア代表は，

> ロシアはただ外モンゴルの自治体制（өөртөө эзэрхсэн（mo）／ автономный строй（ru））を認めた……自治地方（өөртөө эзэрхэх орон（mo）／ автономная страна（ru））と独立国（тусгаар тогтносон улс（mo）／ независимое государство（ru））の違いは大きい[50]。
> 俄國承認外蒙為自治區域，並指明自治區域与獨立國之區別[51]。

と答えている。議事録からは，漢語の「独立」がロシア語で"самостоятельный"と記された場合はモンゴル語でも"өөртөө тогтносон"，すなわち漢語「自立」の直訳により記され，"независимость"と記された場合は"тусгаар тогтносон"と記されていることが，また，「独立国」がロシア語で"независимое государство"と記されれば，モンゴル語では"тусгаар тогтносон улс"と記されていることが分かる。すなわち，モンゴル語の議事録はロシア語の表現に引っ張られていることになるのである。

一方，モンゴル代表がフレーの中央政府に報告した文書を見ると，中国代表が発言した「独立」に漢語から直訳の"гагцаар тогтнох"をあてている[52]。これは会議の席上での中国代表の発言を漢語の通訳が翻訳したものを書き留めたことによると思われる。

9月26日に行われた第5回会談の議事録では，中国側より，

> 宗主権（уг эзний эрх（mo）／ сюзеренитет（ru））下の領土の一部に自治地方（өөрөө засах газар орон（mo）／ автономная страна（ru））が含まれる。独立国

---

48) *Хятад, Орос, Монгол гурван улсын 1915 оны Хиагтын гэрээ*, 27 дахь тал；308 дахь тал．
49) 「外交檔案」『恰克圖會議錄』「第二次會議錄補遺」。
50) *Хятад, Орос, Монгол гурван улсын 1915 оны Хиагтын гэрээ*, 29 дэх тал；312-313 дахь тал．
51) 「外交檔案」『恰克圖會議錄』「第三次會議錄」。
52) *Хятад, Орос, Монгол гурван улсын 1915 оны Хиагтын гэрээ*, 13 дахь тал．

（гагцаар тогтносон улс（mo）/ независимое государство（ru））があってはならず，ハーンの称号および年号もあってはならない[53]。

　　宗主權之下領土一部份之中一自治地方。不能有獨立國，不能有帝號，不能有年號[54]。

と，宗主権下には「自治地方」のみが存在し得るとの見解が示された。また，

　　外モンゴル代表に独立（гагцаар тогтносон（mo）/ независимость（ru））したことはないと表明することを求め，独立（гагцаар тогтносон（mo）/ независимость（ru））を破棄せよと言わないのは，ロシア代表が会議においてロシア国はただ外モンゴルの自治（өөрөө засах（mo）/ автономия（ru））を承認し，決して外モンゴルを独立国（гагцаар тогтносон улс（mo）/ независимое государство（ru））とは認めておらず，外モンゴルの独立は，国際的にそのような事実はないと何度も表明したからである[55]。

　　要求外蒙代表聲明並無獨立情事，而不日取消獨立者，何也。蓋因俄使在會屢次宣言俄國只承認外蒙自治并無承認外蒙獨立國。外蒙之獨立，國際上已無此種事實[56]。

と，ロシアはモンゴルの「独立」を承認したことはないことが確認された。

　ここで注目すべきは，「独立」が"гагцаар тогтносон"，すなわち漢語「独立」の直訳語をもって記されている点である。このことは，この議事録がおそらくは漢語版を参照して作成されたことを予想させる。その根拠としては，ロシア語版を参照したと思われる第3回会談のモンゴル語版議事録では，「皇帝」という箇所は"император"とロシア語の発音をそのままモンゴル語で音写しているのが，この第5回会談の議事録では，「皇帝」の箇所は"хуанди"と漢語の音写をもって記されているからである。また，第3回会談の議事録では，「宗主権」もロシア語の"сюзеренитет"は"хэмжээтэй эзэрхэх"と訳されていたが，この議事録では"уг эзний эрх"（本の主の権）と漢語の直訳により記されている。

　すなわち，モンゴル側は会議ごとの議事録作成に際して，ロシア語版，漢語版

53）Мөн тэнд, 36 дахь тал ; 319 дэх тал.
54）「外交檔案」『恰克圖會議録』「第五次會議録」。
55）Хятад, Орос, Монгол гурван улсын 1915 оны Хиагтын гэрээ, 6 дахь тал ; 319-320 дахь тал.
56）「外交檔案」『恰克圖會議録』「第五次會議録」。

のいずれか一方を参照していたことになり、それは議事録の作成者・翻訳者が異なる人物であったことを意味するのである。そのために、「独立」が"тусгаар тогтносон"や"гагцаар тогтносон"に、「宗主権」が"хэмжээтэй эзэрхэх"や"уг эзний эрх"のように、本来モンゴルの政治的地位について同じ意味を表すはずの術語にバラつきが生じ、ひいては概念の混乱を招くことになったのである。このことは、「独立」、「宗主権」を表すモンゴル語の語彙がいまだ定着していなかったことを反映しており、モンゴル人がその概念自体を正確に理解していたのか否かに疑問を抱かせるのである。

「宗主権」下の「国」と「地方」

　交渉の争点である「独立」や「自治」、「宗主権」のモンゴル訳語が一定していなかったことから、ロシア語、漢語を解しないモンゴル代表ダシジャブ（Дашжав）らはその差異に戸惑い、たびたび「宗主権」、「自治権」の範囲に関して説明を求めていた。

　これに関して、中国の「宗主権下には自治地方のみが存在し得る」という見解に対し、ロシア代表の意見は、

　　自治（автономи）という語を領内の地方の自治権（өөрөө засах эрх）という意味で使用する例もあるが、半分の権利を有する（хагас эрхтэй）小国についても使用することが多い。また、宗主権（сюзеренитет）という語は、領内の省について用いてはならない。必ず大国とこれに関係を有する小国を制限付きで支配する（хэмжээтэй эзэрхэх）際に用いる語である[57]。

というものであり、第5回会談では、

　　自治国（өөрөө засах улс（mo）／ автономное государство（ru））と自治地方（өөрөө засах орон（mo）／ автономная страна（ru））には大きな違いはない[58]。
　　自治國與自治地方無大區別。

とも発言している。すなわち、ロシアは、「自治」は「地方」にも「国」にも使用し得るが、「宗主権」は領内の「省」ではなく「国」に対して使用する概念であるとの認識を示したのであり、「国（государство）」も「地方（страна）」も大差

---

57) *Хятад, Орос, Монгол гурван улсын 1915 оны Хиагтын гэрээ*, 41 дэх тал.
58) *Хятад, Орос, Монгол гурван улсын 1915 оны Хиагтын гэрээ*, 55 дахь тал；324 дэх тал.

ないのでモンゴルを「国」にするよう求めたのである．つまり，ロシア語における"государство"と"страна"には大した意味の差異はないということである．しかしながら，これが「国」と「地方」のように漢訳されると全く異なる意味を帯びることになる．このように，ある言語ではほとんど意味の差がない語彙であっても，翻訳することによりその差が広がり得ることが看取されるのである．

ところが，ロシア代表ミルレルは，9月30日付の電報においては，モンゴルを「国（государство）」ではなく中国の「自治地方（округ）」にしようとする中国側の主張に対し，「ハルハを中国の藩属状態に戻すものである」[59]と見なしており，ここでは「地方」を"округ"と記しており，交渉においては「地方」を"округ"ではなく"страна"とすることにより"государство"との差異を縮めようとしていたことが分かる．

10月8日の第7回会談においても，

> 中国代表が，自治（өөрөө эзэрхэх）という語を常に地方自治（газар орны өөрөө засах）として主張するのは不適当である．わがロシア政府はモンゴルを自治国（өөрөө эзэрхсэн улс）と見なす[60]．

とロシア代表が述べたことをモンゴル代表はフレーの中央政府に報告しており，議事録においても，

> われらは，自治外モンゴル国（өөртөө эзэрхэх гадаад монголын улс（mo）/ автономное Государство Внешней Монголии（ru））を自治地方（өөрөө засах хязгаар（mo）/ положение самоуправляющегося края（ru））に格下げすることにはどうしても同意できない[61]．

> 無論如何，斷不能允將外蒙自治降為自治之地方[62]．

と，モンゴル代表はあくまで「国」であることに固執していたことが分かる．ロシア代表も，

> われらロシア帝国政府が外モンゴルについて堅持するのは，自立した別個の国（өөртөө эзэрхэх тусгаар улс（mo）/ отдельное автономное государство（ru））と

---

59) *Международные Отношения в Эпоху Империализм*, сер. III, том6, часть2, № 415.
60) *Хятад, Орос, Монгол гурван улсын 1915 оны Хиагтын гэрээ*, 50 дахь тал.
61) *Хятад, Орос, Монгол гурван улсын 1915 оны Хиагтын гэрээ*, 67 дахь тал；333 дахь тал.
62) 「外交檔案」『恰克圖會議錄』「第七次會議錄」．

いうことであり，中国の制限付き支配（хэмжээтэй эзэрхлэг (mo) / право сюзеренитета (ru)）はあるが，自らの政府を有するこの政府は，自らの権力内および自らの領内において中国の中央政府からは干渉されずに自ら行動する[63]。

> 俄國政府對於外蒙之意見，確係視為單離自治國。中國只有宗主權。故外蒙當然有政府。其領土及權力範圍以内行動自主。不受中國中央政府轄治[64]。

とモンゴルを擁護する発言をしている。この日，ミルレルは，中国がモンゴルを「国」として認めようとしないのは，最終的にロシアがモンゴルを併合することを怖れていることによると分析している[65]。

このモンゴルは「国」か「地方」かの問題は，すでに張啓雄も分析しており，このようなロシアによる「国中国」論は外モンゴルを擁護する口実であると中国側が見なしていたと指摘している[66]。

一方，ロシアの外務大臣サゾノフは，10月18日，駐北京公使クルペンスキーあての電報において，中国の主張について，「言葉遊びによって自治モンゴルの政治的権利の範囲を縮小しようとする意図」があると断じていた[67]。

中国代表は，1914年10月20日の第9回会談においても，

> 露蒙協定，露中宣言に国（улс）という語はない。……宗主権（уг эзний эрх）の下には地方を自治する（өөрөө засах）権利が含まれる。国という語は含まれない[68]。

と，あくまで「地方自治」であることを主張したという。これに対してモンゴル代表は，

> 露中2国の宣言第1条により，外モンゴルを中国が制限付きで支配すること（宗主権）（хэмжээтэй эзэрхэх (mo) / сюзеренитет (ru)）をロシアが認めたというのは，自治国（өөртөө эзэрхэсэн улс (mo) / автономное государство (ru)）が独立国（тусгаар тогтносон улс (mo) / независимое гасударство (ru)）に関係す

---

63) *Хятад, Орос, Монгол гурван улсын 1915 оны Хиагтын гэрээ*, 68 дахь тал ; 334 дэх тал.
64) 「外交檔案」『恰克圖會議録』「第七次會議録」。
65) *Международные отношения в эпоху империализма*, Серия III, том 6, часть 2, № 415.
66) 張啓雄前掲書，217頁。
67) *Международные отношения в эпоху империализма*, Серия III, том 6, часть 2, № 415.
68) *Хятад, Орос, Монгол гурван улсын 1915 оны Хиагтын гэрээ*, 66 дахь тал.

るということを述べているのであり，制限付き支配という意味を自治地方（өөрөө засах газар（mo）/ автономная местность（ru））あるいは区域（хязгаар（mo）/ округ（ru））に適用してはならないのである[69]。

蒙古代表答以按照中俄聲明文件第一條，俄國承認中國在外蒙古之宗主權，即係承認獨立國與自治國之關係，并謂宗主權一語斷難用在自治地方 автономная местность 或自治省分 автономный округ[70]。

と発言した。このやり取りからは，同じ漢語，ロシア語の「自治」"автономный"であっても，モンゴル語ではそれが「国」の「自治」の場合には "өөртөө эзэрхэх" を，「地方」の「自治」の場合には "өөрөө засах" と訳し分けていることが分かる。同日，ロシア代表のミルレルは，中国の自治権および宗主権に関する主張について，「外モンゴルを自治の最も微弱な特徴を有する地方の地位に引き下げようとするものである」と伝えている[71]。

以上のようなキャフタ会議前半の交渉から見えてくるモンゴル，ロシア，中国の見解をまとめてみると，モンゴルの政治的地位について，モンゴル側は，「独立」あるいは「自治国」を，ロシア側は「自治」を，ただし「宗主権」は「国」について用いるとの認識から「自治国」を，そして中国側も「自治」を容認するが，「宗主権」は国内の「地方」について用いるとの認識から「自治地方」とすることをそれぞれ主張していたことになる。そして，それぞれが翻訳概念の微妙な差異を操作することにより自らの主張に近づけようとしていたのである。

翻訳概念の交錯

如上の三者の対立を術語レベルで見てみると，漢語の「独立」はロシア語では主に "независимость" が用いられるが，"самостоятельность" も散見される。これをロシア語からモンゴル語に訳するとそれぞれ "тусгаар тогтнох" と "өөртөө тогтнох" となる。しかしながら，「独立」が漢語から直接モンゴル語に訳されると必ず "гагцаар тогтнох" という直訳語が用いられる。漢語の「自治」の場合は，ロシア語ではほとんどの場合に "автономия" が用いられる。これをロシア語か

---

[69] *Хятад, Орос, Монгол гурван улсын 1915 оны Хиагтын гэрээ*, 85 дахь тал ; 341 дэх тал.
[70] 「外交檔案」『恰克圖會議錄』「第九次會議錄」。
[71] *Международные отношения в эпоху империализма*, Серия III, том 6, часть 2, № 415.

表5 キャフタ会議時の翻訳概念

ロシア語	ロシア語訳モンゴル語	漢語訳モンゴル語	漢　語
независимость	тусгаар тогтнох	гагцаар тогтнох	獨立
самостоятельность	өөртөө тогтнох		
автономия	өөртөө эзэрхэх	өөрөө засах	自治（國）
самоуправление	өөрөө засах		自治（地方）

らモンゴル語に訳す際，「国」に関わる場合には"өөртөө эзэрхэх"が，「地方」に関わる場合は"өөрөө засах"があてられることになる。一方，「自治」が漢語から直接モンゴル語に訳される場合は「国」か「地方」の別はなく"өөрөө засах"という直訳語が用いられるのである。

ここで問題となるのは，キャフタ会議に関するモンゴル語史料においては，ロシア語から翻訳したモンゴル語と漢語から翻訳したモンゴル語が混在し，そのロシア語訳に漢語起源の直訳語彙を転用したことにより本来の漢語の意味との間に乖離が生じたことである。例えば，漢語「自立」，「自主」の直訳語である"өөртөө тогтнох"，"өөртөө эзэрхэх"は，1913年の蒙蔵条約ではともに「独立」の意味で用いられていたことから明らかなように，相互に「上下関係」はなかったはずである。しかしながら，"өөртөө тогтнох"が語源の近似性からロシア語の"самостоятельность"の訳語に，"өөртөө эзэрхэх"が国に関する"автономия"の訳語に用いられたことにより「上下関係」が生じるに至ったのである。

また，「宗主権 сюзеренитет」もロシア語から訳される場合は"хэмжээтэй эзэрхэх"（制限付き支配），漢語から訳される場合は"уг эзний эрх"（本の主の権）とされ，とても同じ概念を表現しているとは推測し難い。

このように混乱する複雑な政治概念をモンゴル側も理解しようと努め，キャフタ会議の最中，次のような分析を試みている。

われらモンゴルは，露蒙協定には өөртөө тогтнон（自立）өөрөө эзэрхэх（自主）という語があり，露中宣言にはモンゴルに対する中国の хэмжээтэй эзэрхэх（宗主権）をロシアが承認し，モンゴルの өөрөө эзэрхэх（自主）を中国は承認するという語があると主張するが，〔中国は〕実際には露蒙協定に өөртөө тогтнох（自立）という語はなく，ただ өөрөө эзэрхэх（自主）という

語があるのみであるとする。というのは，ロシア語では〔いずれも〕フランス語のアフトノミ автономи という語になるので，露中宣言はモンゴルの өөрөө эзэрхэх（自主）を автономи と記した。これを俄漢辞典で見ると漢語で өөрөө засах（自治）と訳されている[72]ので，中国は所属領土の өөрөө засах эрх（自治権）として説明するのである。また，露中宣言において，хэмжээтэй эрх（制限付き権利）」という語をフランス語でシュゼレニテート сюзеренитет と記した。これを漢語では уг эзний эрх（宗主権）と訳したので，互いにズレが生じることになったのである[73]。

すなわち，中国は，モンゴル語の"өөрөө эзэрхэх"（自主）はフランス（ロシア）語の「アフトノミ автономи」であり，"өөртөө тогтнож"（自立）の意味はないと見なし，それは漢語では「自治 өөрөө засах」に過ぎないのであり，その「自治」とは領土内の「地方自治」になるという解釈である。

このように，露蒙協定において「独立」を意味していたはずのモンゴル語の翻訳概念"өөртөө тогтнож өөрөө эзэрхэх"は，モンゴル語からロシア語，さらに漢語に翻訳されることにより，漢語においては「地方自治」にまで降格することになったのである。

最終的に，協定において「宗主權」"сюзеренитет"，「自治」"автономия"のモンゴル語表記については同意に至ることができず，モンゴル語で「シュゼレニテート」，「アフトノミ」と音写することでキャフタ協定は締結されることになった。

この間の経緯について，キャフタ協定締結後にボグド・ハーンに奉呈された『中国・ロシア・モンゴルの協定の意味内容を解説した書』においては，

сюзеренитет, автономи という二つの語はともにフランス語であり，中国はシュゼレニテートという語を уг эзний эрх（宗主権）と，アフトノミという語を өөрөө засах（自治）と翻訳すべきであるといい，またロシアは……сюзеренитет という語は хэмжээтэй эзэрхэх эрх（制限付きで支配する権利），автономи という語は өөрөө эзэрхмой（自ら治める）といった意味であると述

---

[72] ここで述べられている「俄漢辞典」がどの辞典を指しているかはもとより不明ではあるが，ポポフ（П. С. Попов）の *Русско-китайскій словарь*（1896 年出版）では，"автономия"は「自治」，「自権」と記されている。

[73] *Хятад, Орос, Монгол гурван улсын 1915 оны Хиагтын гэрээ*, 40-41 дэх тал.

表6 露蒙協定, 露中宣言における「自治 автономия」概念のモンゴル語表記

	露蒙協定	露中宣言	ロシア語
モンゴルの主張	Өөртөө тогтнож өөрөө эзэрхэх	Өөрөө эзэрхэх	自治 автономия
中国の主張	Өөрөө эзэрхэх	Өөрөө засах	

> べる。そしてわがモンゴル国はシュゼレニテートという語を эрх үгүй хэмжээтэй эзэрхэх эрх（権利なく制限付きで支配する権利）と，アフトノミという語を өөрөө эзэрхэх（自ら主る）と翻訳すると言い争い，合意に至らなかったため，そのまま原語であるフランス語を音写して記した[74]。

と説明している。このことは，最終的に音写して記さなければならないほどに「自治」や「宗主権」をめぐる翻訳概念がモンゴル，ロシア，中国それぞれで異なっていたことを反映しており，本質的な意味の確定を避けることにより，言い換えるならば，各自がそれぞれ都合のいいように解釈し得る余地を残すことによってようやく合意に至ることができたことを示していると言えよう。

おわりに

　20世紀初頭のモンゴル語における"гагцаар тогтнох"（独立），"өөртөө тогтнох"（自立），"өөрөө эзэрхэх"（自主），"өөрөө засах"（自治）は，本来は全て漢語からの直訳語であり，「独立」宣言当初は"өөртөө тогтнох"（自立）をもって「独立」の意を表すことが多かった。それは，漢語において「自立」が「独立（independence）」を意味していた時代があったからである。漢語の「自治」，ロシア語の"автономия"については，モンゴル語で"өөрөө эзэрхэх"（自主）とする場合は「国（улс）」について用いるものと認識され，ロシアも「宗主権 сюзеренитет」を「国」について用いるとの見解を示していたため，モンゴルは「自治国」であると主張された。これらは，清代に朝鮮が清朝の「宗主権」下の「自主」の「国」として位置づけられていたものに通じる。しかしながら，キャフタ会議における

---

74) МУУТА. ФА4-Д1-ХН279-Н1.

中国側の主張は,「宗主権」は「地方」の「自治」について用いるというものであった。すなわち,「宗主権」を「自主」の「国」についてではなく,「中国の領土の一部」である「地方」の「自治」に用いようとしたところに宗主権概念の用法の変化が見られるのであるが, これを概念用法の変化と見るか, あるいは外交交渉の手段の一つと見るかはまた別の問題である。岡本隆司が指摘するように, この時期, 中国は「宗主権」を「領土」と結びつけることで, 本来「宗主権」により否定されるはずであった「主権」を含意させる試みを行っていたからである[75]。

本章の検討から, モンゴル語の翻訳語彙を介することにより露中間で半ば自動的に翻訳されていたロシア語"автономия"と漢語「自治」との間には相当の幅があることが明らかになった。このように, 単純な二国間関係ではある概念を相互にどの程度理解していたのかを確認することなく, あるいは確認する必要すらなく交渉が進められる場合もあるが, モンゴルのような第三者が介入することによりその概念を明確化する必要性が生じ, それが議論される場合もあるという事例を示すことができたかと思う。

また,「独立」を意味するために新造されたモンゴル語"өөртөө тогтнох"(自立),"өөрөө эзэрхэх"(自主)などは, 本来漢語の直訳語として誕生した語彙であったが, 漢語には新たな語彙「独立」がすでに導入されていた[76]ことにより, モンゴル語と漢語との間で意味の乖離が生じることになった。このことは, 翻訳を介して導入された語彙には, もちろん何に依拠するかにもよるであろうが, タイムラグがあることが指摘し得る。また, ロシア語からの翻訳にも漢語の直訳語を転用したことにより, 概念の統一が図られず, キャフタ会議では交渉の混乱を惹起する一因になったとも言えるであろう。

最後に, 現代モンゴル語で「独立」を表す"тусгаар тогтнол",「独立する」を表す"тусгаар тогтнох"は, 管見の限り, キャフタ会議においてロシア語"независимость"の訳語として初めて現れるようになるが, これはおそらくロシア語"отдельное государство"のモンゴル語訳"тусгаар улс төр"(「別個の国」)の

---

75) 岡本「「主権」の生成と「宗主権」」207頁。
76) 日本語として使用され始めた「独立」という語彙が朝鮮問題を通じて19世紀末に漢語に導入されていった過程については, 岡本「大君と自主と独立」を参照。

"тусгаар"と漢語「独立」のモンゴル語訳"гагцаар тогтнох"，漢語「自立」のモンゴル語訳"өөртөө тогтнох"，ロシア語"самостоятельность"のモンゴル語訳"өөртөө тогтнох"などに共通して使用されていた"тогтнох"を合成して作られた語彙であったように思われる。

　そうであったとすれば，この「独立 тусгаар тогтнол」というモンゴル語語彙は，まさにモンゴルとロシアと中国が一同に会した場において初めて誕生し得た歴史的産物であったと言えるのではないだろうか。確かに「自治」の訳語"өөрөө эзэрхэх"，「宗主権」の訳語"уг эзний эрх"などは最終的にフランス語の音写"автономи"，"сюзеренитет"によって淘汰されていった移行期にのみ見られる語彙であり，現代モンゴル語としては残っていない。しかしながら，キャフタ会議により「自治」とは何か，「独立」とは何か，「宗主権」とは何かを学び取ったモンゴル人の経験は，後の「モンゴル革命」まで引き継がれることになり，モンゴル人は真の「独立」の獲得に向けて邁進するのである。よって，近代的な概念を自らの言葉によって表現するというモンゴル人が試みた翻訳の努力を軽視することはできないであろう。

第 8 章
チベットの政治的地位とシムラ会議
　——翻訳概念の検討を中心に

小　林　亮　介

はじめに

　1912 年の清朝滅亡前後の政治変動にともない，清朝の旧「版図」・「領土」の継承を唱えてチベットに対する支配権を主張する中華民国と，「独立」を目指すチベットの間で，深刻な抗争が発生するに至った。このチベットの政治的地位をめぐる問題は，チベットに対して深い利害を有していたイギリスの介入によって，当時の東アジアの国際政治におけるひとつの焦点に発展していった。
　この時期，チベットの外交主体として中国・イギリスと対峙していた存在は，1642 年に中央チベットにおいて成立した，チベット仏教ゲルク派の高僧ダライラマを頂点とするダライラマ政権である。ダライラマ政権は，その政権樹立の前後にて多くのモンゴル勢力からの支持を獲得するとともに，同時期にユーラシア大陸東北部から勃興した満洲人の政権である清朝をもチベット仏教の保護者として位置づけ，歴代ダライラマはチベット仏教圏における至高の権威として君臨するに至った[1]。それゆえ，辛亥革命やモンゴルの独立などチベット仏教圏における新たな局面は，チベット仏教を媒介としてモンゴル・満洲と関係を深めていたダライラマ政権に対して，従来の世界観・秩序関係に関する発想の転換を迫る事態であったと予想される。チベットの政治的地位をめぐる問題形成の背景を理解

---

1) 17～18 世紀のチベット・満洲・モンゴル関係についての代表的研究として石濱裕美子『チベット仏教世界の歴史的研究』が挙げられる。

するためには，ダライラマ政権が近代国際社会に参入する過程において自らをどのように位置づけようとしていたのかを検討し，かれらの自己意識のあり方とその変化のプロセスを明らかにする必要があるだろう。

　こうした課題を検討する上で注目すべき出来事として，1913年10月から翌年7月にかけて，チベット・中国・イギリスが，清朝滅亡後のチベットの政治的地位を討議したシムラ会議が挙げられる。会議の後半，交渉は中国のチベットに対する「宗主権（suzerainty）」と，チベットの「自治（autonomy）」を認めるというイギリス提出の調停案をもとに展開する。しかし，中国代表は中国内地と自治的チベットの境界画定をめぐる不満を理由に調印を拒絶し，シムラ会議は三者間の交渉としては決裂するに至った。会議の終了後，チベットは20世紀前半を通じて政治・外交における実権を掌握していくものの，確固たる国際的承認を得ることはなく，1950年代に中華人民共和国へと編入されていくのである[2]。

　従来，シムラ会議については実に多くの議論がなされており，ここでその全てに言及することはできない。とはいえ，主要な先行研究においてほぼ一致している点は，会議の決裂を招いた直接の原因が，チベットの政治的地位の問題よりも，むしろ中国・チベット間の境界画定をめぐる対立であったということである[3]。

　境界問題がシムラ会議の最大の争点であり，交渉決裂という結果をもたらした要因であったという理解自体に誤りはないであろう。しかしながら，ここで問題になるのは，チベットの政治的地位に対してイギリスが提示した「宗主権」―「自治」という調停案を，中国とチベットがともに容認した背景である。これまでの研究において，それまで「独立」を主張していたチベットが「宗主権」―「自治」

---

2) 歴史学的なアプローチをとる欧米の主要研究は，細かい叙述の差異はあるものの，おおむね，20世紀前半におけるチベットの「事実上（de facto）の独立状態」という見解を共有している。A. Lamb, *The McMahon Line*；M. C. Goldstein, *A History of Modern Tibet*；Tsering Shakya, *The Dragon in the Land of Snows*. 日本における近年の研究では，水野光朗『チベットの法的地位とシムラ会議』，田崎國彦「チベットの地位をめぐる三つの言説の実態と形式」，同「チベットはなぜ国家承認されなかったのか」，同「清末民初期における「チベットの独立」を語る言説と史料」，中根千枝「シムラ会議の意味をめぐって」が挙げられる。

3) 前註2で挙げた諸研究の他，P. Mehra, *The McMahon Line and After*, pp. 283-292；Amar Kaur Jasbir Singh, *Himalayan Triangle*, pp. 77-78. 交渉経緯を中国側外交史料にもとづき検討したものとして，馮明珠『近代中英西藏交渉與川藏邊情』など。なお，清朝崩壊前後における境界問題の形成過程，ダライラマ政権や各チベット勢力の対応については，小林亮介「辛亥革命期のチベット」332〜334頁。

という条件を受け入れ「妥協」をした理由として，イギリスの影響力および圧力が指摘されてきた[4]。中国との対抗関係が形成される中，チベットにとって，最大の支援者として期待していたイギリスとの関係がその判断を左右する大きな要因であったことに疑いはない。とはいえ，チベットは決してイギリスの調停に対して従順であったわけではなく，政治的地位をめぐるイギリス側の条件を受け入れつつも，実際には会議の最終段階に至るまで，イギリス・中国に対して境界画定をめぐる自己の主張を展開していた。それゆえ，政治的地位に関するチベット側の判断の背景を考える上では，イギリスの影響のみならず，チベット側に内在する要因もまた検討する必要があるだろう。

そこで本章が注目するのは，近代国際関係を秩序づける政治的概念・観念のチベットにおける受容と定着，その運用をめぐる問題である。近年，岡本隆司は，中国における「主権」観念の形成過程を，チベット・モンゴルをめぐる外交交渉の検討を通じて論じた。そして，中国において，「宗主権」と弁別した「主権」の理解が20世紀初頭に形成されたこと，さらにそれが「領土」という概念と深く結びつく観念となったことを指摘した[5]。こうした翻訳概念の検討により，シムラ会議において「宗主権」明記を容認しつつも，その背後で一貫して「主権」の確保に固執していた中国側の動向の一端が明らかになったのである。

シムラ会議が西欧起源の政治的概念でチベットの政治的地位を規定・定義しようとするこころみであったことを想起した場合，「主権」「宗主権」「独立」「自治」といった概念・観念が，中国側のみならず，チベット側においてどのように受容・運用されていったのか，またそれらがチベット在来の概念といかなる関係にあったのかという問題を検討しなければならないであろう。本章では，これまで根本史料として用いられていた英語・漢語史料とともに，従来ほとんど検討されていなかったチベット語外交史料を用いつつ，こうした政治的概念に対する，

---

4) H. E. Richardson, *Tibet and Its History*, pp. 108-109. また，W. D. Shakabpa, *Tibet*, p. 254 は，チベット側は，論争を終結させるためにやむを得ずイギリスの調停を受諾したと述べる。このほか，「宗主権」—「自治」という条件の容認をめぐるチベット側の動向を詳細に検討した研究は，意外なほどに少ない。それは，シムラ会議後半の交渉が境界画定問題に重点が置かれたという，会議自体のもつ特質に起因するが，他方で従来の研究の大半が，英語・漢語の史料にもとづくイギリスないしは中国の外交政策の検討に主眼を置いていたことにもよるものと思われる。

5) 岡本「「主権」の生成と「宗主権」」。

チベット・イギリス・中国間での解釈や理解のあり方とその相違点に考察の焦点をあてる。そして，シムラ会議の交渉過程における，自己の政治的地位の規定をめぐるチベット側の認識と動向を明らかにしていきたい。

1　清朝崩壊後のチベットの政治的地位をめぐって

ダライラマからイギリス本国への書翰

　19世紀末から20世紀初頭，チベットをとりまく国際情勢が緊迫化する中で，ダライラマ政権と清朝の関係は急速に悪化しつつあった。とりわけ外交問題との関わりにおいて，清朝の対チベット政策の決定的な転換期となったのは，1904年から1906年という，まさに中国内地で国家主導の本格的な近代化である「光緒新政」が始動していた時期であった。

　1904年，ヤングハズバンド武装使節団のラサ進軍にともない，イギリスとチベットはラサ条約を締結する。これに対して清朝は本条約の内容を，チベット代表を排除してイギリスとの二者間で締結し直すべく交渉を開始し，1906年に両国の間にて北京協定が締結された。この交渉を通じて，清朝は自らのチベットに対する権力行使を，イギリス側の主張する「宗主権（suzerainty）」と峻別した「主権（sovereignty）」として定義・認識し，チベットを中国内地各省と同様の体制を導入すべき対象としてみなし始めていた[6]。それゆえ，清朝はその「主権」の内実を満たすべく，チベットに対する支配の確立を目指す抑圧策を，ダライラマ政権からの強い反発を顧みず強行していく。それは1910年2月の四川軍のラサ進軍へと帰結し，ダライラマ十三世（以下，特に必要な場合を除き，「ダライラマ」とのみ表記する）は英領インド亡命を自ら選択するに至った。ここに，清朝とダライラマ政権の関係は事実上破綻に陥り，ダライラマは，従来チベットにとっての脅威とみなしていたイギリスとの関係を強化し，中国の影響力をチベットから排除する方向へと方針転換していくのである。

　1911年の辛亥革命と翌年の清朝滅亡にともない，ダライラマ政権はラサから

6）岡本前掲論文，197～201頁。

中国軍を追放し，ダライラマはインドのダージリンからラサへと帰還を果たす。これと並行して，1913年1月11日，ダライラマ政権はモンゴルのボグド・ハーン政権との間で条約を締結し，両国家の「独立」と友好関係を相互に承認した（蒙蔵条約）。さらに，続く2月13日，ダライラマは後に「独立宣言」として知られることになる「布告」をチベット国内に向けて発布したのであった[7]。

現代チベット語において，「独立（independence）」は rang btsan（ランツェン）という語で示される。この語の由来にはいまだ不明瞭な点が多いが，チベットの国家体制や政治的地位の問題と関連づけた用例が目立つようになるのは，管見の限り，蒙蔵条約をはじめとする，清朝崩壊後の1912～13年頃の史料においてである[8]。さらに，今日，「自由（freedom）」（しばしば「独立（independence）」をも含意する）などを表現する際に頻繁に用いられる rang dbang（ランワン）という語も，「ランツェン」と類似の文脈において，「布告」をはじめとする同時期の史料に見られるようになる[9]。

では，当時，主に「ランツェン」として表現されたチベットの「独立」とは具体的に何を意味しており，それは，同じく清朝と関係を取り結んでいたその他の国家・民族の「独立」とは，どのような相違をもつものだったのであろうか。

まず，辛亥革命前後の民族問題の事例としてチベットと並び言及されることの多いモンゴルでは，1911年12月1日にハルハの王公を中心として樹立されたボグド・ハーン政権が「独立」を宣言した。従来，「大ハーン」たる清朝皇帝に服属していたモンゴル王公にとって，それは「清朝支配下からの独立」であり，新

---

[7] W. D. Shakabpa, *Bod kyi srid don rgyal rabs*, pp. 219-223.「布告」の内容については，田崎前掲論文，Snar skyid ngag dbang don grub, *Gong sa skyabs mgon rgyal dbang sku 'phreng bcu gsum pa chen po'i mdzad rnam snying btus* において紹介がなされる。また，石濱裕美子「ダライラマ13世の著作に見る自称表現と政体表現の変遷について」が，この清朝崩壊前後におけるダライラマ十三世の対中国意識の変化を論じている。

[8] 「ラン（rang）」とは「自己」，「自身」，"self"，"own" であり，「ツェン（btsan）」は「力」，「強さ」，"force"，"strength" を意味する。それゆえ，チベット語固有の用法のみならず「ランツェン」に漢語の「自強」に相当する意味が込められている可能性や，清末中国の政治思想との関わりの有無を検討することも必要と思われるが，現段階において，こうした関連を確認する史料を見出していない。

[9] 「ランワン」は，20世紀以前のテキストにおいても様々な文脈で多く用いられる語であるが，チベット国家の政治体制・政治的地位を説明する表現としては，やはり1912～13年頃以降の史料に特徴的であると言える。

たな皇帝（ボグド・ハーン）の推戴と，新国家の建設を意味するものであった[10]。

また，清朝の朝貢国，「属国」であった朝鮮は，1897年の大韓帝国成立と続く韓清通商条約締結の中で「独立」を達成していくが，それは清朝の「属国」であることを否定し，「属国自主」から「独立自主」へと転換していくプロセスであった[11]。

しかし，チベットにおける「独立」をめぐる認識とは，このような清朝との上下・君臣関係を前提にしていたモンゴルや朝鮮のケースとは異なるものである。以下に掲げる史料は，ダライラマが1913年初頭頃に作成したイギリス本国あての書翰であり，同年ロンドンに派遣したルンシャル・ドルジェ・ツェギェル（Lung shar rdo rje tshe rgyal）[12]に託したものである。これは，当時のダライラマ自身の「独立」に関する認識を理解する上で，史料原文や成立背景，さらにイギリス側の翻訳・解釈をも確認できるものとして重要である[13]。一部はすでに前稿において引用しているが[14]，ここでは書翰の主要部分を掲載し，以下に詳細な検討を加えていく。

①中国とチベットは高僧と施主の歴代の関係（rgya bod mchod yon rim 'brel）で

---

10) 中見「モンゴルの「独立」と国際関係」91〜92頁。
11) 「大韓帝国」成立前後の清韓関係については，岡本「韓国の独立と清朝の外交」を参照。
12) 1913年，ダライラマはイギリスへのチベット人留学生派遣のために，ルンシャルを代表とする使節団をロンドンに送った。Goldstein, op. cit., pp. 156-164.
13) 従来，清朝崩壊後のチベットにおける「独立」の問題を考える上で重視されてきた史料として，前述の蒙蔵条約と「布告」（「独立宣言」）がある。前者はチベット語条文の「再発見」などにより，近年研究が進展する条約である（The Centennial of the Tibeto-Mongol Treaty : 1913-2013）。ただし，条約成立の背景をめぐる未解決の課題が多く残されており，現段階において，少なくともダライラマ自身がチベットの「独立」をどのように考えていたのかを明らかにする上での一次史料とみなすことについては慎重な判断が必要である（小林前掲論文 343頁，註14）。他方で「布告」は，ダライラマ自身の意図を考察する上で重要である。ただし，原本へのアクセスが困難な状況にあるなど史料的課題を抱えていること，さらに，国内向けの布告文であり，イギリスによる英訳との比較検討が可能な史料ではないことを考慮し，本章はイギリスあての本書翰を用いるものである。なお，この書翰には詳細な日付の表記は無く，チベット暦の「水鳥年（1912-1913）」と記されるのみである。しかし，内容はダライラマのチベット帰還（ラサ到着は1913年1月23日）に言及しており，作成時期は早くとも1912年末以降，翌1913年2月初旬（チベット暦水牛年正月）までの間と思われ，蒙蔵条約・独立宣言とほぼ同時期に作成された書翰として重要である。史料情報については註15にて言及した。
14) 小林前掲論文，326〜327頁。

あり，〔チベットは中国の〕支配下には無かったことなどの前後のあらゆるいきさつを申し上げて文書にしたためてあり，〔それはあなた自身も〕ご存じのとおりです。……イギリスとチベットの相互援助・友好が今後も変わらないことにもとづき，〔イギリスの〕国王に書翰を差し上げましたとおりに，②チベット国家の仏教と政治の権限の独立（rang btsan）の上に，制度が発展していくために，ラサに，ロシア・イギリスの〔両〕国家が協議の上で，代表をそれぞれ配置して頂きたい。③そうでなければ，中国人によりチベットが害されることが生じないよう，実質的な意味〔において〕チベットの権限の独立（nang don bod dbang rang btsan）となるように，各外国に交渉して〔頂きたい〕[15]。

この書翰内容の主眼は，従来の中国―チベット関係の説明（下線部①）と，今後のチベットの政体維持・発展へ向けたイギリスへの協力要請（下線部②③）である。まず，①にみられるように，ダライラマはそれまでの中国との歴史的関係を，「高僧と施主（チュー―ユン mchod yon）」と表現する。これは，チベット仏教の総本山たるチベットにおける至高の存在としての歴代ダライラマと，チベット仏教を保護・興隆する清朝皇帝の関係を基軸とする，チベットと清朝の双務的な関係を指す[16]。ダライラマは中国／清朝との歴史的関係を支配―被支配にもとづくものではないことを強調しており，その発想は，大ハーンたる満洲皇帝と外藩モンゴル王公の関係，あるいは文化的な優劣意識・中心―周縁関係に立脚した中華王朝と朝貢国の関係とも異なるものであった。

したがって，ダライラマが問題にしていたのは，清朝が従来型の「高僧と施主」という両者の対等の関係を，支配―被支配の関係に一方的に変更せんとしたことである。中華民国から見た場合，チベットの「独立」とは，チベットやモン

---

15) IOR/L/P&S/11/64, P. 3937 に添付されたインド相クルー（Robert O. A. Crewe-Milnes, 1st Marquess of Crewe）受領のチベット語書翰原文を参照。この時，ダライラマは国王ジョージ五世・王妃メアリ（Mary of Teck）の他，閣僚ら3名に向けて書翰を送っている。このうち国王あて書翰が最も長文であるものの，本章では，中国との歴史的関係に関してやや多くの言辞を費やす，インド相受領の書翰を引用した。両書翰ともに要点や言い回しはほぼ共通している。

16) この理念の淵源は古代インド思想にまで遡ることが可能であるが，チベットとモンゴル・満洲の関係は，より直接的には，大元ウルスを創始したクビライと帝師パクパの関係の「再現」として解釈された。石濱前掲書，第1章を参照。

ゴルを「藩部」として包摂した形態としての旧清朝版図を継承した中国「領土」からの離脱であった。しかしながら，実際にチベットが唱えていた「ランツェン」「ランワン」とは，清朝との「高僧と施主」の関係の終焉・解体と，中国との対抗関係形成という背景認識にもとづいていた[17]。チベットが清朝属下にあったという認識を前提とした，中国側の解釈する「独立」とは，自ずとその意味を異にするものであったと言える[18]。

　下線部②において興味深いのは，チベットの政教合一体制の「ランツェン」を維持・発展させるための方策についてである。ダライラマは，当時最大の支援者として期待していたイギリスに対して，19世紀末以来チベットの保護を断続的に要請し続けてきた相手であるロシアとの協議の上で，ラサに「代表」を設置することを求めている。ダライラマが，イギリス・ロシアの外交使節のラサ常駐という，西欧国際関係の慣例に準えた両国との外交関係の樹立を，「ランツェン」達成の要件として考えていたことがわかる。

　とはいえ，一方で留意すべきは，ダライラマが下線部③において，英露両国からの代表派遣が実現しない場合の次善の策をも明記している点である。それは，中国からの政治的干渉を回避し，"nang don"（ナントゥン：「実質的な意味／事柄」

---

[17] 1910年から辛亥革命勃発までは，事実上四川軍がラサを占領していた。それゆえ，チベットの「ランツェン／独立」はそうした中国による一時的「支配」からの脱却と，国家の再出発をも含意していると考えられ，これを田崎國彦は「独立」の「再樹立」として表現する（前掲田崎「チベットの地位をめぐる三つの言説の実態と形式」を参照）。ただし，筆者の見る限り，当時のチベット語史料において，「ランツェン／独立」とは，清朝／中国支配からの脱却というよりも，むしろ中国とは別個の政体としてのチベット国家の歴史的連続面を強調する文脈で用いられることが多い。

[18] 清代のチベットには，「外藩」・「藩部」に相当するチベット語の概念は必ずしも定着していなかったように思われる。たとえば，18世紀末頃に活躍したチベット貴族テンジン・ペンジョルの自伝には，かれが1792年に北京に滞在したいきさつについて記述があり，しばしば理藩院とみられる機関も登場する。しかし，それはいずれも"mong gol sbyor khang（蒙古衙門）"として言及されている。Bstan 'dzin dpal 'byor, *Rdo ring paNDi ta'i rnam thar*, pp. 931-945. また，『ダライラマ十三世伝』は，理藩部（1906年に理藩院から改称）を，漢語からの音訳である"rlis khang sbug"（リーカンブク）と表記している。Phur lcog thub bstan byams pa tshul khrims bstan 'dzin, *Lhar bcas srid zhi'i gtsug rgyan gong sa rgyal ba'i dbang po bka' drin mtshungs med sku phreng bcu gsum pa chen po'i rnam par thar pa rgya mtsho lta bu las mdo tsam brjod pa ngo mtshar rin po che'i phreng ba*, ka, 128a. いずれの語にも，漢語の「藩部」のごとくチベットを清朝属下の地域・人間集団として規定するような含意はない。なお，清朝側の「藩部」概念については，本書第9章にも言及がある。

あるいは「主要な事柄」の意。この語の解釈については後述する）におけるチベットの「権限の独立（dbang rang btsan「ワン・ランツェン」）」を達成するため，各国に協力を呼びかけるというものである。本書翰を見る限り，ダライラマの述べるチベットの「ランツェン」とは，国際社会における外交主体として認知されうる国家であることを意味すると同時に，最低限度，中国の支配・干渉を拒絶したチベットの政教一致の政体維持の実現を目指すものであった。換言すれば，「ランツェン」とは，英語の政治的概念における"independence"にきわめて近い状態を示しつつ，それよりもいささか意味に幅をもつ概念であったと言えるであろう。

しかしながら，このイギリスあて書翰は，チベットをとりまく国際情勢に対するダライラマの認識を理解するには，やや内容が簡略に過ぎるものである。イギリスに対して，ロシアとの共同歩調による支援を要求していること，さらにこの両国からの支持が得られない局面をあらかじめ想定していることを，どのように解釈すれば良いのであろうか。また，上述の下線部②の考察において「実質的な意味／事柄」「主要な事柄」として訳出した"nang don"の指す意味も明確ではなく，このことばに「内部の事情」，あるいは端的に「内政」という訳語をあてることも不可能ではない。この"nang don"をどう解釈するかは，「ランツェン」の理解をも左右する重要な問題となる。もしもダライラマが，国家の「内政」と「外交」を弁別する発想に立脚し，"nang don"に対して「内政」という意味を込めていたとするならば，その「ランツェン」もまた"independence"とは乖離したものとなりかねないからである。そこで以下では，本書翰でイギリスとならび言及されるロシアにあてた書翰を引用しつつ，イギリスあて書翰の中で不明瞭であったダライラマの動向や意図・背景を検討していく。

ダライラマのロシアあて書翰

興味深いことに，前掲のイギリスあて書翰作成に先立つ1912年後半，ダライラマはロシア皇帝ニコライ二世に向けて，下記のようなチベット語書翰を送っていた。

> 近日，チベットは独立国家（rang btsan rgyal khang）をなすものであるという考えにもとづき，速やかに宣言する意思がきわめて強いのであります。しかし，イギリスの考えとして，このチベットが対外的に中国の〔支配〕領域で

ある (bod 'di phyi rgya khongs) べきということを主張しております。……あなた方（ロシア側）からイギリスと協議をおこない，〔そのロシアの〕使節たちにも指示してチベットが独立国家であると表明させ，〔その上で〕最も良いこととしては，ロシアとイギリス両国がラサに代表を配置してくださること〔を望みます〕。それもまた，ロシアとイギリスが協定を結んでいることにより，〔代表派遣を〕実行なさることが難しいならば，ドイツ・フランス・日本など，協定の〔適用〕範囲に入っていない諸国家が強い力を発揮することが確実になるように，ロシアから交渉して頂き，〔これら諸国から〕チベットに代表を派遣するものとなること〔を願います〕[19]。

　まず重要になる点は，ダライラマが，清朝崩壊直後の段階にて，国内向けの「布告」にとどまらず，イギリスに加え，ロシアに対してもチベットの「ランツェン／独立」達成の意思を明確に主張していたことであろう。さらに，ラサにおけるロシア・イギリスの各代表配置を求めている点もまた，前述のイギリスあて書翰の内容と同様であり，当時のダライラマにとって，この要求の実現がイギリス・ロシア両国との交渉における共通の課題となっていたことが窺える。

　しかし，ダライラマは両国に対するこの要求が，容易に実現しうるものではないことをも明確に認識していた。その理由は，本書翰においてダライラマが言及している英露間の協定，つまり英露協商の存在である。この英露協商とは，両国が中央アジアにおける相互の利害調整を目的として1907年8月31日に締結したものであり，いわゆる「グレート・ゲーム」の終焉をもたらした合意として知られる。この中で，英露両国は中国のチベットに対する「宗主権（suzerainty）」を承認すること，そしてチベットをめぐる外交交渉は中国を媒介とすることを明記していた。1910年のインド亡命時，ダライラマはチベットの第一の支援者としてイギリスに対して期待を寄せていたが，一方で，イギリスが中国を介さずにチベット問題に直接関与することは，この英露協商に抵触する可能性をもつものであった。ダライラマは，ダージリンで一行の迎接を担当したシッキム政務官ベル

---

19) Jampa Samten and N. V. Tsyrempilov, eds., *From Tibet Confidentially*, pp. 103-105, 132 所収のOF18617 を参照。同書翰に差出人・受取人と日付は明記されていないが，Jampa Samten は，1912年後半，ダライラマからニコライ二世にあてたものであると判断している。Jampa Samten, "Notes on the Thirteenth Dalai Lama's Confidential Letter to the Tsar of Russia," p. 368

(Charles A. Bell) から，中国・チベット関係に対してイギリスが「不干渉」の立場をとらざるを得ないことを伝えられ，ひどく落胆したという[20]。上掲書翰もまた，イギリスがチベットの政治的地位を「対外的に中国の〔支配〕領域である」と主張していることを不満を込めて記述している。当時のダライラマがイギリスの対チベット支援における限界を意識していたことを示すものであろう。

英露協商で規定された「宗主権」という概念に関して，ダライラマがベルから具体的にどのような説明を受けていたのかは必ずしも明らかではない。しかし，この「対外的に中国の〔支配〕領域である」という箇所は，イギリスの説く「宗主権」に関わる文言であると思われ，これに近い表現が第3項にて言及するシムラ条約においても「宗主権」のチベット語訳として用いられている。当時のチベットにとって，この新たな政治的概念の理解には困難がともなったはずである。ダライラマもまた，「対外的に中国の〔支配〕領域」といういささか説明的な表現を通じて「宗主権」を解釈し，チベットの「ランツェン」実現を妨げる要素とみなしていたと考えられる。

ここで想起すべきは，前項にて挙げたイギリスあての書翰にて，ダライラマが，イギリスとロシアの代表配置が実現しない場合の次善の策として，「〔イギリスから〕各外国に交渉」することを通じて，"nang don"におけるチベットの「ランツェン」を達成したいと述べていたことである。前述のように，この短い言及からダライラマの意図を詳細に知ることは困難であり，「各外国」とは何を想定しているのか，さらに"nang don"が「実質的な意味／事柄」を意味するのか，それとも「内政」に等しい概念であるのかについても，検討の余地があった。

しかし，上掲のロシアあて書翰からは，イギリスあて書翰における「各外国」とは英露協商に拘束されないドイツ・フランス・日本などの列強をはじめとする国々を念頭においたものであったこと，これら諸国からのチベットへの代表派遣の実現を求め，イギリス同様，ロシアにも仲介を依頼していたことがわかる[21]。ここでは"nang don"という表現こそ使われてはいないものの，ダライラマが英露以外の列強との外交関係構築の可能性を模索していたことは重要であり，それ

---

20) C. A. Bell, *Portrait of Dalai Lama*, p. 114.
21) ダージリン滞在中のダライラマは日本との関係構築を試みていた。白須浄真「ダライラマ13世による明治天皇への上書・献納品謝絶の顛末」が日本外交の立場から論及している。

によって実現する「ランツェン」の内実も，決して「内政」の範囲にとどまるものではなかったと言えるであろう。

　以上のように，辛亥革命後，チベット帰還の機会が到来したダライラマにとって，ラサに駐留する中国軍の排除に加え，英露協商の制約下においてイギリスとロシアの協力をいかに引き出すかが，外交上における最重要の課題となっていた。換言すれば，ダライラマ政権は，チベットの政治的地位に関するイギリスの外交方針が，「ランツェン」実現という自己の目標と乖離したものであることを認識しつつ，後のシムラ会議に臨んだことがわかるのである。

「ランツェン」の翻訳をめぐって

　ダライラマが，清朝崩壊直後の段階にて，国内向けの「布告」にとどまらず，イギリス・ロシア両国に対してチベットの「ランツェン」達成の意思を明確に主張していたことはきわめて重要である。しかし，こうしたダライラマのメッセージを，受け手側，とりわけ辛亥革命を契機としてチベット問題に深く関与したイギリスは，どのように解釈・翻訳したのであろうか。

　1913年6月28日のルンシャル使節及びのジョージ五世謁見終了にともない，イギリス政府は，ルンシャルが持参したダライラマの親書計5通を，英領インドの官僚であり，ルンシャルに付き添っていたギャンツェ（rgyal rtse 江孜）の前商務委員グールド（Basil J. Gould）に手交し翻訳を委ねた[22]。以下は，前述したインド相受領のチベット語書翰の英訳であり，インド省内部で回覧されたものである。下線の位置はチベット語原文に付したものと一致する。

> ①チベットは中国に対して，高僧の仏弟子に対する関係（the relation of a priest to his disciple）において存立しているのであり，チベットは中国の権力に服従しているわけではないことを想起していただければ幸いです。これに関して，わたしはすでに書翰によって何度もお伝えしてきました。……②わたしは，国王陛下への書翰においてお願いしたとおり，あなたが寛大にも我々の友好関係を損なわぬまま維持し続け，もしも可能であるならば，ロシア政府と協

---

22) IOR/L/P&S/11/64, P3937, B. J. Gould to J. R. Dunlop Smith, June 30, 1913. 書翰の翻訳は使節団の通訳としてグールドに随行していたシッキム人ラデン・ラ（Laden La）が担当した。E. Martin, "Fit For a King?" pp. 5-7.

議の上で，チベットの利益のために，大英帝国とロシアが寛大にも各代表をラサに配置すること，さらに聖俗の権限がチベット人自身に帰することを願います (the Power, both Temporal and Spiritual, may remain with the Tibetans themselves)。③もしもそれが困難であるならば，わたしはチベットの支配〔権〕がチベット人自身に帰する (the control of Tibet may remain with the Tibetan themselves) ように，他の諸国に対して議論が開かれることを願います[23]。

②・③に注目しつつ，チベット語原文と英訳の異同を確認すると，ダライラマが「ランツェン」として強調した部分は，"independence"と翻訳されていないことに気づかされる。たとえば③においては，チベット語で「実質的な意味 (nang don)〔において〕チベットの権限の独立 (bod dbang rang btsan) となる」と書かれていた箇所は，「チベットの支配〔権〕がチベット人自身に帰する」とある。厳密な逐語訳ではなく，いささか意訳に近い説明的表現であり，これは同時に提出された国王あて書翰の英訳においても共通している。

「ランツェン」が"independence"と英訳されていない理由を詳細に探ることは，史料的制約もあり容易ではない。チベットに対する中国の「宗主権」を承認する方針であったイギリス側が，チベットの政治的地位に関わる訳語として，"independence"を当てることを意図的に避けていた可能性も皆無ではない。

しかしながら，この英訳が，書翰内容の分析・検討のためにインド省が作成し，政府内部で回覧されたものであること，チベット側の意図や動向の正確な把握が目的であったことを踏まえるならば，グールドや，ラデン・ラら翻訳担当者が故意の誤訳，あるいは恣意的な解釈を加えたとは考え難い。むしろこれは，当時の英領インドの官僚らが，ダライラマの唱える「ランツェン」を，必ずしも"independence"に等しい政治的地位を示す概念とは考えていなかった可能性を示すものと思われる。この点は，翻訳過程での技術的問題を含め多様な要因を想定すべきであるが，少なくとも当時のイギリスが，"independence"を「ランツェン」の固定した対訳として用いてはいなかったことを指摘しうるであろう[24]。

---

[23] IOR/L/P&S/11/64, P. 3937, the translation of the letter to the Lord Crewe.
[24] イギリスあて書翰とは対照的に，前述したダライラマのニコライ二世あてチベット語親書（前註19）における「独立 (rang btsan)」は，「独立 (независимость)」として訳出されている。Е. А. Белов. *Россия и Тибет*, с. 194–195.

2 シムラ会議における翻訳概念

シムラ会議とチベット語会議録『クンセルメロン』について

　前項で述べたダライラマのチベット語書翰に対して，イギリスは1914年7月にいたりようやくインド政庁経由にてチベット側へ返書を手交した[25]。そのため，この間，書翰の政治的概念の解釈・翻訳をめぐるイギリスとチベット間の認識の隔たりが顕在化するような局面はなかった。しかし，1913年10月に始まったシムラ会議は，チベットの政治的地位をいかに定義・規定すべきかをめぐってチベット・イギリス・中国間の見解の相違が交渉過程でぶつかりあうこととなった。

　シムラ会議開催の直接の契機は，1912年8月17日，イギリスが中華民国に向けてチベットの政治的地位に関するメモランダムを発したことによるものである。イギリスは，1912年夏に中華民国がチベットの併合を目指して軍事行動を発動したことに抗議し，民国政府に対するイギリスによる国家承認の可否を交渉材料としつつ，チベットをめぐる三者間での新条約締結を迫ったのである。またこのメモランダムにおいて，イギリスは中国のチベットに対する「宗主権（suzerain rights）」を認めつつも，内政の権限がチベットに帰することを承認する方針を明記していた。しかし，中華民国はチベットに対する「主権（sovereignty）」を強く主張しており，この「主権」「宗主権」をめぐる抗争は，後に開催される会議での中国代表陳貽範とイギリス代表マクマホン（A. Henry McMahon）の間における主要な争点の一つとなったのである[26]。

　では，チベット全権代表として参加したシェーダ・ペンジョル・ドルジェ（Bshad sgra dpal 'byor rdo rje）[27]は，シムラ会議において，チベットの政治的地位に関して具体的にどのような主張を展開していたのであろうか。それはイギリス・

---

25) L/P&S/11/64, P. 3450, Government of India to the Secretary of State for India, Aug. 13, 1914.
26) 8月17日のメモランダムについては，岡本前掲「「主権」の生成と「宗主権」」189〜191頁を参照。
27) シェーダ（?-1919）はチベットの有力貴族であり，1893年の中英間の通商章程交渉の際にダージリンに赴いた経験をもつ。1910年の四川軍のラサ進軍時に，ダライラマとともにインドに亡命した。ラサ帰還後は宰相（ルンチェン）として政権を取り仕切った。L. Petech, *Aristocracy and Government in Tibet*, pp. 181-183.

中国側にどのように受け止められ，またイギリス・中国の主張をチベット側はいかに認識していたのであろうか。

従来，シムラ会議におけるチベット代表らの発言・立場・見解を検討する上で多くの研究が依拠してきた文献は，イギリス本国に所蔵される FO（Foreign Office Record）や IOR（India Office Record），さらに 1940 年に北京で出版された *BQ*（*The Boundary Question between China and Tibet*）をはじめとする，英語で記された外交史料であった。会議の三者交渉での使用言語は英語であるため，これらの文書は交渉過程を明らかにする上での根本史料となる。

しかし，各正式会議および分会においてチベット側が提出した意見書の多くは，チベット語により事前準備されたものの英訳である。チベット代表が本来いかなる発想・論理にもとづき交渉に臨み，自己の主張をどのような文言・政治的概念にて表現しようとしたのかを検討するためには，英訳前のチベット語テキストを検討する必要がある。同様に，英文にて提示されたイギリス側・中国側の主張・見解に対するチベット側の解釈を理解するためにも，やはりチベット語による翻訳テキストの分析が不可欠になる。

これらの課題にとりくむ上で，筆者が注目する史料は，チベット語によるシムラ会議の会議録である『木虎の年，インドにおけるイギリス・チベット・中国三者の条約交渉の一切を明らかにする鏡』（*Shing stag rgya gar 'phags pa'i yul du dbyin bod rgya gsum chings mol mdzad lugs kun gsal me long*. 以下，本文中ではチベット語タイトルの一部 *kun gsal me long* をとり，『クンセルメロン（一切を明らかにする鏡）』と略記）である。巻末のコロフォンによれば，『クンセルメロン』は，シムラ会議終了後，ダライラマの指示により，会議の記録を後世に伝えるべく，チベット全権代表であったシェーダとかれを補佐したティモン・ノルブ・ワンギェル（Khri smon nor-bu dbang rgyal）[28]により編纂されたものである[29]。現在，原本はインドのダラムサラにあるダライラマ十四世のプライベート・オフィス（The Private office of His Holiness the Dalai Lama）に所蔵されているが，その成立の背景については不明瞭な

---

28) ティモン（1874-1945?）はチベット貴族であり，1911～12 年にはラサにて四川軍との戦争を指揮した。シムラ会議後は，1936 年に到るまで大臣(カルン)として長期にわたり政権の中枢にいた。Petech, *op. cit.*, pp. 96-98.
29) *Kun gsal me long*, 158b に記載される，ティモン執筆のコロフォンを参照。

点が多く，正確な成立年や，作成された部数など詳細は分かっていない[30]。

とはいえ，現在，チベット自治区檔案館をはじめとする中国内部の文書館におけるチベット語文献へのアクセスに困難がある中で，この『クンセルメロン』の存在は重要であり，これまでもチベット人研究者らがこの文献を参照しつつ研究を行ってきた[31]。しかし，英文史料との相互関係についてはこれまで検討されておらず，『クンセルメロン』の史料的性格は必ずしも明らかではなかった。そこで筆者は，『クンセルメロン』とFO，IORなどイギリス外交文書との比較分析を通じて，その内容と特徴について次のような知見を得た[32]。

まず，『クンセルメロン』に収録される史料は，①英訳される以前のチベット代表の主張の記録，②英文により作成された各正式会議の議事録や各代表の主張のチベット語訳（要約も含まれる），③イギリス外交文書中に英訳が存在しないチベット語文書，④会議中に締結された諸条約・合意のチベット語テキストなどから構成される。『クンセルメロン』はチベット側に集積されたこれら会議関連文書をほぼ時系列的に編集・収録した「議事録」といえるが，各文書の引用の冒頭・末尾などにはしばしば編者自身のコメントが加えられている。そこでは時折，中国代表の交渉態度に対する批判や，イギリスのチベットに対する政治的・軍事的支援の必要性の強調など，編者らの見解が示される。したがって，『クンセルメロン』の編纂には，代表として交渉に臨んだシェーダやティムンら編者自身による外交方針と交渉姿勢を正当化する意図が一定程度込められていると言えよう。それゆえ，このような意図に基づき，編者らが各文書に加筆・修正を加えた可能性もまた否定できるものではない。

こうした変更の有無を全編にわたり検証することは，現在入手可能な史料からは困難である。しかし，少なくとも本史料に引用される各条約文について言えば，それらを条約原文と比較対照した限りでは，意味・解釈に影響を与えない若干の

---

30) 完成時期は，1919年のシェーダ死後に編纂を継承したティムンが，大臣としてラサにいた時期（1922年頃まで）と推察される。一般に刊行された形跡がないこと，これを参照した記録が残る人物達がチベット政府の高官であることから考えると，政権中枢の貴族・官僚達の参照用に編纂されたものと思われる。本章では，ダラムサラのアニェマチェン研究所タシ・ツェリン氏所蔵のコピー（プライベート・オフィス版）を利用。

31) Tashi Tsering, "Nyag-rong mgon-po rnam-rgyal."

32) 以下の記述は主にR. Kobayashi, "An Analytical Study of the Tibetan Record of the Simla Conference"によるものである。

スペルの差異があるほか，改竄といえる箇所は確認できなかった。附言すれば，編者の意図を反映した本史料のもつ「バイアス」もまた，その背景にある論理に十分に留意しつつ判断するならば，シムラ会議およびその後の政権中枢の政策方針を窺知しうる重要な情報となりうるであろう。

　以上，『クンセルメロン』の史料的性格を説明したが，ここで会議の交渉における英語―チベット語間の翻訳過程について言及したい。イギリス側において翻訳に関与した人物としては，まず前述のシッキム政務官ベルを挙げなければならない。1910～12年のダライラマのインド亡命時に，ダライラマやシェーダと親交を深めたベルは，シムラ会議ではチベット全権代表の補佐（Assistant）を担当した。チベット語についても一定の見識をもち，1910年代にはチベット語の文法書を英語にて編纂している。チベット側はベルに信頼と期待を寄せており，補佐の任命に際しては，ダライラマみずからがイギリス側にベルの就任を要求したほどであった[33]。

　しかしながら，実のところベルは，チベット側による提出文書の英訳の最終確認を行っていたに過ぎず，実際に翻訳作業を担った人物は，ベルの部下であったシッキム出身のダワ・サンドゥプ（Kazi Dawa Samdup）である。若くしてチベット語と英語の専門的教育を受けたダワ・サンドゥプは，ダライラマのインド亡命時にはベルのもとで通訳・翻訳に従事し，シムラ会議にも随行していた[34]。大英図書館所蔵の Charles Bell Collection（IOR/MSS/EUR/F80/189）には，チベット全権代表による主張の各英訳草稿が存在するが，その文末には，ダワ・サンドゥプが翻訳者であることを示すかれ自身のサインが記されており，英訳文書の作成は基本的にダワ・サンドゥプが担当したことが窺える。

　ただし，英語―チベット語間の翻訳一切がイギリス側の人員により遂行されたとみなすことは早計である。『ダライラマ十三世伝』には，ラサから派遣された代表団に，英語・漢語の翻訳担当が各1名ずつ随行していた様子が記載されている[35]。残念ながら，これら人物の具体像や動向について，他に特筆すべき情報はない。しかし，チベット側が翻訳者を派遣していた事実と，イギリス側の翻訳担

---

33) IOR/MSS/EUR/F80/5e6, the Dalai Lama's letter to the Viceroy, July 8, 1913.
34) P. W. S. Dasho, "A Brief Biography of Kazi Dawa Samdup."
35) Phur lcog thub bstan byams pa tshul khrims bstan 'dzin, *op. cit.*, kha 53b.

当の顔ぶれがシェーダらと会議開催以前から密接な関係を有していた人物たちであったことは重要である。英語―チベット語の両文書間の翻訳が、イギリス・チベット双方の協議を通じてなされた蓋然性が高いことを示すものであるといえる。

シムラ会議の交渉過程における政治的地位をめぐる言辞

　チベット側は、国際会議の舞台における自己の位置づけをどのように考えていたのであろうか。『クンセルメロン』の冒頭は、シムラ会議開催の経緯・背景を説明しており、清末以来の中国によるチベットに対する抑圧策についての批判と、イギリスの仲裁に対する謝意が述べられている。さらに、「高僧と施主」という清朝との関係、およびその解体に関する説明からは、前述したダライラマ十三世と共通する歴史理解を看取することができる[36]。また、19世紀末以来、チベット代表不在のまま清朝―イギリス間で結ばれた各条約の不当性を述べ、チベットがイギリスや中国と対等の立場で交渉を行い、条約を締結しうる外交主体であることを強調している[37]。

　こうした認識にもとづき、10月13日に開催された第一次正式会議において、チベット側は自らの政治的地位と領域範囲、ダライラマの権威、中国側の軍事行動による被害等について主張を展開する。とりわけその政治的地位については、『クンセルメロン』に収録された文書は、

　　中国とチベット両者は、一方の支配下に一方があるというものではないので、このたび、新たな条約を締結する〔その中の〕一項目において、今後、中国とチベットがともに〔互いの〕権限に干渉しないことのみならず、このチベットが独立国家（rang btsan rgyal khab「ランツェン＝ギェルカブ」）であることを決定し、依怙尊ダライラマ猊下がチベットの政教一切の指導者であることを定めるものである[38]。

と規定している。中国との支配―被支配関係の否定と、チベット国家の「ランツェン」、さらにダライラマを頂点とする政教合一の政体維持を結びつけた説明は、会議以前からのチベット側の主張と同様のものである。この発言は、次のように

---

36) *Kun gsal me long*, 2a-b.
37) *Ibid.*, 100b.
38) *Ibid.*, 6a.

英訳され会議に提出された。

　　チベットと中国は，互いにどちらか一方のもとに存在したことは無く，両者は将来において決して一つになることはない。チベットが独立国家である（Tibet is an independent state）こと，偉大なる守護者であるダライラマが，聖・俗の事柄においてチベットの支配者であることを定めるものである[39]。

このように，「独立国家（rang btsan rgyal khab）」は"independent state"として明確に訳出されている。このチベット側の主張に対して，中国側は同月30日に，

　　〔1789年のグルカ軍のチベット侵入に際して，チベット側は中国に協力をもとめ，〕かれらの嘆願に対して中国は50,000を超える軍隊をチベットに派遣することによって即座に対応し，これによってグルカ軍は国外に駆逐されたのである。チベットはこの時，確実に中国の主権下に置かれたのである（Tibet was then definitely placed under the sovereignty of China）[40]。

として，清朝とチベットの歴史的関係に言及しつつ，従来チベットが中国の「主権（sovereignty）」の下にあったことを述べ，チベットの「独立」の否定と中国による支配の正当性を論じていく。しかしながら，この英文による中国側の発言を，『クンセルメロン』は下記のごとく翻訳している。

　　……〔グルカ軍の侵略を受け〕このチベットは非常に絶望的であり方法も尽きたため，再び中国から援助をして頂く必要があると申し上げたことを，〔中国は〕即座に聞き入れ，50,000の軍勢をチベットに送り，グルカ軍らを駆逐した。それ以来，チベットの領域（土地・属民）に対する権限はすべて，中国の支配下に編入されたのである（bod khams kyi sa sde dbang tshang ma rgya nag mnga' 'og tu bcug 'dug）[41]。

"under the sovereignty"は，チベット語で「支配下」「統治下」を意味する"mnga' 'og"として訳出されている。ただし，"mnga' 'og"は『クンセルメロン』中において，支配─被支配関係を示す他の英語表現の訳としても用いられており，「主権」の対訳として固定されてはいない。なお，現代チベット語において，「主

---

39) FO371/1613, no. 50097, Statement of Tibetan Claims, Annex IV to the Proceeding of the First Meeting of Tibet Conference held at Simla, Oct. 13, 1913.

40) IOR/L/P&S/10/342, P. 4963, The Chinese Counter-Proposals to the Statement of Tibetan Claims, Oct. 30, 1913.

41) *Kun gsal me long*, 9a.

権」には"bdag dbang"（ダクワン：「ダク（bdag）」は主人・支配者・所有者など，「ワン（dbang）」は権力・権威・権限などを意味する）」という訳語が当てられることが多いが，この表現が『クンセルメロン』にて用いられることはない[42]。

こうした訳出のあり方は，イギリスが議論するところの「主権」にあたる術語概念が，当時のチベット語に存在しなかった可能性を示すものである[43]。ただしこの問題は，中国のチベットに対する権限の規定として，「主権」とともに焦点となっていた「宗主権」に対する認識と合わせて考える必要があろう。シムラ会議の中で「宗主権」が俎上に載せられるのは，1914年2月17日にマクマホンが提示した調停案においてであり，そのうち政治的地位に関わる条項は以下の第2条項である。

　第2条項：イギリス政府と中国政府は，①チベットが中国の，主権ではなく宗主権下の国家であること（Tibet is a State under the suzerainty, but not the sovereignty of China）を承認し，②さらに外チベットの自治（the autonomy of Outer Tibet）を承認しつつ，チベットの領域統合（the territorial integrity of the country）の尊重を約束し，外チベットの行政（ダライラマの選定権・任命権を含め）に干渉しないことを約束する。これらはラサのチベット政府の手に帰するものである。中国政府はチベットを中国の省に変更しないこと，チベットが中国の国会やいかなる類似の機関にも代表を送らないことを約束する。イギリス政府はチベットやその一部を併合しないことを約束する[44]。

ここでマクマホンは，下線部にあるように，①中国のチベットに対する権限を「宗主権」とし，②チベットの「自治」を承認するという規定を提示した。その

---

42) 翻訳に関わったダワ・サンドゥプが後年編纂した *An English-Tibetan Dictionary*, p. 740 は，"sovereignty" に対して，rgyal po'i tshad dbang, rgyal srid, rgyal po'i go 'phang という語を当てている。いずれも，sovereignty が本来有していた君主の権限を意味するものであり，国家の排他的かつ至上の統治権を示す「主権」の意味は訳出されていない。なお，"suzerainty" に関しては，この辞書において項目が設けられていない。

43) モンゴルは20世紀初頭に漢語版の『萬國公法』のモンゴル語訳を作成し，「主権」・「独立」などの政治的概念を受容しつつあった。橘誠『ボグド・ハーン政権の研究』149〜166頁を参照。しかし，管見の限り，チベットが国際法をチベット語に翻訳し，外交において運用していた形跡は，現在入手可能な20世紀初頭の史料中において見いだすことはできない。

44) *BQ*, pp. 91-95, Proposed Tripartite Convention.

際，マクマホンは中国内地とチベットの境界画定をめぐる中国―チベット間の対立を調停するため，チベットの範囲をチベット政府の実効支配地域としての「外チベット（Outer Tibet）」と，中国内地との中間に位置する「内チベット（Inner Tibet）」に分割する案を示し，「外チベット」を自治的チベットの範囲としたのである[45]。

この調停案を境として，「主権」を要求する中国と，「宗主権」を主張するイギリスの間で議論が再燃するに至る。しかし，当時すでに，露蒙協定・露中宣言の成立を通じて，モンゴルに関する「宗主権」がほぼ確定していた中国側にとって，チベットに対する「宗主権」の容認は不可避であった。そこで陳貽範は第2条項の"but not the sovereignty"という，中国の「主権」を否定する文言の削除と，"Tibet was a portion of Chinese territory"という一文を盛り込むことを条件に，「宗主権」記載の妥協へと応じた[46]。これにともない，交渉の比重はいっそう，「外チベット」と「内チベット」の境界問題に置かれるようになっていった。

一方のチベット側は，3月7日にこのマクマホンの調停案に対して反論を展開する。しかしそれは，政治的地位の規定よりもむしろ，境界画定の原案に対する反論が主たるものであった[47]。すくなくとも英文史料を見る限り，チベット側がその政治的地位を"independent state"として再び強調している形跡はなく，中国の「宗主権」について，チベット側がまるで目立った反発もしないまま承認したかのようにも見受けられる。

この「妥協」ともいうべきチベットの対応の背景を理解するためには，イギリスによる政治的地位の規定を，チベットがどのように解釈していたのかを検討する必要がある。以下，『クンセルメロン』中から，このマクマホンの調停案第2条項にあたると判断される箇所を掲げる[48]。

---

[45] マクマホンによる「外チベット」と「内チベット」の二分案提示の背景と，境界画定交渉の経緯については，小林前掲論文を参照。

[46] 『外交部檔案叢書』編号 009「陳貽範與麥師會談備忘録」1914年4月15日。中国側は「主権」を含意する「領土（territory）」を草案に明記することによって「主権」・「宗主権」の「両論併記」の状態に持ち込み，「主権」の確保という解釈の余地を残そうとした。岡本前掲論文，204〜207頁を参照。

[47] IOR/L/P&S/10/343, P. 1215, Verbal statement by Lonchen Shatra : communicated on the March 1914. Handed to Mr. Ivan Chen, March 7, 1914.

[48] Kun gsal me long, 56a-b を参照。調停案を参照しつつ作成した訳文であることは，BQ, pp.

第2条項:
中国・英国の両者は，このチベットが①対外的には中国政府の支配領域である（phyi rgyar rgya bzhung gi mnga' khongs yin）と承認する。②しかし，実質的な事柄については国家の独立〔に委ねられるもの〕である（nang don rgyal khab rang btsan yin）ことは周知の如く尊重して，外チベットにおける統治権一切はチベット政府自身に帰属するものであることを承認して尊重し，領域に境界を課す。〔その外チベットの〕実質的な事柄の権限に干渉することは決してせず，あらゆる権限の一切は，チベット政府に帰属するものであることを承認する。中国政府は，このチベットの地域自体を中国の省に変更しないと承認する。その上で，中国の国会や，およびそれに準ずる中国政府のあらゆる部門に，チベットの代表を派遣しないものとする。同様に，イギリス政府もまた，チベットの土地のわずか一片も併合しないことを承認する。
……

　①では，「宗主権（suzerainty）」は前述の「主権」と同様，特定の術語を用いた訳にはなっておらず，「対外的には中国政府の支配領域」という説明的な文言があてられている。この表現は，第1節で述べた，ダライラマがロシアあて書翰にて，チベットの政治的地位に関するイギリスの外交方針を説明する上で用いていた，「対外的に中国の〔支配〕領域である（phyi rgya khongs yin）」に近いものである。会議開催前からイギリスの方針を認知していたチベットは，イギリスが中国の「宗主権」を規定する文言を条文草案に挿入してくることを十分想定していたと考えられるが，その訳文もまた，会議以前からのチベット側の「宗主権」理解を反映した文言となっているといえる。

　しかし，興味深いのは，続く②において，「自治（autonomy）」を説明する上で「独立（ランツェン）」という訳語が使われていることである。「中国政府の支配領域」に編入されるという条件のもとで，「ランツェン」であるとは，何を意味しているのであろうか。「ランツェン」によって示される政治的地位とは，英語の"autonomy"と同程度のものにすぎなかったのであろうか。

91-95との比較検討にもとづき，ほぼ間違いないと判断しうる。しかし，第2条項の末尾（本章では省略）をはじめ，いくつかの項目において，対訳とは言いがたい内容の不一致などもみられ，この点はさらなる検討を要するものである。

まず考慮すべきは，当時のチベット語において，「ランツェン」が"independence"の訳語として定着していなかった点である。前述した 10 月 13 日のチベット代表の主張に含まれた「独立国家（rang btsan rgyal khab）」は，"independent state"として英訳されたにもかかわらず，上記の調停案の"autonomy"に対してもまた「ランツェン」が用いられているのであり，その用法は一貫していない。チベット側は，「ランツェン」を必ずしも"independence"あるいは"autonomy"の固定した対訳として用いていたわけではないのである。

　それゆえ，「ランツェン」の用法は，英語の政治的概念とは一旦切り離してチベット側の文脈に即して考える必要がある。繰り返しになるが，前節のダライラマのイギリスあて書翰の文言を想起したい。ダライラマはイギリスに対して，チベット国家の「ランツェン」達成のために英露両国との外交関係樹立を望んでいた。しかし，それが実現しない場合の次善の策として，中国からの干渉の回避を条件とした，「実質的な意味／事柄におけるチベットの権限の独立（nang don bod dbang rang btsan）」の確保を求めていた。「ランツェン」とは本来，中国のチベット支配をどう払拭するかという課題と深く結びつく概念だったといえる。

　これらを踏まえた上で，上記のイギリス調停案のチベット語訳を検討したい。この訳文は，①にて「中国政府の支配領域である」と記した後，②を「しかし（kyang）」という英文にはない逆説をもって繋ぎ，後半部分を強調する文章となっている。そして，イギリスあて書翰でダライラマが用いていた文言に近い，「実質的な事柄については国家の独立（nang don rgyal khab rang btsan）」という語を続けている。つまり，チベットは，"autonomy"の翻訳として「ランツェン」という語をあててこの一節に力点を置き，中国の「宗主権」を過小評価する文面を残そうとしたと言えるだろう。現在のように「ランツェン」が"independence"の対訳として必ずしも定着していなかった当時，チベットは"autonomy"を「ランツェン」と翻訳することを通じて，条文内容を自己の主張に近づけようとしていたのである[49]。

---

[49] ここで再び，第 1 節でも言及した"nang don"の解釈について議論する必要がある。シムラ条約草案第 2 条のみを見るならば，この語を「実質的な意味／事柄」「主要な事柄」ではなく，「内部の事情」あるいは「内政」と訳し，チベットが「対外的に（phyi rgyar）」中国支配下にあり（宗主権），チベットの権限は「内政（nang don）」のみにとどまる（自治）と解釈することも不自然ではない。

このように，チベット代表シェーダは，「自治」(英語条文) に対する「独立(ランツェン)」(チベット語条文) という，両論併記ともいうべき草案を構想しつつ，一方では，こうした政治的地位の規定に関する抽象的な議論よりもむしろ，チベットからの中華民国への議員派遣をめぐる問題や，境界画定問題といったより具体的な議題に関する交渉に集中していく。『クンセルメロン』は，シェーダが条約への署名に踏み切った局面について説明を加えているが，そこでは，「内チベット」の範囲をめぐり，中国側に対してチベットが行った青海湖南方一帯の譲歩 (内チベットから中国内地への移管) に関して言及した後，

外チベットの範囲の領域に対する統治権に関しては，今日提示する条約草案において，文言の変更は全く必要ではなく，最後まで貫徹すべきものとして，チベットの独立(ランツェン)によって代表される領域 (土地・属民) に対する統治権 (bod rang btsan gyis mtshon sa sde dbang byus) についてはあらゆる点で〔このシムラ会議の交渉の中で〕かつてなかった良き内容であり，〔今後交渉を続け

しかしながら，"nang don" は決してシムラ会議において初めて出てきた表現ではない。第1節で述べたように，"nang don" はダライラマ十三世がシムラ会議以前にイギリスにあてた書翰中にすでに見いだすことができ，そこでダライラマが想定していた権限は，「内政」のみに留まるものではなかった。中国側の「宗主権」を骨抜きにしていくことを目指していたシェーダらシムラ会議の代表達もまた，チベットの権限を「内政」のみに制限する意図を込めて "nang don" を挿入したとは考え難く，むしろ以前からのダライラマ十三世による用法を積極的な意味において踏襲しつつ，「実質的な意味・事柄」を示す表現として "nang don" を用い，条文草案を作成していったと考えられる。

このように解釈すると，同条項において「宗主権」を説明した際の "phyi rgyar (チギャル)" という語に対しても，チベット側は，「対外的に」という本章で採用した訳語ではなく，「表面上は」という，中国の権限をさらに低く見積もる解釈を込めていた可能性がある。いずれにせよ，"phyi rgyar" と "nang don"，ともにチベット側にとって有利に解釈しうる語を，あえて「宗主権」―「自治」の訳語に用いたこと自体に重要な意味があると考えられる。以上の論点は，今後，当時のチベットが，「外交」と「内政」を峻別する近代国家に特徴的な発想をどの程度具有していたのかに留意しつつ，考えていく必要があるだろう。

なお，現代のチベット語において，"autonomy" はランキョン (rang skyong, 直訳すると「自ら治める」となる) として翻訳されるが，『クンセルメロン』やダライラマ十三世の書翰など，20世紀初頭の関連史料においてこの語を見出すことはできない。"independence" と "autonomy" を概念的に区別して訳出する用法がいつごろ登場し定着するのかは定かではないが，「ランキョン」については，漢語の「自治」からの訳語である可能性が高いと考えられ，今後その形成過程に注目すべきであると思われる。なお，上記の論点をはじめ，大川謙作氏 (東京大学) から貴重な御意見を賜った。深く御礼申し上げる次第である。

ても〕それ以上〔良いもの〕になることはないゆえに，わたし自身は，署名を即座におこなうものである[50]。

と記されている。つまりシェーダは，「内チベット」の境界問題の調整とともに，「外チベット」の「ランツェン」を確保するための条件について交渉が完了したと判断し，条約草案への署名（1914年4月27日）を決断したことがわかる。

このように，シェーダは政治的地位に関して，必ずしも「宗主権（suzerainty）」―「自治（autonomy）」という条件で安易に「妥協」・「譲歩」をしたのではなかった。「ランツェン」の実現というチベット側の目標は一貫していたのであり，それはイギリスがチベットの政治的地位を"independence"ではなく"autonomy"と規定しても，変わることはなかった。むしろ「宗主権」を根拠とする中国の影響力を，いかに矮小化するかという観点から，"autonomy"に対して「ランツェン」という訳語をあてることで合意に応じ，その「ランツェン」の内実を満たすため，境界問題などの交渉に比重を移していったといえるのである。

3　シムラ条約の調印

以上の経緯により，チベット側は条約内容に合意するものの，中国側との調整はその後も続くこととなった。陳貽範は，4月27日の条約草案に一旦は署名（イニシャル）をおこなうが，その翌日，境界画定案に対して不満を抱く本国政府からの指示によりその署名を撤回する[51]。その後，イギリスと中国の間で協議が重ねられたものの，中国側が条約内容に合意することはなく，1914年7月3日，シムラ条約は，調印を拒否した中国を除き，イギリスとチベットの二者間のみで締結されたのであった。

ダライラマ政権支配地域である「外チベット」の政治的地位は，次の第2条において言及される。以下，ロンドンの国立公文書館に所蔵される英語・漢語・チベット語の条約原文テキストから主要部分を引用する。

---

[50] *Kun gsal me long*, 64b.
[51] 『外交部檔案叢書』編号030「陳貽範會晤馬麥含時，當面宣讀外交部訓令電文」1914年6月14日。

〔英語〕

イギリス政府と中国政府は，チベットが中国の宗主権下にあること（Tibet is under the suzerainty of China）を承認し，さらに外チベットの自治（the autonomy of Outer Tibet）を承認しつつ，チベットの領域統合（the territorial integrity of the country）の尊重を約束し，外チベットの行政（ダライラマの選定権・任命権を含め）に干渉しないことを約束する。これらはラサのチベット政府の手に帰するものである。……

〔漢語〕

中国とイギリス両政府は，中国がチベットに対して宗主権をもつこと（中國於西藏有上邦權）を承認し，外チベットが自治権を有すること（外西藏有自治權）を承認する。このたび，チベット地域（西藏疆界）の完全なる保有を尊重することを取り決める他，チベットの内政，その中でもダライラマの選別と就任などの事柄はラサ政府が管掌し，中国とイギリス両政府はともに干渉しない。……

〔チベット語〕

イギリス政府と中国政府は，現状のチベットが対外的には中国の支配領域である（bod ljongs 'di bzhin phyi rgyar rgya nag gi mnga' khongs yin）と承認する。しかし，外チベットの実質的な事柄については国家の自主・独立〔ランワン・ランツェン〕〔に委ねられるもの〕であること（bod phyi ma'i nang don rgyal khag rang dbang rang btsan yin pa）は周知の如く尊重し，領域に区分を課し，外チベットの実質的な事柄の権限，〔つまりは〕ダライラマの転生者の認定，即位などに対して，決して干渉せず，あらゆる権限の一切はチベット政府自身に属するものであることを承認する[52]。……

英語条文においては，先述した調停案における"Tibet is a State under the suzerainty"から"State"が除かれているが，チベット語条文においては，先述した調停案の翻訳と基本的な語彙・文言に大きな異同は無く，「国家の自主・独立〔ランワン・ランツェン〕」が明記されている。

これに加え，チベットの政治的地位に関わる重要な語として，「領土（terri-

---

52) FO93/105/2, Convention, United Kingdom, China and Tibet, July 3, 1914.

tory)」についての考察も必要となる。当時の中国側の唱える「主権」とは，「領土」という術語概念と深く結びつく観念であった。中国側は「宗主権」容認を妥協しつつも，他方でチベットを中国の「領土」の一部とするとの明記をもって，「主権」を維持するという解釈を残そうとしていた[53]。この記載を盛り込んだのは，シムラ条約の交換公文の第1条である。以下，英・漢・チベットの各条文を併記する。

〔英語〕

各締約国はチベットが中国領土の一部を構成する（Tibet forms part of Chinese Territory）ことを了解するものである。

〔漢語〕

このたび，各締約国はチベットが中国領土の一部分をなす（西藏為中國領土之一部分）ことを定めて明確にするものである。

〔チベット語〕

〔条約締結国の〕代表者は相互に，このチベットが中国領土の一部（rgya nag gi sa'i khongs gtogs）であることに合意するものである。

territory に当たるチベット語は，「土地」などを意味する sa であり，"sa'i khongs gtogs"（領土の一部）と類似の文言は，シムラ会議以前より国家の支配領域を指す語として史料中にしばしばみられるものである[54]。ただし，『クンセルメロン』中において，こうした「領土」「領域」を示す言葉は，他にも "mnga' khongs"（支配領域）あるいは "sa sde"（土地と属民）などがあり，用語にばらつきが見られる[55]。また，この "mnga' khongs" は，第2条における「宗主権」の訳を構成する rgya nag gi mnga' khongs（中国の支配領域）にもみられるものであり，特に「主権」と結びつけた訳語であるとは思われない。「宗主権」の記載に不満であった中国が，「領土」の挿入によって「主権」の確保を目指したこととは対照的に，チベット側は「領土」という語にさほどの重みを持たせていなかったものと考えられる。

それゆえ，こうした語彙の不一致よりも留意すべきは，チベット側が，自国が

---

53) 岡本前掲論文，204〜207頁および本書第9章を参照。
54) たとえば，「川滇邊務大臣衙門檔」64-24〜37，ツォンドゥ（国民会議）から督辦川滇邊務大臣趙爾豊への書翰，1909年7月30日。
55) 今日において，「領土」を指す言葉としては，"mnga' khongs sa cha," "khongs gtogs sa cha" など，複数を挙げることができる。Krang dbyi sun, *Bod rgya tshig mdzod chen mo*, p. 244.

「中国領土の一部」となることを，中国の「主権」およびそれに準えた支配権のもとに置かれるということではなく，むしろそうした権限を払拭する文脈において捉えようとしていた点である。前述の考察に立ち戻るならば，チベット語条文の力点は，続く「国家の自主・独立〔ランワン・ランツェン〕」に置かれていたのであり，"independence" か，それとも "autonomy" かという英語の政治的概念の違いは必ずしも意識されてはいなかった。チベット側はあくまで，会議以前よりダライラマが唱えていた，チベットに対する中国支配・干渉の拒絶を前提とする，チベットの政教合一体制の維持と発展に主眼をおきつつ，条文を作成していたといえるのである。

おわりに

　従来，シムラ会議におけるチベットの政治的地位をめぐる議論の多くは，イギリスの外交史料に依拠して進められ，同様の手法はチベット代表の立場・見解を探求する際にも適用されてきた。しかしながら，チベット語の文書や会議録を利用した本章の考察からは，シムラ会議の交渉過程におけるチベット側の動向を，「主権（sovereignty）」「宗主権（suzerainty）」「独立（independence）」「自治（autonomy）」といった英語の政治的概念を通じて議論することにおける問題点が明らかになった。

　中国のチベットに対する権限が，「主権」か，それとも「宗主権」であるのかという問題は，シムラ会議における争点の一つであった。しかし，いまだこれらの政治的概念に対する熟した術語をもたなかったチベットは，イギリス・中国の二者とは異なり，この「主権」「宗主権」をめぐる問題意識を共有してはいなかった。むしろ，チベットは会議以前から，チベットを中国領土の一部分に編入するというイギリスの方針そのものに不満と危機感を有していたのであり，それは「主権」「宗主権」をめぐる中英間の論争とは次元を異にしていた。

　さらに，「独立」「自治」についても事態は同様であり，チベットは "independence" か，それとも "autonomy" かという二者択一的な発想で交渉していたわけではなかった。チベット語の「ランツェン（独立）」とは，"independence" の対訳として固定されてはおらず，シムラ条約においては "autonomy" の訳語としても

用いられていた。しかしながら，これは，「ランツェン」の実現というチベット側の本来の目標が，実際にはイギリスの規定する「宗主権」―「自治」として妥協可能なものに過ぎなかったことを意味しない。ダライラマ十三世の用法に従えば，「ランツェン」とは，清朝崩壊と「高僧―施主」関係解体の中，対外関係において各国と対等の立場を構築しつついかにダライラマを頂点とした政体を維持・発展させるかという問題意識と深く結びついた概念であった。そして，その目標達成の最低限の条件とは，中国による支配・干渉の払拭と回避であった。チベット側が「ランツェン」という語を"autonomy"の訳として条文に挿入した背景には，イギリス側の調停案を受諾しつつも，中国支配を可能な限り過小評価しようとする意図があったといえよう。

　つまり，「宗主権」―「自治」という条件の受諾とは，イギリスの調停案に対する消極的な妥協・譲歩というものではないであろう。条文に「ランツェン」を明記したチベット側にとって，自己の政治的地位が英語の術語概念でどのように規定されるのかという問題は最大の関心事ではなかった。同時期，中国内地との境界地帯である東チベットにおいてはまさに中国との軍事的抗争が継続しており，当該地域の多くは中国軍により占領されていた。こうした中で，チベット側は，東チベットにおける境界画定をはじめとするより現実的な危機の打開へと集中し，中国の干渉と脅威を排除することで，条文に挿入した「ランツェン」を実体化することに力を注いだのだと言える。

　以上は『クンセルメロン』をはじめとする限られた文献を検討した結果であり，今後に多くの課題を残すものである。しかし，「宗主権」―「自治」を規定したシムラ条約が，「主権」の維持に固執する中国，その「主権」を否定する「宗主権」記載を企図するイギリス，そして，中国支配の矮小化と実質的な「独立」の達成を目指すチベットという，三者それぞれの意図が混在する中で形成されたものであったことは確かであろう。

　こうしたシムラ条約にみられる三者の認識の齟齬と，そこに集約的に示される問題は，中国―チベット関係に対するイギリスの関与が終焉した後も決して消え去ったわけではない。西欧起源の政治的概念をもってチベットの政治的地位をいかに規定するのかという課題は，現在もなお未解決のまま継続しているのであり，シムラ会議はその歴史的な起点として位置づけることができるであろう。

第Ⅴ部
東西新秩序のゆくえ

第9章
中国における「領土」概念の形成

岡 本 隆 司

はじめに

今を去る9年前の2005年は、第二次世界大戦終結六十周年であり、戦勝国で記念行事が大々的に催された。中国ももちろん例外ではない。同年9月3日、そこで前国家主席・胡錦濤がおこなった談話に、以下のような一節がある。

日本1874年進犯台灣，1894年挑起甲午戰爭并侵占台灣，1904年發動日俄戰爭侵犯中國東北領土和主權，……

In 1874, Japan invaded Taiwan. In 1894, it provoked the Sino-Japanese War of 1894–1895 and proceeded to occupy Taiwan. In 1904, Japan started a war against Russia, violating China's territorial integrity and sovereignty over northeast China. ...

中國人民抗日戰爭的勝利，徹底打敗了日本侵略者，捍衛了中國的國家主權和領土完整，使中華民族避免了遭受殖民奴役的厄運。……從1840年起，中國屢遭帝國主義列強的侵略和蹂躪，國家主權和領土完整不斷受到侵蝕，中華民族的災難日益深重。

The victory of the War of Resistance Against Japanese Aggression brought about the thorough defeat of Japanese aggressors, safeguarded China's national sovereignty and territorial integrity and spared the Chinese nation of the misfortune of colonial enslavement. ... Beginning in 1840, China was repeatedly invaded and trampled underfoot by imperialist powers, its national sovereignty and territorial integrity time and again encroached upon and the Chinese nation subjected to untold misery.

以上は中国外務省が公表した中国語原文とその英訳である[1]。これを歴史学的にみれば，もとよりすべてが客観的に，正しいわけではあるまい。少なくとも細部にわたってなら，いろんな異論は聞けそうである。とはいえ，これが現代中国公式の歴史観であり，それを表現する言辞である，という厳然たる事実は，われわれも記憶しておいたほうがよい。

ここで目につくのは，「国家の主権（國家主權 national sovereignty）」「領土の統合（領土完整 territorial integrity）」という概念であり，それが論理全体の基軸になっている。もちろんこうした表現は，この記念行事でだしぬけに出てきたものではない。その前年，2004年改正の中華人民共和国憲法にも，以下のような一節がある。

> 中國堅持獨立自主的對外政策，堅持互相尊重主權和領土完整・互不侵犯・互不干渉内政・平等互利・和平共處的五項原則，發展同各國的外交關係和經濟・文化的交流。……

翻訳の必要はあるまい。やはり「主權」「領土」が出てくる。

まず考えなくてはならぬのは，胡錦濤の所説の客観的な正しさではない。それがなぜ，このような言辞と表現をとるのか，である。それがわからなくては，所説・態度の正誤も論じる前提をもちえない。歴史研究にせよ現状分析にせよ，これまで言辞や概念，およびその由来に注意を払ってこなかったために，水掛け論になっていたようにもみえる。

最近の問題・日本との関わりでいえば，中国は尖閣諸島が「主権」を有する「領土」だと明言した。そして日本政府が2012年9月にふみきった尖閣国有化に反撥，過去に「領土」を盗んだと非難し，領海侵犯をくりかえしている。もとより日本人には，ただちに納得できる言動ではない。しかしそれを荒唐無稽・乱暴狼藉だと決めつけ，頭から全否定しては，相手の言い分，ないし考え方を理解することは不可能である。なぜそうした史観・言説・行動になるのか。反駁するにせよ首肯するにせよ，まずそれを知らなくては，話が始まらない。

筆者はすでに中国の「主権」概念について，チベット・モンゴルとの関係で

---

[1]「胡錦濤在紀念中國人民抗日戰爭暨世界反法西斯戰爭勝利60周年大會上的講話」。

「宗主権（suzerainty）」を否定する動機から，それが生じた歴史過程を明らかにした[2]。それに対するモンゴル・チベット側の反応・動向も，本書第Ⅳ部でつぶさにみたとおりである。本章ではそのうえにたって，「主権」と密接に関連し，合わさって成語をもなす「領土」概念をとりあげたい。

　念のため申し添えれば，本章は中国のいわゆる「領土支配」の起源をさぐるものではない。国土意識・領土意識を検討するものでもない。そうした問題は多かれ少なかれ，すでに明らかになったところ[3]だからである。もとより行論に必要なかぎりで，そこに論及はするし，しなくてはならない。けれども本章がめざすのは，領土支配・領土意識という漠然とした行為や認識ではなく，「領土」という術語概念のなりたちを解明することにある。

　「領土」とはいうまでもなく，近代西欧の主権国家体系のもと，主権・人民とともに近代国家を構成する要素であり，その主権が排他的に及ぶ国土をさす概念である。既存の日本語「領地」から派生し，territory という法律用語の訳語として成立，定着した和製漢語であって[4]，中国オリジナルの漢語ではない。西洋近代的な「主権」概念・観念のそなわった「領土」という術語表現が，なぜ，どのように中国で生まれて定着したのか。そこで持たざるをえなかった性格・特徴とはいったい何なのか。本章はそうした問題を明らかにしようとするものにほかならない。わずか一語の語彙概念の検討ながら，東アジアで顕在化している国際秩序のひずみの歴史的な淵源も，そこにかいまみえるのではなかろうか。

---

[2] 岡本「「主権」の生成と「宗主権」」。
[3] たとえば，政治・思想については，茂木敏夫「中華世界の「近代」的変容」を，いっそう広い社会的文脈については，吉澤『愛国主義の創成』を，また外交史あるいは「外交官」にしぼった最近の研究成果として，箱田恵子『外交官の誕生』を参照。
[4] たとえば，渡辺萬蔵『現行法律語の史的考察』107〜108頁を参照。早期の代表的な用例としては，中江兆民『国会論』66頁がある。以上は岸本恵実氏の示教にあずかった。記して謝意を表す。

1 「属地」概念

清朝の統治体制と術語概念

　現代にまでつながる中国の「領土」とその概念を考えるには，その前提となった清朝の統治構造を知っておく必要がある。しかしながらそれ自体，なお研究の途上であって，動かしがたい完璧十全な定説というのは，今のところ求めても得がたい。ひとまず20世紀の近現代史も見とおした形で，その対内的対外的秩序に筆者なりの整理を加えるとすれば，以下のようになろうか[5]。

　「互市」：西洋諸国・日本・東南アジアの港市国・……
　「属国」：朝鮮・琉球・ヴェトナム・シャム・……
　「藩部」：モンゴル・チベット・ムスリム（新疆）

清朝の統治機構のなかに理藩院があり，それがあつかう対象を漢語で「外藩」，もしくは「藩部」と称していたのは，周知の事実に属する。また朝貢儀礼を所轄する礼部が「属国（属邦）」をうけもち，「互市」は政府間通交ぬきの交易という意味で，現地当局が個別に対処した。したがって実質的実務的な区別は，上記三者のあいだで当然に存在している。

　もっともこのように表現した三つのカテゴリーは，さしあたって史料術語にもとづき実態に即しながらも，あくまで筆者が分析・説明の便宜のために設定した概括的な操作概念である。それぞれが現実にどの時期にも，厳密にこの名称でよばれ，その内容を具有していたわけでは必ずしもない[6]。また各々の内部も，ま

---

5) ひとまず，岡本「朝貢と互市と會典」，T. Okamoto, "Qing China's Foreign Relations" を参照。これはもちろん，本書導論でとりあげた「普遍性」に対応している。「属国」が漢語圏，「藩部」がモンゴル・チベット圏に相当し，「互市」はそのほかの普遍性・秩序体系に対応すべき手段・範疇だったと位置づけられよう。

6) 「藩部」は『清史稿』の「藩部傳」，「属国」は同じく「屬國傳」，「互市」は『嘉慶會典』から（岡本前掲「朝貢と互市と會典」28頁を参照）それぞれとったものであり，『清史稿』でいえば「互市」の一部が「邦交志」にあたる。
　客観的な史実経過に即してみれば，実はこれは精確な分類概念ではない。とりわけ「藩部」は，バイアスの大きい概念であって，その内容は別途あらためて，詳細に検討する必要がある。いっそう客観的な「藩」の分析として，さしあたり，岡洋樹『清代モンゴル盟旗制度の研究』，片岡一忠『中国官印制度研究』，同『明・清両朝の「藩」政策の比較研究』などを参照。

ったく一様であったわけでもない。

　そのためでもあろうか，清代 18 世紀までは，それぞれを互いの関係で位置づける発想や意識は，稀薄だったように思われる。それは客観的にみて，実務上の区別が厳存していたこととは，ひとまず別の問題としてある。複数の他種族を把握するにあたって，とりわけ漢人の漢語による用語・概念は，すこぶる曖昧だったといってよい。

　その最たるものが，いわゆる「属国」と「藩部」の区分であった。一方は漢人を統治する六部のひとつ，礼部所轄の朝貢をおこなう「属国」のカテゴリーにあるのに対し，他方は非漢人を対象とする理藩院担当の「藩部」のカテゴリーにあって，客観的にみれば，まったく別個の存在であり，秩序体系・普遍性を異にしていたはずである。ところが漢人に漢語でいわせれば，両者ともに，たとえば「藩属」という称呼になり，こう表現すると，両者の分別は無きにひとしくなってしまう。当時の漢人知識人一般が，実際どれだけ厳密に，両者を区別して認識していたかは，すこぶるみきわめがたい。

　周知のように，この「藩部」が現在，中国の「領土」を構成している。では，それはいつ，いかにして「領土」に転化するか。そのいわばひとまずの帰着点をなすのは，以下の史料であろう。辛亥革命で孫文に代わり，北京で臨時大総統に就任した袁世凱が，1912 年 4 月 21 日に下した命令である。

　　現在五族共和す，凡そ蒙・藏・回疆の各地方，同(とも)に我が中華民國の領土為り，則ち蒙・藏・回疆の各民族は，即ち同に我が中華民國の國民為り，自ら帝政時代が如く，再び藩屬の名稱有る能はず。……[7]

下線を施した「領土」にしても「藩屬」にしても，漢人による漢語の用語・論理であって，もとより客観的な事実経過とは分けて考えなくてはならない。にもかかわらず，これほど明らかな定義は，それ以前にはなく，またそれが現代までも

　　また清朝の立場からすれば，あるいは満洲・旧明の漢人も加えて「五族」としたほうが，むしろ適切な表現かもしれない（오카모토 다카시「일본의 류큐병합과 동아시아 질서의 전환」83〜84 頁註 43）。ただしここでは，近現代の史実経過として，漢語概念という漢人の主観を問題とするため，上のような整理となっている。
7)『東方雑誌』第 8 巻第 12 号，1912 年 6 月。この時期の「五族共和」の概念に関しては，モンゴル・チベットの立場からみた，橘「辛亥革命とモンゴル」308〜310 頁，小林「辛亥革命期のチベット」332〜334 頁を参照。

規定しているのは，チベット問題・尖閣問題をあげるまでもなく，明白であろうし，たとえば冒頭にあげた憲法の文言や胡錦濤の所説の前提をもなす。だとすれば，この大総統令の概念と論理がいかに形成されてきたのか。その歴史的な経過が問題となる。

「所属邦土」

上述のとおり，そもそもオリジナルの漢語に，「領土」という語彙はなかった。それが概念術語・普通名詞として定着するには，あえてその表記・字面を用いて，その意味内容を表そうとする意識が，あらかじめ存在していなくてはならない。語彙形成の問題に先だって，その意識形成をみてゆこう。

上にも述べたように，領土意識とその形成に関しては，先学の研究があるけれども，ここでは筆者なりの関心と材料に即して，語彙の問題と関連させつつ，大づかみにその経過をたどってみたい。

その最も早い出発点として，1871年，日清修好条規をめぐる日本との交渉をあげることができる。周知のとおり，その第1条にある「所属邦土」という文言が，1870年代を通じ，台湾出兵・朝鮮問題・琉球処分などで，日清間の紛糾の原因をなした[8]。

日清修好条規のこの条文は，清朝側の起草による。当初かれらの心づもりとしては，これは「属国」の朝鮮を指すことばであった。

> 日本は朝鮮と近接しており，両国の強弱は『明史紀事本末』を読めば明らかだ。最近ふたたび日本は朝鮮をうかがっていると聞く。その野心を逞しくし，朝鮮を併合しようものなら，わが奉天・吉林・黒龍江は防壁が失われてしまうので，あらかじめ対策を立てておかねばなるまい。いま通交を求めてきたから，それに乗じて条約を結んでおけば，永久的な安全は無理でも，牽制の役には立つだろう。とはいえ，あからさまに朝鮮と名指ししては都合が悪いので，概括的に「所属邦土」と言うことにした[9]。

以上から，そうした事情がうかがわれる。念のため，もうひとつ史料をあげてお

---

[8] 오카모토前掲論文。
[9] 署理津海關道陳欽「備稿」，李鴻章の総理衙門あて咨文，同治9年12月18日に添付，王璽『李鴻章與中日訂約』51頁所引。

こう。日清修好条規第 1 条の条文案を最終的にしあげたさいのコメントで，文全体の意味は問題にならないため，書き下しの引用にとどめる。

> 第一條に「大清國・大日本國は倍して睦誼を敦うすること，天壤とともに窮まる無からん」，第二條に「<u>兩國の所屬邦土</u>は，嗣後均しく宜しく篤く前好を念ひ，禮を以て相ひ待ち，稍やも侵越有るべからず，永久に安全なるを獲せしむ」とあり。謹んで査するに，前の兩條のうち第二條は<u>原と高麗が爲めに設く</u>。然れども專ら一條を立てては，彼必ず疑ひを生ぜんを恐るれば，第一條に併入し，以て痕跡を免ずるに若かず。第一條の「天壤とともに窮まる無からん」の句の下に，「即へ<u>兩國の屬邦</u>も，亦た各々禮を以て相ひ待ち，永久に安全なるを獲せしむ」の字樣を添叙し，第二條を將て刪去すべきや否や¹⁰⁾。

ひとまず下線部をみれば足る。この条文は「高麗」，つまり朝鮮の「ために設けた」といい，それを引くさい，一方で「所属邦土」といい，他方では「属邦」と作っている。すなわち，「属邦」とは「所属邦土」を縮約したもの，逆に「所属邦土」とは，単に「属邦」を引き伸ばしただけの術語であって，いずれももっぱら朝鮮を意味するものだった。

ところがそれは，ほとんど時を移さず，変わりはじめる。朝鮮のみだったその内容は，「概括」といったとおり，あいつぐ局面の変化によって，その「属」という字面が包含しうる範囲にひろがってゆく。台湾出兵における「生蕃」しかり，琉球処分における琉球王国しかり。「所属邦土」は当初の想定とは異なって，もはや朝鮮一国に限らない範囲をもつにいたった。

それだけにとどまらない。ほぼ同義語の連文であるはずの「邦」「土」にすら，一定の区別をつけるようになってきた。日本人にはすこぶる有名な，1876 年，日朝間の江華島事件をめぐる，全権公使森有礼と北洋大臣李鴻章との天津会談である。その清朝側漢文テキストに，以下のようなくだりがある。

> 森「朝鮮はインドと同じく，アジアにある国で，中国の属国とはみなせません」
>
> 李「朝鮮は〔清朝の〕正朔を奉じているのに，どうして属国ではないのです

---

10)「現擬規條清冊」，署理江蘇按察使應寶時・江海關道涂宗瀛の稟，同治 10 年 2 月初 6 日に添付，『晚清洋務運動事類彙鈔』上冊，465 頁。また王璽前掲書，72 頁も参照。

か」
森「各国はみな，朝鮮は朝貢をして冊封を受けているだけで，中国が税金を徴収しているわけでも，その政治を管轄しているわけでもないので，属国とは思えない，といっております」
李「朝鮮が数千年来中国に属していること，だれも知らない者はおりますまい。日清修好条規にいう「所属の邦土」の文言のうち，「土」という字は中国の各省を指します。これは内地，内属であり，税金を徴収し，政治を管轄します。「邦」という字は朝鮮などの国を指します。こちらは外藩，外属であり，徴税や政治はその国にまかせてきました。歴代このようでありまして，別に清朝からはじまったことではありません。それなのにどうして，属国とはいえないといわれるのでしょう」[11]

こうした森とのやりとり，あるいは李鴻章の発言が，ほんとうにあったかどうか，実はわからない。会談そのものも英語で行われたし，しかも日本側の記録とくいちがっているからである[12]。しかし李鴻章が，その日本側とのやりとりを清朝中央に伝えるには，対外的にも対内的にも，このように表現するのが適切だと判断したとはいえよう。

その判断の結果が，「所属邦土」を「直省」と「高麗諸國」とで構成されるものとしたところである。前者を「内地」「内属」としているから，これを合わせれば「内」の「属地」，後者は「外藩」「外属」なので「外」の「藩属」ということになる。

さきにみたように，それまで「所属邦土」とは，とりもなおさず朝鮮を指す「属邦」を単に引き伸ばしただけの語であった。それが複合的な概念だと認識を改めたのである。換言すれば，「所属邦土」概念の転換であり，日本の主張を伝えるにも，清朝の立場を守るにも，両立的に配慮した「属」概念の「内」「外」分別にほかならない。そして前者を2字に引き伸ばせば「属地」，後者が「藩属」となり，それぞれ「内」と「外」と対応しているわけである[13]。

---

11) 『李文忠公全集』譯署函稿巻4，「日本使臣森有禮署使鄭永寧来署晤談節略」光緒元年12月28日，頁35．訳文は岡本隆司訳「日本の朝鮮に対する使節派遣について」，村田雄二郎編集『新編原典中国近代思想史 第2巻』44，51頁を参照。
12) 同上，36〜53頁を参照。英文の会談記録は残っていない。
13) もっともこの局面では，西北の「藩部」は李鴻章の関心の外にある。少なくとも，言及は

「属地」の出発

　以上のいきさつをみるかぎり，こうした概念の転換は，日本との交渉，その西洋流の論理に迫られて現出している。外国列強の認識，さらにいえば誤解に直面し，清朝の側も一定の認識概念が固まってくる，という経過をたどったといえようか。

　それは時代が下っても，変わらない。いや，いっそう甚だしくなる。李鴻章の発言からほぼ10年たった1885年，その典型的な言説があらわれる。時あたかも，中央アジア・アフガニスタンをめぐって，英露のいわゆるグレート・ゲームが劇化してくるころ。そのはざまに位置する新疆・チベットも，国際政治の焦点となってきたから，清朝の当局者も考えをめぐらさねばならない。そこで最も尖鋭的だったのが，イギリス・ロシアに駐在する公使の曾紀澤である。

　以下は本国の外政を担当する北洋大臣の李鴻章に送った書翰の一部，イギリスがベンガル政庁の財務大臣マコーレー（Colman P. L. Macaulay）を使者として北京に送り，インド・チベット間の通商を開こうとした[14]のに際会して，清藏関係を再考すべきだとする意見である。

　　西洋の列強は近ごろ，中華の属国を侵奪することに専念しておりまして，「真の属国ではない」というのをその口実としています。けだし中国は属国に対し，その国内政治にも対外交渉にも干渉しませんから，そもそも西洋の属国に対する処遇とは，まったく異なっているからです。チベットとモンゴルはともに中国の属地であって，属国ではありません。にもかかわらず，われわれのチベット統治は，西洋の属国支配に比べても，なお寛大なのです。

まったくしていない。東方の日本・朝鮮が相手なので，関係が希薄だったこともあろうが，くわしい事情はわからない。うがった見方をすれば，あえて口にしなかった，とも考えられる。当時の海防・塞防の政策論争，新疆のヤークーブ・ベク政権打倒などが，李鴻章の情勢判断・発言に関わらなかったはずがないからである。

　なお念のため附言しておけば，「属地」がこの時点で，つねに「藩属」「属国」と区別される術語概念になったわけではない。たとえば，康有為は1888年，そのいわゆる「第一上書」で「属地」ということばを用いているけれども，これは「属国」を指すものであり（『戊戌變法』第2冊，129頁），同じ康有為でいえば，後註21所引の「公車上書」の論旨と対比すべきものである。

14）マコーレーの北京奉使は成功して，チベット行きを清朝政府から認められたけれども，そのチベット使節行は，翌年の中英ビルマ・チベット協定の規定で，けっきょく沙汰やみとなった。ビルマ・チベット協定については，ひとまず箱田前掲書，第4章を参照。

西洋はこの地に対しても，ただ「中華の属国」としか言わず，中国内地の各省とはずいぶん差別しております。われわれがいま大権を総攬して天下に明示しなくては，「属国」と呼ばれる属地が将来，さらに「真の属国ではない」属国だとみなされて，侵奪の憂き目にあうやもしれません[15]。

引用文の「属国」「属地」は，すべて原語どおりである。来歴と性質が本来ちがうはずの清朝の「属国」と西洋の属国とが，同じ字面・表記になっているところに着眼したい。これは無意識の誤解というよりは，故意の戦略とみなすべきだろう。もっとも，曾紀澤がなぜこうした見解を有し，措辞を施したか，またこの意見が本国でどのようにとりあつかわれたか，明らかになっていないし，文面そのものがどこまで曾紀澤じしんの考えだったのかも，判然としない[16]。

いずれにせよ，ここで表明された考え方は，看過できない。西洋の「真の属国」との比較もさることながら，朝鮮などの「属国」とは截然と異なる「属地」概念で，チベットを指し示しているところが重要である。10年前に李鴻章が試みた「内」「外」の「属」概念の辨別をつきつめた結果だともいってよい。「藩属」とも称するチベットあるいは「藩部」を，「属地」といいあらためることで，「内」にくりいれようとしたわけである。

曾紀澤のこうした意見，「属国」と「属地」の辨別はもちろん，迫る外圧から

---

15) 『曾惠敏公文集』巻5,「倫敦再致李傳相」乙酉7月初9日（1885年8月18日）。訳文は岡本隆司訳「チベット問題に関し，ロンドンより李鴻章に送った書簡」，村田責任編集前掲書，104〜109頁を参照。
16) この書翰の起草は，イギリス人顧問マカートニー（S. Halliday Macartney）の示唆によるものと思しく（A. Lamb, *British India and Tibet*, p. 129），だとすれば「属地」は，故意にterritory（領土）の漢訳語として用いた可能性も増す。しかも曾紀澤は，1年後の文章「中国先睡後醒論」では，チベット・新疆と朝鮮をほぼ同列にあつかっている（The Marquis Tseng, "China, the Sleep and the Awakening," pp. 8-9）。こちらもマカートニーの関与が認められる（D. C. Boulger, *The Life of Sir Halliday Macartney*, pp. 431-445）ので，いよいよわかりにくい。これは朝鮮の「属地」化の志向を寓したものだろうが，いずれにせよ確実なことは未詳である。後考を俟つとともに，博雅の示教を仰ぎたい。
　なお，曾紀澤の後任公使・劉瑞芬もその「出使日記」に，
　　英外部云へらく「現ま中國に一極大好處を予ふ，因りて西藏を認めて屬國と為す」と。從前并に西藏を以て中國の屬地と為さず，更に認めて中國の内地と為さざるなり。
と記しており（『西軺紀略』「雜記」頁55），駐英公使館としてその認識を継承していた事実には注意しておきたい。「出使日記」については，岡本・箱田・青山『出使日記の時代』を，とくに劉瑞芬は，その補論4を参照。

朝鮮やチベットを守ろうという企図にもとづいていた。もっともこの場合，曾紀澤の示した観念的な概念が，現実の局面や用例といかほど隔たっていたかは，確認しておかねばならない[17]。

　確かにこの10年ほど前，ロシアとの間で争点となった新疆，日本との対立の舞台となった台湾は，ほぼ時を同じくして「直省」化されており，そこに曾紀澤の意見と同じ発想・方向を認めることも不可能ではない。しかし当時の新疆・台湾が曾紀澤の用いた「属地」概念でよばれたことはなく，直接の関連，因果関係はみいだせない。このときはなお「直省」と同じ「督撫重権」体制のもとに置いた，という以上のものではなかったとみるべきだろう[18]。「属地」と称せられた当のチベットに関しても，その内容・解釈は，決して一定したものではなかった[19]。

　しかもいわゆる「属国」のヴェトナムや朝鮮では，西洋の「真の属国」との区別をあえてつけない方針と政策を，北洋大臣の李鴻章がとっていた。もとより李鴻章じしんは，曾紀澤のいわんとするところを理解していただろう。しかし内外

---

17) やや文脈が異なるものの，同じ時期の用例として参考になるのは，アメリカ合衆国のterritory（準州）の訳語である。1886年から89年まで駐米公使に任じた張蔭桓の「出使日記」たる『三洲日記』には，当時の翻訳も引いてあり，territory（準州）の対訳は「属邦」が最も多いけれども，「属土」「属境」もしばしば用いられ，また管見ではごく少数だが，「属地」もある。それぞれに微妙なニュアンスのちがいはあっても，ほぼ同義とみてよい。この問題については，別稿を用意している。以上はまた，上述の「所属邦土」の「邦」と「土」が，同義連文であることの傍証をもなすであろう。

18) その点，Paine, *Imperial Rivals*, pp. 165-166 が新疆に関し，「イリ危機」で中国は「国境と主権（borders and sovereignty）」の概念を採用した，とみるのは正確ではない。また柳澤明「ロシアの東漸と東アジア」100頁も「均質な領域国家としての中国という構想は，何よりもロシアの脅威を背景として浮上し，次第に現実のものとして形を整えていったと考えられる」と述べ，これと通じる見解をしめす。このような見解は，露清関係史の立場から示されることが多いが，けだしロシアのみを注視し，ほかの方面に対する目配りが周到でないためであろう。
　「督撫重権」と清末の統治構造については，岡本「清末の対外体制と対外関係」，同『李鴻章』68～82頁を参照。

19) このときチベットを「属地」と称したのは，イギリスとの紛争・交渉という局面における，イギリス向けの説明であり，清朝政府にとって，イギリスが条約にもとづいて交際する「與國」なら，チベットは「属地」だというわけである。その語彙概念がイギリスにいわば誤解されて，いたずらに混乱を助長している，というのが，たとえば，当時の駐藏大臣文碩の意見だった（『清代藏事奏牘』上冊，「文碩駐藏奏稿」，「藏番不欲撤卡及開導界外通

の情勢からして，ヴェトナムや朝鮮を確保するには，むしろ「属国」と「真の属国」との境界・辨別をぼかしておいたほうが得策だと判断していたのであり，それはそれなりに有効だった[20]。

ところが曾紀澤の意見書からおよそ十年，李鴻章のそうした政策は，日清戦争の開戦・敗戦で破綻に瀕した。ここから，次の展開がはじまる。

「属地」の定着

日清戦争の敗戦によって，中国知識人のあいだに，ナショナリズムと呼ぶべきものの勃興が本格化してくる，という概括的な事実経過は，もはや定説だといってよい。その表明の嚆矢ともいうべき著名な1895年の「公車上書」には，本章の論旨にも深く関わってくる記述がみられる。

　……さき辛巳（1881年）以前は，わが属国は無事であった。日本が琉球を滅ぼし，われわれがとがめようとしなかったことがあって以来，そのためにフランスはヴェトナムを取り，イギリスはビルマを滅ぼし，朝鮮は条約を結んで，シャムは半分の版図になってしまった。3，4年もたたない間に，吾が属国はなくなったのである。

　甲午（1894年）以前，わが内地は無事であった。いま遼東と台湾を割譲したなら，フランスは雲南・広西，イギリスは雲南・広東とチベット，ロシアは新疆と吉林・黒龍江へと，まちがいなく続々と侵略の手が及ぶだろう。それなのにどうして，いまだになお礼譲で国を治めることができようか。……[21]

末尾の「礼譲で国を治める（以禮讓為國）」とは，それまでのいわゆる王朝体制・

商各情形」光緒14年，「續接邊報馳陳藏地實在情形摺」光緒14年2月23日，639，660頁）。それに対し，北京はイギリスとの関係上，よりチベットが従順たるべきだとの意向をもっていた。「殊に藏は中國の属地為りて，斷じて其の自主を聽すの理無きを思はず」と文碩を批判した（『光緒朝東華録』光緒14年4月丁亥の上諭，2440～2441頁）ように，そこでも「属地」概念が作用している。そのいわゆる「属地」と「自主」は，西洋国際関係の概念にはなりきっていないけれども，チベットの勝手にはさせないという文脈で，それに近づいていることは確かである。もっともそれも清朝中央の，しかも当時にかぎった解釈だった。

20) 岡本『属国と自主のあいだ』，同前掲『李鴻章』137～166頁。
21) 康有為「上清帝第二書（即康公車上書）」光緒21年4月初8日，『戊戌變法』第2冊，132～133頁。

華夷秩序という漢語圏の普遍性を指しており，これを近代国家・国際関係という西欧の体制に改めることの主張を寓したものである。ナショナリズム勃興というゆえんであり，そこで「属国」と「内地」を説明するところに注目したい。

「属国」は琉球・ヴェトナム・ビルマ・朝鮮・シャム，つまりもと朝貢国で，すべて中国から離脱したことを歎く。「内地」は漢人住地の「直省」はもとより，チベット・新疆・東三省をも含んでおり，ここにまで脅威がおよぶ危機感を表明した。この「内地」は明確に，曾紀澤のいわゆる「属地」をくり入れたものとなっている。こうして，なお帰属の曖昧だった「属地」は，はっきり「内」の範囲だと意識されはじめる。

もっともそうした術語概念が，実務上にも使われたかといえば，それはなお留保しなくてはならない。たとえば「公車上書」の翌年，1896 年に李鴻章とロシア外相ロバノフ（Алексей Б. Лобанов-Ростовский）との間で結ばれた露清密約第 1 条には，以下のようにある。

> Всякое нападение, направленное Японией, либо против русской территории в Восточной Азии, либо против территории Китая или Кореи, ...[22]

「テリトリー（территории）」というのは，いまのわれわれの語感でいえば，領地・領土と訳して正しいし，それで何の違和感もない。むしろそうしなくては，誤訳のおそれなしとしないだろう。しかしこの条文の漢文テキストは，

> 日本國如侵佔俄國亞洲東方土地，或中國土地，或朝鮮土地，……[23]

とあって，「テリトリー（территории）」の対訳というだけなら，決して誤りではない。けれどもこの文面をみるだけでは，とりわけ中国の場合，その「土地」とはいったい，どこからどこまでを指すのか，きわめて茫漠としている。ことによると，そんな曖昧さも，李鴻章のねらいに入っていたのかもしれない。

とまれ「公車上書」にあらわれたような「属国」と「内地（＝属地）」の明確な区分と概念は，同じ時期，実務的にはなお確認できない。それが誰の眼にも明らかになるのは，さらに十年後である。

それまで「外」の「属国」と「内」の「属地」の区分が曖昧だったとすれば，両者を分かつ明確な基準がなかったからである。それは何か，といえば，主権の

---

22) *Русско-Китайские отношения*, c. 73.
23) 王鐵崖編『中外舊約章彙編』650 頁。

有無である。逆にいえば，従来は明確厳密な「主権」という概念が定着していなかったわけであり[24]，それを清朝政府が明確に意識しはじめるのが，実に1905年，チベットをめぐる中英交渉だった。

清朝の外務部当局はこのとき，チベットを「宗主権」をもつ清朝の「属国」ではなく，「主権」のある「属地」だと位置づけた。20年前に曾紀澤の構想した「属地」概念が，ようやく中国で実務的にも定着し，自覚，共有されることになったのである。

「宗主権」に反撥するアンチテーゼとして「主権」が定着した，以上の詳細ないきさつは，すでに筆者が明らかにしたところ[25]なので，おおむね省略にしたがい，ここでは，それに関わる史料を2件だけ，引用しておこう。

> 上国の二字は英文でsuzeraintyといい，訳せばその管轄するものを属国とするが，ところが属国は，自ら民を治めることのできる権限をもっている，というものである。もし上国だとこちらからみとめると，チベットを遠ざけ，むかしの朝鮮・ヴェトナム・琉球・ビルマと同じになってしまう。主国の2字は英文でsovereigntyといい，訳せば臣民が至尊の地位に推戴したものであり，あらゆることを定めるのにその管轄に帰する，というものである。だから争わねばならないのは主国であり，チベットを省と同じ扱いにして，主権が外に移らないようにしなくてはならない。さきの会議でフレイザー（Stuart M. Fraser）は，チベットは清朝に属す，とみとめた。しかしその属には，属国と属地の区別がついておらず，もともと同じ英単語である。案の定のちにかれは上国の二字をもちだしてきたのだ[26]。

---

24) このあたり，1897年から翌年にかけての，ドイツに膠州湾の主権行使を移譲した租借条約の締結交渉が，史実として参考になる。浅田進史『ドイツ統治下の青島』53～54頁および岡本前掲「「主権」の生成と「宗主権」」参照。「属地」に関連していえば，1897年11月にドイツ側が要求した条件に対する清朝側のコメントに，「査照属下地内有自主之権之理」（『膠澳専檔』135頁）というフレーズがあり，これを現代日本語に置き換えると，「領土には主権があるという理論に即して」の意になる。原語の「属下地内」「自主之権」を縮約すれば，それぞれ「属地」「主権」となるけれども，当時はなおこのように説明的な表現をしなくてはならなかったのであり，領土・主権をいいあらわすのに，熟した術語概念をもっていなかったといえよう。
25) 岡本前掲論文。
26)「外交檔案」西藏檔02-16-001-06-61「光緒三十一年五月三十日外務部収唐紹儀函」。また岡本前掲論文，201頁も参照。

以上はイギリスと交渉して，はじめてチベットの「主権 (sovereignty)」保持をとなえた唐紹儀の意見書である。以下はその 3 年後，チベットを実地に管轄支配した駐藏大臣趙爾豊の上奏文の一節。

> 国際法では通例，保護する国は保護される国の外交を代わって行うのが原則である。……わが国の藩属の待遇は，これまで寛大だった。その内政に自治をゆるしたうえに，外交にも干渉したことがない。だからフランスはヴェトナムと，イギリスはビルマと，日本は朝鮮と，いずれもそれぞれの政府を誘惑して，ことわりなく条約を結び，事後になって文書 1 枚でわが国に通告し，それをとりもなおさず，それらの国がわれわれの真の属国ではない証拠としたのである。それでも以上の諸国は，もともと朝貢国であるからまだよい。チベットについては，固有の主権もなければ，制度も皆無，国家の組織はきわめて不完全であるから，内外モンゴルと同じく，わが国の属地であって，決して属国とみなすことはできない。ましてやチベットの内政を管理する駐藏大臣がいるからには，チベットの外交もかれが代行すべきものであって，チベット人が直接にイギリス・インドと交渉するなど論外なのは当然である[27]。

下線の表記はいずれも原語どおりである。趙爾豊が「藩属」で「属国 (朝貢国)」と「属地」を包括しているところ，「属」だけでは「属国」と「属地」が判別できない，という唐紹儀の言と通じる。そして両者に共通するのは，やはり「属国」の喪失が「属地」の判別，定義の契機となったとする論理にある。「属国」を喪失してなお残ったチベット・モンゴル・新疆，すなわちそれまでの「藩部」を，主権のある「属地」として，確保しようというわけである。

　唐紹儀・趙爾豊の用いた「属地」で，ほぼわれわれがいう「領土」概念の要件をそなえてはいる。そしてこの「属地」は，以後もひきつづき慣例的に使われ，それに取って代わる術語概念は，少なくとも実務レベルでは，なお存在していない。チベット・モンゴル・新疆は依然「属地」「属土」，あるいは「土地」であって，管見のかぎり，1910 年まで「領土」という術語概念が使われることはなかった。端的・厳密にいえば，このとき政府内では，「属地」意識はあっても，な

---

27)『清代藏事奏牘』下冊，「張蔭棠駐藏奏稿」，「附駐藏趙大臣原摺」光緒 34 年 5 月初 9 日，1432〜1433 頁。

お「領土」意識はなかったのである。

　では、その「属地」はいかにして、「領土」となるのか。その問いにこたえるには、こうした政治外交の実務の動きから、少し目を転じなくてはならない。これと並行して、新たな動きが起こっていたからである。

2　「領土」概念

言論界

　日清戦争ののち勃興した「変法」運動は、政治の改革だけをはたらきかけたのではない。言論界を創出した事実が、挫折した改革にまして歴史的に意義がある。それまで中国にジャーナリズムがなかったわけではない。しかしそれは、開港場のごく一部のかぎられた場所と人々のものでしかなく、一般大多数の知識人には、縁遠いものだった。ところがかれらを巻き込んで、中国内外にひろがりをもつ言論界を作り出したのが、康有為・梁啓超らの「変法」運動なのであり、とりわけ梁啓超は、中国史上最初にして最大のジャーナリストとして令名が高い。

　前節にみた政治外交の動向に、もとより言論界が遅れをとっているわけではなかった。その言論界をリードしたのが、「公車上書」を起草した康有為の高足・梁啓超であるなら、なおさらであろう。その梁啓超に「国家思想変遷異同論」という1901年に公になった文章がある。

　　於是乎、厚集國力擴張屬地之政策、不知不覺遂蔓延於十九世紀之下半。雖然、其所以自解也則亦有詞矣、……彼等敢明張膽、謂世界者有力人種世襲之財産也、有力之民族、攘斥微力之民族、而據有其地、實天授之權利也[28]。

この一節は高田早苗翻訳の『帝国主義論』を漢訳した[29]ものだが、もとの日本文は以下のとおりである。

　　然りと雖も此の領土拡張に関する道徳上の理由なるもの亦多少之れなきに非ざるべし。……彼等は明に世界を以て最も勢力ある人種の相続すへき財産な

---

28) 梁啓超「國家思想變遷異同論」『清議報』第95冊、1901年10月、2〜3頁、『飲冰室文集』六、21頁、『飲冰室合集』所収。
29) 小野寺史郎「梁啓超と「民族主義」」518〜519頁。

りと為し有力なる種族は野蛮又は微力なる種族を逐斥して領土を占領すへき天賦の権利ありと揚言するなり[30]。

日本漢語の「領土」をそのまま使わずに，ことさら「属地」といいなおしていることがわかる。「領土」という語彙は，すでに中国でも存在しており，同時代の書籍・文書に散見する[31]。だとすれば，1901年当時「領土」は，読み手にとって「属地」よりはるかに理解しにくい外来の概念術語であって，なお社会に定着していなかった。少なくとも書き手の梁啓超は，意識的無意識的にそう考えていた，といえよう。

しかし未定着と未使用とは，同じではない。なかんずく注目すべき使用例をあげよう。同じ1901年，当時の有力な地方大官・張之洞あての書翰文である。

今日の事，惟だ門戸を開放し，以て領土を保つ有るのみ。門戸を開放せば，則ち列國違はず，領土を保全せば，則ち金甌缺けず矣。禍を變じて福と為し，危を轉じて安と為す，天下の長計，是より善なるは無し[32]。

文意はほとんど問題にならないので，訓読にとどめた。一見してわかるように，いわゆる門戸開放宣言を引いた文言[33]であり，その差出人は「支那保全」論をとなえた日本人・近衞篤麿である。

この一節は管見のかぎり，中国の政治文書で最も以前にさかのぼる「領土」の用例である。しかしそれに対する張之洞の返書には，

夙夜焦思したるに，徒だ畫押を肯んへんぜざるの一事を堅持するのみにては，終に狡逞の心を弭むるに足らざらん，速やかに東三省の地を將て，大いに門戸を開き，以て保全を圖るに非ずんば，此の外別に完策無し，と。蓋し商を

---

30) 高田早苗訳『帝国主義論』10〜11頁。
31) 金觀濤・劉青峰『觀念史研究』530〜531頁に20世紀以前の用例をあげつつ，「1900年以後，比較的普通に使われるようになった」というけれども，その用例はすべて日本文の翻訳で，日本漢語をそのまま流用したものであり，固有の術語としてはもとより，外来語の訳語としても，なお定着しているかどうか疑わしい。
32) 近衞篤麿の張之洞・劉坤一あて書翰，『張文襄公全集』巻55，奏議55，「俄約要盟貽害，請將東三省開門通商摺」光緒27年8月24日に添付，頁7。
33) 周知のとおり，アメリカのいわゆる門戸開放宣言（Open Door Note）は，2度にわたって発せられており，「領土保全」に相当する文言があるのは，1900年7月の第二次通牒である。まもなく日本語で，そのふたつをまとめて「門戸開放・領土保全」という一まとまりのフレーズができあがり，頻用されるにいたった。けれども，その成語の生成から普及にいたるくわしい過程は，なお未詳である。

> 通じ埠を開くは、主權猶ほ存す、友邦は均霑の利を享け、既に大公を示すに足り、強敵は南牧の謀を戢め、以て根本を固むるに足るに庶からん[34]。

とあり、あえて「領土」ということばを省いている。これは上の梁啓超と同じであって、やはり当時「領土」は和製漢語・外来語にとどまり、中国の漢語としては定着していなかったことを示していよう。

ただし当時、留学生をはじめ、日本には多くの華人がいた。そのあいだでは、日本漢語を積極的に用いようとする動きが顕著であり、梁啓超が言論界でその先頭を切っていたのは、いうまでもない。まだ定着普及していない「領土」も、その例外ではありえなかった。その先駆的な一例をあげるならば、以下の文章が典型的である。

> いま各国がわが国に施す政策は、瓜分主義から一変して領土保全主義・門戸開放主義となった。「保全」「開放」というのは、わが政府に扶植し、わが人民に命令するものだ[35]。

これは当時、弘文学院に留学していた楊度の1902年の文章である。近衛篤麿と同じく、「門戸開放」「領土保全」のフレーズを引用しており、門戸開放宣言がもった影響力のほどもよくわかる。

ひとまず注目すべきは、2点ある。ひとつは、日本人と同じくことさら「領土」を自らすすんで使ったところである。これは梁啓超・張之洞らの用意と逆行しており、けだし楊度の突出した所為だというべきだろう。とはいえ、当時は頻用しているわけでもなく、外来語をそのまま引いた観がある。第二に、「領土保全」「門戸開放」という概念にあえてネガティヴなイメージを貼り付けているところである。「保全」とは「無形の瓜分」だともいいつのった[36]。

このふたつの特徴は、まもなく変化する。その過程がまた、中国史全体の局面にも大いに関わるところであった。

---

34)「張之洞書簡」明治34年、『近衛篤麿日記』636頁。
35) 楊度「『遊學譯編』叙」1902年10月、『楊度集』第1冊、82頁。
36) 楊度「在歡送湖南赴日留学生宴會上的演説」1903年2月21日、『楊度集』第1冊、90〜91頁。

革命派と立憲派

　こうした楊度流の「領土」概念を好んで使い出すのは，実は日本にいた革命派である。1905 年に同盟会を結成して創刊した機関誌『民報』には，そうした文章が少なくない。まず 1906 年に公になった胡漢民の「排外と国際法」をあげよう。

　　……支那の外交の危機，此の時を甚だしと為す莫からんや。一八九九年，美國<u>門戸開放・領土保全主義</u>を各國に提出するに逮びて，均勢問題は，小結束を作し，支那を瓜分するも，亦た稍稍熄む[37]。

原語を残すため，訓読体で引いた。アメリカが「門戸開放・領土保全主義」を各国によびかけてからは，中国「瓜分」の趨勢もおしとどめられた，というにある。これは上に引用した楊度の文章とは正反対の論旨だが，日露戦争の結果，中国に対する列強の圧力が緩和されたことが大きな転機となっていよう。文字どおりの「領土保全」が現実味を増してきて，そのフレーズに積極的な意味を持たせる方向に転じたわけで，「領土」概念が頻出する背景として押さえておかねばならない。

　革命派が「領土」を積極的に使ったのは，その主張喧伝に好都合だった，つまりそれを通じて，排満主義を効果的にうったえることができたからでもある。たとえば，汪精衛の文章には，

　　満洲政府が去らないうちは，中国は自立できないし，瓜分の原因も消えることはない。……満洲政府が実に瓜分を招くに足るだけの存在なのは，上に述べたとおりである。ところが各国は，瓜分主義から一変して，<u>門戸を開放し領土を保全する主義</u>となっている。それは何も満洲政府のおかげではない。ひとつは各国間の勢力均衡を保つ必要から，第二には，わが国民の事情を知り，瓜分を実行するのは難しいのでは，と憂慮したからである[38]。

とあって，上の胡漢民と相呼応する主張を展開した。また胡漢民の「排外と国際法」には，以下のような文もある。

　　中国は開港以来，満洲政府がその<u>領土主権</u>を保持できなかったため，版図が日々削られた。およそ中国から<u>領土</u>をえた国は，おおむね割譲によっている

---

37) 胡漢民「排外與國際法（續第四號）」『民報』第 6 号，1906 年 7 月，60 頁。
38) 汪精衛「駁革命可以召瓜分説」『民報』第 6 号，1906 年 7 月，21〜22 頁。

のであって，それが屈辱なのはいうまでもない[39]。
国際情勢としての「領土保全」実現，国際法としての「領土主権」保持ができない存在として，清朝政府を指弾したわけである。

革命派の論敵はいうまでもなく，立憲派なかんずく梁啓超である。かれは上で見たように，「領土」概念を用いるのを避けていた。ところが，こうした革命派の攻勢に直面して，いわばそれに引きずられるような形で，「領土」を使うようになる。汪精衛の所論に反駁し，「門戸を開放し領土を保全する主義」になったからといって安全ではない，と主張した[40]。これは1902年の楊度と同じ論旨で，そうした懸念は立憲派の間で，以後も残るものである。

このように，「領土」概念の頻用は，著名な革命派と立憲派の論争によっている。「革命」（＝清朝覆滅）の遂行が適切か否か，その問題をめぐって，双方が「領土」概念を動員した。「革命」による「瓜分」惹起の可能性をめぐって，門戸開放宣言の「領土保全」の言説が引用され，その議論を通じて「領土」という語彙が定着してゆく。

しかしこと「領土」の内容に関するかぎり，両者の応酬・論争はどうも嚙み合っていない。来るべき「中国」という国家は，いかなる住民と空間で構成されるか。「領土」という以上，いずれの陣営も共通して，「中国」が主権をもって支配する範囲を指し示さなくてはならない。ところがこの論争では，必ずしもその具体的な範囲を互いに明言していないのである。

そこに立ち入った例をひとつあげるとすれば，満洲と「中国」の関係という問題があり，そこで汪精衛が「領土」の内容を論じている。

> 建州衛は明の羈縻州である。……インドはイギリスの<u>領土</u>であり，台湾は日本の<u>領土</u>である。しかし満洲は中国の羈縻州であって，<u>領土</u>ではない。……〔羈縻州は……〕国際法上のいわゆる被保護地に酷似する。被保護地とは<u>領土主権</u>獲得にあたって経る段階のことであって，<u>領土主権</u>の延長とはいえない[41]。

---

39) 胡漢民「排外與國際法」『民報』第4号，1906年5月，70頁。
40) 梁啓超「暴動與外國干渉」『新民叢報』第4年第10号（第82号），1906年7月，10，13頁，『飲冰室文集』一九，58，60頁。
41) 汪精衛「斥為滿洲辯護者無恥」『民報』第12号，1907年3月，176〜177頁。

これはけっきょく，満洲は「中国」に含まない，というだけで，「中国」の「領土」がどこからどこまで及ぶのかは，なお明らかではない。革命派であれ，立憲派であれ，そもそも「民族」に対する議論が中心で，「領土」の厳密な空間的範囲に関心をもっていないようにみえる。

「金鉄主義説」

そんななか，立憲派の立場から「中国」の「領土」の全体的な範囲を明確に示したのが，すでに登場した楊度であり，その代表的著述，1907 年の「金鉄主義説」である。その動機・所説，ないし歴史的意義は，すでにいくたりの研究があって明らかな[42]ので，ここではいっさい省略し，なおとりあげられていない「領土」という論点のみにしぼって検討を加えたい。

およそ 14 万字と長大な「金鉄主義説」のこと，「領土」の言及もおびただしくあり，逐一とりあげるのは不可能なので，最も典型的なくだりのみ引く。

……国の外では，列強が中国をとりかこんで，勢力均衡政策をとりながらも，「瓜分」説を制するため，<u>領土保全</u>・門戸開放の説をとなえている。もし中国がこの<u>領土保全</u>のなかにいることができ，国民がすみやかにたちあがって自立をはかり，数年のあいだ，あたかも人命・火災を救うように全力をつくして，内政外交を整理し，立憲政体を構築し，軍国社会（近代社会）を完成させれば，中国という国家も自立して滅亡の危機を免れることができるかもしれない。……したがって「<u>領土を保全する</u>」とは，外国の中国に対する重要政策というばかりではなく，わが国にとっても自存する手がかりになる重要な国是のひとつなのである。……「<u>領土を保全する</u>」のが自存する重要な国是である以上，中国のその「領土」とは，実に<u>五族の領土を合わせてその領土とする</u>。今日現在の領域を取って失わないようにし，堅守してゆく手だてをはかるようにしなくては，「<u>領土を保全する</u>」策とはならない。……「領土を保全」しようとするなら，<u>蒙・回・藏を保全しなくてはならない</u>。蒙・回・藏を保全しようとするなら，君主を保全しなくてはならない。君主が保全すべきものなら，立憲も君主立憲としかいえず，民主（共和）立憲と

---

[42] たとえば，佐藤豊「楊度「金鉄主義説」について」，村田雄二郎「中華民族論の系譜」を参照。

はいえないものである[43]。

「蒙・回・藏」というこれまでの「藩部」を一体化した範囲を中国の「領土」とする構想になっており，そうした文脈における「領土」概念は，門戸開放宣言の「領土保全」に由来していたことも，あわせてみてとれよう。

これは日露戦争以前，1902〜03 年の楊度じしんの考え方とは異なっている。当時かれは，「領土保全」は名を変えた「瓜分」とみていた。それからすれば，「金鉄主義説」の所説は大きな変化である。180 度転回した，といってもよい。日露戦争の成果であるともいえるし，革命派の議論を受けての反駁とみることもできよう。引用しなかった部分には，先に引いた革命派と梁啓超の「建州」・満洲論争にも論及している[44]から，立憲派としても明確な立場をとったわけである。

楊度の所説は，その内容・論旨だけでいえば，とくに目新しいものではない。モンゴル・チベット・新疆を「属地」とする考え方は，政治外交の実務でとなえられていたし，言論界でも「国土の一体性」が，『新民叢報』表紙にみられるように，つとに主張喧伝されてきた[45]。

しかしながら，たとえそうした意識が早くからあったにしても，それをいかに概念化・言語化するかは，また別の問題である。この時期はその意識を的確に表現し，内外ともに説得しうる術語概念を模索していた段階だった，ともいえるだろう。それに明確な解答を与えたのが，「保全」すべき「領土」を定義した楊度だったのである。

もっともそれだけに，「領土」概念はこの段階では，なお普及定着していない。たとえば，同じ楊度が「題詞」を寄せた立憲派旗人の雑誌『大同報』などは，その好例である[46]。立憲・五族の趣旨・論調は，ほぼ同時期の「金鉄主義説」と同じでありながら，たとえばその創刊号巻頭論文，恒鈞「中国の前途」に，

「<u>領土保全</u>」云々とは，中国のことを思ってのものではない。……だからか

---

43) 楊度「金鐵主義説」1907 年，『楊度集』301，302〜303，381 頁。（ ）は「軍国」「民主」という原語を，現代日本語の意味で言い換えたものである。
44) 同上，265〜267 頁。
45) 吉澤前掲書 94 頁。
46) 『大同報』については，石井剛訳「烏沢声「『大同報』序」，村田雄二郎責任編集『新編原典中国近代思想史 第 3 巻』328 頁を参照。なお楊度「題詞」は，八旗の処遇問題に比重があり，「領土」概念を用いるような論述にはなっていない。

れらの求めるのは，わが土地を侵すことにはなく，多く通商港を開くことにあるのだ[47]。

とあって，門戸開放宣言の「保全領土」をしばしば引きながら，その「領土」はなお自分たちのことばにはなりきっていない。むしろ「土地」というほうが普通であった[48]。また「保全派」(＝「領土保全」)も「侵略派」(＝「瓜分」)も変わらないというスタンスで，これは日露戦争以前の楊度と同じである。つまり楊度の「領土」の用法が，当時の同じみかた・主義をとる人士のなかでも，突出して先駆的だった，ということになろうか。

「領土」の普及

それに対し梁啓超は，さすがに反応が速かった。かれは「金鉄主義説」を読むや，ただちに好意的な論評を執筆している。

> そもそも中国のおこりは，建国こそ漢人の手になるけれども，その間に満・蒙・回・藏の諸族が加わってできたものなのである。長くみれば千年近く，短くみても数百年，すでに歴史的に密接な関係をなしている。今日で言うなら，中国の国土とは，本部十八省と東三省・内外蒙古・新疆・青海・西藏の総称であり，中国の国民とは，満・蒙・回・藏・苗の諸族，およそ中国の領土内に暮らすものの総称である。しかるに物知らずな連中は，「中国」といえば，ただ本部を知るだけでその他の諸地をほとんど忘却し，「国民」といえば，ただ漢族を知るだけでその他の諸族をほとんど忘却しているがために，その持論も往々にして誤ってしまう。……けだしもし満・蒙・回・藏の諸族が居住する地が，はじめからそれぞれ国をなし，今まで中国と合併していなかったとすれば，世界の列強もこれらと交際するにあたり，いわゆる「支那問題」の範囲に含めなかっただろうし，その地位にいかなる変動が生じても，中国と関連づけなくともよかったはずである。しかしいま現実としては，すでに数百年の歴史をかけて混成し，一つの国家にまとまっている。他国もそ

---

47) 恒鈞「中國之前途」『大同報』第1号，1907年6月，48頁。
48) 同上，25頁。また烏澤声「滿漢問題」『大同報』第4号，1907年11月，84〜87頁も参照。ただしその「土地」は，烏澤声にあっては，必ずしも「内地」ではなかった。同「大同報序」『大同報』第1号，1907年6月，13, 19頁（石井訳前掲「烏沢声『大同報』序」329, 333頁）も参照。

の土地を中国の領土，その人民を中国の国民だとみなすのである[49]。
梁啓超じしんこれまで使わなかった「領土」概念を積極的に用いる方向に転じたのである。

　こうして言論界に「領土」概念が普及してくる[50]。そのありさまは，さきにあげた『大同報』をみるのが便宜だろう。論者によって，また同一の論者でも文脈によって，用法がさまざまで異なっており，過渡的な様態をよく示しているからである。

　さきにあげた恒鈞や烏澤声など『大同報』首脳部は，むしろ「領土」を使わない傾向だったのに対し，以下のような用例もある。穆都哩「経済と蒙古」という文章から，関連部分を抜き出して並べてみた。

　「現代の蒙古は中国の領土の一部にすぎない」

　「朝鮮は日清戦争以前，わが属土でなかったであろうか。にもかかわらず日本は，一方的にわが属土とはみとめず，独立の王国にしようとつとめ，また朝鮮の志士も，わが属国であることを望まず，日本に帰依して独立の王国になろうとした」

　「蒙古と中国がどんな関係にあるかを知るには，まずそれが中国の属土だったかどうかを解決しなければならない。それが解決すれば，実際の関係は智者を待たずとも自明である」

　「今日にいたるまで，わが中国の土地にいた人民で，独立して去った者は数え切れないし，消失滅亡したものも数え切れない。……だとすれば，およそ中国の領土にいる人民は，貴賤賢愚を問わず，国家の存亡と密接な関係をもたない者など，誰一人いないのである。……」[51]

「領土」「属土」「属国」「土地」は，同一文中で同一物を指す術語として用いているけれども，まったく互換的だというわけでもない。「属土」「属国」は過去の事物をあらわす歴史的概念であり，「属地」とほぼ同義の「属土」が，中国からみ

---

49) 梁啓超「新出現之兩雜志」8〜9頁，『新民叢報』第4年16号（第88号），1906年10月，42〜43頁。
50) なお当時，直隷総督だった袁世凱は，「内地」とほぼ同義で「領土」という漢語を使っているが，これも「海外」の「排満革命党」の「逆説」に対する反論である（『袁世凱全集』第16巻，「扶植倫紀歴陳大義通論」光緒33年6月29日，372頁）。
51) 穆都哩「経濟與蒙古」『大同報』第1号，1907年6月，113，114，116，118〜119頁。

て朝鮮も含む概念であったことも，あわせてみてとれる。それに対し，「領土」は現代的な概念であり，より将来未来に向けた訴えの色彩が濃い[52]。このあたり，楊度の「金鉄主義説」と通じるところだといえよう。

「領土」概念の確立

　「領土」はこうした経過をへて，一般的に用いられる語彙概念となった。もっともそれは，なお日本を中心とする言論界の動向でしかない。上で見たように，現実の官界では，「土地」「属地」「属土」というのが普通で，「領土」はほとんど使われなかった。これは従来の惰性ともいえるし，政府当局者がいまだ，明確な理念と理論をともなった「中国」の範囲を念頭に置いていなかったことを示すともいえよう。「領土」という語彙は，いわば観念的な机上の構想概念にすぎず，現実政治のレベルで使用される術語ではなかった。その局面をかえたのが，辛亥革命の勃発である。

　1911年の辛亥革命をくだくだしく説明する必要はあるまい。政治上でいえば，政権から疎外されて，言論でしかその主張をうったえることのできなかった立憲派・革命派が，旧来の官僚に伍して政府を動かすようになった事件である。これを本章の関心に即して言いなおせば，言論界で普及した政権構想のみならず，それに関わる語彙概念も，政治外交の実務で使われるようになったにひとしい。結論的にいえば，それは外来語で観念的な「領土」概念が，実務化し中国漢語として定着する過程だった。そこで鍵を握ったのは，ふたたび楊度である。

　立憲派に属していたかれは当時，北京政府の一員となり，また袁世凱のブレーンにもなっていた。その楊度が起草し，発表した文書に「國事共濟會宣言書」なるものがある。国事共済会とは周知のとおり，楊度が1911年11月15日，辛亥革命の南北対立のさなか，南京臨時政府を構成する革命派の汪精衛とともに結成し，またそのわずか20日後に解散した団体である。この宣言書もすでに著名な文書であって，くだくだしい説明を要しない。それでもなおみるべきは，その「領土」の用法にある。下線部，（　）は原文どおりの表記。

---

52) また一方で，同誌に掲載された袁仲「西藏」なる文章では，「故に民は衣食を以て生き，國は領土を以て立つ」（『大同報』第2号，1907年8月，120頁）というフレーズもあって，「領土」はいよいよ熟した，一般的な概念表現となっている。

そのいわゆる領土とは，二十二の行省と蒙古・西藏・回部などの藩属を合わせて言ったものである。もし漢人が二十二行省で自ら一国を立て，共和政体に改めるならば，当面の兵力でモンゴル・チベットをもあわせ平定するのは不可能である。しかしモンゴル・チベットも独立して一国となる力はない。となれば，満洲君主が位を去るときが，とりもなおさず漢・蒙・回・藏がバラバラに分離する時である。……領土の保全と満・漢・蒙・回・藏の統合を求めようとするなら，いまの君主の名義を留めなくてはならない。以上の理由により，君主立憲を主張するものである。……本会は全国の領土（各省及び各藩属）の統一を保持することを宗旨とする[53]。

論旨はとりもなおさず，「金鉄主義説」をまっすぐ承け継いだものであり，また「領土」も「蒙古・西藏・回部等の藩属」を「二十二行省」に統合・一体化するための概念となっている。主権を有する地という意味において，各省とひとしい地位をいいあらわすには，「藩属」はもとより，そこから派生した「属地」でも不十分だった。それはつとに唐紹儀も，自覚していたところであり，ここであえて「領土」といったのは，そうした点に配慮したといえよう。

そして当の楊度は，1911年末から翌年初めにかけての南北議和において，北方の交渉代表たるその唐紹儀の補佐官として随行した。かれがその局面で具体的にどのような活動・発言をしたかは，明らかでない。しかし南北双方に対し，多大の影響を及ぼしていた蓋然性は高い，と考えたほうがむしろ自然である。

南北議和が成って，双方からその宣言というべき文書が出た。北方は1912年2月，清朝宣統帝の退位詔書であり，南方は同年3月，臨時約法の制定である。以下，それぞれの一節を引こう。

　仍ほ満・蒙・漢・回・藏の五族を合はせ，領土を完全し，一大中華民國と為す。
　中華民國の領土は，二十二行省・内外蒙古・西藏・青海と為す。

「金鉄主義説」以来の楊度の所論と語彙が，はっきり痕跡をとどめている。「領土」はこうして，思想言論上においても，行政実務上においても，完全に定着した政治概念となった。それが既成の実情を説明するための描写表現ではなく，こ

---

53) 楊度「國事共濟會宣言書」1911年11月15日，『楊度集』第2冊，538頁。

れから「国家」を構築してゆくための理念表明であったことも，また明らかだろう。

　そうした史実経過が，この1ヵ月後の，前註7に引用した大総統令の発布にも直接に結びついている。なぜ「藩属」と言ってはいけないのか。そこに強い意思が存在する。「帝政時代」からの惰性ではない，「国民」「国家」の創成をめざす漢人政権の明確な目的をみのがしてはならない。

おわりに

　本章で論じた歴史的推移をあらためてまとめ，若干の展望をまじえて結びに代えたい。

　中国において「領土」概念が発生し，定着するプロセスは，「主権」「愛国主義」の内容と範囲が確定してゆく過程と重なり合っている。いずれの概念も西洋起源・日本経由の漢語であって，その字面はもとより，内容の形成もやはり，西洋・日本との交渉のなかから生じたものだった。

　ある集団の帰属地域を他と分かつ領土意識の原型にあたるものは，もとより清代の早くから存在していた。けれどもそれがそのまま，「領土」概念はいうに及ばず，領土意識にさえ，直結したわけではない。本章ではひとまず，そうした意識の原型を「互市」「属国」「藩部」「直省」などと表現し，その推移をさぐることで，「領土」概念に帰結する史実経過を明らかにしようとした。

　まず「互市」諸国は19世紀の半ば以降，清朝と条約を結んだ関係に入るか，あるいは列強の植民地と化すことで，純然たる外国となってゆく。そのためまずこれらの諸国が，領土意識の範囲から脱落した。残るは「属国」「藩部」「直省」である。

　日本と条約を結び，また朝鮮半島をめぐって対立した北洋大臣李鴻章は，1876年に「直省」が「内」の「属地」で，「属国」は「外」の「藩属」である，ととなえた。まずここに，あいまいながらも感覚・観念の存在をみることができる。「内」「外」と区別する表現は，この場合にかぎったことではなく，以前からあるものだけれども，西洋・日本との条約条文に関わって提起されたところ，截然と

分けて考えなくてはならない。

　このとき「内」とされた「直省」は，おおむね漢人の住地である。その漢人は自分たちを除く「外」の人びと・地域を概括して「属」という漢語概念で表現してきた。そのため「属国」も「藩部」も，たとえば同じく「藩属」と表現されて，区別がほとんどなかったのである。

　1880年代に入り，国際情勢の緊迫化とともに区別の必要が生じてくると，「藩部」を「属国」と分かって，「属地」とする表現がなされた。この場合，後者をむしろ「内」の範疇にとりこもうとした企図である。しかしいずれも「属」は共通しており，表記の上でも，また実務の上でも，なお区別は不分明であった。

　日清戦争に敗れた清朝は，「属国」をすべて失った。それとほぼ時を同じくして，列強による「瓜分」の危機が高まったことも，周知のとおりであろう。「属国」の喪失と「瓜分」の危機とは，無関係ではないながら，本質的には別個の事態にほかならない。ところが両者は時を置かずに継起したために，「外」の「属」した土地の喪失が，「内」の「直省」の「瓜分」＝亡国につながる，という因果関係の措定と恐怖感を植えつけた。時に20世紀のはじめ，ここに中国の「愛国主義」がはじまる。

　それはなお喪失せざる「藩属」を，喪失した「属国」と差別化することから着手された。すなわち，すでに使われていた「属地」概念を定義しなおすことである。漠然とした「藩属」から派出した，「主権」が帰すべき領域を指すことばとして，「属地」をあらためて用いたのである。おおむね1905年あたりをその画期と考えることができる。

　この「属地」概念は，政治外交の実務で定着したものである。ところが日本を中心とする言論界では，それと並行して，なかんずく門戸開放宣言に由来する「領土」概念が使われはじめた。日本漢語の「領土」は，「瓜分」の危機感とともに醸成された，国土の一体化観念に応ずる概念術語として普及したのである。そこで大きな役割を果たしたのは，楊度だった。

　このように，同じ「藩部」を指す術語として，実務的「属地」概念と言論的「領土」概念とが並存していた。そんな両者を，1911年の辛亥革命が「領土」に一元化する。

　「属地」とはその含意がどうであれ，旧「属国」と共通する「藩属」から派生

した術語表現である。たとえば，英訳すると「属国」と同じ dependency となってしまい，依然として区別は曖昧だった。「主権」の帰属を明確化し，国土の不可分性を表現するには，「領土」のほうがふさわしい。そのため中華民国の成立宣言はもとより，以後の政治文書でも，ほぼ例外なく「領土」と呼称表記する。もっとも，そうした「主権」「領土」の観念は，漢語圏に属する中央・漢人の一方的な措定であって，別の普遍性を保持する「藩部」自身の意思を顧慮付度したものではない。モンゴル・チベットが離脱，「独立」をこころみ，摩擦が劇化するゆえんである[54]。

以上のような経過から，中国の「領土」という概念には，二つの属性が不可避的に組み込まれた，と考えることができる。ひとつはそもそも「領土」概念を，たんなる「領土（territory）」ではなく「領土保全（territorial integrity）」として受容した，という事情である。そこから「領土」は「保全」と不可分な概念となっており，これはいまもかわらない。だから，中国で「領土」とむすびつきやすい語彙は，保全・統合を意味する「完全」「完整」「捍衛」，あるいはその逆の「侵蝕」「侵犯」などになる。

いまひとつ，「領土」が取って代わる以前の概念は「属地」にほかならず，それが「藩属」と重なりあう語であり，かつそこから派生してきたという事情がある。そもそも「属国」とも区別のつけにくい漢語であることから，観念的にその境界・範囲が一定しづらい，という属性がそなわった。

「領土」を少し古風に，雅に書けば「属地」，いっそう雅に書けば「藩属」という語になるが，それにともない，ことばの指し示す現実の地理的範囲も，どんどん拡がってゆく。したがって中国の「領土」とは，その範囲が清朝の旧「藩部」にとどまらず，旧「属国」にまで拡大する契機を，つねにはらんだ概念にほかならない。

たとえば，地図の編纂が一目瞭然に示してくれる[55]そうした世界観・歴史観は，いわゆる「帝国主義」の克服・「愛国主義」「民族主義」の達成と不可分に結びついて，民国以降の「中国史（ナショナル・ヒストリー）」叙述のバックボーンとなった。本章冒頭に引

---

54) 岡本前掲「「主権」の生成と「宗主権」」。
55) たとえば，黄東蘭「清末・民国期地理教科書の空間表象」，吉開将人「歴史学者と国土意識」，川島真「近現代中国における国境の記憶」を参照。

いた胡錦濤の談話のように，それはいまも脈々と承け継がれ，少なくともその点で，民国時代と中華人民共和国のちがいはない。

そして現代の国際政治の場では，それが周辺との「歴史認識」論争[56]のみならず，国境紛争をももたらしていること，あらためてくりかえすまでもあるまい。いまだ解決の糸口すらみえない問題なのである。

---

56) たとえば，岡本隆司「「歴史認識」を認識する」110〜111頁を参照。

第10章

宗主権と正教会
―― 世界総主教座の近代とオスマン・ギリシア人の歴史叙述

藤 波 伸 嘉

はじめに

まずは以下の文章を引用するところから始めたい。

　ギリシアとトルコとのあいだで頻繁に繰り返される紛争の中から徐々に一つの考えが生じ発展してきた。それは即ち，自由なギリシアにより倫理的に援助されているギリシア民族が偉大な帝国の中で持つ地位や重みを通じて，トルコ国家をギリシア＝トルコ国家へと変容せしめるための，対トルコ融和という考えである。この考えは1877～78年の大規模な露土戦争の前に発展を見た。アブデュルアズィズの治世（1861～76年），オスマン帝国においては，ギリシアおよびギリシア民族に発するあらゆる文明化の動きに大きな自由が与えられていた。クレタの大革命のため両国のあいだに生じた深刻な対立や外交関係の断絶（1868～69年）も何らこうした事態の進展を妨げなかった。当時コンスタンティノープルはギリシア民族の文明化の一大中心となっていた。……あらゆる経済生活やほとんどの公共事業がギリシア人やギリシア資本によって動かされており，経済的にはトルコはギリシア国家となっていた。ギリシア人および公正な外国人の批評家はこうした事態を見て，偉大なオスマン帝国のギリシア化は単なる時間の問題に過ぎず，それはギリシア文化やギリシア人の商業や産業，そして他のあらゆるギリシア人の精神的・

倫理的な影響力を通じて実現されるのだと考えて，これまでトルコに対して向けられた攻撃的な政策を後悔するほどだった。しかしこの輝かしい発展の時期を1877年の露土戦争が妨害した[1]。

　アブデュルハミト二世の政府は，クレタに生じた新たな事態に関わるあらゆる不満にもかかわらず，自国のギリシア人および教会に対する融和的政策を決して変更しなかった。全般的な観点から見て，アブデュルハミト二世の治世は，アブデュルアズィズの治世と同様に，オスマン帝国のギリシア人がその力や繁栄の絶頂を迎えた時代だと言うことができる[2]。

「野蠻凶暴」の「土耳其」に対する「仁義之師」の結果，ギリシア王国が創設されて約百年後，この文章を書いたのは，自らもオスマン帝国に生まれ育ったギリシア人，カロリディ（Παύλος Καρολίδης, 1849-1930）である。近代ギリシア史学史上に大きな足跡を残したこの歴史家にとり，19世紀のオスマン帝国は，ギリシア人の「黄金時代」を提供した国家として記憶されるに値した。では，近代オスマン帝国は，どのような意味でギリシア人に利する国家だったのか。そしてそれは，オスマン帝国やその旧領をめぐる歴史認識に即して，いかなる意義があることなのか。

　このような点を考えるに当たっては，正教会，特にイスタンブルの世界総主教座に着目することが有益である。というのも，正教的なローマ像を継承して，エキュメニズム，即ち超民族的な全キリスト者の糾合を目指す普遍主義的な秩序像を掲げた総主教座やその周辺の正教徒共同体指導層にとって，「宗主権」概念を用いたオスマン帝国からのキリスト教国の分離独立とは，自らを盟主とする正教会の一体性が掘り崩される過程に他ならなかったからである。つまり，西欧列強によるオスマン領侵略の時代にあって，世界総主教座と大宰相府とは，正教とイスラームという各々の普遍宗教を護るべく，利害を近しくしていた。一般にオスマン史はムスリム・トルコ人の視座のみから論じられがちだが，以上の点に鑑みれば，19世紀を通じた正教会の一体性の解体過程は，「宗主権」をめぐる近代オスマン史のもう一つの側面として，本書でも特にとりあげられるべき課題となるだろう[3]。そこで本章では，正教徒の視座から見た近代オスマン像を提示するこ

---

1) Π. Καρολίδης, Ἱστορία τοῦ Ἑλληνικοῦ Ἔθνους, p. 393.
2) Ibid., p. 115.

とで，オスマンという普遍性の重層体が解体したことの意味に新たな視座から光を当て，それを通じて，19世紀の国際秩序全般に対する理解を深めることを目的とする。

本章は大きく二つに分かれる。まず前半では19世紀のギリシア人をめぐる国家や教会の制度的変遷を概観し，その上で後半では，歴史家カロリディの議論に即して，オスマン近代の鍵概念たる「特権」が，総主教座の地位や正教徒の歴史認識にいかに影響したのかを，その同時代人の眼を通じて論じる。

1 二つの中心

オスマン帝国とギリシア人

オスマン領の拡大が止まった18世紀を通じて，正教徒居住地域とオスマン領との重なりが明確化するにつれ，オスマン統治の一翼を担った正教会の事実上の権限は拡大した。特に世界総主教座はこの間に，かつて東ローマ帝権の弱体化過程で自立したペーチ総主教座やオフリド大主教座など，競合するスラヴ系の教会を自らの管轄下に組み込み，さらに，やはりオスマン領に位置した「東方」の他の独立教会——アレクサンドリア・アンティオキア・エルサレムの東方三総主教座およびキプロス大主教座——に対する優位も確立する。この結果，イスタンブルの主導権の下，ギリシア語による典礼や教育が各地に普及して正教会の「ギリシア化」が進み，世界総主教座はオスマン治下の正教徒に対して，属人的ながらも半ば一円的な支配を及ぼすようになる。これと並行して，やはり18世紀には，総主教膝下，帝都近辺の府主教が，各種同職組合 esnaf / συντεχνίες と結び付きつつ，正教徒共同体の運営を牛耳るという「長老支配 γεροντισμός」の枠

---

3) なお，「主権」「宗主権」両概念の意味内容やその相互関係は，ギリシア語の場合はトルコ語よりは明確化されていた。19世紀末の英希辞典は，sovereignty, suzerainty それぞれにおおむね κυριαρχία, ἐπικυριαρχία の訳語を当てている。たとえば A. N. Jannaris, *A Concise Dictionary of the English and Modern Greek Languages*, pp. 356, 377 や Α. Γεωργιάδης, *Πλήρες Αγγλο-Ελληνικὸν λεξικόν*, pp. 934, 987 の例を参照。他方，1899年の土希辞典は，主権のトルコ語定訳 hakimiyet と，宗主権のトルコ語表現 metbu やその派生語とにつき，一応その相違は認識しながらも，双方に κυριαρχία の語を当てており，両者の曖昧さを裏書きしている。Χλώρος, *Λεξικὸν τουρκο-ελληνικόν*, pp. 682, 1534.

組が成立し，さらにそれを，御前会議通訳官や両ドナウ公などとして，オスマン権力と密接な関係を結んだ俗人，即ちファナリオットと呼ばれる名望家たちが支える近世正教会の支配構造が確立する[4]。1821年勃発のギリシア独立戦争によって，その責を負う形で，これらのファナリオット指導層が処刑ないし解任されて表舞台から消えたことで，近世オスマン秩序と一体化していた正教会のこの権力構造は動揺するが，その後も，オスマン治下の正教徒が消滅してしまったわけではない。1830年代に新たに成立したギリシア王国は，全ギリシア人の解放というその理念にもかかわらず，実際には領土と人口との両面で，環地中海に広がるギリシア世界の一小部分を覆うに過ぎなかった。ゆえに，現国境は民族的分布と一致しない半端なものだという自覚を持つ同王国は，全ギリシア人を自領に組み込むべく，「メガリ・イデア」，即ち「偉大なる理念」と称される対外拡張政策を国是とした。それは現実にはオスマン領の侵食を意味する以上，政治的外交的には，両国関係は常に緊張を孕むものとなった。

ただし，オスマン治下の正教徒がギリシア王国の領土拡張主義の単なる客体だったわけではない。むしろかれらは，ギリシア王国の意向や動静とはかかわらず，それ自体として19世紀オスマン社会の主要な構成員だった。まず，かれらのオスマン国制上の地位は，タンズィマート期に顕著に向上した。18世紀を通じた事実上の権限拡大にもかかわらず，かつては少なくとも理念上は，世界総主教といえどもオスマン君主の一臣民，精々が「不信仰者（kefere）」の長に過ぎなかったが，1853年の特権勅令以降，かれらの既得権益は「宗教的特権」として定式化され，続く1856年の改革勅令で，正教徒はムスリムとの権利の「平等」を獲得する。本書第2章でも論じた通り，これと前後して，かつてのファナリオットの系譜を引く新ファナリオットと呼ばれる人々が，外交がただちに内政に波及する1830年代から40年代にかけての環境の中，西欧列強との交渉実務を政治資源として，オスマン政官界での存在感を高めていく。さらに，1860年代以降の州制導入後，地方統治における各地の府主教の地位があらためて保障されると，それもまた正教会の「特権」の一環と見做されるようになり[5]，結果として正教徒の権利は，オスマン国制の中で，一層安定することになる。こうした一連の法制

---

4) この構造については，Philliou, *Biography of an Empire*, Chapter 1 が手際よくまとめている。
5) これについては，Σ. Αναγνωστοπούλου, *Μικρά Ασία*, μέρος δεύτερο, κεφάλαιο πρώτο を参照。

的ないし政治的な変容は，同時期における環地中海の社会経済構造の転換を背景とするものだったが，その担い手として，——19世紀初頭まで権勢を振るったアルメニア系・ユダヤ系の財務取扱人（sarraf）に代わり——19世紀のオスマン経済社会を動かしていたのが，正教徒の大商人，特に銀行家たちであった。

銀行家の時代

　18世紀末以降，正教徒商業網は飛躍的発展を遂げる。その転機となったのが，キュチュク・カイナルジャ条約以降のロシアの黒海進出だった。ロシアの誘致を受け，それまで中東欧を主舞台としていた多くの正教徒商人がオデッサに移住すると，同港は，正教徒商業網の一大拠点に成長する。さらに，フランス革命からナポレオン戦争にかけての混乱の中，フランス商人がレヴァント交易からの撤退を余儀なくされると，1838年のバルタリマヌ条約以降の自由貿易体制，そして1846年のイギリス穀物法廃止後のロシア穀物輸出の伸長を受け，正教徒商人は環地中海交易の主導権を握るに至った。この間，資源も市場も小さいギリシア王国は，黒海から地中海に広がる通商網の中では周縁的地位を占めるに過ぎず，弱体なその経済はむしろ，イスタンブルやイズミルの大商人たちから財政支援を受ける立場にあった。ゆえに，就職機会を求める多くのギリシア人がエーゲ海を渡ってオスマン領に移住し，それが両国の人口格差を固定するとともに，小アジア西海岸の人口構造を変容させもする[6]。

　その意味で，キュチュク・カイナルジャ以降のオスマン内外の条約体制の転換は，単に政治外交面のみならず，社会経済面でも一大画期たるを失わなかった。しかも，正教徒商人はしばしば英露などの外国籍を取得し，あるいはその「庇護民」となることで，外国人特権の利得を享受した。ただしそれは，条約を結んだ西欧列強の思いの通りに事態が進行したことを必ずしも意味しない。西欧の商人は，往々にして正教徒商人に対して劣勢を強いられた。自由貿易体制の成立後も，従来の人脈や商慣習，言語や文化面での障壁を前に，西欧の商人がオスマン領内，特に内陸部での経済活動に本格的に参入するのは困難であり，港湾都市から内陸

---

[6] この時期の正教徒商業網全般については，X. Χατζηιωσήφ, «Η μπελ επόκ του κεφαλαίου» を参照。特に海運網については，G. Harlaftis, *A History of Greek-Owned Shipping*, Part I が詳しい。

部に至る旧来の商業網は現地民，特に正教徒商人に委ねざるを得ないことが多かった[7]。

　他の港湾都市と同様に，イスタンブルもこの環地中海通商網の結節点として機能する中，海運で成功した帝都の正教徒商人は，やがて金融業に進出する。とりわけクリミア戦争を機に，折からの国制改革や対外戦争のため巨額の資金が必要になるにつれ，かれらは国庫や有力官人への融資を通じてオスマン政官界への影響力を高めた。かつて対外交渉の実務を握る新ファナリオットとの紐帯がタンズィマート期の外務官僚の政治資源となったように，アブデュルハミト二世の治世，即ちハミト期には，経済力を背景に権勢を振るう銀行家との回路が，世界総主教やスルタン＝カリフの政治資源となる。アブデュルハミトの御用銀行家にして，後述するヨアキム三世のパトロンとなった人物，ヨルゴス・ザリフィス（Γεώργιος Ζαρίφης）は，その代表的存在である[8]。

総主教座法

　だが，新ファナリオットや銀行家といった俗人名望家の躍進は，正教会や正教という宗教そのもの，あるいはそれを担う聖職者たちの影響力を完全に削いだ訳ではない。1856年の改革勅令を受けて1862年に制定された総主教座法（Rum Patrikliği Nizamatı / Εθνικοί Κανονισμοί）は，総主教選出や共同体運営への俗人参加を制度化しつつも，聖職者に強い権限を存置し，さらに，聖俗両面につき最終的な責任を負う総主教が「民族の長（milletbaşı / εθνάρχης）」であることも，あらためて正当化するものだった。つまり同法は，俗人名望家が聖職者に抗するべく，西洋列強や大宰相府の意向という外圧を利用する形で持ち出した新たな枠組ではあったが，同時にそれは，聖職者の「政治」関与を制度的に補強し，正当化するものでもあった。そして，本書第2章で見たように，タンズィマート期の国制改革の下，この体制全体が半ば不可侵の「宗教的特権」と見做されて，君主やムスリム同胞の介入から守られるようになる[9]。その意味で総主教座法は，国の内外

---

7) 全体としては一国史的な二国間比較という観が強いが，同時期の中国との比較でこの点を指摘する研究に，Kasaba, "Treaties and Friendships" がある。

8) この人物については，X. Εξερτζόγλου, *Προσαρμοστικότητα και ποτιλική ομογενειακών κεφαλαίων* および M. Hulkiender, *Bir Galata Bankerinin Portresi* を参照。

9) この体制については，A. Anagnostopulu, "Tanzimat ve Rum Milletinin Kurumsal Çerçevesi" を

や聖俗の別の境界線上で，19世紀後半のオスマン正教徒をめぐる権力構造を可視化するものであったと言えよう。

　実際，オスマン官職を政治資源とする新ファナリオットもオスマン権力と癒着する銀行家もともに，タンズィマートの「二元性」，即ちかれら正教徒の選良が，君主や外務官僚と直接の紐帯を築くことで，その「宗教」的な属性のゆえに，帝国全体の「政治」に対しても影響力を行使できる体制を保持することに利益を見出していた。そして，エキュメニズムを奉ずる世界総主教座も，現実にはこうしたオスマン帝国内部の権力構造に組み込まれていたのだし，特に総主教座界隈の高位聖職者にとっては，後述するように，自らを盟主とする正教会の一体性の解体を意味しかねないオスマン帝国の解体は，基本的に防がれるべき事態として映っていた。したがって，オスマン正教徒の指導層にとり，ギリシア王国の領土拡張と引き換えに現状を暴力的に変革すべき理由は薄かったし，オスマン領内外で社会経済的な立身出世を目指す一般の信徒たちも，自分たちに繁栄をもたらしている現状を破壊しかねないギリシア王国の領土拡張主義の論理に容易に自己同一化はしなかった。むしろかれらのあいだでは，本章冒頭の引用文にもある通り，文化的経済的な面での正教徒の地位向上を通じた，オスマン帝国の漸次的ギリシア化の思想が生じる。それはしばしば，オスマン皇帝がギリシア国王を兼ねる，オスマン＝ギリシア二重帝国の構想として表明された[10]。以上のような意味で，全ギリシア人の「中心」をもって任じたアテネの自意識にもかかわらず，帝都イスタンブルは，社会経済的にも政治的にも思想的にも，それに勝るとも劣らないもう一つのギリシア人の「中心」として機能し，他方で近代オスマン国制は，そのようなギリシア人を重要な構成要素とすることで成り立っていた。

　だがそれと並行して，民族意識の高揚に伴い，その内に多くの非ギリシア系の要素を含んだ正教会の内部では，「ギリシア支配」への反発が徐々に高まっていく。まさに，オスマン帝国が「トルコ」国家，その権力の担い手が「トルコ人」と同一視されるようになっていくのと軌を一にして，19世紀半ば以降，世界総主教座やその担い手が，徐々に「ギリシア人」の「中心」，「ギリシア人」の「民

　　　参照．
10）この種の思想については，E. Σκοπετέα, Το «Πρότυπο Βασίλειο», esp. Κεφάλαιο τέταρτο が詳しい。

族の長」と目されるようになると，総主教座が鼓吹するエキュメニズムもまた，非ギリシア人には，しばしば単なる「ギリシア化」の隠れ蓑だと見做されるようになっていく[11]。正教会内部のこの民族的対立は，オスマン領への影響力行使を図るロシアの外交政策によって助長され，それがさらに，「宗主権」を介した正教圏の領域的細分化を経て，正教会の一体性の解体を招くことになる。

2　独立と自治のあいだ

教会と国家

　18世紀以来，「キリスト教徒の保護」を対オスマン外交の基軸に掲げていたにもかかわらず，ウィーン体制の維持を図るロシアにとり，ギリシア独立戦争は必ずしも歓迎すべきものではなかった。結局はロシアも，英仏とのあいだでギリシアの独立に合意するが，その後も当面ロシアは，「ヨーロッパの協調」を維持した上での両ドナウ公国およびセルビアへの勢力扶植を優先し，そのためにもオスマン領保全を対外政策の基調とした。だがこれは領土拡張を目指すギリシア王国のメガリ・イデアとは対立する。しかもクリミア戦争後，ロシアの政策が次第に汎スラヴ主義の色彩を強めるに従い，ギリシア人とのあいだの溝はさらに深まった。その契機となったのが，「宗主権」概念を通じたバルカンにおける国家建設であり，それを通じてギリシア人が抱いた，正教会の一体性解体への危惧だった。

　実際，18世紀末以降のロシアの侵出は，世界総主教座の管轄の縮減をもたらしていた。かつてペーチ総主教座の管轄下にあったモンテネグロは，18世紀に同座が廃止された後は，ロシアへの帰属を一方的に訴えて，事実上の自治を享受していた。また，キュチュク・カイナルジャ条約を経て，ロシアがクリミアを併合した際，クリミアの教区は，世界総主教座からロシア正教会に移管された。

　しかし，こうした流れに対し，世界総主教座の側も手を拱いていたわけではない。18世紀末以来のオスマン帝国の実効支配の縮減に際し，大宰相府が自らの「主権」，せめて「宗主権」を主張し続けたのと同様に，世界総主教座も，各地の

---

11) この構造については，P. M. Kitromilides, "'Imagined Communities'" を参照。

教区への管轄を主張することで,自らを盟主とする正教会の一体性の護持を図った。その際に持ち出されたのが,独立教会（αυτοκεφαλία）と自治教会（αυτονομία）との間の教会法上の区別である。この内,前者は長を自ら選出する権能を持ち,したがって完全に独立した教会であるのに対し,後者は自治を享受するが,その長の選任については上位の権威の認可を必要とする点で,完全に独立した教会ではない。教区を単位とする点で属人的ながら一定の領域性を持ち,しかも両者の対応が「宗主国」と「属国」の関係にも類似するこの区別が,まさにオスマン帝国の解体過程で,世界総主教座とバルカン諸国の教会との関係に順次適用されていくことになる[12]。

宗主権下の正教会

まず,1810年代にオスマンの「宗主権」下からイギリスの「保護」下の「国」となったイオニア諸島の教区は,これ以後も世界総主教座の管轄下に残された。他方,やはりオスマン「宗主権」下に置かれたセルビア公国の場合も,その自治権を明文化した1830年の勅令で,同国の府主教および主教は,その叙任に際して世界総主教の認可を得るべきことが明記されていた[13]。翌31年の世界総主教座によるセルビア教会の自治承認がこれに続くが,さらに1838年のセルビア公あて勅令でも,セルビア人は世界総主教座に属することが明言された上で,ベオグラード府主教や他の主教の叙任には,その認可が必要となることがくりかえされている[14]。その後,ベルリン条約を経てセルビア王国の独立が実現すると,1879年になって,世界総主教座により,ベオグラード府主教の下でのセルビア正教会の独立が承認されている[15]。

両ドナウ公国については,その教区が世界総主教に属することは自明視され,18世紀末以降の一連の条約や勅令において,教会の管轄について言及されるこ

---

12) 以下,この過程について詳しくは,P. M. Kitromilides, "The Legacy of the French Revolution" および D. Kiminas, *The Ecumenical Patriarchate*, pp. 11-29 を参照。
13) Noradounghian, *Recueil d'actes internationaux de l'Empire ottoman*, Tome 2, pp. 197-200；[Raşit Belgradi,] *Tarih-i Vaka-i Hayretnüma*, pp. 235-238.
14) Aristarchi bey, *Législation ottomane*, Tome 2, pp. 60-69；[Raşit Belgradi,] *Tarih-i Vaka-i Hayretnüma*, pp. 242-251.
15) Γ. Ι. Παπαδόπουλος, *Ἡ σύγχρονος ἱεραρχία*, pp. 72-73.

とはなかった。だが1865年，両公国が統一したルーマニア公国は，自国の教会はあらゆる外部の権威から独立する旨を一方的に主張し，これが1872年の独立教会の宣言へと繋がった。ただし，これは世界総主教座の同意を経ない一方的な措置に過ぎかったし，しかもそれが，両ドナウ公国の統一や独立を牽制すべく，大宰相府の意向も受けて明文化されていた，総主教の俸給は両ドナウ公国の修道院領からの収入をもって充てるという総主教座法の規定に抵触したため，この件はロシアなど関係各国を巻き込んで国際問題化する。ルーマニア正教会の独立が世界総主教座に承認されたのは，やはりベルリン条約によって，同国のオスマン帝国からの独立が実現して後，1885年になってのことだった。

これに対して，オスマンの「宗主権」下ではなく「主権」下の自治領となったサモス島については，その旨を定めた1832年の覚書で，「サモス府主教は従来どおりコンスタンティノープルのギリシア総主教により任命される」と明記されている[16]。また，ベルリン条約後にハプスブルク占領下に置かれたボスニアの正教徒についても，事実上は同国の支配下に自治的な地位が定められたが，その教区が世界総主教座の管轄下にあることに変更は加えられなかった[17]。

このように，ロシア正教会と結び付いたモンテネグロを別とすれば，セルビアが「自治教会」になったのに対し，イオニアも両ドナウ公国（および後のルーマニア）もともに，オスマン帝国の実効支配から離れ，その「主権」ならぬ「宗主権」下に置かれた後も，世界総主教の管轄下に置かれ続けた。そしてセルビアもルーマニアも，各々の教会の「独立」が認められたのは，各国がオスマン帝国の「宗主権」から離れ，完全に独立した後のことに過ぎない。したがって，「宗主権」下ですらそうならば，オスマン「主権」下の教区は，当然のごとくに世界総主教座の管轄下に残されることになる。

ギリシアとブルガリア

紆余曲折はありながらも世界総主教座との関係断絶には至らなかった以上の事例に比し，ギリシアおよびブルガリアの場合は，民族主義とエキュメニズムとの正面衝突とも称すべき，より深刻な紛糾をもたらした。

---

16) Aristarchi, *op. cit.*, pp. 145–146.
17) Παπαδόπουλος, *op. cit.*, pp. 84–88.

そもそも世界総主教座にとっては，ギリシア独立戦争自体が否定されるべきものだった。民族の別を問わないキリスト者の長として，現世の王たるオスマン皇帝に忠実たるべき世界総主教にとり，民族主義を掲げた蜂起など到底容認できるものではなく，その参加者には破門が宣告された。これに対し，啓蒙主義の影響下，政治的独立には精神的独立も伴うべきとするギリシア王国は，1833年に一方的に自国の教会の独立を宣言するが，これを世界総主教座は認めない。イスタンブルとアテネのこの対立は，以降の正教世界の解体の徴候を成すものだった。その意味で，正教会の民族的分裂の種をまいたのは，他ならぬギリシア人だったのである。分裂状態に陥った両教会のあいだに一応の和解が成立し，ギリシア正教会の独立を世界総主教座が承認したのは，実に1850年のことだった[18]。その後，1866年には，2年前にイギリス保護下からギリシアに併合されたイオニアの教区をギリシア正教会に移管することが定められた。さらに1881年にテッサリア地方がギリシアに併合された際も，世界総主教座は，その教区のギリシア正教会移管を翌年に認めている[19]。

他方，クリミア戦争後には，ロシアの外交政策の転換を受けて「ブルガリア問題」が政治化するが，1862年制定の総主教座法が施行に移されたことが，その導火線となった。つまり，同法が正教徒共同体の運営機関として設置した両評議会，即ちシノドおよび混合評議会の改選に際し，ブルガリア系の評議員をどれほど選出するかが争点となる。1867年の時点では，世界総主教座も，タルノヴォ大主教座を復活させて，「民族」ではなく，あくまで「地域」を基準に，ブルガリアに自治教会を設置するという収拾策を提示していたが，ブルガリア側はこれに満足せず，マケドニア各地に，ギリシア系・ブルガリア系の双方の主教を置く案を逆提示する。対立が昂進する中，ブルガリア急進派に押し切られる形で，また，ロシア大使イグナチエフの強い圧力の下に，オスマン帝国は，1870年3月に総主教代理座創設の勅令を発布した[20]。ただ，大宰相府もロシアもともに，正教会の一体性を損なう形でブルガリア教会を分離することにも，その責任を自ら

---

18) この間の経緯については，C. A. Frazee, *The Orthodox Church and Independent Greece* が詳しい。
19) Παπαδόπουλος, *op. cit.*, pp. 78-79.
20) *TV*, No. 1205, pp. 1-2 ; Noradounghian, *op. cit.*, Tome 3, pp. 293-295.

が負うことにも消極的であり，したがってこれは，形としては，一応は世界総主教を上位に戴く自治教会の体裁を採っていた。だが，一連の対立を経て，正教徒共同体内部でブルガリア人への過度の譲歩への不満が燻る中，1872年4月に総主教代理が実際に任命されると，ギリシア人のあいだでも強硬派の立場が強まる。それを受けた同年8月の公会議は，ブルガリア総主教代理座に従う人々は，普遍的たるべき正教に「民族主義（εθνοφυλετισμός）」を持ち込もうとする異端だと断じて，かれらとの教会分裂を宣言するに至った。

　この経緯は，正教会内部の権力構造や思潮の転換をもたらした。近世以来の正教会の「ギリシア化」を前提に，その内に数多くの非ギリシア系，特にブルガリア系の要素を含んでいた新ファナリオットは，民族的相剋の中で分裂し，その影響力を減じていく。またこの過程で，ブルガリア人とロシア人とがともに，正教会の一体性を損なう「汎スラヴ主義」の徒として，一括して「敵」として表象されるようになったことに伴い，ギリシア人の中の親露派はその力を減退させる。しかも，ロシアの忌避する俗人名望家層の支持を受ける形で，ヨアキム二世が世界総主教に再任されると，これを機に，帝都の銀行家を介したオスマン権力との癒着の下，スラヴ系を排除した上でなおエキュメニズムを主張するという，世界総主教座の新たな体制が成立した。この体制を代弁するヨアキム二世，そしてその後継者ヨアキム三世の党派はヨアキム派と称され，以後，オスマン帝国内外の正教世界全体の帰趨に大きな影響を及ぼしていく[21]。

　以上の経緯は，オスマン宗主権下に公国が創設された後，それを踏まえて教会の自治が認められたセルビアや，完全独立まで世界総主教座の直接の管轄下にあったルーマニアの例とは大きく異なっている。ギリシアの場合，「宗主権」の段階を経ることなく王国が独立し，それを前提として，一方的に教会の独立が宣言された。ブルガリアの場合，事実上の独立教会として総主教代理座が創設された後に，それを前提として露土戦争後に公国が創設されたのだった。そしてこの両者はともに世界総主教座との関係断絶をもたらした。しかもギリシア・ブルガリアの対立はその後も続いた。総主教代理座の管轄は，オスマン「宗主権」下のブルガリア公国，「主権」下の自治州たる東ルメリ，そしてオスマン「本土」にま

21）一連の経緯については，Σταματόπουλος, *Μεταρρύθμιση και εκκοσμίκευση* を参照のこと。

たがるものであり，しかも同座創設の勅令は，当該地の住民の 3 分の 2 以上が望んだ場合はその教区を総主教代理座に移管することを定めていたため，現地の信徒の獲得競争が，ギリシア王国とブルガリア公国とのあいだの世俗の領土争いとも連動する形で，世界総主教座とブルガリア総主教代理座との双方によって進められていくことになる。それこそが以後の「マケドニア問題」の中核を成した。

世俗外交と正教会

　正教会の分裂傾向は他の地域でもやむことがない。1897 年のオスマン・ギリシア戦争以降，クレタが事実上の「国」としてオスマン支配から離れて後も，クレタ府主教は世界総主教の管轄下に残された。だが，ギリシア正教会自体がそうだったように，実際はこれ以降，クレタ府主教はクレタ「国家」の統制下に組み込まれていく[22]。

　他方，露土戦争後の情勢は，世界総主教座がそれらに対する首座性を主張していたオスマン「主権」下の他の独立教会との関係をも微妙なものとした。この間のロシアの正教外交は，アンティオキア・エルサレムの両総主教座を牛耳っていたギリシア系聖職者に抗して，現地のアラブ系信徒を援助するという形で展開した。1899 年，ロシアの支持を受けてアンティオキア総主教座で初めてアラブ系の総主教が選出されたが，これを世界総主教座は認めず，以後，同座は事実上，アラブ系とギリシア系とに分裂する。そしてさらに 1908 年以降，エルサレム総主教座でも，現地のアラブ系信徒とギリシア系の総主教との対立が顕在化した。大宰相府および世界総主教座が後者を支持する中，同座でもアラブ系とギリシア系との対立が表面化し，現地の共同体運営は袋小路に陥った[23]。

　こうした事態を受けてギリシア王国も両総主教座管区のギリシア系信徒への支援に乗り出すが，世界総主教座は必ずしもそれに積極的ではなかった。教会の事柄への世俗権力の介入は歓迎できるものではなかったし，その長の選出過程における教会法違反は非難し得たとしても，独立教会たる両総主教座の内部事項への

---

22) この点については，A. Νανάκης, Τὸ μητροπολιτικὸ ζήτημα を参照。
23) この点をめぐる古典的業績として D. Hopwood, *The Russian Presence* が，最近の研究としては D. Vovchenko, "Creating Arab Nationalism?" がある。また，志田恭子『ロシア帝国の膨張と統合』第 5 章も参照。

直接の干渉を行なうというのはまた話が別であり、たとえ世界総主教座が正教会の盟主であるとしても、というよりはまさにそうであるがゆえに、直接の介入には慎重たらざるを得なかった[24]。同様の聖俗の論理の相剋は、古代以来の独立教会であるキプロス大主教座が空位となった1900年以降、その後任をめぐるギリシア政府と世界総主教座とのあいだの一連の対立にも看取される[25]。そして以上の推移に際して、大宰相府は、対ロシアの観点からも、ほぼ一貫して世界総主教座を支持していた。

このような友敵関係の再編は、ギリシア人にとってのオスマン帝国の存在価値を一層高めた。ブルガリアやロシアとの対立が深まる中、「汎スラヴ主義」の脅威に対抗するためのトルコ人との提携という選択肢は、あらためてその意義を増す。実際、多くの正教徒にとり、「民族主義」の異端であるブルガリア人との協同よりは、現世の王たるオスマン皇帝への忠誠の方が、より納得できる選択肢だった。しかも、当該の領域がオスマンの「主権」下であれば言うまでもなく、「宗主権」下にある限りはなお、その地の教会の地位を「独立」ではなく「自治」に、あわよくば自らの直接の管轄下に留める有力な論拠が得られた以上、世界総主教座に連なるギリシア人には、正教会の一体性を護るべく、オスマン帝国の維持や強化を本心から望む理由が存在した[26]。以下、本章の後半では、この立場を代弁したカロリディの歴史叙述に即し、近代の正教会にとってオスマンという枠組が有した意味を検討していきたい。

3 反スラヴのエキュメニズム

カロリディについて

カロリディは1849年、オスマン領のカッパドキアに生まれた。小アジアの正教徒の多くは非ギリシア語話者だったが、その例に違わず、かれもトルコ語を母

---

24) この対立の一端を示すものとして、Χ. Εξερτζόγλου, «Η διάχυση της εθνικής ταυτότητας» を参照。
25) S. Anagnostopoulou, *The Passage from the Ottoman Empire to the Nation-States*, pp. 48-55.
26) その事例やその際の論理について、Ε. Σκοπετέα, «Οι Έλληνες και οι εχθροί τους» を参照。

語とした。しかしかれは、イスタンブル、イズミル、アテネという当時のギリシア正教徒の教育の中心地で学んだ後、ドイツ留学を経て、1893年にアテネ大学の歴史学教授に就任した。以後カロリディは、同大学で研究教育活動を続けつつ、オスマン・ギリシア両国を股にかける政治・言論活動を繰り広げた。そして1908年の青年トルコ革命後、イズミルからオスマン帝国議会下院に当選したカロリディは、以後、オスマン政界でギリシア人の利益を護るべく活動した一方、オスマン史学史上に特筆される「オスマン歴史協会」にも、1909年の創設以来の会員として参画した。この経歴からも分かる通り、カロリディの議論は、ただの学究の机上の空論ではない。それは、エーゲ海両岸に住むギリシア人の現実の利害を反映しつつ、世界総主教座のエキュメニカルな秩序像を補完し、近代オスマン国制を追認する役割を果たすものでもあった[27]。

「正教徒の民族的起源」

さて、そのカロリディは、1909年の著作で、「シリアおよびパレスチナの正教徒の民族的起源」を論じ、同地の正教徒は、その母語にかかわらず、その全てがギリシア人なのだと説いている。一見いかに荒唐無稽に映ろうとも、これはかれの「民族」定義、ひいてはその歴史観において本質的な主張だった。かれ自身明言する通り、この議論は、二つの「敵」に対抗するために打ち出された。一つは、ドイツの歴史家ファルメライアー（Jakob P. Fallmerayer）が説いた、古典古代の終焉後、ギリシアの地は完全にスラヴ化し、その子孫である近代ギリシア人は、古代ギリシア人とは何の繋がりもない別の存在であるという説であり、もう一つは、本章でもすでに概観した、現実の「汎スラヴ主義」の脅威だった[28]。この内、前者は、古典古代との直結を自らの最大の存在意義として標榜するギリシア王国に大きな衝撃を与えた。そこでこの説を批判し、古代から現在に至るギリシア人の連続性を証明すべく努めたのが、カロリディのアテネ大学での前任者、「近代ギ

---

27) カロリディの思想については、以下の叙述に加え、藤波伸嘉「ギリシア東方の歴史地理」および N. Fujinami, "Hellenizing the Empire through Historiography" も参照。かれのイズミル政界での動向については、V. Kechriotis, "Celebration and Contestation" が詳しい。また、オスマン文人としてのかれの位置づけについては、J. Strauss, "The *Millets* and the Ottoman Language," pp. 243-247 も参照。

28) Π. Καρολίδης, *Περὶ τῆς ἐθνικῆς καταγωγῆς*, pp. 1-27.

リシア歴史学の父」パパリゴプロス（Κωνσταντίνος Παπαρρηγόπουλος）だった[29]。その意味でカロリディは，近代ギリシア歴史学の基本課題を踏襲しているのだが，その実践に当たり，宗教を「ギリシア人」定義の中心に置いた点に，王国側で一般的だった議論との相違があった。

　カロリディによれば，民族性の決定要因は，人種的起源以上に精神生活にこそある。つまり，「人種や人種的結び付きとは自然的要素であるのに対し，民族や民族的結び付きとは倫理的な要素や力であって，それは人間生活の長い歴史の中で実現し表出する。人種の民族や民族性への変容は，自然生活が歴史へと変容することで，即ち人々が精神生活や文明に親しむことで実現する。民族は一つの人種からも形成され得るし，あるいは互いに関係を持ったり持たなかったりする複数の人種が，歴史的観念の一体性，生活や文明，そして歴史や文明を介して生成され周知された精神的記憶の一体性を通じて同化されることによっても形成され得る」[30]。そして，ここでカロリディが言う精神生活とは，決して俗語に基づく日常文化を指しているのではなかった。換言すれば，「民族の表徴はその意識である。諸君，わたしの母語はギリシア語でもブルガリア語でもあり得る。それは別の問題である。だがわれわれは世界をどのようにして学んだのか，われわれの教会とは何か，神に対してどのようにどの言語で祈るのか，そしてわれわれの精神生活は何語でわれわれを啓蒙したのか。ギリシア語である。いかなる場所においても，言語はいかなる時にも民族の重要な表徴とは見做され得ない」[31]。したがって，正教徒の精神生活では正教が常にその中核を占めるが，その際，正教こそギリシア性の中核であり，またその文明語はギリシア語であるがゆえに，かれらは皆ギリシア人と見做される。たとえオスマン正教徒の一部がアラビア語やトルコ語やブルガリア語を母語とし，そのために仮に当人が言語別の帰属意識を有していたとしても，それは俗語に基づく仮初の認識に過ぎず，正教徒である限り，かれらはすべからくギリシア人と見做されるべきなのであった[32]。

---

29) この点については，P. M. Kitromilides, "On the Intellectual Content of Greek Nationalism" が詳しい。なお，パパリゴプロスの伝記として，Κ. Θ. Δημαρᾶς, *Κωνσταντίνος Παπαρρηγόπουλος* も参照のこと。

30) Καρολίδης, *op. cit.*, pp. 387-388. また，次の著作に見られるかれの「民族」定義も参照。Π. Καρολίδης, *Ἱστορία τοῦ ΙΘ΄ αἰῶνος*, pp. 148-155.

31) MMZC, Devre 1, Sene-i İçtimaiye 2, İçtima 51, p. 564.

人種や言語ではなく宗教的紐帯，即ち，世界総主教座をその長とする正教徒としての一体性を「ギリシア人」定義の核に置くカロリディのこうした議論は，非ギリシア語話者が多数を占めるオスマン治下の正教徒共同体の実態を反映するものであるとともに，まさにそれを受け，言語を根拠にギリシア人聖職者と現地住民とを離間しようとしたロシアのパレスチナ政策やブルガリアのマケドニア進出，即ち「汎スラヴ主義」の脅威に対抗するためには必須の主張だったのであり，「東方」の正教徒の一体性を誇示すべき，ギリシア系のオスマン正教徒指導層の利益を直截に反映するものだった。

　とはいえ他方で，かれの議論は，ギリシア王国の論理ともまた世界総主教座のそれとも，完全に同一ではなかった。前者の歴史地理認識がその現有領土を焦点とし，古典古代に関心を偏重させる傾向にあったのに対し[33]，後者の場合はあくまで自らの管区が基本となり，時代的にもキリスト教化以降に関心が集中する。これに対し，カロリディが描くギリシア世界は，ギリシア王国の現有領土よりも世界総主教座の管区よりも広い。そして時代的には，先史以来の連続性を見据えながらも，アレクサンドロス大王の征服行を画期とする。カロリディによれば，これを受けたギリシア文明の拡大は，その後継者たるヘレニズム諸王朝の時代に定着し，さらにローマ帝国以降のキリスト教化によって，現在に至る普遍性を獲得する。シリア，アナトリア，マケドニアの全域に文明が到達したのもこの時代であり，ゆえにこれらの土地は，正教を軸にそれを実現したギリシア人の地だと見做される[34]。

　このような議論において特筆すべきは，ギリシア正教徒が居住する地域，即ち，「ビザンツ」からオスマンに引き継がれた「東方」の地を共有するムスリム・トルコ人に対して，カロリディが示す親近感である。オスマン時代を暗黒の「トルコ支配」，オスマン領をメガリ・イデアの対象，オスマン・ギリシア人を「未解放」の同胞と見做しがちだった当時のギリシア王国の歴史叙述の通例とは異なり，カロリディは，「ビザンツ」やオスマン史上のムスリム・トルコ人の役割につき，

---

32) Καρολίδης, *Περὶ τῆς ἐθνικῆς καταγωγῆς*, pp. 29-42.
33) この点については，C. Koulouri, *Dimensions idéologiques de l'historicité en Grèce* を参照。
34) Καρολίδης, *Ἱστορία τοῦ ΙΘ΄ αἰώνος*, pp. 130-132 ; idem, *Περὶ τῆς ἐθνικῆς καταγωγῆς*, pp. 50-69, 124ff.

それをギリシア史の一環として詳細に論ずる。実際，たとえばかれの『ビザンツ史必携』におけるオスマン史叙述の充実ぶりは，これがそもそも「ビザンツ史」の参考書であることを忘れさせるほどである[35]。かれによれば，紀元後6世紀における「史上初のギリシア人とトルコ人との邂逅は，友好的な同盟関係だった」し[36]，「セルジューク・トルコの君主たちは，イスラーム哲学に起因する深い精神的な教養と倫理的な徳とを備えて」おり，それは内紛に明け暮れる「ビザンツ」の頽勢と対比されるものだった[37]。要するにトルコ人は，「そのあらゆる野蛮さにもかかわらず，多くの自然の美徳を持っていた。それはその精神や性格における勇敢さであり廉直さであった。古代よりトルコ人は大挙してアジアやヨーロッパに押し寄せ，西アジアの古代文明の生成に貢献した」とされる[38]。したがって，カロリディからしてみれば，アラビア語やトルコ語を解さずに，偏見や憶断に基づいて「ビザンツ史」を叙述するギリシア王国の同僚は嘲弄されるべき対象に他ならなかったし[39]，「近代歴史学の父」ランケ（Leopold von Ranke）すら，この趣旨の批判を免れることはできない[40]。カロリディによればむしろ，「かつてアレクサンドロス大王がヨーロッパからアジアに渡り，ヨーロッパの文明的思想を運ぶ媒介となったごとく，オスマン人たちはアジアからヨーロッパに渡り，東方の光をヨーロッパに広めた」のであり，それを範として，今日のトルコ人とギリシア人は，宗教を基軸とする「東方」の広域秩序の主役として協働すべきなのだった[41]。そしてこうした主張は，「1453年から1908年までの旧トルコと同様，1908年以降の新トルコも，自らのための集権化によって，無意識の内に偉大な教会やギリシア人に奉仕してきた」という「事実」によっても補強される[42]。これは，大宰相府と世界総主教座との利害の一致を描いて余すところがない。

　その意味でかれの歴史叙述は，正教徒としての立場から，現存のオスマン秩序を正当化する内容を持っていた。もちろん，カロリディが，ギリシア民族の拡張

---

35) Π. Καρολίδης, Ἐγχειρίδιον Βυζαντινῆς Ἱστορίας, pp. 224-226, 256-290.
36) Π. Καρολίδης, Ἀναμνήσεις Σκανδιναυικαί, pp. 63-64.
37) Π. Καρολίδης, Ὁ Αὐτοκράτωρ Διογένης ὁ Ῥωμάνος, p. 21.
38) Ibid., pp. 13-14.
39) Π. Καρολίδης, Διαμαρτυρία, Α΄-Β΄.
40) Π. Καρολίδης, Εἰσαγωγὴ εἰς τὴν καθολικὴν ἢ παγκόσμιον Ἱστορίαν, pp. 167-179.
41) "Osmanlı Ahrar Fırkası ve Büyük Bir Ziyafet," İkdam, No. 5271, pp. 2-3.
42) Π. Καρολίδης, Λόγοι καὶ Ὑπομνήματα, p. 381.

の夢としてのメガリ・イデアを放棄したわけではない。ただかれはそれを，あくまで現存するオスマンの枠組の下でのギリシア人の文化的経済的発展として読み替えていた。また，通俗的なギリシア民族主義の論理に近接するトルコ蔑視的な言説が彼に全く存在しなかったわけでもない。しかしそれでもなお，かれの第一の仮想敵はブルガリア人とロシア人，即ちかれのいわゆる「汎スラヴ主義」であり，ゆえにオスマン帝国は，それへの「防衛線」として評価される[43]。同様に，カトリックおよびプロテスタントの宣教団による正教徒改宗の試みや，「東方問題」におけるその利己的な態度が，かれの「西方」，即ち西欧列強への敵愾心を高めていた[44]。ここに顕著なのは，「西方」や「北方」に対する「東方」の自律性保持の意識であり，「東方」の「防衛線」としてのオスマン帝国への評価は時とともに高まる。したがって，かれの主張はしばしばギリシア王国の領土拡張主義とは対立した。カロリディは，王国側における無謀なメガリ・イデアの暴発への批判を隠さない[45]。それは，かれの立場からすれば，環地中海の社会経済活動の舞台として，オスマン・ギリシア両国を包含する形で実在している在地の広域秩序の方が，主権国家としてのギリシアの領土拡張以上に重要だったからに他ならない。

　このように，ギリシア王国と世界総主教座という二つの中心それぞれの抱く歴史観を総合し，オスマン帝国とその治下のギリシア正教徒の役割とを世界史上に然るべく位置づけたところに，カロリディの歴史家としての貢献があった。この際，かれの「ギリシア史」叙述は，顕著に親トルコ的な内容を有していたが，そのことは必ずしも，かれがムスリム・トルコ人と常に利害をともにしていたことを意味しなかった。両者の差異はやがて表面化する。

---

43) Π. Καρολίδης, «Ἡ Ἀνατολικὴ Ρωμυλία καὶ ὁ Ἑλληνισμός: Θράκη καὶ Μακεδονία», Ἑλληνισμός, No. 5, pp. 343-344 ; No. 6, pp. 42-43.
44) 西欧列強批判の事例は枚挙に暇がないが，さしあたり Π. Καρολίδης, Σύγχρονος ἱστορία, τόμος Δ΄, 1925, pp. 44-45 ; τόμος Ε΄, 1926, pp. 135-137 ; idem, Ἱστορία τοῦ Ἑλληνικοῦ ἔθνους, pp. 397-399 などに見られる議論を参照。ただしカロリディは，英仏露に比してドイツには一貫して親近感を抱いていた。
45) Καρολίδης, Σύγχρονος ἱστορία, τόμος Β΄, 1922, pp. 267-270, 276-284.

4 特権と平等

「諸民族の統一」と「宗教的特権」

　青年トルコ革命後，正教徒のあいだでも，立憲主義を中核に据える新たな政治文化は一定の支持を得た。それは，共同体指導層がマケドニアでもパレスチナでも「汎スラヴ主義」との闘争に追われる一方，中間層は，ハミト専制と癒着するその当の指導層に共同体内部での発言権を制約され，いわばそれぞれがそれぞれの文脈で閉塞感を抱いていたという背景があったからである。カロリディが，「到来した政体の変化はギリシア民族の皆に熱狂とともに歓迎され，浮薄で皮相な者には速やかなトルコ国家のギリシア化，さらにはビザンツ帝国の再来という大きな期待が，そして知的な者にも，トルコの新たな政体がもたらす自由の中で，新たな進歩の舞台やギリシア人の物心両面での発展に道が開かれるという大きな期待が生じた」と述べる所以である[46]。実際，かれは新体制への期待を率直に開陳している。即ち，「われわれの唯一の願望は至高の国家の領土保全」であり，「われわれギリシア人は，自らの民族的利益の必要から，オスマン帝国において立憲政が存続しこの国が進歩することを望んでいる」と[47]。かれは，それを通じてこそ「ギリシア人もまた自らの歴史上の本来的な責務を果たすことができる」のだとも説くが，これは何らムスリム・トルコ人への阿諛追従などではない。かれは同時に，あるべきオスマン像を明示し，トルコ人の自制を促してもいる。即ち，「トルコ民族は，数千年にわたり多様な諸民族とともに歴史を形成し一つの国民意識を築いてきたこと，こうした諸民族を損なおうとすれば，その時は自らの墓穴を掘ることとなる」ことを銘記すべきだと[48]。

　つまりオスマン国民とは，あくまでその構成諸民族の統一体としてあるべきものであり，そのどれか一つへの同化，たとえばいわゆる「トルコ化」などが求められるとしたら，それはトルコ人も含むオスマン国民全体にとって害をもたらすのみなのであった。これは革命後の正統性言説である「諸民族の統一（ittihad-ı

---

46) Καρολίδης, Ἱστορία τοῦ Ἑλληνικοῦ Ἔθνους, p. 115.
47) "Karolidi Efendi'nin Beyanatı," İkdam, No. 5208, p. 3.
48) MMZC, Devre 1, Sene-i İçtimaiye 3, İçtima 13, p. 328.

anasır)」を踏まえた発言であり，その限りで，当のトルコ人も受け入れざるを得ない主張であった。だが，カロリディの議論はさらに続く。

> 真のギリシア人たらずしてオスマン人たることはできず，真のアルメニア人たらずしてオスマン人たることもできない。多様な構成諸民族の過去を，現在を，そして将来を仔細に検討してみれば，このオスマン帝国が存在しなかったとすれば，我々はこれを創り出すことを神に祈願するほどであったはずである。だがオスマンとは一つの民族によってのみ現れ出たものではない。その進歩は他の構成民族とともにあってこそ成る。ギリシア・アルメニア・トルコ・アラブ，つまり全ての帝国構成諸民族が文明において，人道においてそれぞれに力を有しているならば，資本を有しているならば，それらを併せ用いるべきなのである[49]。

つまり，ギリシア人を筆頭に，帝国構成諸民族はその元来の「資本」を保ちつつも，まさにその自らの「資本」を増進させるためにこそ，オスマン国民として結集しているのだった。そして，カロリディの立場からすれば，各民族の信仰こそが，その「資本」の中核を占める。したがって，この議論を突き詰めれば，ギリシア人はあくまで，ギリシア文化や正教信仰が守られ，その社会経済的な発展が保障される場合，あくまでその限りで，オスマン人として活動することに吝かではないということになる。それは，18世紀末以来，環地中海商業網を背景にオスマン領内外で社会経済的な地位を向上させてきたギリシア人の本心でもあっただろうし，またそれは，新ファナリオットや銀行家を窓口に，政権の中枢と直結することで，自らの利益を政治的に確保してきた実績に裏打ちされてもいた。しかしまさにそれゆえにこそ，跨境的な通商網に依拠する当のギリシア人に社会経済面での発展を阻害されてきたムスリム・トルコ人にとっては，ギリシア性をオスマン性に優先させるこうした発想は，「非愛国的」なものと映る。かれらムスリム・トルコ人からすれば，単一不可分の国民国家オスマンの一員として，ギリシア人もまた，自分たちがオスマン性をトルコ性に優先させているのと同様に，オスマン性をギリシア性に優先させるべきなのだった。このようなギリシア人とムスリム・トルコ人の発想の差異を端的に示したのが，革命後の最大の争点の一

---

49) TV^3, No. 290, p. 11 (MMZC, Devre 1, Sene-i İçtimaiye 1, İçtima 115).

つとなる，「特権問題」だった。

「宗教的特権」の創造が実際は 19 世紀半ばに行われたことは，すでに本書第 2 章で論じた通りだが，20 世紀初頭のオスマン人には，その起源をメフメト二世によるコンスタンティノープルの征服以来，さらには正統カリフ時代以来の「伝統」に遡らせる神話が広く「事実」として通用しており，したがってカロリディら正教徒政治家は，オスマン政界で自らの既得権益を守るべく，「宗教的特権」の正統性を訴えていた。個々人の意識や言語以上に宗教的紐帯を重視することが，かれの思い描くギリシア世界の広がりを担保する以上，それをオスマン国制の下で保障する世界総主教座とその「特権」の保持は，カロリディにとって至上命題であった。その正統性を訴えるに際して引証されたのが，歴代君主の意志に発するとされる，「特権」のオスマン史上の伝統だった。というのも，帝国議会の多数，即ち「国民の意志」を根拠に，国民の「平等」に反する「特権」を否定しようとする青年トルコの論理に対抗するには，かれらが属するイスラームおよびオスマンの伝統を持ち出すより他になかったからである。

ゆえにこそカロリディは，オスマン帝国とはイスラームの「神政国家」であると強調して，それを保障すべきスルタン＝カリフの大権拡張を訴える[50]。たとえば，「国民主権」増進の文脈で提起された君主の議会解散権の縮小案について，カロリディは，このような試みは，「オスマン帝国の，その君主の，そして全イスラーム世界のイマームたるそのカリフの権限を，ヨーロッパの最も小さな君主よりも小さくするものである」と見做して反対する[51]。とはいえ，カロリディといえども，「国民主権」を重視する革命後のオスマン輿論の趨勢を無視はできず，ゆえに，君主大権と国民主権は合致するのだと強弁せざるを得ない。かれは，「国民主権の種は君主」であり[52]，「国民主権を体現するのは陛下である。なぜなら陛下は単なる行政権の長ではなく，国民の長であり，政府全体を，国家を，そして国家の権利を御一身に体現される」からであり，したがって，「カリフの存在は国民主権と合致する」のだと訴えた[53]。

---

50) Καρολίδης, Ἱστορία τοῦ ΙΘ΄ αἰώνος, p. 43.
51) TV^3, No. 246, p. 8 (MMZC, Devre 1, Sene-i İçtimaiye 1, İçtima 89).
52) TV^3, No. 250, p. 8 (MMZC, Devre 1, Sene-i İçtimaiye 1, İçtima 92).
53) MMZC, Devre 1, Sene-i İçtimaiye 3, İçtima 41, p. 1154.

だが現実には，ムスリム・トルコ知識人の多くはこうした議論には納得せず，隷属民として過去の専制の時代に保障された特権にしがみ付くのではなく，国民主権に基づく現在の立憲政の意義を認識し，宗教の別を問わない平等を尊重すべきだと反論した。しかしカロリディからすれば，イスラームと正教とを柱とする，あるべきオスマン秩序を掘り崩すそうした「世俗的」発想こそ，オスマンの真の利益を損なっていると目される。ゆえに，こうした発想をもたらしたタンズィマート改革とその推進者たるムスタファ・レシト・パシャらの外務官僚とが強い批判の対象となる。というのもかれらは，「ヨーロッパの政治体制の物差しを用いて，キリスト教徒諸民族臣民の統治に際しても，それを，政体や国家についてヨーロッパで支配的な原則や思想を当てはめるべき対象だと考えていた。そしてそのために政体としての教会の自律性を徐々に掘り崩し始め，教会を世俗化しようと望んでいた」からである[54]。同時に，それに追随して正教会の「世俗化」をもたらした正教徒の俗人名望家も論難される。なぜなら，かれらの影響下に作成された1862年の総主教座法は，「教会の歴史や伝統に反して教会を完全に世俗化し，教会の政治的基盤を完全に覆し，総主教の職務やその個人としての力や活動を無化した」からである。しかも正教会の俗化を嘆く彼の批判は，当の世界総主教本人にも向かう。カロリディの時代に正教会を牛耳ったヨアキム派は，まさにかれの批判する「腐敗したガラタやペラの若造たち」，即ち，総主教座法の作成に与って力のあったイスタンブルの銀行家によって支えられていた。ゆえにカロリディは，総主教ヨアキム三世の功績は高く評価しつつも，しかしかれの時代には，総主教座は金権支配の下に置かれたと批判することも忘れない[55]。

このように，カロリディの理想とする「東方」の在地秩序は，あくまで「宗教的」なものだった。実際，独立直後，1830年代のギリシア王国が一方的に自国の教会の独立を宣言し，世俗権力の統制下にその「世俗化」を進めたことは，カロリディの厳しい指弾の対象となる[56]。したがって，かれの「宗教的」論理と，単一不可分の国民統合を目指す「世俗的」かつ立憲的な青年トルコ，中でもその

---

54) Καρολίδης, *Σύγχρονος ιστορία*, τόμος Ε´, pp.26-27, 33-46. 引用部は p. 39.
55) Καρολίδης, *Λόγοι και Υπομνήματα*, pp. 185-186, 197.「腐敗したガラタやペラの若造たち」なる表現は，Καρολίδης, *Σύγχρονος ιστορία*, τόμος Ε´, p. 45 に見られる。
56) *Ibid.*, τόμος Δ´, pp. 3-46, 75-86, 112-117.

最大勢力であった統一派（統一進歩協会の支持者）の論理とは，ほとんど対極にあった。

ただし，現実政治家でもあるカロリディは，たとえ青年トルコやヨアキムの言動にどれほど不満があっても，結局はかれらと協働する以外の選択肢はないと考えていた。「ギリシア政府は政治的な理由から，それは悪と考えながらも，必要に応じてブルガリアと同盟することもあり得る」のに対して，「総主教座と総主教代理座との協同やトルコのギリシア人とブルガリア人との協同は，偉大なる教会や総主教座，ギリシア人やギリシアの民族性，そしてギリシアの歴史やギリシアの民族意識を消滅させ否定し転覆することに他ならない」とカロリディが確信する限り[57]，「汎スラヴ主義」に抗して正教会の一体性を護るというかれの最大の関心に際し，現実に国政および共同体内政治を統御し得るのが青年トルコおよびヨアキムのみであり，またこの両者は現存するオスマン帝国の防衛という点で現実に利害をともにしていると思われた以上，カロリディとしても，この両者を支持せざるを得なかった。ゆえにかれは，オスマン政界で統一派と反統一派の対立が激化した 1912 年初頭，総主教ヨアキムの意向に反して反統一派に軽々に合流し，あろうことか教会分裂の徒であるブルガリア人と提携した一部のギリシア人は，「教会および民族の権利を簒奪し，民族および教会の権利を破滅せしめた裏切り者」に他ならないと非難する[58]。

「国民主権」と「特権諸州」

だが，問題は宗教的特権のみにはとどまらなかった。1868 年以来，自治的な地位を獲得し，1897 年戦争後にはオスマン「宗主権」下の自治「国」を自称し，しかも 1908 年の革命勃発直後には一方的にギリシア王国との合併を宣言したクレタ島は，「国民主権」を掲げる青年トルコ革命後の新体制にとり，まさにそこで争われているのがオスマンの「主権」であるがゆえに，妥協の許されない論点として現れた。だが，「汎スラヴ主義」に抗するギリシア人とトルコ人の共闘を求めるカロリディには，これは頭の痛い論点だった。そこでかれは，この件について次のように弁明する。即ち，「ギリシアはこの件について何の関与もない。

---

57) Καρολίδης, *Λόγοι καὶ Ὑπομνήματα*, p. 254.
58) *Ibid.*, p. 341.

ギリシアはかつて紛争を起こした。それ以降，おとなしくしている。だが同国に関し，クレタをギリシアに併合しようとしているなどと考えられているようである。これはわれわれの雅量に相応しいことではない。われわれがなすべきは，保護国に対し，クレタをわれわれに引き渡せ」と言うことである，と[59]。このようにカロリディは，一件の責任を専ら保護国，即ち英仏露伊に負わせ，ギリシア人のクレタ合併の意志を否定ないし軽視する。

とはいえ，これは必ずしもムスリム・トルコ人に対するその場しのぎの発言とばかりは見做されない。かれは，当のクレタ出身の政治家，ギリシア王国のヴェニゼロス首相（Ελευθέριος Βενιζέλος）とも会見して，オスマン帝国の「名目的な主権（ὀνομαστικῆς κυριαρχίας）」の下，貢納義務と引き換えのクレタの自治化でこの一件に終止符を打ち，もってオスマン・ギリシア関係を好転させるべきことを説いている[60]。実際，ヴェニゼロスも当面はクレタの現状維持を考えていたのであり[61]，必ずしもこの案が現実から遊離していたわけではない。カロリディ自身，自分は，「ギリシアおよびオスマン帝国に対する自分の義務を果たしてきたのであり，真実の心で常に真実を口にしてきたのであり，ギリシア王国議会の演壇で述べ得ないようなことはオスマン帝国議会の演壇において一切述べず，ギリシア王国議会の演壇で述べたいと思うことは全て勇気をもってオスマン帝国議会の演壇で述べるのだという不動の原則を抱き，トルコ人の中の最も狂信的な者に対してすら，これを常に表明してきた」と誇示する所以である[62]。だがまさにそうであったがゆえに，かれと統一派とが衝突した局面とは，オスマンの新秩序の命運にとって，本質的な問題の所在を指し示していた。

即ち，青年トルコとのあいだでかれが逢着した問題が二つの「特権」，即ち宗教的特権と特権諸州たるクレタの扱いだったことは，カロリディと，この種の「特権」を廃し，宗教の別を問わない平等に基づく単一不可分の国民国家化を目指すムスリム・トルコ知識人との発想の差を如実に示していた。

ちなみに，カロリディはもう一つの特権，即ちカピチュレーションに対するオ

---

59) MMZC, Devre 1, Sene-i İçtimaiye 2, İçtima 92, p. 1729.
60) Καρολίδης, *op. cit.*, pp. 133-145, 237-240, 385-393.
61) M. L. Smith, "Venizelos' Diplomacy," pp. 134-143.
62) Καροίδης, *op. cit.*, pp. 146-147.

スマン人の憤懣には一定の理解を示しており，ギリシア国籍者によるその濫用を批判してもいる。さらにカロリディは，外国人特権へのトルコ人の不満が宗教的特権への批判に繋がったことも記しつつ[63]，他方で，近世にはこの両「特権」の国制上の扱いは類似していたと主張してもおり[64]，オスマン史上に「特権」が孕んだ問題性とその連関の様相とを見通していた。その意味でも，「特権」はオスマン国制の急所たることを失わなかった。

5　帝国の残影

　現実の歴史はカロリディの望んだ形では進まなかった。1911年にイタリアがリビアを侵略すると，この機を捉えて，翌12年にはギリシアを含むバルカン同盟諸国がオスマン帝国を攻撃する。これに敗れたオスマン帝国は，そのヨーロッパ領のほぼ全てを失った。続く第一次世界大戦にオスマン帝国が中欧同盟国側で参戦した結果，その領土は戦後にさらなる分割の対象となる。これを積年の領土拡張の夢を実現する好機と見たギリシア王国は，イギリスの支持の下に，1919年5月にアナトリアに侵攻する。以上の経緯は，ギリシア正教徒内部の文脈でも，聖俗の力関係，イスタンブルとアテネの力関係をそれぞれ後者に有利に変え，世界総主教座の管轄の縮減を伴うものとなった。だがその際，大宰相府が自らの「主権」を最後まで譲らなかったように，世界総主教座もまた，自らの管轄を最後まで譲らなかったため，その過程は紆余曲折を伴うものとなる[65]。
　まず，バルカン戦争の結果，1912年にオスマン帝国から独立したアルバニアでは，1922年に教会の独立が一方的に宣言された。だが，これが世界総主教座に承認されるのは，1937年のことである。他方，同じくバルカン戦争の結果，ギリシア領に編入されたマケドニアの教区については，当の現地の府主教たちは世界総主教座との紐帯の維持を望み，他方でギリシア政府も，イスタンブル獲得

---

63) Καρολίδης, Ἱστορία τοῦ Ἑλληνικοῦ ἔθνους, pp. 87-89, 306-307.
64) Καρολίδης, Ἱστορίια τοῦ ΙΘ´ αἰώνος, pp. 45-47.
65) この点も含め，第一次大戦後の世界総主教座の状況については，E. Macar, *Cumhuriyet Döneminde İstanbul Rum Patrikhanesi* および S. Akgönül, *Le Patriarcat grec orthodoxe* を参照。

を視野に，これらの「新領土」のみならず，ギリシア正教会全体の世界総主教座との再統合すら検討していた。だがその直後に大戦が勃発すると，参戦の是非をめぐってギリシア国家自体を「旧領土」の王党派と「新領土」に拠るヴェニゼロス派とに二分した「国民分裂」が生じる中，これらの教区の帰属は未解決のままとなる。そして大戦終結後，上述の通りヴェニゼロス派の主導によりギリシア軍のアナトリア侵攻が実現すると，これと前後して1919年3月にイスタンブルの正教徒は，一方的に大宰相府との断交を宣言した[66]。オスマン朝が新ローマの主となった15世紀以来，一貫してオスマン帝権の下でこそ，エキュメニズムを高唱し得た世界総主教座は，ここに至ってその紐帯を自ら放擲した。さらに，ヴェニゼロス派の前アテネ府主教が新総主教に選出され，イスタンブルが同派の根拠地となると，そのためもあって世界総主教座は，ギリシア王国の「国民分裂」の論理に呑み込まれていく。

　こうした動きに対し，独立戦争の最中のアナトリアの正教徒の一部は，もはやギリシア国家の傀儡と化した世界総主教座には従えず，自らの利益を擁護する自らの教会を築くべきとして，「トルコ正教会」を発足させた。これは当然ながら世界総主教座には認められなかったし，実際にはこの動きは，アンカラに拠りギリシア軍に抗していた大国民議会政府の意向を強く受けたものであり，その信徒数は少なかった。さらに，アンカラ政府が最終的にギリシア軍を撃退し，1923年のローザンヌ条約によって世界総主教座のイスタンブル存置も定められると，世界総主教座に対するアンカラ政府の切り札としての「トルコ正教会」の役割もほぼ消滅したため，以後「トルコ正教会」は国内ですら事実上見捨てられていく[67]。

　だがそれは，トルコ国内で世界総主教の権威が保たれたことを必ずしも意味しない。というのも，独立戦争の過程で多くの正教徒があるいは殺害されあるいは国外に逃亡したのみならず，生き残った正教徒も，その多くが住民交換の対象となって姿を消したからである。この際の基準は言語ではなく宗教であり，その使用言語を問わず，トルコ領の正教徒とギリシア領のムスリムとが交換された[68]。

---

66) A. Alexandris, *The Greek Minority of Istanbul*, pp. 56-57.
67) *Ibid.*, esp. Chapters III-V. なお，「トルコ史」の文脈からの「トルコ正教会」についての専論として，M. Baş, *Türk Ortodoks Patrikhanesi* もある。

これは，カロリディの説く，言語ではなく宗教を基軸とするオスマン領内外の広域秩序の像が，一定の現実性を持つ議論だったことを裏書きしているとも言えよう。だがその結果，かれもその一員だった，古代以来の伝統を継ぐアナトリアのキリスト教徒は消滅した。この間，環地中海の正教徒商業網も，大戦中の停滞に加えて，ソヴィエト・ロシアの成立に伴う黒海交易の衰退や，帝国解体に伴う旧オスマン市場の分断などの要因により，その重要性を大幅に低下させる。以後は，世界総主教座存置とともに辛うじてその存在を認められたイスタンブルの正教徒が，トルコ共和国の単なる「マイノリティ」として残ることを許されたのみとなる。しかもローザンヌ会議で新生トルコは総主教座の従来の「特権」の廃絶に全力を尽くしたため，世界総主教座は，「政治」には一切容喙しない，単なる「宗教的」機関としての存続がようやく認められたに過ぎない。

この間，セルビア人・クロアチア人・スロベニア人王国の成立に伴い，ボスニアやモンテネグロなどの新領土を覆う形でセルビア正教会の管区は拡大し，さらに世界総主教座の同意を経て，ベオグラード府主教座は総主教座に昇格した。そして1923年にはアテネ府主教座が大主教座に昇格し，続く1925年には，ルーマニア正教会も総主教座に昇格した。これに対し，分裂状態にあったブルガリア教会との関係正常化は遅れ，世界総主教座は第二次大戦終結後の1945年にようやくその独立を承認した。1953年からブルガリア総主教代理は総主教を名乗るようになるが，世界総主教座がそれを公式に認めるのはさらにその8年後，1961年のことであった。他方で，アンティオキアおよびエルサレムの両総主教座におけるアラブ系とギリシア系との対立は，第一次大戦後にオスマン領を分割した英仏の植民地主義権力がこれを引き継いだ[69]。

こうして，聖俗両面で，ギリシア人の拡張としてのメガリ・イデアの夢には終止符が打たれた。そしてこの過程は，カロリディの歴史叙述が拠って立っていた，オスマン的なエキュメニズムの基盤がほぼ完全に失われたことも意味した。実際，今回の「破局」を受けてさらなる領土拡張を断念したギリシアでは，バルカン戦争までに獲得した現有領土の枠内での同化政策が進められるとともに，「トルコの軛」からの解放を軸とする一国史的な歴史叙述が支配的となり，現状への正当

---

68) この時の住民交換については，R. Hirschon, ed., *Crossing the Aegean* 所収の各論文が詳しい。
69) 若林啓史「正教会エルサレム総主教座のアラブ信徒」。

性付与が図られる。このため，現有領土から外れる地域——ギリシア王国以上の人口を擁したオスマン正教徒にとっての「祖国」——の歴史は，「ディアスポラ」の歴史として，あたかも「ギリシア史」の本流からは外れるかのごとき扱いを受けることとなる。こうした中，カロリディは，バルカン戦争に際しても第一次大戦に際してもギリシアの参戦には反対だったが，現実にギリシアのアナトリア侵攻が行われ，しかもそれが「破局」に終わった後は，かれの歴史叙述も，単線的なギリシア「民族史」に吸収されていく。だがその中にもなお，本章でいくつか引用したように，ギリシア人の「黄金時代」としてのオスマン近代への言及をしばしば見出すことができる。そして，領土拡張によるメガリ・イデアの時代は終焉を迎えたことを説く戦間期のカロリディは，文化的経済的な発展という意味でそれを継続すべきことを論ずるに当たり，セルビアやブルガリアを含むバルカン連邦の構想には懐疑を隠さず，むしろ新生トルコとの友好の必要を訴えている[70]。だが，以前の環地中海の正教徒商業網がほぼ消滅し，アナトリアの正教徒もいなくなった後では，こうした議論の現実性が薄弱なことは争えない。そのためもあり，ギリシア人の「黄金時代」を提供した国家としてのオスマン近代の記憶は，その卓越した語り手だったカロリディ自身の記憶とともに失われていく。帝国の解体とともにカロリディの歴史叙述も忘却の対象となったことは，オスマンの枠組が，この種のエキュメニカルな歴史叙述の生成において本質的な要素だったことを示していよう。

おわりに

　カロリディの歴史叙述は，先史から現在に至る「東方」諸民族，特にギリシア人およびトルコ人の在地における連続性を訴えるものだったが，その時空間上の一体性を担保するのは，アレクサンドロス，ローマ，オスマンと続く広域秩序の存在であり，また，それを成り立たせた普遍性の重層，とりわけ正教とイスラームの共存の伝統であった。ゆえにかれは，この秩序の解体をもたらしかねない

---

[70] Καρολίδης, Ἱστορία τοῦ Ἑλληνικοῦ Ἔθνους, pp. 399-401, 407-416.

「世俗化」には，反対の姿勢を崩さなかった。

　こうした発想は，何もカロリディ一人に限られたものではなかった。19世紀を通じて，民族や宗教の別を問わず，少なからぬオスマン領内外の知識人が，正教やイスラームの伝統を各々の仕方で踏まえながら，多民族多宗教的なあるべき「東方」の広域秩序を構想していたのであり，必ずしも非トルコ人の全てが，西欧近代の拡大の驥尾に付してオスマン帝国の解体に加担したわけではなかった。特に，世界総主教座に連なるギリシア正教徒の中には，自らの奉ずる正教という普遍性の護持のためにこそ，オスマン帝国の存続を望む者が稀ではなかった[71]。

　だがまさにそれゆえに，オスマン帝国解体後，現在に至るまで，その旧領たる東地中海地域の歴史叙述においては，時空間認識の各国史的分断が主流となっている。それは，西欧起源の近代国際秩序が定着し，それが伴った西欧カトリック中心主義的な歴史認識が非西欧諸地域でも次第に内面化されていく中で，オスマン帝国が近世以来，ローマ，モンゴル，イスラーム，正教という在地の普遍性の重層の担い手だったことが，オスマン領の解体を通じて，最終的に否定され忘却されたことの結果でもあった。つまり，オスマン領の解体は，単に一主権国家としてのオスマン帝国や支配王朝としてのオスマン王家がなくなったという以上の，文明論的ないし認識論的な転換をこの地域にもたらしたのであり，それは，在来の普遍性の重層構造自体が消滅し，それに関わる想像力が枯渇することとも表裏一体の形で機能した。その現象面での表れとして，かつては一体だった「神護の領土」，即ちオスマン領は「バルカン」と「中東」に分断され，その各々に相互に排他的な国民国家が叢生すると，やはり相互に排他的な歴史認識がその各国において確立する[72]。

　そしてそれはすでにカロリディの指摘するところでもあった。オスマン帝国滅亡後，戦間期のかれは，現在の国民国家の論理を過去に投影して，近世の世界総主教座は充分に正教徒を「ギリシア化」しなかったと批判するギリシア人，反対に近世の「ギリシア支配」を非難するブルガリア人，同様の論理から，近世にその臣民をムスリム・トルコ化しなかったことをもって過去のオスマン君主を指弾

---

71) 藤波「オスマンとローマ」。またこれに加え，Δ. Σταματόπουλος, *Το Βυζάντιο μετά το έθνος* も参照のこと。
72) これについては，藤波伸嘉「オスマン帝国の解体とヨーロッパ」も参照。

するトルコ人といった，各国の時代錯誤的な「民族史学」の言説を批判する[73]。

同様にかれが批判するのが，独立国家は独立教会を持つのが正教の伝統だという言説だった。かれは，世俗権力の分立は教会の独立を伴いはしなかったこと，帝国の外部のキリスト教徒は帝国内のいずれかの総主教座の管轄下にあったこと，独立を主張したのは異端の教会のみだったことを強調する。即ち，「キリスト教会は紀元後4世紀におけるローマ帝国内部でのその勝利の時以来，独立国家が創設されればそこには独立教会が置かれるなどと考えたことは決してなかった。というのも，教会はローマ帝国とローマ皇帝以外には，いかなる国家や政体を知ることも認めることもなかったからである」と[74]。

実際，19世紀の正教会の一体性の解体過程を見ても，独立国家は独立教会を持つという言説は，バルカン諸国の利益に沿う形で喧伝された一種の神話，創造された「伝統」と見做されるべきものと思われる。一民族一国家一教会を自明とするこの立場からすれば，世界総主教座は，ムスリム・トルコ人の主権国家であるオスマンの教会と目されることとなり，したがってそれは「トルコの軛」の下にあったのだという発想も浮かんでくる。だが，カロリディの示す上記の論理を踏まえれば，当の総主教座の認識は，自らはローマを継ぐ近代の皇帝たるオスマン君主に従っているというものであったはずであり，そうである以上，世界総主教座は単なる一主権国家の教会なのではなく，たとえそれらが世俗的には独立していようとも，周辺諸国の教会も管轄すべき世界帝国の教会なのだった。エキュメニズムとは，まさにこの文脈で主張されるものだった。

その意味で，「東方」の自生的な広域秩序を解体する過程の端緒となったキュチュク・カイナルジャ条約において，オスマン的イスラームの権力が「政治」と「宗教」とに分割された一方，オスマン的エキュメニズムの担い手たる正教会に対する「保護」をロシアが持ち出したのは，象徴的な出来事だった。いわばモンゴルとローマが出会う場所であるクリミアが，その舞台となったことも偶然ではない。チンギス裔の直系たるクリム・ハーン国が，名目的な「独立」の後にロシアに併合されると，そこの教区はロシア正教会に移管され，コンスタンティノープル征服を目指すエカチェリーナ二世の「ギリシア計画」——すなわち，ロシア

---

73) Καρολίδης, *Σύγχρονος ἱστορία*, τόμος Δ΄, pp. 278-280.
74) *Ibid.*, pp. 49-54, 87-109. 引用部は p. 107.

正教的なローマ解釈とその実践——が大々的に展開される場となった[75]。これに始まる西欧列強の侵略と，それを通じた近代国際秩序の拡大とは，「宗主権」概念を通じたオスマン帝国の解体をもたらすとともに，自治教会，次いで独立教会の創出を通じた正教会の一体性の解体ももたらして，「東方」でローマを継いだオスマン帝国を，非キリスト教の一主権国家たる「トルコ」へと矮小化した。それに対する大宰相府の抵抗が，実効支配を喪失した地域にも「主権」，せめて「宗主権」を主張することだったが，同様に世界総主教座は，その支配から離れた教区への管轄を主張し，あるいはせめてその地位を「自治」に据え置くことで，その権益の保持を図ろうとした。こうして大宰相府と総主教座の双方が，主権国家体系に取り込まれながらも，あくまでイスラームや正教に基づく在地の広域秩序を保持することを目指したのだが，両者の試みは最終的に挫折する。それは単にこの両宗教の普遍性を傷つけたのみならず，オスマン帝国という枠組の消滅を通じて，両者の共存のための普遍性の重層構造自体を損なった。

　では，オスマン帝国がそうであったように，19世紀を通じたその解体を経て，正教会の一体性も今や全く存在しないのだろうか。だが，必ずしも事態はそうではないようである。その足掛かりを与えたのは，1833年に最初に自らの独立を一方的に宣言し，正教世界の一体性が解体する先鞭をつけたギリシア正教会だった。まず，19世紀後半の「新移民」の増加を受けて拡大していたアメリカ合衆国の教区は，1908年に一旦はギリシア正教会の管轄下に置かれたが，前アテネ府主教の世界総主教就任を契機として，1922年にこれは世界総主教座に移管された。そしてローザンヌ条約後の1928年，「国民分裂」への配慮もあり，また対トルコの観点で世界総主教座のエキュメニカル性を保持すべく，バルカン戦争後にギリシアが獲得した「新領土」の教区は，現実にはギリシア正教会に委ねられながらも，名目上は世界総主教座に属し続けることが定められた。これに伴い，サモスや聖山アトスも総主教座の管轄下に残された。1911年の伊土戦争以来イタリア占領下にあったドデカネスの教区もまた，同諸島がギリシアに併合された第二次大戦後も引き続き，世界総主教座に属したままである。そしてクレタも今なお世界総主教座の管轄下にある。つまり，オスマン帝国の解体過程を反映する

---

75) この点については，とりあえず鳥山祐介「エカテリーナ二世の『壮麗なる騎馬競技』とペトロフの頌詩」を参照。

形で，主権国家ギリシアの領内には，今なお世界総主教座とギリシア正教会の双方の管区が併存し続けている[76]。他方，イギリス撤退後の一連の「キプロス問題」において，キプロス大主教座はその帰趨を左右する決定的な役割を果たしたが[77]，まさにそれゆえにトルコでは，その黒幕と目された世界総主教座とイスタンブルの正教徒とが，大々的な迫害の対象となった。

だがこれは，その後の世界総主教座の復権の契機ともなった。逆説的にも，迫害の結果としてイスタンブルの正教徒が激減したことは，世界総主教座が，国内の現実の信徒の存在をトルコ政府との交渉でいわば人質に取られることなく，比較的自由な立場で国際的な正教世界の中心としての役割に特化することを可能としたからである。そもそも冷戦の過程で，世界総主教座は，正教圏の多くを支配した東側陣営に対抗し，正教徒を引きつけるための道具としての役割が評価され，同じく西側陣営に属するトルコの政治権力とのあいだで，アメリカの意向の下に一定の安定した関係を築いていた。デタントにおけるその締めつけの緩みがキプロス問題を生んだのだが，その後，1970年代後半からあらためて米ソの対立が深まり，他方でいわゆる「宗教復興」の波が到来すると，世界総主教座の地位も再び高まる。そしてソ連解体後，その旧領をめぐる国際関係とならんで各教会の相互関係も複雑化する中，ロシア連邦およびモスクワ総主教座に対する抑止力として，各国の正教会，アメリカ，EU，そしてトルコやギリシアのはざまで，世界総主教座は無視できない影響力を及ぼすようになった。

つまり，「宗主権」も消滅し，オスマン帝国の解体を経た後も，正教会のエキュメニズムは死ななかった。やはり1970年代後半以降，「復興」の著しいイスラームとも併せて，主権国家の枠を超える宗教の紐帯は，冷戦後の国際関係の要素として，あらためてその意義を増している。こうした潮流が「領土」や「主権」の意義を消滅させたわけでは当然ないし，「中東」や「バルカン」の在地の政策決定過程で，域外の超大国の意向が卓越するのも事実である。またもちろん，跨境的なイスラーム勢力の活動が特定の主権国家の利害と分かち難く結び付いている場合が少なくないことも確かだし，各国の「世俗派」が沈黙したわけでも

---

76) 以上の過程については，M. Βαλάκου-Θεοδωρούδη, *Πολιτικές και συνταγματικές πτυχές του καθεστώτος νέων χωρών* および A. Nanakis, "Venizelos and Church-State Relations" を参照。
77) 鈴木『イスラムの家からバベルの塔へ』第7章。

——トルコやエジプトの昨今の政情を見ればそれは明らかである——，各国の教会と世界総主教座とのあいだに対立がないわけでもない。そして何より，かつてのオスマン帝権の時代とは異なり，その領域が，互いに利害を異にする数多くの主権国家に分割された今日においては，この種の「宗教復興」には，イスラームと正教とを国制の次元で相互に結び付け，それを通じて普遍性の重層を実現する枠組が備わっているわけではない。

だが，「宗主権」の時代が解体させたはずの広域秩序は，冷戦終結後のアメリカ支配の時代にあって，それに抗する在地秩序の復権という文脈で，かつてオスマン帝国解体のために一旦は分離された「政治」と「宗教」の両者を，後者の復興とともにあらためて結び付けながら，その姿を再び現しつつあると言えるのかもしれない。今日の「地域大国」と「非承認国家」との対は，かつての「宗主国」と「属国」との対を彷彿とさせる。その意味でも，現代世界の国際関係に見られるひずみや矛盾の解決を志向するのであれば，その背景には，近代国際秩序がその拡大過程で後景に押しやった諸問題をあらためて見出すべきであろう[78]。

換言すれば，そこに垣間見えるのは，19世紀の西欧帝国主義の拡大の局面で解体し代替されたはずの，世界各地に重層する在地の普遍性とその記憶，さらにその再解釈の諸相なのではないだろうか。もしそうであるならば，今後に構築されるべき新たな国際関係の学とは，西欧近代起源の概念や用語法を所与の前提とするのではなく，言うまでもなくイスラームや正教を何か「特殊」なものと考えるのでもなく，近世以来の在地の歴史的文脈を踏まえ，それが近代以降に辿った命運の異同を考慮して，西欧中心主義ならぬ真に世界大の視野から論じられるべきものとなるのではないだろうか。そしてそのためにも，本書で行われたような，歴史学的な考察を地道に積み重ねていくことが求められるのではないだろうか。

---

78) イスラーム勢力と国際政治との関係について，とりあえず末近浩太『イスラーム主義と中東政治』を参照。環黒海地域をめぐる跨境的な宗教政治については，松里公孝「環黒海地域における跨境政治」が詳しい。特に正教世界の動向やその中の世界総主教座の位置については，T. Anastassiadis, «Prise entre trois Romes» もある。

文献目録

【日本語】
明石欽司『ウェストファリア条約──その実像と神話』慶應義塾大学出版会, 2009 年
秋月望「朝中間の三貿易章程の締結経緯」『朝鮮学報』第 115 輯, 1985 年
秋葉淳「オスマン帝国における代議制の起源としての地方評議会」粕谷元編『トルコにおける議会制の展開──オスマン帝国からトルコ共和国へ』東洋文庫, 2007 年, 所収
──「タンズィマート初期改革の修正──郡行政をめぐる政策決定過程(1841-42 年)」『東洋文化』第 91 号, 2011 年
浅田進史『ドイツ統治下の青島──経済的自由主義と植民地社会秩序』東京大学出版会, 2011 年
浅野豊美「国際関係の中の「保護」と「併合」──門戸開放原則と日韓の地域的結合をめぐって」森山茂徳・原田環編『大韓帝国の保護と併合』東京大学出版会, 2013 年
天野尚樹「近代ロシア思想における「外来」と「内発」──F・F・マルテンスの国際法思想」『スラブ研究』第 50 号, 2003 年
荒井郁之助『英和対訳辞書』開拓使蔵板, 1872 年
新井政美『オスマン vs ヨーロッパ──〈トルコの脅威〉とは何だったのか』講談社, 2002 年
荒川邦蔵・木下周一合訳『海氏 万国公法』司法省, 1877 年
有賀長雄「保護国論を著したる理由」『国際法雑誌』第 5 巻第 2 号, 1906 年
李穂枝「防穀賠償交渉(1893 年)における日清韓関係」『中国研究月報』第 63 巻第 6 号, 2009 年
イーストレイキ (Frank Warrington Eastlake)・棚橋一郎共訳『ウェブスター氏新刊大辞書和訳字彙』三省堂, 1888 年
五百旗頭薫「福地源一郎研究序説──東京日日新聞の社説より」坂本一登・五百旗頭薫編『日本政治史の新地平』吉田書店, 2013 年
井口和起『日本帝国主義の形成と東アジア』名著刊行会, 2000 年
石川暎作編訳『泰西政事類典』第 2 巻, 経済雑誌社, 1884 年
石川禎浩編『国際ワークショップ「近代中国における翻訳概念の展開」』京都大学人文科学研究所, 2011 年
──・狭間直樹編『近代東アジアにおける翻訳概念の展開』京都大学人文科学研究所, 2013 年
石田徹『近代移行期の日朝関係──国交刷新をめぐる日朝双方の論理』溪水社, 2013 年
石濱裕美子『チベット仏教世界の歴史的研究』東方書店, 2001 年
──「ダライラマ 13 世の著作に見る自称表現と政体表現の変遷について」『早稲田大学大学院教育学研究科紀要』第 24 号, 2013 年
伊藤信哉「日本における外交史学の起源」, 同『近代日本の外交論壇と外交史学──戦前期の『外交時報』と外交史教育』日本経済評論社, 2011 年, 所収
伊藤博文編『秘書類纂 外交編』中, 原本 1914 年刊行, 原書房, 1969 年復刻
──編『秘書類纂 朝鮮交渉資料』中・下, 原本 1936 年刊行, 原書房, 1970 年復刻
『伊藤博文関係文書 一』伊藤博文関係文書研究会編, 塙書房, 1973 年
『伊藤博文関係文書 七』伊藤博文関係文書研究会編, 塙書房, 1979 年

『伊藤博文伝』下，春畝公追頌会編，原本 1940 年刊行，原書房，1970 年復刻
『岩倉公実記』下，多田好問編，原本 1927 年刊行，原書房，1968 年復刻
『井上毅伝　史料篇第一』井上毅伝記編纂委員会，國學院大学図書館，1966 年
井上哲次郎『哲学字彙』フレミング（William Fleming）原編，有賀長雄増補，東洋館，1884 年
上野雅由樹「マフムト 2 世期オスマン帝国の非ムスリム統合政策――アルメニア・カトリック共同体独立承認の事例から」『オリエント』第 48 巻第 1 号，2005 年
内山正熊「外交の概念規定について」『法学研究（慶應義塾大学）』第 45 巻第 6 号，1972 年
宇野俊一「日清戦争」歴史学研究会・日本史研究会編『講座日本史　第 6 巻　日本帝国主義の形成』東京大学出版会，1970 年
梅棹忠夫『文明の生態史観』中央公論社，1974 年
閻立「日清戦争後の清韓関係――清韓通商条約の締結過程をめぐって」『経済史研究』第 15 号，2012 年
大河原知樹・秋葉淳・藤波伸嘉訳「〔全訳〕オスマン帝国憲法」粕谷元編『トルコにおける議会制の展開――オスマン帝国からトルコ共和国へ』東洋文庫，2007 年，所収
大澤博明「伊藤博文と日清戦争への道」『社会科学研究』第 44 巻第 2 号，1992 年
――「日清共同朝鮮改革論と日清開戦」『熊本法学』第 75 号，1993 年
――「明治外交と朝鮮永世中立化構想の展開――1882〜84 年」『熊本法学』第 83 号，1995 年
――「日清開戦論」東アジア近代史学会編『日清戦争と東アジア世界の変容』全 2 冊，ゆまに書房，1997 年，下冊，所収
――「朝鮮永世中立化構想と日本外交――日清戦争前史」井上寿一編『日本の外交　第 1 巻　外交史戦前編』岩波書店，2013 年，所収
岡洋樹『清代モンゴル盟旗制度の研究』東方書店，2006 年
岡田英弘『世界史の誕生』筑摩書房，1992 年
岡本隆司『属国と自主のあいだ――近代清韓関係と東アジアの命運』名古屋大学出版会，2004 年
――「『清韓論』の研究――近代東アジアと公法」河村貞枝編『国境をこえる「公共性」の比較史的研究』平成 14 年度〜17 年度科学研究費補助金研究成果報告書，2006 年，所収
――「『朝鮮中立化構想』の一考察――日清戦争以前の清韓関係に着眼して」『洛北史学』第 8 号，2006 年
――「『歴史認識』を認識する――日本と中国のあいだ」『RATIO』第 2 号，講談社，2006 年
――『馬建忠の中国近代』京都大学学術出版会，2007 年
――「属国と保護のあいだ――1880 年代初頭，ヴェトナムをめぐる清仏交渉」『東洋史研究』第 66 巻第 1 号，2007 年
――「韓国の独立と清朝の外交」岡本隆司・川島真編『中国近代外交の胎動』東京大学出版会，2009 年，所収
――「清末の対外体制と対外関係」村田雄二郎編『シリーズ 20 世紀中国史　1　中華世界と近代』東京大学出版会，2009 年，所収
――「朝貢と互市と會典」『京都府立大学学術報告（人文）』第 62 号，2010 年
――『李鴻章――東アジアの近代』岩波書店，2011 年
――「大君と自主と独立――近代朝鮮をめぐる翻訳概念と国際関係」『近代日本研究』第 28 巻，2012 年
――「『主権』の生成と『宗主権』――20 世紀初頭の中国とチベット・モンゴル」石川禎浩・狹間直樹編『近代東アジアにおける翻訳概念の展開』京都大学人文科学研究所，2013 年，所

収
──『近代中国史』筑摩書房，2013 年
──・箱田恵子・青山治世『出使日記の時代──清末の中国と外交』名古屋大学出版会，2014 年
──編『中国経済史』名古屋大学出版会，2013 年
小川裕子「ロシア帝国とオスマン帝国のヨーロッパ国際体系への参入」山影進編著『主権国家体系の生成──「国際社会」認識の再検証』ミネルヴァ書房，2012 年，所収
小川原正道「福沢諭吉における「外交」」『法学研究（慶應義塾大学）』第 84 巻第 5 号，2011 年
小澤實「モンゴル帝国期以降のヨーロッパとユーラシア世界との交渉」『東洋史研究』第 71 巻第 3 号，2012 年
尾高晋己「シトヴァトロク条約（1606 年）について」『愛知学院大学文学部紀要』第 15 号，1985 年
小野梓『東洋論策』東洋館，1885 年
小野修三解題「『福沢諭吉全集』（一九六三年刊）未収録幕末外交文書訳稿十三篇」『近代日本研究』第 23 号，2006 年
小野寺史郎「梁啓超と「民族主義」」『東方学報（京都）』第 85 冊，2010 年
小原晃「日清戦争後の中朝関係──総領事派遣をめぐって」『史潮』新第 37 号，1995 年
『開国』田中彰校注，日本近代思想大系，岩波書店，1991 年
『外務省の百年』外務省百年史編纂委員会編，上巻，原書房，1969 年
粕谷元「トルコにおけるカリフ制論議とラーイクリッキ──1922-1924 年」『日本中東学会年報』第 9 号，1994 年
片岡一忠『中国官印制度研究』東方書店，2008 年
──『明・清両朝の「藩」政策の比較研究』科学研究費補助金・基盤研究 (B) (2) 研究成果報告書，2004 年
神川信彦「外交」社会科学大事典編集委員会編『社会科学大事典』第 3 巻，鹿島研究所出版会，1968 年，所収
川勝平太『文明の海洋史観』中央公論社，1997 年
川島真「近現代中国における国境の記憶──「本来の中国の領域」をめぐる」『境界研究』第 1 号，2010 年
木場貞長「外交政畧論」『学藝志林』第 53 冊，1881 年
金正明編『日韓外交資料集成』第 3 巻，巖南堂書店，1962 年
工藤晶人『地中海帝国の片影──フランス領アルジェリアの 19 世紀』東京大学出版会，2013 年
工藤平助「赤蝦夷風説考」大友喜作編『北門叢書』第 1 冊，北光書房，1943 年，所収
久保田徳仁・光辻克馬・鷲田任邦「神聖ローマ皇帝の消長とその理論──国際主体としての皇帝の地位はどのように変遷したのか」山影進編著『主権国家体系の生成──「国際社会」認識の再検証』ミネルヴァ書房，2012 年，所収
栗原純「日清戦争と李鴻章」東アジア近代史学会編『日清戦争と東アジア世界の変容』全 2 冊，ゆまに書房，1997 年，下冊，所収
黒木英充「オスマン帝国におけるギリシア・カトリックのミッレト成立──重層的環境における摩擦と受容」深沢克己編『ユーラシア諸宗教の関係史論──他者の受容，他者の排除』勉誠出版，2010 年，所収
「梧陰文庫」國學院大学図書館所蔵
黃東蘭「清末・民国期地理教科書の空間表象──領土・疆域・国恥」『中国研究月報』第 59 巻

第 3 号，2005 年
高坂正堯『古典外交の成熟と崩壊』全 2 冊，中央公論新社，2012 年
公信局「来往電綴 29 明治 15 年電信写来」外務省外交史料館所蔵
───「来往電綴 35 明治 18 年電信写来」外務省外交史料館所蔵
古賀幸久『イスラム国家の国際法規範』勁草書房，1991 年
古結諒子「『蹇蹇録』の描いた国際社会──日清戦争と陸奥外交」小風秀雅・季武嘉也編『グローバル化の中の近代日本──基軸と展開』有志舎，近刊，所収
『古事類苑』外交部，神宮司庁編，神宮司庁，1903 年
『近衛篤麿日記（付属文書）』鹿島研究所出版会，1969 年
小林隆夫『19 世紀イギリス外交と東アジア』彩流社，2012 年
小林亮介「辛亥革命期のチベット」辛亥革命百周年記念論集編集委員会編『総合研究 辛亥革命』岩波書店，2012 年，所収
崔碩莞『日清戦争への道程』吉川弘文館，1997 年
崔蘭英「近代朝鮮の外交政策の一側面──「朝貢関係」と「条約関係」」『朝鮮学報』第 184 輯，2002 年
斎藤恒太郎纂述『鰯訳英文熟語叢』共益商社，1886 年
斎藤聖二『日清戦争の軍事戦略』芙蓉書房出版，2003 年
佐々木正哉『鴉片戦争の研究 資料篇』東京大学出版会，1964 年
佐々木揚「日清戦争前の朝鮮をめぐる露清関係──1886 年の露清天津交渉を中心として」『佐賀大学教育学部研究論文集』第 28 集第 1 号（I），1980 年
───「朝露関係と日清戦争」日韓歴史共同研究委員会編『日韓歴史共同研究報告書 第 3 分科篇』上，日韓歴史共同研究委員会，2005 年，所収
───編訳『一九世紀末におけるロシアと中国──『クラースヌィ・アルヒーフ』所収史料より』巖南堂書店，1993 年
佐藤慎一『近代中国の知識人と文明』東京大学出版会，1996 年
佐藤豊「楊度「金鉄主義説」について」『愛知教育大学研究報告』第 46 期（人文・社会科学），1997 年
「三条家文書」第 59 冊，国立国会図書館憲政資料室所蔵
志田恭子『ロシア帝国の膨張と統合──ポスト・ビザンツ空間としてのベッサラビア』北海道大学出版会，2009 年
篠田英朗『「国家主権」という思想──国際立憲主義への軌跡』勁草書房，2012 年
柴田昌吉・子安峻『附音插図 英和字彙』日就社，1873 年
島田豊纂訳『附音插図和訳英字彙』曲直瀬愛校訂，大倉書店，1888 年
周圓「丁韙良『万国公法』の翻訳手法──漢訳『万国公法』1 巻を素材として」『一橋法学』第 10 巻第 2 号，2011 年
白須浄真「ダライラマ 13 世による明治天皇への上書・献納品謝絶の顚末」，同編『大谷光瑞と国際政治社会──チベット・探検隊・辛亥革命』勉誠出版，2011 年，所収
末近浩太『イスラーム主義と中東政治──レバノン・ヒズブッラーの抵抗と革命』名古屋大学出版会，2013 年
杉村濬『明治廿七八年在韓苦心録』原本 1932 年刊行，市川正明編『日韓外交史料』第 10 巻，原書房，1981 年，所収
杉山正明『大モンゴルの世界──陸と海の巨大帝国』角川書店，1992 年
───『遊牧民から見た世界史──民族も国境もこえて』日本経済新聞社，1997 年

──・岡本隆司「世界のなかでの中国史」礪波護・岸本美緒・杉山正明編『中国歴史研究入門』名古屋大学出版会，2006 年，所収
鈴木董『オスマン帝国──イスラム世界の「柔らかい専制」』講談社，1992 年
──『イスラムの家からバベルの塔へ──オスマン帝国における諸民族の統合と共存』リブロポート，1993 年
尺振八訳『明治英和字典』六合館，1889 年
『大日本古文書──幕末外国関係文書』東京大学史料編纂所編，東京大学出版会，第 25 巻，1985 年
高田早苗訳「外交機関論」『中央学術雑誌』第 1 号，1885 年
──訳「外交機関論（接前々号）」『中央学術雑誌』第 4 号，1885 年
──訳『英国外交政略』博聞社，1886 年
──訳『帝国主義論』東京専門学校出版部，1901 年
髙橋秀直『日清戦争への道』東京創元社，1995 年
髙松洋一「オスマン朝の文書・帳簿と官僚機構」林佳世子・桝屋友子編『記録と表象──史料が語るイスラーム世界』東京大学出版会，2005 年，所収
田口卯吉『日本開化小史』再販，田口氏蔵版，1884 年
田崎國源「チベットの地位をめぐる三つの言説の実態と形式──清末民初期の蔵中英関係を中心に」『東洋学研究』第 47 号，2010 年
──「チベットはなぜ国家承認されなかったのか──チベット問題の淵源：英国のチベット緩衝地帯観」『実践女子大学人間社会学部紀要』第 7 号，2011 年
──「清末民初期における「チベットの独立」を語る言説と史料」『東洋学研究』第 49 号，2012 年
橘誠「モンゴル語訳『万国公法』について」『内陸アジア史研究』第 21 号，2005 年
──『ボグド・ハーン政権の研究──モンゴル建国史序説 1911-1921』風間書房，2011 年
──「辛亥革命とモンゴル」辛亥革命百周年記念論集編集委員会編『総合研究 辛亥革命』岩波書店，2012 年，所収
田中慎一「朝鮮における土地調査事業の世界史的位置 (1)」『社会科学研究』第 29 巻第 3 号，1977 年
田保橋潔『近代日鮮関係の研究』全 2 冊，朝鮮総督府中枢院，1940 年
檀上寛『明代海禁＝朝貢システムと華夷秩序』京都大学学術出版会，2013 年
『中華民国治蒙法令及決議案集』蒙政部総務司文書科編，蒙政部総務司，1937 年
月脚達彦『朝鮮開化思想とナショナリズム──近代朝鮮の形成』東京大学出版会，2009 年
──「日本から見た「韓国併合」」『経済史研究』第 15 号，2012 年
──『福沢諭吉と朝鮮問題──「朝鮮改造論」の展開と蹉跌』東京大学出版会，2014 年
津田仙ほか訳・中村敬宇校正『英華和訳字典』乾，1881 年
津田多賀子「1880 年代における日本政府の東アジア政策展開と列強」『史学雑誌』第 92 編第 12 号，1982 年
デニー，O・N（Owen Nickerson Denny）著／岡本隆司校訂・訳註『清韓論 China and Korea』成文社，2010 年
「東学党変乱ノ際韓国保護ニ関スル日清交渉関係一件」第 1 巻，「外務省記録」1 門 1 類 2 項，外務省外交史料館所蔵
『東京書籍館書目──内国新刊和漢書之部第 1 輯』東京書籍館，1876 年
『東京書籍出版営業者組合書籍総目録』東京書籍出版営業者組合事務所，1893 年

等松春夫『日本帝国と委任統治――南洋群島をめぐる国際政治 1914-1947』名古屋大学出版会，2011年
トゥリシェン著／今西春秋訳注・羽田明編訳『異域録――清朝使節のロシア旅行報告』平凡社，1985年
都倉武之「福沢諭吉の外交思想」小室正紀編『近代日本と福澤諭吉』慶應義塾大学出版会，2013年，所収
鳥山祐介「エカテリーナ二世の『壮麗なる騎馬競技』とペトロフの頌詩――近代ロシア国家像の視覚化に向けた1766年の二つの試み」『スラヴ研究』第54号，2007年
永井和「東アジアにおける国際関係の変容と日本の近代――〈中華帝国体制〉の解体と〈近代帝国主義支配体制〉の成立」『日本史研究』第289号，1986年
中江兆民『国会論』1888年，『中江兆民全集』第10巻，岩波書店，1983年，所収
中島雄「日清交際史提要」明治41年編纂，外務省編『日本外交文書 明治年間追補』第1冊，日本国際連合協会，1963年，所収
長田彰文『セオドア・ルーズベルトと韓国――韓国保護国化と米国』未来社，1992年
中塚明『日清戦争の研究』青木書店，1968年
――『『蹇蹇録』の世界』みすず書房，1992年
中根千枝「シムラ会議の意味をめぐって」『日本学士院紀要』第67巻第1号，2013年
中見立夫「1913年の露中宣言――中華民国の成立とモンゴル問題」『国際政治』第66号，1980年
――「モンゴルの独立と国際問題」溝口雄三ほか編『アジアから考える［3］周縁からの歴史』東京大学出版会，1994年，所収
――「近代東アジア国際関係における「宗主権」――《日清戦争国際シンポジウム》におけるジャムスラン報告に寄せて」東アジア近代史学会編『日清戦争と東アジア世界の変容』全2冊，ゆまに書房，1997年，上冊，所収
――『「満蒙問題」の歴史的構図』東京大学出版会，2013年
ナットル（Peter Austin Nuttal）原著／棚橋一郎訳『英和双解字典』丸善，1886年
ニコルソン，H（Harold Nicolson）／斎藤眞・深谷満雄訳『外交』東京大学出版会，1968年
西村稔『福澤諭吉 国家理性と文明の道徳』名古屋大学出版会，2006年
『日本外交文書』外務省編，日本国際連合協会，1947年
野田仁『露清帝国とカザフ=ハン国』東京大学出版会，2011年
野見山温『露清外交の研究』酒井書店，1977年
箱田恵子『外交官の誕生――近代中国の対外態勢の変容と在外公館』名古屋大学出版会，2012年
狭間直樹編『共同研究 梁啓超――西洋近代思想受容と明治日本』みすず書房，1999年
蓮實重彦・山内昌之編『いま，なぜ民族か』東京大学出版会，1994年
長谷川直子「壬午事変後の日本の朝鮮中立化構想」『朝鮮史研究会論文集』第32集，1994年
――「朝鮮中立化論と日清戦争」和田春樹ほか編『岩波講座 東アジア近現代通史 1 東アジア世界の近代 19世紀』岩波書店，2010年，所収
――「朝鮮中立化構想と日本」趙景達編『近代日朝関係史』有志舎，2012年，所収
羽田正『イスラーム世界の創造』東京大学出版会，2005年
馬場辰猪「外交論」平井市造編『自由主義各党談演説神髄』興文社，1882年，所収
濱下武志「宗主権の歴史サイクル――東アジア地域を中心として」『歴史学研究』第690号，1996年

――『朝貢システムと近代アジア』岩波書店，1997 年
――「19 世紀後半の朝鮮をめぐる華僑の金融ネットワーク」杉山伸也・リンダ・グローブ編『近代アジアの流通ネットワーク』創文社，1999 年，所収
林子平「三国通覧図説」『大日本思想全集 13 渡辺華山集・高野長英集・林子平集』先進社，1932 年，所収
『万国公法訳義』恵頓（Henry Wheaton）著／堤毅士志訳，全 4 巻，慶応 4 年
『万国公法蠡管』恵頓著／丁韙良（William Alexander Parsons Martin）訳／高谷龍洲注解・中村正直批閲，済美黌蔵版，1876 年
坂野潤治『明治・思想の実像』創文社，1977 年
坂野正高『近代中国外交史研究』岩波書店，1970 年
東アジア近代史学会編『東アジア近代史』第 13 号，2010 年
檜山幸夫「日清戦争における外交政策」東アジア近代史学会編『日清戦争と東アジア世界の変容』全 2 冊，ゆまに書房，1997 年，下冊，所収
平山洋『福沢諭吉の真実』文藝春秋，2004 年
広瀬靖子「日清戦争前のイギリス極東政策の一考察――朝鮮問題を中心として」『国際政治』第 51 号，1974 年
福沢研究センター「福沢諭吉関係新資料紹介」『近代日本研究』第 23 巻，2006 年
『福澤諭吉全集』慶應義塾編，全 21 巻，岩波書店，1958〜64 年
福地源一郎訳『外国事務』松荘館，1868 年
藤田覚「鎖国祖法観の成立過程」渡辺信夫編『近世日本の民衆文化と政治』河出書房新社，1992 年，所収
藤波伸嘉『オスマン帝国と立憲政――青年トルコ革命における政治，宗教，共同体』名古屋大学出版会，2011 年
――「オスマンとローマ――近代バルカン史学史再考」『史学雑誌』第 122 編第 6 号，2013 年
――「オスマン帝国と「長い」第一次世界大戦」池田嘉郎編『第一次世界大戦と帝国の遺産』山川出版社，2014 年，所収
――「ギリシア東方の歴史地理――オスマン正教徒の小アジア・カフカース表象」『史苑』第 74 巻第 2 号，2014 年
――「オスマン帝国の解体とヨーロッパ」『アステイオン』第 80 号，2014 年
藤村道生『日清戦争――東アジア近代史の転換』岩波書店，1973 年
フフバートル『モンゴル語近代語彙登場の母体――『蒙話報』誌研究』青山社，2012 年
細谷雄一『外交――多文明時代の対話と交渉』有斐閣，2007 年
堀達之助編『英和対訳袖珍辞書』洋書調所，文久 2 年
堀井優「16 世紀オスマン帝国の条約体制の規範構造――ドゥブロヴニク，ヴェネツィア，フランスの場合」『東洋文化』第 91 号，2011 年
『翻訳の思想』加藤周一・丸山真男校注，日本近代思想大系，岩波書店，1991 年
増田綱編『研究社 新和英大辞典』第 4 版，研究社，1974 年
松井真子「オスマン帝国の「条約の書」にみる最恵国条項――18 世紀後半におけるロシアとの条約を事例として」鈴木董編『オスマン帝国史の諸相』東京大学東洋文化研究所報告，山川出版社，2012 年，所収
松浦茂「清朝の遣ロ使節とロシアの外交姿勢」『アジア史学論集』第 4 号，2011 年
松里公孝「プリアムール総督府の成立とロシア極東の誕生」左近幸村編『近代東北アジアの誕生――跨境史への試み』北海道大学出版会，2008 年，所収

──「環黒海地域における跨境政治──非承認国家の宗教と跨境マイノリティ」塩川伸明ほか編『ユーラシア世界 5 国家と国際関係』東京大学出版会，2012 年，所収
黛秋津「ロシアのバルカン進出とキュチュク・カイナルジャ条約（1774 年）──その意義に関する再検討」『ロシア・東欧研究』第 37 号，2008 年
──「1802 年ワラキア・モルドヴァ公宛て勅令の意義について──オスマン─両公国関係と国際政治への影響」鈴木董編『オスマン帝国史の諸相』東京大学東洋文化研究所報告，山川出版社，2012 年，所収
──『三つの世界の狭間で──西欧・ロシア・オスマンとワラキア・モルドヴァ問題』名古屋大学出版会，2013 年
馬児顗著／福地源一郎訳訂『外国交際公法』福地氏蔵版，1869 年 [マルテンス]
丸山真男・加藤周一『翻訳と日本の近代』岩波書店，1998 年
水野光朗『チベットの法的地位とシムラ会議（1913 年─1914 年）』文部省科学研究費・特定領域研究(A)「南アジアの構造変動とネットワーク」Discussion Paper，東京大学東洋文化研究所，2000 年
箕作麟祥訳『国際法──一名万国公法』全 5 冊，弘文堂，1873〜75 年
宮崎正義『近代露支関係の研究──沿黒龍地方之部』南満洲鉄道社長室調査課，1922 年
陸奥宗光著／中塚明校注『新訂 蹇蹇録』岩波書店，1983 年
「陸奥宗光関係文書」第 3 冊，第 20 冊，第 26 冊，第 28 冊，第 50 冊，国立国会図書館憲政資料室所蔵
村田雄二郎「中華民族論の系譜」，同編『シリーズ 20 世紀中国史 1 中華世界と近代』東京大学出版会，2009 年，所収
──責任編集『新編原典中国近代思想史 第 2 巻 万国公法の時代──洋務・変法運動』岩波書店，2010 年
──責任編集『新編原典中国近代思想史 第 3 巻 民族と国民──辛亥革命』岩波書店，2010 年
望月直人「清仏戦争前における清朝対仏政策の転換過程──トンキン出兵からの「継続」として」『東洋学報』第 94 巻第 3 号，2012 年
茂木敏夫「中華世界の「近代」的変容──清末の辺境支配」溝口雄三・濱下武志・平石直昭・宮嶋博史編『アジアから考える［2］地域システム』東京大学出版会，1993 年，所収
本木正栄『諳厄利亜語林大成』1814 年，復刻版，雄松堂書店，1976 年
桃木至朗『歴史的世界としての東南アジア』山川出版社，1996 年
守川知子「ロマンスからヒストリアへ──ビーソトゥーン碑文とイランにおける歴史認識」『上智アジア学』第 25 号，2007 年
──「「イラン史」の誕生」『歴史学研究』第 863 号，2010 年
森田吉彦「日清関係の転換と日清修好条規」岡本隆司・川島真編『中国近代外交の胎動』東京大学出版会，2009 年，所収
森本一夫編『ペルシア語が結んだ世界──もうひとつのユーラシア史』北海道大学出版会，2009 年
森山茂徳『近代日韓関係史研究──朝鮮植民地化と国際関係』東京大学出版会，1987 年
諸橋轍次『大漢和辞典』第 3 巻，大修館書店，1956 年
柳澤明「キャフタ条約以前の外モンゴル─ロシア国境地帯」『東方学』第 77 輯，1989 年
──「1768 年の「キャフタ条約追加条項」をめぐる清とロシアの交渉について」『東洋史研究』第 62 巻第 3 号，2003 年

――「清朝とロシア――その関係の構造と変遷」岡田英弘編『清朝とは何か』藤原書店，2009年，所収
――「ロシアの東漸と東アジア――19世紀後半における露清関係の転換」和田春樹ほか編『岩波講座 東アジア近現代通史 1 東アジア世界の近代 19世紀』岩波書店，2010年，所収
山影進編著『主権国家体系の生成――「国際社会」認識の再検証』ミネルヴァ書房，2012年
山添博史「江戸時代中期に胚胎した日本型「近代的」国際秩序観」『国際政治』第139号，2004年
――「露清天津条約におけるプチャーチンの「仲介外交」」『ロシア史研究』第83号，2008年
山室信一『思想課題としてのアジア――基軸・連鎖・投企』岩波書店，2001年
――『キメラ――満洲国の肖像』増補版，中央公論新社，2004年
山本有造編『帝国の研究――原理・類型・関係』名古屋大学出版会，2003年
横井小楠「国是三論」佐藤昌介他校注『渡辺崋山・高野長英・佐久間象山・横井小楠・橋本左内』日本思想体系，岩波書店，1971年，所収
吉開将人「歴史学者と国土意識」飯島渉編『シリーズ20世紀中国史 2 近代性の構造』東京大学出版会，2009年，所収
吉澤誠一郎『愛国主義の創成――ナショナリズムから近代中国をみる』岩波書店，2003年
――『清朝と近代世界 シリーズ中国近現代史①』岩波書店，2010年
『吉田清成関係文書 一』京都大学文学部国史研究室編，思文閣出版，1993年
吉田金一『近代露清関係史』近藤出版社，1974年
――『ロシアの東方進出とネルチンスク条約』東洋文庫近代中国センター，1984年
吉村忠典『古代ローマ帝国の研究』岩波書店，2003年
與那覇潤『翻訳の政治学――近代東アジアの形成と日琉関係の変容』岩波書店，2009年
羅布存徳（William Lobscheid）著／井上哲次郎訂増『訂増英華字典』1884年
『魯西亜人取扱手留』東京大学史料編纂所蔵写本
「露蒙協約一件」第2巻，「外務省記録」2門1類2項，外務省外交史料館所蔵
『和英語林集成』（*Japanese-English and English-Japanese Dictionary*）平文（James Curtis Hepburn），1867年，再版，1872年，第3版，丸善，1886年
若林啓史「正教会エルサレム総主教座のアラブ信徒」『イスラム世界』第42号，1993年
早稲田大学大学史編集所編『東京専門学校校則・学科配当資料』早稲田大学出版部，1978年
渡邉昭夫「外交とは何か――その語源的考察」『外交フォーラム』第6巻第5号，1993年
渡辺修次郎『日本外交始末』松井順時，1880年
渡辺信一郎『中国古代の王権と天下秩序――日中比較史の視点から』校倉書房，2003年
渡邉敏郎ほか編『研究社 新和英大辞典』第5版，研究社，2003年
渡辺浩『東アジアの王権と思想』東京大学出版会，1997年
渡辺萬蔵『現行法律語の史的考察』萬里閣書房，1930年
『和訳英辞書』髙橋新吉・前田献吉・前田正名編，1869年

【中文（拼音）】

北京外國語學院《中英辭典》編輯委員會『中英辭典』商務印書館香港分館，1979年
曹雯『清朝對外體制研究』社会科學文獻出版社，2010年
『籌辦夷務始末（道光朝）』文慶等纂，全80巻，咸豊6年
『籌辦夷務始末（同治朝）』寶鋆等纂，全100巻，光緒6年
『籌辦夷務始末（咸豊朝）』賈楨等纂，全80巻，同治6年

「川滇邊務大臣衙門檔」四川省檔案館所藏
『大清高宗純皇帝實錄』敕撰，全 1500 卷，嘉慶 12 年
『大清會典事例』敕撰，全 920 卷，嘉慶 23 年
『大清文宗顯皇帝實錄』敕撰，全 356 卷，同治 5 年
『大清一統志』敕撰，全 560 卷，嘉慶 25 年
『大同報』東京，光緒 33 年 9〜11 月，清末民初期刊彙編，經世書局，1985 年
『東方雜誌』上海商務印館，1904〜48 年
『公法便覽』吳爾璽（Theodore Dwight Woolsey）撰／丁韙良（William Alexander Parsons Martin）等譯，全 6 卷，同文館，光緒 3 年序
『公法會通』步倫（Johan Casper Bluntschli）著／丁韙良等譯，全 10 卷，同文館，光緒 6 年
『故宮俄文史料――清康乾間俄國来文原檔』國立北平故宮博物院文獻館編輯／王之相・劉澤榮繙譯，北平故宮博物院，1936 年
『光緒朝東華錄』朱壽朋編，中華書局，1958 年
馮明珠『近代中英西藏交涉與川藏邊情――從廓爾喀之役到華盛頓會議』國立故宮博物院，1996 年
「胡錦濤在紀念中國人民抗日戰爭暨世界反法西斯戰爭勝利 60 周年大會上的講話」2005 年 9 月 3 日，中華人民共和國外交部 http://www.fmprc.gov.cn/chn//gxh/zlb/ldzyjh/t210209.htm（2013 年 3 月 12 日アクセス）
『皇朝文獻通考』張廷玉等奉敕撰，全 300 卷，乾隆 52 年
蔣廷黻編『近代中國外交史資料輯要』中卷，商務印書館，1934 年
『膠澳專檔　光緒二十三年―民國元年』中央研究院近代史研究所編，中國近代史資料彙編，臺北，1991 年
金觀濤・劉青峰『觀念史研究――中國現代重要政治術語的形成』中文大學出版社，2008 年
『李文忠公全集』李鴻章撰・吳汝綸編，全 165 卷，光緒 31〜34 年，文海出版社影印本，1984 年
林學忠『從萬國公法到公法外交――晚清國際法的傳入・詮釋與應用』上海古籍出版社，2009 年
茅海建『戊戌變法史事考』生活・讀書・新知三聯書店，2005 年
『民報』東京，1905〜1908 年，中國近代期刊彙刊，中華書局，2006 年
『民國經世文編』經世文社編，1914 年，沈雲龍主編，近代中國史料叢刊第 50 輯，文海出版社，1970 年，所收
『清代藏事奏牘』中國藏學出版社，西藏學漢文文獻彙刻第 3 輯，全 2 冊，1994 年
『清光緒朝中日交涉史料』故宮博物院編，全 88 卷，1932 年
『清季中日韓關係史料』全 11 卷，中國近代史資料彙編，中央研究院近代史研究所，1972 年
『清議報』梁啓超・馮鏡如等編輯，橫浜，光緒 24〜27 年，成文出版社影印本，1967 年
『三洲日記』張蔭桓撰，全 8 卷，北京，光緒 22 年
『四國新檔』全 4 冊，中國近代史資料彙編，中央研究院近代史研究所，1966 年
『外交部檔案叢書　界務類　第五冊：西藏卷（一）』外交部編，2006 年
『萬國公法』惠頓（Henry Wheaton）著／丁韙良譯，全 4 卷，崇實館，同治 3 年
『晚清洋務運動事類彙鈔』佚名編，中華全國圖書館文獻縮微複製中心，全 3 冊，1999 年
王鐵崖編『中外舊約章彙編』生活・讀書・新知三聯書店，1982 年
王璽『李鴻章與中日訂約』中央研究院近代史研究所，臺北，1981 年
『戊戌變法』中國史學會主編，全 4 冊，中國近代史資料叢刊，神州國光社，1953 年
『西輶紀略』劉瑞芬撰，『養雲山莊遺稿』全 11 卷，光緒 19, 22 年刊，所收
『新民叢報』馮紫珊編輯，橫浜，光緒 28〜33 年，藝文印書館影印本，1966 年

『星軺指掌』馬爾頓(Charles de Martens)撰・葛福根(Friedrich Heinrich Geffckens)註/聯芳・慶常譯,同文館,光緒2年
『續文獻通考』王圻纂輯,全254巻,萬曆31年序
『楊度集』劉晴波主編,全2冊,湖南人民出版社,2008年
『飲冰室合集』梁啓超著・林志鈞編,1936年,中華書局,1989年重版
尤淑君『賓禮到禮賓──外使觀見與晚晴涉外體制的變化』社會科學文獻出版社,2013年
『袁世凱全集』駱寶善・劉路生主編,全36巻,國家清史編纂委員會文獻叢刊,河南大學出版社,2013年
『曾惠敏公文集』曾紀澤撰,江南製造總局,光緒19年,近代中國史料叢刊續編第23輯,文海出版社,1975年
張啓雄『外蒙主權歸屬交涉1911-1916』中央研究院近代史研究所,1995年
『張文襄公全集』張之洞撰,全231巻,文華齋,1928年,海王邨古籍叢刊,中國書店,1990年
「中華民國外交檔案」中央研究院近代史研究所所藏
『中美關係史料 同治朝』中央研究院近代史研究所編,中國近代史資料彙編,全2冊,臺北,1968年

【ハングル】
『舊韓國外交文書』第1巻(日案1),高麗大學校亞細亞問題研究所・舊韓國外交文書編纂委員會編,高麗大學校出版部,1965年
오카모토 다카시(岡本隆司)「일본의 류큐병합과 동아시아 질서의 전환──청일수호조규를 중심으로」『동북아역사논총(東北亞歷史論叢)』32号,2011年
『兪吉濬全書』兪吉濬全書編纂委員會編,全5巻,一潮閣,1971年

【ヴェトナム語】
『大南寔錄』正編第4紀,黃有秤等纂修,全70巻

【ラテン文字】
Abu-Manneh, Butrus. "The Roots of the Ascendancy of Âli and Fu'ad Paşas at the Porte (1855-1871)," in idem, *Studies on Islam and the Ottoman Empire in the 19th Century (1826-1876)*, Istanbul, 2001.
Adıyeke, Ayşe Nükhet. *Osmanlı İmparatorluğu ve Girit Bunalımı (1896-1908)*, Ankara, 2000.
Ahmad, Feroz. "Ottoman Perceptions of the Capitulations 1800-1914," *Journal of Islamic Studies*, Vol. 11, No. 1, 2000.
Aitchison, Sir Charles Umpherston. *A Collection of Treaties, Engagements, and Sunnuds, relating to India and Neighbouring Countries, Vol. 1 : Bengal, Burmah and the Eastern Archipelago*, Calcutta, 1862.
Akarlı, Engin Deniz. "The Problem of External Pressures, Power Struggles, and Budgetary Deficits in Ottoman Politics under Abdulhamid II (1876-1909) : Origins and Solutions," Ph. D. diss., Princeton University, 1976.
Akgönül, Samim. *Le Patriarcat grec orthodoxe : de l'isolement à l'internationlisation de 1923 à nos jours*, Paris, 2005.
Akyıldız, Ali. *Tanzimat Dönemi Osmanlı Merkez Teşkilâtında Reform (1836-1856)*, İstanbul, 1993.
Alexandris, Alexis. *The Greek Minority of Istanbul and Greek-Turkish Relations 1918-1974*, 2nd ed., Athens, 1992.
──. "Lozan Konferansı ve İstanbul Rum Patrikhanesi'nin Ekümenik Boyutu : 19 Ocak 1923 Tarihli

Tutanağın Önemi," in Cengiz Aktar, ed., *Tarihî, Siyasi, Dinî ve Hukuki Açıdan Ekümenik Patrikhane*, İstanbul, 2011.

Ali Reşat and Macar İskender, trans. *Kapitülasyonlar : Tarihi, Menşei, Asılları*, Dersaadet, 1330h (1911).

Amar Kaur Jasbir Singh. *Himalayan Triangle: A Historical Survey of British India's Relations with Tibet, Sikkim, and Bhutan, 1765-1950*, London, 1988.

Anagnostopoulou, Sia. *The Passage from the Ottoman Empire to the Nation-States : a Long and Difficult Process, the Greek Case*, Istanbul, 2004.

Anagnostopulu, Athanasia (Anagnostopoulou, Sia). "Tanzimat ve Rum Milletinin Kurumsal Çerçevesi : Patrikhane, Cemaat Kurumları, Eğitim," in Pinelopi Stathis, ed., *19. Yüzyıl İstanbul' unda Gayrimüslimler*, İstanbul, 2003.

Anastassiadis, Tassos. «Prise entre trois Romes : L'Église de Grèce et les relations inter-ecclésiastiques dans la nouvelle Europe, vers un retour d'anciennes problématiques ?», *Balkanologie*, Vol. 9, Nos. 1-2, 2005.

Anscombe, Frederick F. *The Ottoman Gulf : The Creation of Kuwait, Saudi Arabia, and Qatar*, New York, 1997.

Arhivele statului ale României. *Documente istorice*.

Aristarchi bey (Grégoire). *Législation ottomane, ou Recueil des lois, réglements, ordonnances, traités, capitulations et autres documents officiels de l'Empire Ottoman*, 7 tomes, Constantinople, 1873-88.

Baş, Mustafa. *Türk Ortodoks Patrikhanesi*, Ankara, 2005.

Bell, Charles Alfred. *Portrait of Dalai Lama : the Life and Times of the Great Thirteenth*, London, 1987.

Berridge, G. R. "Diplomatic Integration with Europe before Selim III," in A. Nuri Yurdusev, ed., *Ottoman Diplomacy : Conventional or Unconventional?*, New York, 2004.

———, Maurice Keens-Soper and T. G. Otte. *Diplomatic Theory from Machiavelli to Kissinger*, Hampshire and New York, 2001.

Biegman, Nicolaas H. *The Turco-Ragusan Relationship according to the Firmāns of Murād III (1575-1595) Extant in the State Archives of Dubrovnik*, The Hague & Paris, 1967.

Bluntschli, Johann Casper. *Le droit international codifié*, traduit de l'allemand par Charles Lardy, Paris, 1870 ; rév. et très augm., Paris, 1874.

Boulger, Demetrius Charles, de Kavanagh. *The Life of Sir Halliday Macartney K. C. M. G. : Commander of Li Hung Chang's Trained Force in the Taeping Rebellion, Founder of the First Chinese Arsenal, for thirty years Councillor and Secretary to the Chinese Legation in London*, London, etc., 1908.

Bstan 'dzin dpal 'byor. *Rdo ring paNDi ta'i rnam thar*, si khron mi rigs dpe skrun khang (四川民族出版社), 1986.

Callery, Joseph-Marie. *Journal des opérations diplomatiques de la Légation française en Chine*, Macao, 1845.

Cevdet Paşa. *Tezâkir, 1-12*, Ankara, 1991.

[Cevdet Paşa, Ahmet.] *Tarih-i Cevdet, Tertib-i Cedit*, 12 vols., Dersaadet, 1309h (1891-92).

Ceylan, Ayhan. *Osmanlı Taşra İdarî Tarzı Olarak Eyâlet-i Mümtâze ve Mısır Uygulaması*, İstanbul, 2014.

Clercq, M. de. *Recueil des traités de la France publié sous les auspices de M. C. de Freycinet*, tome troisième, Paris, 1880.

Cordier, Henri. *Histoire des relations de la Chine avec les puissances occidentales, 1860-1900*, Tome 2, Paris, 1902.

Dasho, P. W. Samdup. "A Brief Biography of Kazi Dawa Samdup (1868-1922)." *Bulletin of Tibetology*,

Vol. 44, 2008.

Davison, Roderic H. *Reform in the Ottoman Empire 1856-1876*, Princeton, 1963.

Demirel, Fatmagül. *Adliye Nezareti : Kuruluşu ve Faaliyetleri (1876-1914)*, İstanbul, 2008.

Deringil, Selim. *The Well-Protected Domains : Ideology and Legitimation of Power in the Ottoman Empire 1876-1909*, London, 1998.

Devereux, Robert. *The First Ottoman Constitutional Period : A Study of the Midhat Constitution and Parliament*, Baltimore, 1963.

Documents diplomatiques, Affaires du Tonkin, Première partie, 1874-décembre 1882, France. Ministère des affaires étrangères, Paris, 1883.

Dickinson, Edwin DeWitt. *The Equality of States in International Law*, Cambridge, Mass., 1920.

Driault, Edouard. *Histoire diplomatique de la Grèce de 1821 à nos jours, tome premier. L'Insurrection et l'Indépendance (1821-1830)*, Paris, 1925.

Düstur, [İstanbul,] 1282.

Düstur, [birinci tertip,] 4 vols., [İstanbul,] 1289-1295h (1872-78).

Düstur, tertib-i sani, 12 vols., Dersaadet, 1329h (1911)-28.

Düstur, Üçüncü Tertip. Kanunları, Tefsirleri, ve B. M. M. si Kararlarını, Nizamname ve Muahede ve Umumî hizmetlere ait Mukavelâtı muhtevidir, Cilt 5, 11 ağustos 1339-19 teşrinievvel 1340, 1931.

Ekinci, Ekrem Buğra. "Osmanlı İdaresinde Adem-i Merkeziyet ve İmtiyazlı Eyâletler," *Türk Hukuk Tarih Araştırmaları*, No. 6, 2008.

Eldem, Edhem. "Capitulations and Western Trade," in Suraiya N. Faroqhi, ed., *The Cambridge History of Turkey Volume 3 : The Later Ottoman Empire, 1603-1839*, Cambridge, 2006.

Elmacı, Mehmet Emin. *İttihat-Terakki ve Kapitülasyonlar*, İstanbul, 2005.

Erim, Nihat. *Devletlerarası Hukuku ve Siyasi Tarih Metinleri Cilt : 1 (Osmanlı İmparatorluğu Andlaşmaları)*, Ankara, 1953.

Evans, John L. *Russian Expansion on the Amur 1848-1860 : The Push to the Pacific*, Lewiston, 1999.

Fairbank, John King, and S. Y. Têng (鄧嗣禹). "On the Ch'ing Tributary System," *Harvard Journal of Asiatic Studies*, Vol. 6, No. 2, 1941.

Faroqhi, Suraiya. *The Ottoman Empire and the World around It*, London, 2007.

Findley, Carter V. *Bureaucratic Reform in the Ottoman Empire, the Sublime Porte, 1789-1922*, Princeton, 1980.

Fortna, Benjamin C. *Imperial Classroom : Islam, the State, and Education in the Late Ottoman Empire*, Oxford, 2002.

Fravel, M. Taylor. *Strong Borders, Secure Nation : Cooperation and Conflict in China's Territorial Disputes*, Princeton, 2008.

Frazee, Charles A. *The Orthodox Church and Independent Greece, 1821-1852*, Cambridge, 1969.

Fujinami, Nobuyoshi (藤波伸嘉). "Hellenizing the Empire through Historiography : Pavlos Karolidis and the Greek Historical Writing in the Late Ottoman Empire," in Dimitrios Stamatopoulos, ed., *The Balkan Empires : Imperial Imagined Communities in Southeastern Europe (19th-20th c.)*, Leiden. (forthcoming)

Gairal, François. *Le protectorat international : la protection-sauvegarde, le protectorat de droit des gens, le protectorat colonial*, Paris, 1896.

Gemil, Tahsin. *Românii şi Otomanii în secolele XIV-XVI*, Bucureşti, 1991.

Georgiadou, Maria. "Vom ersten zum zweiten Phanar und die Carathéodorys," *Südost-Forschungen*, No.

59/60, 2000/2001.
Goffman, Daniel. "Negotiating with the Renaissance State : the Ottoman Empire and the New Diplomacy," in Virginia H. Aksan and Daniel Goffman, eds., *The Early Modern Ottomans : Remapping the Empire*, Cambridge, 2007.
Goldstein, Melvin C. *A History of Modern Tibet, 1913-1951 : the Demise of the Lamaist State*, Berkeley, 1989.
Gooch, G. P., and Harold Temperley, eds. *British Documents on the Origins of War 1898-1914, Vol. IX, Part II, The League and Turkey*, London, 1934.
Gökbilgin, M. Tayyib. *Osmanlı Paleografya ve diplomatik ilmi*, İstanbul, 1992.
Great Britain. Foreign Office Archives. The National Archives.
  General Correspondence, Japan, (1856-1905), FO46.
  General Correspondence, Political, (1906-56), FO371.
  Confidential Papers, printed for the use of the Foreign Office, China, 1848-1914, FO405.
  Protocols of Treaties, FO93.
———. India Office Records. Asia, Pacific and Africa Collection, British Library.
IOR/L/P&S/10 : Political & Secret Separate (Subject) Files, 1902-31.
IOR/L/P&S/11 : Political & Secret Annual Files, 1912-30.
IOR/MSS/EUR/F80 : Charles Bell Collection.
Groot, Alexander H. de. "The Historical Development of the Capitulatory Regime in the Ottoman Middle East from the Fifteenth to the Nineteenth Centuries," *Oriente Moderno*, Vol. 22, No. 3, 2003.
Guboglu, Mihail. *Paleografia şi diplomatica turco-osmană : studiu şi album*, Bucureşti, 1958.
Hall, William Edward. *International Law*, Oxford, 1880.
Harlaftis, Gelina. *A History of Greek-Owned Shipping : The Making of an International Tramp Fleet, 1830 to the Present Day*, London, 1996.
Hatt-ı Hümayun ve Kanun-ı Esasi, [İstanbul,]1293h (1876).
Heffter, August Wilhelm. *Das Europäische Völkerrecht der Gegenwart auf den bisherigen Grundlagen*, Berlin, 1867.
Heidborn, A. *Manuel de droit public et administratif de l'Empire ottoman*, Livraison 1, Vienne, 1908.
Hertslet, Edward. *The Map of Europe by Treaty ; Showing the Various Political and Territorial Changes Which Have Taken Place since the General Peace of 1814*, Vol. IV, London, 1875.
Hertslet, Lewis. *A Complete Collection of the Treaties and Conventions at Present Subsisting between Great Britain & Foreign Powers; so Far as They Relate to Commerce and Navigation ; to the Repression and Abolition of the Slave Trade ; and to the Privileges and Interests of the Subjects of the High Contracting Parties*, Vol. II, London, 1820.
Hirschon, Renée, ed. *Crossing the Aegean : An Appraisal of the 1923 Compulsory Population Exchange between Greece and Turkey*, New York, 2003.
Hopwood, Derek. *The Russian Presence in Syria and Palestine 1843-1914 : Church and Politics in the Near East*, Oxford, 1969.
Horowitz, Richard S. "International Law and State Transformation in China, Siam, and the Ottoman Empire during the Nineteenth Century," *Journal of World History*, Vol. 15, No. 4, 2004.
Houckgeest, André Everard Van Braam. *Voyage de l'ambassade de la compagnie des Indes Orientales Hollandaises, vers l'Empereur de la Chine, en 1794 et 1795 : où se trouve la description de plusieurs parties de cet empire inconnues aux Européens*, Paris, 1798.

Hulkiender, Murat. *Bir Galata Bankerinin Portresi : George Zarifi (1806-1884)*, İstanbul, 2003.
Hurewitz, J. C. *Diplomacy in the Near and Middle East, A Documentary Record*, 2 vols., Princeton, 1956.
Imber, Colin. *The Ottoman Empire, 1300-1650 : The Structure of Power*, 2nd ed., Basingstoke, 2009.
İbrahim Hakkı. *Tarih-i Hukuk-ı Beyneddüvel*, İstanbul, 1303h (1886).
———. *Hukuk-ı Düvel*, İstanbul, 1327h (1909).
İkdam, İstanbul, 1894-1928.
İlm-i Hukuk ve Mukayese-i Kavanin Mecmuası, İstanbul, 1325-1327r (1909-11).
İnalcık, Halil. "İmtiyâzât," in *TDV İslâm Ansiklopedisi*, cilt 22, İstanbul, 2000.
Jampa Samten. "Notes on the Thirteen Dalai Lama's Confidential Letter to the Tsar of Russia." *Tibet Journal : Proceedings of the International Seminar on Tibetan and Himalayan Studies*, Dharamshala, 2010.
——— and Nikolaĭ Vladimirovich Tsyrempilov, eds. *From Tibet Confidentially : Secret Corres- pondence of the Thirteenth Dalai Lama to Agvan Dorzhiev, 1911-1925*, Dharamshala, 2012.
Jannaris, Anthony Nicholas. *A Concise Dictionary of the English and Modern Greek Languages, as Actually Written and Spoken*, London, 1895.
Kármán, Gábor, and Lovro Kunčević, eds. *The European Tributary States of the Ottoman Empire in the Sixteenth and Seventeenth Centuries*, Leiden and Boston, 2013.
Kasaba, Reşat. "Treaties and Friendships : British Imperialism, the Ottoman Empire, and China in the Nineteenth Century," *Journal of World History*, Vol. 4, No. 2, 1993.
Kazi Dawa Samdup. *An English-Tibetan Dictionary*, Calcutta, 1919, New Delhi, 1990.
Kechriotis, Vangelis. "Celebration and Contestation : The People of Izmir Welcome the Second Constitutional Era in 1908," in Κώστας Λάππας et al. eds., *Μνήμη Πηνελόπης Στάθη : Μελέτες Ιστορίας και Φιλολογίας*, Ηράκλειο, 2010.
Kenanoğlu, M. Macit. *Osmanlı Millet Sistemi : Mit ve Gerçek*, İstanbul, 2004.
Khadduri, Majid. *War and Peace in the Law of Islam*, Baltimore, 1955.
———. *The Islamic Law of Nations : Shaibânî's Siyar*, Baltimore, 1966.
Kiminas, Demetrius. *The Ecumenical Patriarchate : A History of Its Metropolitanates with Annotated Hierarch Catalogs*, LaVergne, 2009.
Kitromilides, Paschalis M. "'Imagined Communities' and the Origins of the National Question in the Balkans," in Martin Blinkhorn and Thanos Veremis, eds., *Modern Greece : Nationalism & Nationality*, Athens, 1990.
———. "On the Intellectual Content of Greek Nationalism : Paparrigopoulos, Byzantium and the Great Idea," in David Ricks and Paul Magdalino, eds., *Byzantium and the Modern Greek Identity*, Aldershot, 1998.
———. "The Legacy of the French Revolution : Orthodoxy and Nationalism," in Michael Angold, ed., *Cambridge History of Christianity : Volume 5, Eastern Christianity*, Cambridge, 2006.
Kızıltoprak, Süleyman. *Mısır'da İngiliz İşgali : Osmanlı'nın Diplomasi Savaşı (1882-1887)*, İstanbul, 2010.
Kobayashi, Ryosuke (小林亮介). "An Analytical Study of the Tibetan Record of the Simla Conference (1913-1914) : *Shing stag rgya gar 'phags pa'i yul du dbyin bod rgya gsum chings mol mdzad lugs kun gsal me long*," *Journal of Research Institute*, Vol. 51, 2013.
Kołodziejcyk, Dariusz. "Between Universalistic Claims and Reality : Ottoman Frontiers in the Early Modern Period," in Christine Woodhead, ed., *The Ottoman World*, London, 2012.

Koskenniemi, Martti. *The Gentle Civilizer of Nations : the Rise and Fall of International Law 1870-1960*, Cambridge, 2002.

Koulouri, Christina. *Dimensions idéologiques de l'historicité en Grèce (1834-1914) : Les manuels scolaires d'histoire et de géographie*, Frankfurt am Main, 1991.

Krang dpyi sun（張怡蓀）. *Bod rgya tshig mdzod chen mo*（藏漢大辭典）, mi rigs dpe skrun khang（民族出版社）, 1993.

Kuehn, Thomas. *Empire, Islam, and Politics of Difference : Ottoman Rule in Yemen, 1849-1919*, Leiden, 2011.

Kuran, Ercüment. *Cezayirin Fransızlar Tarafından İşgali Karşısında Osmanlı Siyaseti (1827-1847)*, İstanbul, 1957.

Kurşun, Zekeriya. *Necid ve Ahsa'da Osmanlı Hâkimiyeti : Vehhabî Hareketi ve Suud Devleti'nin Ortaya Çıkışı*, Ankara, 1998.

——. *Basra Körfezi'nde Osmanlı-İngiliz Çekişmesi : Katar'da Osmanlılar 1871-1916*, Ankara, 2004.

Kütükoğlu, Mübahat S. *Osmanli Belgelerinin Dili (Diplomatik)*, İstanbul, 1998.

Lamb, Alastair. *The McMahon Line : A Study in the Relations between India, China and Tibet, 1904-1914*, 2 vols., London, 1966.

——. *British India and Tibet, 1766-1910*, 2nd ed., London & New York, 1986.

Le Gall, Michel. "Ottoman Reaction to the European 'Scramble for Africa' : The Defense of the Hinterland of Tripolitania and Cyrenaica," *Asian and African Studies*, No. 24, 1990.

Liu, Lydia H.（劉禾）*The Clash of Empires : the Invention of China in Modern World Making*, Cambridge, Mass., etc., 2004.

Lo, Hui-min（駱惠敏）, ed. *The Correspondence of G. E. Morrison 1912-1920*, Vol. 2, Cambridge, etc., 1978.

Macar, Elçin. *Cumhuriyet Döneminde İstanbul Rum Patrikhanesi*, İstanbul, 2003.

Mandelstam, André. *Le sort de l'Empire ottoman*, Lausanne, 1917.

Martens, Charles de. *Le guide diplomatique : précis des droits et des fonctions des agents diplomatiques et consulaires : suivi d'un Traité des actes et offices divers qui sont du ressort de la diplomatie, accompagné de pièces et documents proposés comme exemples*, 5e édit., entièrement refondue par M. Friedrich Heinrich Geffcken, 2 tomes, Leipzig, 1866.

Martens, George Frédéric de. *Recueil de traités d'Alliance, de Paix, de Trêve, de Neutralité, de Commerce, de Limites, d'Echange etc. et de plusieurs autres actes servant à la connaissance des relations étrangères des Puissances et états de l'Europe tant dans leur rapport mutuel que dans celui envers les Puissances et Etats dans d'autres parties du globe depuis 1761 jusqu'à présent*, 2e édit., 8 tomes, Gottingue, 1817-35.

—— *Recueil des principaux traités d'Alliance, de Paix, de Trêve, de Neutralité, de Commerce, de Limites, d'Echange etc. Conclus par les Puissances de l'Europe tant entre elles qu'avec les Puissances et états dans d'autres parties du monde depuis 1761 jusqu'à présent*, 2e édit., 8 tomes, Gottingue, 1817-35.

——. *Nouveau recueil de traités d'Alliance, de Paix, de Trêve, de Neutralité, de commerce, de limites, d'échange etc. et de plusieurs autres actes servant à la connaissance des relations étrangères des Puissances et états de l'Europe tant dans leur rapport mutuel que dans celui envers les Puissances et États dans d'autres parties du globe depuis 1808 jusqu'à présent*, 16 tomes, Gottingue, 1817-41.

——. *Nouveau recueil général de traités, conventions et autres transactions remarquables, servant à la connaissance des relations étrangères des Puissances et États dans leurs rapports mutuels*. Rédigé sur des copies authentiques, par Frédéric Murhard. Continuation du grand Recueil de feu M. de Martens, Tome 1, Goettingue, 1843.

Martin, Emma. "Fit for a King? The Significance of a Gift Exchange between the Thirteenth Dalai Lama and King George V," *Journal of the Royal Asiatic Society*, Vol. 24, No. 3, 2014.

Masters, Bruce. *Christians and Jews in the Ottoman Arab World : the Roots of Sectarianism*, Cambridge, 2001.

Mathews, Robert Henry. *A Chinese-English Dictionary*, Shanghai, 1931.

Maxim, Mihai. "L'autonomie de la Moldavie et de la Valachie dans les actes officiels de la Porte au cours de la second moitié du XVIe siècle," *Revue des Études Sud-Est Européennes*, Vol. 15, No. 2, 1977.

——. "Regimul economic al dominaţiei otomane în Moldova şi Ţara românească în doua jumătate a secolului al XVI-lea," *Revista de istorie*, Vol. 32, No. 9, 1979.

——. *Ţările Române şi Înalta Poartă*, Bucureşti, 1993.

Mazower, Mark. *No Enchanted Palace : The End of Empire and the Ideological Origins of the United Nations*, Princeton, 2009.

Meclis-i Mebusan Zabıt Ceridesi.

Mehmed, Mustafa A. "O nouă reglamentare a raporturilor Moldovei şi Ţării Româneşti faţă de Poartă la 1792 (O carte de lege -Kanunname- în limba turcă)," *Studii. Revistă de istorie*, Vol. 20, No. 4, 1967.

——, ed. *Documente turceşti privind istoria româniei*, Vol. 1, Bucureşti, 1976.

Mehra, Parshotam. T*he McMahon Line and After : A Study of the Triangular Contest on India's Northeastern Frontier between Britain, China and Tibet, 1904-1947*, New Delhi, 1974.

Morrison, Robert. *Dictionary of the Chinese Language*, Part III, English and Chinese. London, 1822.

Morse, Hosea Ballou. *The International Relations of the Chinese Empire, Vol. 1, Period of Conflict*, Shanghai, etc., 1910.

——. *The Chronicles of the East India Company Trading to China, 1635-1834*, 4 vols., Oxford, 1926.

Muahedat Mecmuası, 5 vols., 1294-1298h(1877-81).

Nakami, Tatsuo (中見立夫). "A Protest against the Concept of the "Middle Kingdom" : The Mongols and the 1911 Revolution," Eto Shinkichi and Harold Z. Schiffrin, eds., *The 1911 Revolution in China : Interpretive Essays*, Tokyo, 1984.

Nanakis, Andreas. "Venizelos and Church-State Relations," in Paschalis M. Kitromilides, ed., *Eleftherios Venizelos : the Trials of Statesmanship*, Edinburgh, 2006.

Nicolaïdes, Demétrius. *Doustour-i-Hamidié : Appendice à la législation ottomane, cinquième partie. Contenant les Lois et Règlements promulguées à partir de l'année 1874-1878*, Constantinople, 1878.

Noradounghian, Gabriel Effendi. *Recueil d'actes internationaux de l'Empire ottoman : traités, conventions, arrangements, déclarations, protocoles, procès-verbaux, firmans, bérats, lettres patentes et autres documents relatifs au droit public extérieur de la Turquie*, 4 tomes, Paris, 1897-1903.

North-China Herald, Shanghai, weekly, 1850-.

Okamoto, Takashi (岡本隆司). "Qing China's Foreign Relations and Their Modern Transformation," *Memoirs of the Research Department of the Toyo Bunko*, No. 70, 2012.

Oppenheim, Lassa Francis Lawrence. *International Law : A Treatise*, 2 vols., London, 1st ed., 1905, 7th ed., edited by Hersch Lauterpracht, 1952.

Paine, Sarah C. M. *Imperial Rivals : China, Russia, and their Disputed Frontier, 1858-1924*, Armonk, 1996.

Panaite, Viorel. *The Ottoman Law of War and Peace*, New York, 2000.

―. "The *Voivodes* of the Danubian Principalities ― As Harâcgüzarlar of the Ottoman Empire," *International Journal of Turkish Studies*, Vol. 9, Nos. 1-2, 2003.

―. "The Legal and Political Status of Wallachia and Moldavia," in Gábor Kármán and Lovro Kunčević eds., *The European Tributary States of the Ottoman Empire in the Sixteenth and Seventeenth Centuries*, Leiden and Boston, 2013.

Petech, Luciano. *Aristocracy and Government in Tibet, 1728-1959*, Roma, 1973.

Philliou, Christine. *Biography of an Empire : Governing Ottomans in an Age of Revolution*, Berkeley, 2011.

Phur lcog thub bstan byams pa tshul khrims bstan 'dzin. *Lhar bcas srid zhi'i gtsug rgyan gong sa rgyal ba'i dbang po bka' drin mtshungs med sku phreng bcu gsum pa chen po'i rnam par thar pa rgya mtsho lta bu las mdo tsam brjod pa ngo mtshar rin po che'i phreng ba*. 1940, in *The Collected Works of the Dalai Lama XIII*, Vols. 6 and 7. (Śata-piṭaka Series vol. 288). New Delhi, 1982.

Pınar, Hayrettin. *Tanzimat Döneminde İktidarın Sınırları : Babıâli ve Hıdiv İsmail*, İstanbul, 2012.

Quested, Rosemary K. I. *The Expansion of Russia in East Asia 1857-1860*, Kuala Lumpur, 1968.

―. "Further Light on the Expansion of Russia in East Asia : 1792-1860," *The Journal of Asian Studies*, Vol. 29, No. 2, 1970.

[Raşit Belgradi.] *Tarih-i Vaka-i Hayretnüma : Belgrad ve Sırbistan*, cilt 1, [İstanbul,] 1291h (1874-75).

Recueil des traités de la France, publié sous les auspices de M. C. de Freycinet, 23 tomes, Paris, 1880-1917.

Reinach, Lucien de. *Recueil des traités : conclus par la France en Extrême-Orient (1684-1902)*, Paris, 1902.

Richardson, Hugh Edward. *Tibet and Its History*, London, 1962.

Samardziev, Bozidar. "Le choix du gouverneur-général de l'île de Crète après le conflit gréco-turc de 1897," *Études Balkaniques*, Tome 36, No. 4, 2000.

Satow, Ernest Mason, and Ishibashi Masakata (石橋政方). *An English-Japanese Dictionary of the Spoken Language*, London, 1876, 2nd ed., 1879.

Savage, Jesse Dillon. "The Stability and Breakdown of Empire : European Informal Empire in China, the Ottoman Empire and Egypt," *European Journal of International Relations*, Vol. 7, No. 2, 2011.

Shakabpa, W. D. *Tibet : A Political History*, New York, 1967.

―. *Bod kyi srid don rgyal rabs*, Kalimpong, 1976.

Smith, Michael Llewellyn. "Venizelos' Diplomacy, 1910-23 : From Balkan Alliance to Greek-Turkish Settlement," in Paschalis M. Kitromilides, ed., *Eleftherios Venizelos : the Trials of Statesmanship*, Edinburgh, 2006.

Snar skyid ngag dbang don grub. *Gong sa skyabs mgon rgyal dbang sku 'phreng bcu gsum pa chen po'i mdzad rnam snying btus*, Dharamshala, 2008.

Strauss, Johann. "The *Millets* and the Ottoman Language : The Contribution of Ottoman Greeks to Ottoman Letters (19th-20th Centuries)," *Die Welt des Islams*, Vol. 35, No. 2, 1995.

Sturdza, Dimitrie Alexandru, and C. Colescu-Vartic, eds. *Acte şi documente relative la istoria renascerei Romîniei, Vol. 1 (1391-1841)*, Bucureşti, 1900.

Stubbs, Charles. *Suzerainty : or, The Rights and Duties of Suzerain and Vassal States*, London, 1882.

Svarverud, Rune. *International Law as World Order in Late Imperial China : Translation, Reception and Discourse, 1847-1911*, Leiden, 2007.

Swischer, Earl, ed. *China's Management of the American Barbarians : A Study of Sino-American Relations, 1841-1861, with documents*, New Haven, 1953.

Şemsettin Sami. *Kamus-ı Fransevi : Fransızca'dan Türkçe'ye Lügat Kitabı* = *Dictionnaire Français-Turc*, İstanbul, [1883].
——. *Kamus-ı Türki*, Dersaadet, 1317h (1899-1900).
Takvim-i Vekayi. İstanbul, 1247-1295, 1308-1309, 1326-1341h (1831-78, 1890-92, 1908-22).
Tashi Tsering. "Nyag-rong mgon-po rnam-rgyal : A 19th Century Khams-pa Warrior." in Barbara Nimri Aziz, and Matthew Kapstein, eds., *Soundings in the Tibetan Civilization*, New Delhi, 1985.
Teng, Ssu-yü（鄧嗣禹）and John King Fairbank, eds. *China's Response to the West : a Documentary Survey, 1839-1923*, Cambridge, Mass., 1954.
Testa, Le Baron I. de. *Recueil des traités de la Porte Ottomane avec les puissances étrangères*, tome 1, Paris, 1864.
Tezcan, Baki. *The Second Ottoman Empire : Political and Social Transformation in the Early Modern World*, Cambridge, 2010.
The Boundary Question between China and Tibet : A Valuable Record of the Tripartite Conference between China, Britain and Tibet, Held in India, 1913-1914, Pekin, 1940.
The Centennial of the Tibeto-Mongol Treaty : 1913-2013, Lungta, No. 17, Dharamshala, 2013.
The Marquis Tseng（曾紀澤）. "China, the Sleep and the Awakening," *The Asiatic Quarterly Review*, Vol. 3, 1887.
Traité de paix avec la Turquie et autres actes signés à Lausanne le 30 janvier et le 24 juillet 1923, Paris, 1923.
Traité de paix entre les puissances alliées et associées et la Turquie du 10 août 1920（Sèvres）, n.l., 1920.
Treaties, Conventions, etc., between China and Foreign States, 2nd ed., 2vols., China. Maritime Customs, III. -Miscellaneous Series, No. 30, Shanghai, 1917.
Tsering Shakya. *The Dragon in the Land of Snows : A History of Modern Tibet since 1947*, Vancouver, 1997.
Tuncer, Harun, ed. *Sultana 101 Mektup : Osmanlı'ya Mektuplar*, İstanbul, 2011.
Türkmen, Zekeriya. *Vilayât-ı Şarkiye（Doğu Anadolu Vilayetleri) Islahat Müfettişliği 1913-1914*, Ankara, 2006.
Turkey. Başbakanlık Osmanlı, Arşivi.
United States, Department of State, General Records of Department of State, Diplomatic Despatches, China, 1843-1906. The US National Archives.
Ünal, Hasan. "Ottoman Policy during the Bulgarian Independence Crisis, 1908-9 : Ottoman Empire and Bulgaria at the Outset of the Young Turk Revolution,"*Middle Eastern Studies*, Vol. 34, No. 4, 1998.
Vovchenko, Denis. "Creating Arab Nationalism? Russia and Greece in Ottoman Syria and Palestine (1840-1909)," *Middle Eastern Studies*, Vol. 49, No. 6, 2013.
Walpole, Spencer. *Foreign Relations*, London, 1882.
Watson, Adam. *The Evolution of International Society : a Comparative Historical Analysis*, London, 1992.
Wei, Tsing-sing Louis（衞青心）. *La politique missionnaire de la France en Chine 1842-1856 : l'ouverture des cinq ports chinois au commerce étranger et la liberté religieuse*, Paris, 1961.
Wheaton, Henry. *Elements of International Law with a Sketch of the History of the Science*, Philadelphia, 1836.
——. *Histoire des progrès du droit des gens en Europe, depuis la paix de Westphalie jusqu'au Congrès de Vienne : avec un précis historique du droit des gens Européen avant la paix de Westphalie*, Leipzig, 1841.

———. *History of the Law of Nations in Europe and America : From the Earliest Times to the Treaty of Washington, 1842*, New York, 1845.

———. *Histoire des progrès du droit des gens en Europe et en Amérique depuis la paix de Westphalie jusqu'à nos jours, avec une introduction sur les progrès du droit des gens en Europe avant la paix de Westphalie*, 2 tomes, 3e édition, Leipzig, 1853.

———. *Elements of International Law*, 6th ed., with the last corrections of the author, additional notes, and introductory remarks, containing a notice of Mr. Wheaton's diplomatic career, and of the antecedents of his life, by W. B. Lawrence, Boston, 1855.

Woolsey, Theodore Dwight. *Introduction to the Study of International Law : Designed as an Aid in Teaching, and in Historical Studies*, Boston, 1860, 3rd ed., New York, 1871.

Yasamee, F. A. K. *Ottoman Diplomacy : Abdülhamid II and the Great Powers, 1878-1888*, Istanbul, 1996.

Yurdusev, A. Nuri. "The Middle East Encounter with the Expansion of European International Society," in Barry Buzan and Ana Gonzalez-Pelaez, eds., *International Society and the Middle East : English School Theory at the Regional Level*, Basingstoke, 2009.

Zhwa sgab pa dbang phyug bde ldan. *Bod kyi srid don rgyal rabs*, Kalimpong, 1976.

【ギリシア語】

Αναγνωστοπούλου, Σία. *Μικρά Ασία, 19ος αι.-1919. Οι Ελληνορθόδοξες κοινότητες : Από το μιλλέτ των Ρωμιών στο Ελληνικό έθνος*, Αθήνα, 1998.

Βαλάκου-Θεοδωρούδη, Μαλαματή. *Πολιτικές και συνταγματικές πτυχές του καθεστώτος νέων χωρών*, Αθήνα, 2003.

Γεωργιάδης, Αλέξ. *Πλήρες Άγγλο-Ελληνικὸν λεξικὸν : Μετὰ τῆς ἀκριβοῦς καὶ γνησίας προφορᾶς συνταχθὲν ἐπὶ τῇ βάσει τῶν τελειοτέρων καὶ νεωτάτων Ἀγγλικῶν λεξικῶν*, Ἐν Ἀθήναις, 1900.

Δημαρᾶς, Κ. Θ. *Κωνσταντίνος Παπαρρηγόπουλος : ἡ ἐποχὴ του - ἡ ζωὴ του - τὸ ἔργο του*, Ἀθήνα, 1986.

Ἑλληνισμός, Ἐν Ἀθήναις, 1898-1915, 1928-32.

Εξερτζόγλου, Χάρης. *Προσαρμοστικότητα και ποτιλική ομογενειακών κεφαλαίων. Ἕλληνες τραπεζίτες στην Κωνσταντινούπολη : το κατάστημα «Ζαρίφης-Ζαφειρόπουλος», 1871-1881*, Αθήνα, 1989.

———. « Το "προνομιακό" ζήτημα », *Τα Ιστορικά*, τόμ. 16, 1992.

———. « Η διάχυση της εθνικής ταυτότητας στις ορθόδοξες κοινότητες της Κιλικίας», *Δελτίο Κέντρου Μικρασιατικών Σπουδών*, τόμ. 11, 1995-1996.

Καρολίδης, Παῦλος. *Ἀναμνήσεις Σκανδιναυικαὶ : μετὰ μικρῶν σημειώσεων περὶ τοῦ ἐν Στοκχόλμῃ καὶ Χριστιανίᾳ τῷ 1889 συνελθόντος Η΄ διεθνοὺς συνεδρίου τῶν ἀσιανολόγων*, Ἀθήνησιν, 1890.

———. *Διαμαρτυρία πρὸς τὸν Κοσμήτορα τῆς Φιλοσοφικῆς Σχολῆς κύριον Κυπάρισσον Στεφάνου ἐναντίον Σπυρίδωνος Π. Λάμπρου καθηγητοῦ, Α΄-Β΄*, Ἀθήνησιν, 1892.

———. *Εἰσαγωγὴ εἰς τὴν καθολικὴν ἢ παγκόσμιον Ἱστορίαν*, Ἀθήνησι, 1894.

———. *Ὁ Αὐτοκράτωρ Διογένης ὁ Ῥωμάνος*, Ἐν Ἀθήναις, 1906.

———. *Ἐγχειρίδιον Βυζαντινῆς Ἱστορίας μετὰ τῶν κυριωτάτων κεφαλαίων τῆς λοίπης μεσαιωνικῆς ἱστορίας πρὸς χρῆσιν τῶν φοιτητῶν τῆς φιλολογίας*, [Ἀθήνα,] 1906.

———. *Περὶ τῆς ἐθνικῆς καταγωγῆς τῶν Ὀρθοδόξων Χριστιανῶν Συρίας καὶ Παλαιστίνης*, Ἐν Ἀθήναις, 1909.

———. *Ἱστορία τοῦ ΙΘ΄ αἰῶνος μετ' εἰκόνων, τόμος Β΄ (1821) 1830-1856*, Ἀθήνησιν, 1892.

———. *Λόγοι καὶ Ὑπομνήματα ἤτοι Λόγοι ἀπαγγελθέντες ἐν τῇ Ὀθωμανικῇ Βουλῇ καὶ Ὑπομνήματα πεμφθέντα ἀπὸ Κωνσταντινουπόλεως πρὸς τὸν ἐπὶ τῶν Ἐξωτερικῶν Ὑπουργὸν κ. Γεώργιον Βαλτατζῆν καὶ πρὸς τὸν Πρόεδρον τῆς Κυβερνήσεως κ. Ε. Βενιζέλον*, Ἐν Ἀθήναις, 1913.

――. Σύγχρονος ίστορία τῶν Ἑλλήνων καὶ τῶν λοιπῶν λαῶν τῆς Ἀνατολῆς ἀπὸ 1821 μέχρι 1921, 7 τόμ., Ἐν Ἀθήναις, 1922-1929.

――. Ἱστορία τοῦ Ἑλληνικοῦ ἔθνους τόμος ἕκτος : Ἀπὸ τῆς τελευταίας περιόδου τοῦ Ἀγῶνος τοῦ 1821 μέχρι τοῦ 1930, μέρος δεύτερον, Ἐν Ἀθήναις, 1932.

Κονόρτας, Παρασκευάς. Οθωμανικές Θεωρήσεις για το Οικουμενικό Πατριαρχείο : Βεράτια για τους Προκαθήμενους της Μεγάλης Εκκλησίας (17os-Αρχές 20^{ου} Αιώνα), Αθήνα, 1998.

Κουσουρελάκης, Ν. Κώδικες Κριτικῆς πολιτείας περιεχόντες τοὺς ἐν Κρήτῃ ἰσχύοντας νόμους, πλὴν τοῦ ἀστικοῦ καὶ ἐμπορικοῦ διατάγματα, διαταγὰς καὶ ἑρμηνευτικὰς ἐγκυκλίους τῶν τε ἀνωτέρων Διευθύνσεων καὶ τῆς Εἰσαγγελίας τῶν Ἐφετῶν, τόμος Α΄, Ἐν Χανίοις, 1902.

Νανάκης, Ανδρέας. Το μητροπολιτικό ζήτημα και η εκκλησιαστική οργάνωση της Κρήτης (1897-1900), Αθήνα, 1995.

Παπαδόπουλος, Γεώργιος Ι. Ἡ σύγχρονος ἱεραρχία τῆς Ὀρθοδόξου Ἀνατολικῆς Ἐκκλησίας, τόμος πρῶτος, Ἐν Ἀθήναις, 1895.

Σαρηγιάννης, Μαρίνος. «Η πολιτειακή ορολογία στα οθωμανικά έγγραφα της Ηγεμονίας Σάμου», in Σοφία Ν. Λαΐου, ed., Συνταγματικά κείμενα της Ηγεμονίας Σάμου, Αθήνα, 2013, pp. 187-211.

Σκοπετέα, Έλλη. Το «Πρότυπο Βασίλειο» και η Μεγάλη Ιδέα : όψεις του εθνικού προβλήματος στην Ελλάδα (1830-1880), Αθήνα, 1988.

――. «Οι Έλληνες και οι εχθροί τους : η κατάσταση του έθνους στις αρχές του 20ού αιώνα», in Χρήστος Χατζηιωσήφ, ed., Ιστορία της Ελλάδας του 20ού αιώνα : Οι Απαρχές 1900-1922. Α΄ τόμος, μέρος 2^ο, Αθήνα, 1999.

Σταματόπουλος, Δημήτριος. Μεταρρύθμιση και εκκοσμίκευση : προς μια ανασύνθεση της ιστορίας του Οικουμενικού Πατριαρχείου τον 19^ο αιώνα, Αθήνα, 2003.

――. Το Βυζάντιο μετά το έθνος : Το πρόβλημα της συνέχειας στις βαλκανικές ιστοριογραφίες, Αθήνα, 2009.

Χατζηιωσήφ, Χρήστος. «Η μπελ επόκ του κεφαλαίου», in idem ed., Ιστορία της Ελλάδας του 20ού αιώνα : Οι Απαρχές 1900-1922. Α΄ τόμος, μέρος 1^ο, Αθήνα, 1999.

Χλώρος, Ι. Λεξικὸν τουρκο-ελληνικόν = Türkçe'den Rumca'ya Kamus-ı Osmani, 1, Ἐν Κωνσταντινούπολει, 1899.

【ロシア語】

Барсуковъ, Иванъ. Графъ Николай Николаевичъ Муравьевъ-Амурскій : по его письмамъ, оффиціальнымъ документамъ, разсказамъ современниковъ и печатнымъ источникамъ (матеріалы для біографіи), 2 кн., Москва, 1891.

Батсайхан, Оохнойн. "Монгол-Русское соглашение 1912 г.," Восток, 2009г.-№ 3.

Белов, Евгений Александрович. Россия и Тибет : Сборник русских архивных документов 1900-1914, Москва, 2005.

Внешняя политика России XIX и начала XX века : Документы Российского Министерства иностранных дел, Серия первая, т. 1, 6, Москва, 1960-63.

Дружинина, Е. И. Кючук-кайнарджийский мир 1774 года (его подготовка и заключение), Москва, 1955.

Исторические связи народов СССР и Румынии в XV- начале XVIII в.. Документы и материалы в трех томах, 3 т., Москва, 1965-70.

Коростовец, Иван Яковлевич. От Чингис хана до Советской Республики, Ответственный редактор О.Батсайхан; Редакторы Б.В.Базаров, В.Ц.Ганжуров, Улан-батор, 2004.

Международные отношения в эпоху империализма : документы из архивов царского и временного правительств 1878-1917, Серия II :1900-1913, тт. 18-20, 1938-1940, Москва.

Международные отношения в эпоху империализма : документы из архивов царского и временного правительств 1878-1917, Серия III :1914-1917, 10 т., 1931-1938, Москва.

Невельской, Геннадий. *Подвиги русских морских офицеров на крайнем востоке России 1849-1855*, Москва, 1947.

Новое время, СПб., 1876-1917.

Полное собраніе законовъ россійской имперій, собраніе первое, 45 т., СПб., 1830.

Попов, А. Л. "Царская Россия и Монголия в 1913-1914 гг.," *Красный Архив*, том 37, 1929.

Попов, Павел Степанович. *Русско-китайскій словарь* (俄漢合璧字彙), СПб., 1879.

———. *Русско-китайскій словарь* (俄漢合璧增補字彙), Пекинъ, 1896.

Русско-Китайские отношения, 1689-1916, Официальные документы, Москва, 1958.

Сборникъ дипломатическихъ документовъ по Монгольскому вопросу, 23 Августа 1912 г. -2 Ноября 1913 г., СПб., 1914.

Сборникъ договоровъ Россіи съ Китаемъ, 1689-1881 гг., СПб., 1889.

Селях, Г. Н. "Русско-турецкое соглашение 1802г. о дунайских княжествах," *Вопросы истории*, 1961, № 12, 1961.

Фрейденберг, М. М. *Дубровник и Османская империя*, Москва, 1984.

Шумахеръ, Петръ. «Къ исторіи прiобрѣтенія Амура : Сношенія съ Китаемъ съ1848 по 1860 годъ,» *Русскій Архивъ*, 1878, кн. 3, № 11.

【モンゴル語】

Батсайхан, Оохнойн. *Монголын сүүлчийн ээзэн хаан VIII Богд Жавзандамба*, Улаанбаатар, 2008.

Жамсран, Лхамсүрэнгийн. *Монголчуудын сэргэн мандалтын эхэн 1911-1913*, Улаанбаатар, 1992.

Монгол Улсын Үндэсний Төв Архив. ФА2-Д1-ХН11. olan_a ergügdegsen-ü ɣurbaduɣar on-u ebülün terigün sar_a-du bügüde yerüngkeyilen jakiraqu sayid sayin noyan qan tan jarliɣ-i daɣaju orus ulus-dur oduqui-dur jasaɣ-un ɣajar_a yabuɣulɣsan čakilɣan medege-i seyiregülün temdeglegsen dangsa.

———. ФА4-Д1-ХН162-Б5. olan_a ergügdegsen-ü ɣurbaduɣar on-du, orus kitad qoyar jasaɣ-un ɣajar-ača man-u mongɣul-un tuqai kelelčen toɣtaɣsan ger_e bičig ba mön qabsurɣan toɣtaɣaɣsan bičigüd-ün yeke tölüb-i bičigsen qayudasu.

———. ФА4-Д1-ХН279-Н1. dumdadu orus mongɣul-un ger_e bičig-ün udq_a činar-i tayilburilaɣsan debter.

Монголын ард түмний 1911 оны үндэсний эрх чөлөө, тусгаар тогтнолын төлөө тэмцэл : Баримт бичгийн эмхтгэл (1900-1914), Эмхтгэсэн А. Очир, Г. Пүрвээ, Улаанбаатар, 1982.

Сандаг, Ш. "Автономи юм уу, тусгаар тогтнол юм уу?," *Шинжлэх Ухааны Академийн Мэдээ*, 1971-№ 1, 1971.

Түмэн улсын ердийн цааз, эмхэтгэсэн Ж. Амарсанаа, Б. Баярсайхан, М. Тачибана, Улаанбаатар, 2006.

Хятад, Орос, Монгол гурван улсын 1915 оны Хиагтын гэрээ (Өдөр тутмын тэмдэглэл), Эмхтгэж тайлбар бичсэн О. Батсайхан, Улаанбаатар, 1999.

XX зууны Монголын түүхийн эх сурвалж, Хэвлэлд бэлтгэсэн О. Батсайхан, Улаанбаатар, 2003.

あとがき

　ひとつのことばが気になって離れない。

　というのは，日常茶飯事，他人からみれば，どうでもよいことではあろう。しかし本人にとって，外国語で四半世紀も続いた，とあっては，ただごとではない。

　卒業論文を書いていたころ，とある英文史料に"*caisse de la dette*"と出てきて，おや何で外来語，と思った。そのときの軽い感覚は，よく憶えている。何も知らない学部生，字面の意味はわからなくないので，それで納得して読み飛ばした。

　ところが，それから何年たっても，読む史料にそのことばがつきまとう。そのたび和訳に躊躇した。日本語に置き換えても，しっくりこないのである。直接のテーマではないし，論文に引くわけでもない。文脈の意味は通らなくはないので，やはり深く立ち入ることはしなかった。しかしどうにも気になって忘れられなくなったのは，このあたりからである。

　やがてそれがオスマン近代史の史料術語と知ったのは，博士論文を書いていたとき。何とも無学迂闊なことである。でもこれですっきりするかと思いきや，疑問は払拭できない。

　西アジアの術語概念がなぜ，近代中国，海関・塩政で頻用されるのか。いよいよ翻訳に躊躇せざるをえなかった。もちろん語句・単語の直訳・逐語訳は可能だし，オスマン史での定訳もあろう。東アジアの文脈で日本語・中国語に置き換えることもできなくはない。しかしそれでは，各々ちがう訳語になってしまう。原語はあくまで一つなのであって，西洋人は単一の語彙概念で考えている。それが翻訳を通すと複数，バラバラになる，というのはいったいどういうことか。

　これは単にことばや翻訳の問題ではない，むしろ歴史そのもの，アジア史全体・世界史の問題だと喝破，いな速断したのが，ちょうど三十になったころ。これが「而立」というものか，と思ってみたりした。

　ふりかえると，小著の発端はどうやらここにある。共同の著作のしめくくりながら，ごく個人的な回想を禁じ得ないゆえんであり，いましばらくおつきあい願いたい。

さて，そこで一念発起。それまでも属した研究室の環境から，オスマン帝国に関心はあった。けれども，あくまで関心だったのが，にわかに研究を志したのである。

九州の田舎で，英語も漢語も満足にできないのに，オスマン帝国のことを知らねば，と思ったのは，いささか滑稽でもある。誇大妄想というにふさわしい。

生来の菲才魯鈍，向こう見ずにも勉強しはじめ，当然ながら，初歩の語学で挫折した。それでも英語・フランス語くらいは何とかなる，と思いなおし，気づいた範囲で関連の文献を読むことにして，いまもそれなりに抵抗はつづけている。

しかしそれでは，何の仕事にもならないので，次に調べていた朝鮮半島のことに没頭する毎日になっていった。これがおよそ15年前。いったん西に向いた眼は東に転じ，いよいよオスマン帝国のことは忘却のかなたに行くのかと思っていた。ところが意外なことに，そうでもなかったのである。

国際法のテキストにいつも出てきて，否応なく読むことになるのが，オスマンの事例。中国史，清韓関係の史料にも，くりかえし「土耳其(トルコ)」が登場する。したがって caisse de la dette のことも忘れられない。その追究はあきらめたけれど，こんどは視野が拡大し，国際関係と翻訳それ自体が新たな課題になってきた。

かくて頭から離れなくなったことばが，"suzeraineté" つまり「宗主権」である。東西通じて使われたのは caisse de la dette と同じ，そこに西洋と東西アジアをむすびつける歴史のカギがあるのでは，とふたたび思いいたった。

「而立」では若気の至り，誇大妄想だったものの，さすがに「不惑」「初老」ともなれば，無謀なことはしない。といえば，聞こえはよいが，要するに限界を知った，という諦観だけ。菲才の無知を搾って悶々と悩むよりは，優秀な専家に聞いてすっきり納得したほうが，頭にも身体にもよい。

そうはいっても，群れるのは苦手，人をひきよせる人望も学殖もない。話を聴きたい人にこちらから声をかけ，無理矢理お願いして，5年ほど前から研究会をはじめた。

東アジアと近代日本から手をつけ，論点をしぼりながら，地域とメンバーを拡大していったのも，尋常な研究会のすすめかたではあるまい。けれども，東西のアジアで問題関心を共有する新進気鋭と出逢って，とことん議論できたのは至上の幸福だった。その幸福感の行きついた果てに，小著がある。

東西の異文明をめぐり，多言語が飛び交うその議論。論点は一つのことば，概念でありながら，その背景には往々にして，世界史のありよう，歴史学という学問，ひいては近代知という原理的な問題が存在していた。
　そもそも歴史学は，アジアになかった。現在のあらゆる科学・学問は西欧で生まれたものである。いわゆる歴史学も例外ではない。その歴史学が日本に入ってきたのは，明治の中葉，当時の日本人は少なからず抵抗を覚えた。
　受けつけなかったわけではない。むしろ諸手を挙げての大歓迎だった。とまどったのは，その歴史学が標榜していた「世界史」の中身に対して，である。羊頭狗肉だったからである。

　　欧洲の盛衰のみを叙述して，世界史又は万国史と名づくることの不都合なるは，事新しく言ふ迄もなし。

と断じたのは，シナ学者の那珂通世，19 世紀も終わるころのことである。その「不都合」を克服するため，東洋史学をつくったのは日本人であり，那珂はその草分けであった。
　欧米製の西洋史にすぎない「世界史（グローバル・ヒストリー）」が蔓延する現代から見ても，この那珂の主張は残念ながら，なお清新な真理でありつづけている。したがって東洋史も自らの存在理由（レゾン・デートル）を主張しつづけなくてはならない。その意味では，日本の歴史学，いな歴史学全体は，百年前から進歩がない，といっても過言ではあるまい。
　われわれ東洋史家は那珂の理想どおり，必ず「あるべき」世界史を想定して，自らの専門を研究するよう，叩き込まれて育ったはずである。それにもかかわらず，現状は先人に顔向けできない，恥じ入るありさまとしかいえまい。

　　歴史は始より終まで一つの世界の歴史である。世界史の可能不可能の如きは問題ではない。当然あるべき歴史の姿は世界史の外にはない。

やはり東洋史学の先師・宮崎市定の発言。真の世界史ができたなら，東洋史とか西洋史とかの区分もいらなくなるはずで，そうするためにこそ，東洋史の研究は存在する。なるほど，と納得はしても，理想はやはり理想，言うは易いが行うは難い。山内昌之が「歴史学における実証性と叙述性を考えるとき，あまりにも大胆な発言」だというとおりではある。
　けれども理想を捨てて，通俗に流されるわけにはいかない。すでにアジアに対する「実証性と叙述性」を欠落させた「世界史」が横行し，アジア史・世界史は

依然，曲解されている。西洋人のいうことなら，偏っていても鵜呑みにするのが，知識人の宿痾にほかならない。

　西洋史以外に「世界史」と自称するのは，教科書くらいであろう。けれども個別の断片的な史実の堆積だけでは，どうタイトルをつけたところで，歴史を名乗る資格はない。歴史には実証に裏づけられた体系・論理が不可欠，その体系はこれまで，西洋が一方的に供給しつづけてきた。ランケしかりマルクスしかり，「世界システム」しかり「グローバル・ヒストリー」しかり。アジアを知らない，知ろうとしない欧米の自儘な体系では，那珂の，宮崎の，東洋史・世界史の理想は達成できない。

　ところが東洋史学は，いまや絶滅危惧種である。拡大，発展の果てに絶えるのならよい。そうではなく，どうやら誰からも関心をもってもらえず，萎靡，衰退のすえに滅びゆく途上にあるらしい。なぜか。使命を見失ったからであろう。

　東洋史学が西洋史とかわらぬ発想・手法で，アジアの中だけをとりあげて可とするなら，たしかに存在理由はない。たとえば中国人・欧米人の中国史研究と選ぶところがないからである。つねに西洋史・近代知の主観・偏見と異なる視座から発想し，その前提を疑わねばならない。それが東洋史学誕生以来の宿命，かつ理想なのである。

　近代西洋人がアジアに使った「宗主権」ということばは，問題にしなければそれですむ概念である。にもかかわらず，小著はことさら，それをめぐる翻訳・解釈・歴史過程を一貫して追究した。近代知の前提を疑う，という東洋史学の使命をみつめなおすためである。

　そして東洋史学が日本でできた以上，こうした想念はまず日本人が共有しなければならない。世界のなかで真の世界史を書けそうなのは，どうやら東洋史学をもつ日本人だけのようでもある。小著を作る過程で，つくづくそう感じた。世界史の理想へ向かって前進する，その捨て石にでもなれば，望外の喜びである。

　使命とか捨て石とか，大きなことをいっても，それは多分に社交辞令，後づけの辯明にすぎない。筆者本人はひたすら楽しかった。独り善がりな楽しみであればこそ，じつに多くの方々のお世話になっている。すべてのお名前をあげられないこと，ご寛恕いただきたい。

研究会の組織にあたっては，サントリー文化財団の平成22（2010）年度・平成23（2011）年度「人文科学，社会科学に関する研究助成」から，「翻訳概念と近代東アジア——国際関係と外交交渉を中心に」「近代東アジアの形成と翻訳概念——東西の国際関係と外交交渉を中心に」の題目で助成をいただいた。また勤務先・京都府立大学の平成24（2012）年度重点戦略研究費から「「異文化共生学」の構築——異文化の接触・交渉・共存をめぐる総合的研究」で受けた助成の一部を，この研究にあてることができた。また小著の刊行にあたっては，日本学術振興会から平成26年度科学研究費補助金（研究成果公開促進費「学術図書」）の割捐をえている。それぞれ関係各位に甚深の謝意を申し上げたい。

　また研究会をすすめるなか，2012年には台北の国立政治大学歴史学系で，共催のワークショップを開く機会にも恵まれた。万事お世話いただいた廖敏淑教授，呂紹理教授（現台湾大学教授），列席して貴重なコメントをお寄せくださった同大学民族学系・藍美華教授，浙江大学歴史系・尤淑君講師に，あらためて感謝をあらわす次第である。

　せっかくの議論なので，何とか形にして残したい，と相談をもちかけた名古屋大学出版会の橘宗吾氏は，慨然として出版を承諾くださったばかりか，研究会そのものにも足を運び，小著ができあがるまで，くりかえし卓抜なアドヴァイスをいただいた。さらに同会の長畑節子氏からは，多言語の面倒な原稿に対し，細心周到な編集・校正をいただいた。あわせて衷心の謝意を捧げたい。

　やはり本は楽しんで作るべきもの，なかでも編著の愉しみは，個性に富む卓説をひとつの構造体に組み上げるにある。「知命」の編者には，新進気鋭の論鋒がじつに心地よい緊張感を強いてくれた。区区たるこだわりにつきあう羽目になった寄稿者，そして読者の方々に，まずお礼を申し上げなくてはならない。

　東洋史学が絶滅の危機に瀕しているのは確かである。しかし諸兄姉の研鑽がある以上，悲観するには及ばない。世界史の前途はむしろ洋々たるもの，それが五十にして知った天命だと確信している。

2014年8月

岡　本　隆　司

図表一覧

地図 1 東西アジア ……………………………………………………………… vi-vii
地図 2 オスマン帝国（1650〜1920年）………………………………………… 25
地図 3 1878年ベルリン条約後のオスマン帝国領 ……………………………… 75
地図 4 ロシアと清朝・日本の境界関連図 ……………………………………… 151

表 1 『大清會典』の漢語君主号 ………………………………………………… 133
表 2 *Dictionary of the Chinese Language* の翻訳概念 ………………………… 136
表 3 1860〜90年代の条約における漢語の君主・元首号 …………………… 142
表 4 天津条約（1858年）・北京条約（1860年）の翻訳概念 ………………… 146
表 5 キャフタ会議時の翻訳概念 ………………………………………………… 257
表 6 露蒙協定，露中宣言における「自治 автономия」概念のモンゴル語表記 ……… 259

索　引

- 本索引は「日本語・漢語」「外国語」の2部より成る。
- 漢語は原則として，日本語の字音で排列した。ハングルほか原名が明白なものには，ルビを附して示した。
- 語句ではなく，意味でとったものも少なくない。
- 外国語の索引は，文献目録と同じく，ラテン文字・ギリシア語・キリル文字（ロシア語・モンゴル語）の順で排列した。

日本語・漢語

ア　行

アーリ・パシャ　63
アイグン合意　150, 157, 159-160, 162-163, 165
愛国主義　318, 319, 320　→ナショナリズム
アチェ　28
アドリアノープル条約　→エディルネ条約
アブデュルアズィズ　322, 323
アブデュルハミト二世　63-64, 78, 323, 327
アブデュルメジド　130
アフリカ分割　65
アヘン戦争　133, 137, 156, 165
アミアンの和約　56
アムール川　157, 165, 168
アメリカ独立宣言　241
有賀長雄　117-118
アリスタルヒス（グリゴリオス）　60
アリスタルヒス（ニコラオス）　60
アルジェリア　52, 70, 82
アレクサンドロス大王　338, 339, 350
アロー戦争　141, 145, 157, 162, 163-165
『諳厄利亜語林大成（アングリア）』　179
夷　143, 162, 170-171　→外夷，華夷秩序
イーストレイキ　181
イヴァン三世　35
イェニチェリ　58-59
イオニア　44, 55, 66-67, 83, 330　→宗主権，特権
イギリス帝国　→帝国
イグナチエフ　59, 161, 164, 167
石川暎作　206
石橋政方　180

イスタンブル条約　36
イスマーイール・パシャ　72
イズマイロフ　152
イスラーム　4, 7, 8, 11, 12-13, 23, 82, 84, 343, 344, 350, 351, 353, 354, 355
　──国際法　32, 121　→シャル
　──世界　23, 31, 40, 46, 52, 119, 122, 123, 131, 343
　──的ローマ　→ローマ
　──の家　23, 32-34, 52, 121　→戦争の家
　──法　5, 7, 26, 31-33
　敵としての──　10, 12-13, 16, 83, 86
　モンゴルとの習合　→モンゴル
一国史　327, 349　→ナショナル・ヒストリー，民族史
伊藤博文　209, 213, 217, 223
委任統治　87
井上馨　207, 211, 214, 218, 226　→甲午改革，弁法八ヶ条
井上毅　110, 111, 112, 115, 210, 211-212
井上哲次郎　176, 178
イリ危機　146, 172, 302
イリ協定　145, 156
インペラートル　127, 128, 135, 145　→皇帝
ヴィクトリア　141
ウールジー　183
ウェストファリア　9, 11, 134-135
ヴェトナム　108, 112, 136-137, 302-303
ヴェトナム皇帝　→皇帝
ヴェニゼロス　346
『ウェブスター氏新刊大辞書和訳字彙』　181
ウォーラーステイン　4

ヴォゴリディス（アレコ）　60
ヴォゴリディス（ステファノス）　60, 69
ウォルポール　205
烏澤声　314, 315
『英華字典』　176, 180
『英国外交政略』　203-204
英土通商航海条約　56　→バルタリマヌ条約
英露協商　271
『英和対訳袖珍辞書』　179
エカチェリーナ二世　8, 352
奕山　159, 160-162, 163, 171
エキュメニズム　83, 323, 328, 329, 331, 333, 336, 349, 350, 352, 353　→世界総主教座
エジプト　45, 70-71, 72, 77, 81, 83, 87, 207
　──と宗主権　95-97, 101-102, 118, 207
　──問題　54, 56, 59, 95-97　→ムハンマド・アリー
越南問題　108, 112　→ヴェトナム
エディルネ条約　42, 45, 46, 47, 68, 93
榎本武揚　169
エルギン　162
袁世凱　112, 115, 215, 218, 224, 238, 296
汪精衛　310, 311, 316
大久保利通　92
大澤博明　209
オーストリア継承戦争　135
大鳥圭介　209, 217, 218, 223-225
岡本隆司　208, 260, 264
オコナー　220, 222
オスマン皇帝　→皇帝
小野梓　182
オリエンタリズム　→文明
恩恵　30, 53, 54, 161, 171
　──と特権　58, 62, 69, 121, 125

カ　行

ガージャール朝　12, 52
カーヌーン　26
外夷　13　→華夷秩序
改革勅令　326, 327
外交　14, 86, 172, 204, 285, 306
　──官　178-179, 204　→外国交際
　概念としての──　174-179, 181-182, 184, 203-206
外国交際　178-179, 179-183, 185-192, 196-201, 205-206
　──と福沢諭吉　182, 184, 185, 187, 188-189, 190-192, 194, 198-199, 200-201　→国交際
　──法　188, 190, 191, 192, 202, 203, 206

『外国交際公法』　183
外国事務　178-179　→外務
外国人特権　→特権
『海國圖志』　170
外属　→属
華夷秩序　6, 8, 13, 14, 120, 156, 161, 170-171, 304　→漢語圏, ナショナリズム
外藩　→藩
外務　175, 178, 196
外務省　60-61, 65, 129, 175, 178
価格革命　24, 35
俄館播遷　226
『学問のすゝめ』　187
牙山（アサン）　217, 224, 225
カッシニ　220
桂・タフト覚書　231
カトリック　9, 35, 107, 126, 340
　──的ローマ　→ローマ
カニング　59
カピチュレーション　30, 50, 53, 54, 55, 56, 82, 121, 125, 346　→条約の書, 特権
瓜分　309, 310, 311, 313, 314, 319
カラテオドリス　60
樺太　→サハリン
　──・千島交換条約　169
カルロヴィッツ条約　36
カロリディ　323, 324, 335-347, 349, 350-352
漢語　6, 8, 13, 114, 120, 132, 133
　──圏　6, 7, 8-9, 13, 14, 132, 133, 153, 154, 295, 304　→普遍性
　──圏と日本　13, 14-15, 146-147
　──圏の西欧化　15, 144, 146, 147, 148
　──的普遍性　→普遍性
　──と翻訳　14, 16, 18, 98-107, 116, 236
韓国皇帝　→皇帝
韓国併合　209
干渉　40, 62, 110-111, 212-213, 215, 284
カンテミール　37
ギールス　220
菁英　139
魏源　170
キセリョフ　46
吉林通商章程　212, 224　→君主権, 宗主権
木場貞長　203
キプロス協定　76
キャフタ会議　249, 250-256, 257, 260
キャフタ協定　234, 235, 250, 258
キャフタ条約　153, 156, 158
キュチュク・カイナルジャ条約　38-40, 41, 47,

索引　387

52, 54, 55, 71, 127-128, 326, 329, 352
ギュルハネ勅令　52, 54
境界　68, 150, 161, 162, 165, 170-171　→国境, 領土
　中国・チベット間の——　263, 264, 282, 286, 290
恭親王　157, 164, 171
巨文島事件　201, 214-215
ギリシア計画　8, 352
ギリシア人　336-338, 339, 341, 345　→正教徒
ギリシア性　48, 337, 342
ギリシア正教会　→正教会
ギリシア独立戦争　50, 67, 69, 325, 329
銀行家　64, 326-327, 328, 333, 342, 344　→ヨアキム派
欽差　177, 180, 181
「金鉄主義説」　312-314, 316, 317　→楊度, 領土保全
キンバレー　219, 221
グールド　273, 274
工藤平助　154
国交際　200-202
クニャゼフ　246
クラル　123
クリミア　8, 66, 329, 352
クリミア戦争　59, 131, 158, 329, 332
クリム・ハーン　7-8, 12, 25, 27, 38, 352
クルペンスキー　245
グレート・ゲーム　12, 13, 271, 300
クレタ　72-73, 74, 77, 79, 322, 323, 334, 345-346, 353
グローバル・ヒストリー　4, 381, 382
君主　138, 140, 141, 142, 148　→king
君主権　224, 225　→suzerainty
『クンセルメロン』　276-281, 282-286, 288
啓典の民　23
契約の家　32　→シャーフィイー派
桂良　163
『寋寋録』　207, 223
権力平均　194, 204　→勢力均衡
言論界　307, 309, 315, 316, 319
公　29, 30, 33, 37, 38, 47, 68, 69　→ファナリオット
江華条約　→日朝修好条規
恒鈞　313-314, 315
甲午改革　226, 230
貢国　110, 211-212　→貢納, 属国, 朝貢国
　贈——　114, 115
交際　→外国交際

交際法（交際術）　179-181, 188, 190-192, 202-203, 205-206　→外国交際
公車上書　300, 303, 304, 307
膠州湾　305
高陞号事件　226
甲申政変　112, 113, 144, 200, 204, 213
高宗（コジョン）　214
皇帝　14, 36, 120, 124, 126, 128, 134, 140, 142, 144, 146, 148
　ヴェトナム——　136-137
　オスマン——　28, 30, 34, 48, 124, 126, 130, 328
　国王と——　→国王
　大韓——　148, 229
　中華——　132, 134, 138, 143, 171
　中華——とEmperor　135-137, 141, 146
　天皇と——　→天皇
　ローマ——　7, 8, 14, 36, 48, 123, 126, 136, 352
　ロシア——　36, 37, 127, 128, 143, 144　→インペラートル, ツァーリ
叩頭　154　→中華
貢納　28-29, 53, 58, 66, 67, 77, 93, 108, 113
　——と宗主権　97
公法　49-50, 52, 59, 83, 86, 93, 186, 204, 213, 241, 242　→国際法
　『——會通』　104-107, 111
　『——便覧』　104
　『萬國——』　13, 49-50, 92, 98-103, 105-107, 111, 143, 176, 191, 238-239, 241-242, 281
黄埔条約　138, 141, 143
康有為　300, 307
胡漢民　310, 311
胡錦濤　292, 293, 297, 321
国王　133, 138, 148
　——と皇帝　147, 148
国際社会　1, 17, 18, 19, 50, 82-83, 119, 270
国際法　10, 13, 19, 46, 50-51, 85, 87, 90-91, 116, 148, 169, 183, 185, 210, 212, 223, 230, 239, 281, 306, 380　→公法
『国際法』　183
国際連盟　87
国事共済会　316
国主　137, 138, 141, 148　→king
国民国家　1-3, 10, 12, 17, 18, 62, 82, 119, 149, 169, 318, 342, 351
　オスマン帝国の——化　62, 80, 351
　——と帝国　2-3, 16
国民主権　78, 343, 344, 345

国民誓約　81
穀物法　326
黒龍江　157　→アムール川
国力権衡　202　→勢力均衡
ココフツォフ　246
互市　295, 318
五族　296, 312, 313, 317
　──共和　296
国家　2, 172, 251, 266, 292, 293, 294, 306, 318, 352
　国民──　→国民国家
　主権──　→主権
　非承認──　355
　民族と──　→民族
国境　68, 150, 172, 302, 321　→境界
近衛篤麿　308-309
小村・ウェーバー覚書　228
小村寿太郎　221
子安峻　180
ゴルチャコフ　159
コロストヴェッツ　240, 241, 246-247
コンスタンティノープル総主教座　→総主教座

サ　行

サイゴン条約　133
斎藤恒太郎　181
済物浦条約　214, 217
冊封　133, 148, 299
　──体制　208
鎖国　155
サゾノフ　245, 246-247, 255
薩英戦争　195
察漢汗（察罕汗）　133, 134　→チャガン・ハン
サトウ　180, 229
サハリン　165-166, 168-169　→樺太
サファヴィー朝　28, 35, 123, 125
サモス　69, 71, 83, 331, 353
サラフィー主義　11
ザリフィス　327　→銀行家
サン・ステファノ条約　74, 207
三国干渉　207, 230
サンダク　241
シェーダ・ペンジョル・ドルジェ　275, 276, 277, 278, 285-286
ジェブツンダムバ　238, 243
『時事小言』　194, 196
『時事新報』　193-201
自主　99, 108, 109, 114, 211, 238, 239-240, 241, 242, 243, 244, 303

　──と保護　→独立
　自立──　→自立
　属国──　→属国
　独立──　→独立
ジズヤ　30, 33, 39, 41
使節　179, 180
事大関係　148
自治　19, 26, 27, 30, 51, 67, 68-69, 73, 77, 79, 81, 84, 235, 240-241, 260, 261, 283, 306, 353
　──教会　330, 331, 332, 333, 353
　──国　253-254, 255-256, 259, 345
　──地方　251-252, 253-254
　──と宗主権　235, 245-246, 247-248, 251, 253, 255-256, 258, 259-260, 263, 281, 286, 290, 345
　──と独立　250-253, 256-259, 264, 283-284, 285, 289, 330, 335
　──と特権　68, 70, 74
　チベットの──　263, 281, 287　→ランツェン
　地方──　254-256
　モンゴルの──　→モンゴル
七島共和国　→イオニア
柴田昌吉　180, 188
司法省　→宗務
島田豊　181
シムラ会議　263-265, 275-276, 279-286, 290
シムラ条約　286-288, 289-290
下田条約　→日露和親条約
下関条約　209, 227
シャー　122, 130
シャーフィイー派　32
シャイバーニー　32　→シヤル
ジャサク　5
ジャムスラン　241
ジャムツァラーノ　250
シャリーア　→イスラーム法
シヤル　32, 121　→イスラーム法
州　34, 72, 79　→附庸国，特権
宗教的特権　→特権
宗務　61
　司法──省　61
　──局　61
儒教　6, 8, 13, 14　→漢語圏
主権　14, 18, 26, 51, 59, 62, 65, 98, 99, 103, 113, 120, 213, 280, 283, 292, 293, 294, 302, 306, 318, 329, 335, 345, 347, 355
　──国家　11, 15, 26, 67, 80, 82, 135, 241, 340, 352, 353-355

索　引　389

——国家体系　9, 10, 11, 12, 13, 14-15, 131, 134-135, 294, 304
　——と宗主権　→宗主権
　——と特権　76
　属地と——　→属地
　中国の——　244, 245, 246-247, 280
　領土——　→領土
主国　245, 305　→主権
受護国　115　→保護
朱子学　6, 14　→漢語圏
出使日記　301
ジュンガル　12, 152, 153
準州　302
上国　102, 103, 104, 106, 107, 110, 111, 115, 117, 305
　——権　213, 214　→ suzerainty
　——と保護　109, 110, 112, 114, 116, 213
上邦　102, 287　→上国
条約　29, 30, 34, 42, 83, 150, 160, 168, 171-172, 208
条約の書　29, 53, 54, 122　→カピチュレーション
ジョージ三世　133
書記官長　60-61
書契問題　145
所属の論　198-199　→属邦論
所属邦土　→属邦
ジョンソン　204
自立　49-50, 99, 238, 239-240, 243, 244, 261, 310, 312
　——自主　241-242, 257　→独立
辛亥革命　235, 316, 319
　——とチベット　266, 273
　——とモンゴル　235
清韓通商条約　148, 229
『清韓論』　113-114
進貢　99, 102, 134, 242　→朝貢, tributary
壬午軍乱　110, 112, 113, 196-199, 210
神聖同盟　35, 36
仁川（インチョン）　199, 217
新ファナリオット　→ファナリオット
進歩　13　→文明
臣民　33, 64, 65, 84, 85, 305, 351
新ローマ　→ローマ
鈴木董　24
スルタン　6, 7, 122, 130
　——＝カリフ　64, 327, 343
スレイマン一世　23, 28, 34-35, 122, 123
成歓（ソンファン）の陸戦　223, 225　→日清戦争

征韓論　193
正教会　23, 35, 64, 84, 324, 350-351, 354
　ギリシア——　332, 353
　——と宗主権　330-331, 353
　——の一体性　323, 328, 329, 330, 332, 333, 335, 337-338, 345, 352, 353
　——の「ギリシア化」　324, 329, 333, 351
　トルコ——　348
　ルーマニア——　331, 349
　ロシア——　35, 126, 153, 168, 329, 331, 352-353
正教徒　7, 19, 32-33, 37, 53, 60, 73, 77, 323, 337, 350, 351, 354
　——共同体　61, 323, 324, 327, 332, 334, 341
　——とギリシア王国　325, 328
　——の経済活動　8, 37, 326-327, 340, 342, 349　→銀行家
　——の保護　36, 47, 50, 62, 329, 352
　民族と——　→民族
聖職者徴税請負制　→徴税請負制
聖戦　32, 121　→ jihād
青年トルコ　78, 80, 341, 344-345
生蕃　298
西洋史　9, 381
『星軺指掌』　104
『西洋事情』　185
西洋中心主義　2, 4, 5, 10, 17, 50-51, 87, 355　→文明
勢力均衡（バランス・オヴ・パワー）　186, 195, 202, 310
セーヴル条約　81-82, 87
世界史　3, 4, 50, 379, 381-383
世界総主教座　→総主教座
尺振八　181
セリム三世　58
尖閣　1, 293, 297
センゲリンチン　163
戦争の家　32-34, 40, 52, 121, 123
僧格林沁　→センゲリンチン
曾紀澤　300-303
贈貢国　→貢国
総主教座　323, 324
　コンスタンティノープル——　23, 35, 36
　世界——　82, 323, 324, 329-331, 332-335, 336, 343, 344, 347, 349, 351, 352, 353-355
　——法　327-328, 331, 344
　ブルガリア——代理—　332-333, 334, 349
宗主権　11, 13, 15-16, 17, 18-19, 43, 46, 48, 51, 116, 118, 120, 207, 210, 231, 234, 248, 261, 329, 335, 355, 382

エジプトと―― →エジプト
オスマン帝国の―― 25-26, 34, 44, 47, 51, 66, 74, 77, 87, 103
貢納と―― →貢納
自治と―― →自治
主権と―― 66-67, 68-71, 76-77, 81, 82-87, 113, 245, 247, 248, 260, 264, 275, 281-282, 289, 290, 294, 305, 353
清朝の―― 208
正教会と―― →正教会
――と特権 66
――とワラキア・モルドヴァ 45-46, 47, 93, 96-97, 117
中国の―― 245-246, 250-251, 260, 263, 271, 272, 274, 284, 285, 287
総理衙門 143-144, 219-221
属 298, 305 →属国, 属地, 属邦, 藩属
　外― 299, 301, 304, 318
　―土 302, 306, 315, 316
　―境 302
　内― 299, 301, 304, 318
属地 299, 300-302, 303, 304, 306, 307-308, 316, 317, 318-320
　――と主権 305-306
　――と属国 300-301, 304-306
属邦 101, 102, 108, 113, 118, 211, 212, 223, 295, 298
　所――土 297, 298, 299, 302
　――問題 219, 220, 221
　――論 206, 218, 219, 222, 224
属国 27, 101, 108, 110, 114, 117, 197-198, 211-212, 236, 267, 295, 296, 297, 298-299, 300, 303, 304, 318-320, 355
　真の―― 300-301, 302-303, 306
　属地と―― →属地
　――自主 109-113, 208, 211, 267
　――と藩属 296
　――と藩部 296
　――と保護 108-109, 110, 111, 112, 113, 114, 198, 214, 224, 230

タ　行

ダージリン 266, 271, 272
ダーダネルス条約 56, 129
大院君 198, 225
大韓皇帝 →皇帝
大韓帝国 →帝国
大君主 →君主
『大清一統志』 133

『大清會典（ダイチングルン）』 132, 133
大清国 5, 149, 150, 152, 172, 229
『泰西政事類典』 204
台湾出兵 92, 146, 192, 298
高田早苗 203-205, 307
高橋秀直 209
田口卯吉 182
ダシジャブ 253
棚橋一郎 180, 181
ダムディンスレン 243
ダライラマ 243, 287, 290
　――十三世 265-276, 278-279, 283-284, 285, 290
　――政権 16, 262-263, 265-266, 290
ダワ・サンドゥプ 278, 281
タンズィマート 54, 59-60, 62-63, 71, 74, 129, 325, 328, 344
チベット自治 →自治
チベット独立 →独立
チベット仏教 5, 14, 153, 262
　モンゴルとの習合 →モンゴル
地方自治 →自治
チャガタイ=トルコ 12
チャガン・ハン 134, 144
中華 13, 14-15, 153, 154, 170-171, 268, 300, 301
　→華夷秩序
　――皇帝 →皇帝
　――世界 119, 132, 171 →漢語圏
　――民族 →民族
中江通商章程 212, 224 →君主権, 宗主権
中国史 320, 383 →ナショナル・ヒストリー
中朝商民水陸貿易章程 210, 212, 220, 224, 225
　→君主権, 宗主権
『籌辦夷務始末』 140-141, 160
張啓雄 255
朝貢 133, 148, 153, 208, 295, 299 →貢納
　――国 132-133, 148, 236, 267, 268, 304, 306
　→属国
　――システム 18, 208
張之洞 308, 309
趙爾豊 306
徴税請負制 24, 35, 58, 61, 65
　聖職者―― 53, 61
　――の廃止 71
徴税官 33-34
「朝鮮政略意見案」 210, 211-212 →井上毅
朝鮮中立化 110, 212
朝鮮独立論 207, 209, 211, 215, 216, 223, 224, 226-228, 229, 230-231

索引　391

朝鮮内政改革　207, 209, 210, 214, 216, 217-218, 219, 221, 222-223, 224, 225, 226, 230-231
朝鮮問題　18, 91, 116, 117
　——とロシア　228-230
　福沢諭吉と——　→福沢諭吉
長老支配　324　→正教会
直省　299, 302, 304, 318-320
陳貽範　275, 282, 286
チンギス・ハン　4
チンギス裔　5, 352
チンギスの法　→ジャサク
ツァーリ　36, 126, 128, 144　→皇帝
『通俗外交論』　200
『通俗国権論』　190-192, 194
津田仙　180
丁韙良　104　→マーティン
帝国　2, 3, 10, 14, 17, 148, 352
　イギリス——　3, 19
　国民国家と——　→国民国家
　大韓——　14, 148, 209, 230, 267
　大日本——　14
　——主義　10, 16, 17, 207, 320, 355
　——論　3, 14, 16, 17
　モンゴル——　3
　ローマ——　3, 14, 23, 46, 48, 338, 352
ティマール制　26, 46, 65
ティムール　12
ティルジット和約　66
『哲学字彙』　180
デニー　113-114, 116, 215
天下　132, 144, 161　→中華世界
天津条約（清仏）　143
天津条約（1858年）　141, 143, 145, 162-163
天津条約（日清）　113, 146, 200, 214, 217, 218, 230
天王　132, 133
　——と天皇　133-134
天皇　144, 146
　——と皇帝　144, 146-147
東亞病夫　15
統一派　345, 346
唐紹儀　225, 305-306, 317
『唐人往来』　184, 185
ドゥブロヴニク　39, 53, 55　→ラグーザ
東方問題　11, 38, 47, 51, 59, 86, 91, 116, 117, 131, 207
東洋史　381-383
トゥリシェン　152
督撫重権　302

独立　19, 50, 109, 188, 189, 191, 193, 235, 241, 242, 243, 244, 261, 269
　自治と——　→自治
　チベットの——　263, 267, 270-271, 279-280, 320　→ランツェン
　朝鮮の——　→朝鮮独立論
　——教会　330, 333, 334, 352
　——自主　148, 229, 267, 287
　——と保護　66-67, 111, 115
　モンゴルの——　→モンゴル
トシ　153
土耳其　49-50, 86, 102, 323, 380　→トルコ
土地　304, 306, 314, 315
特権　18, 30, 50, 55, 57, 66, 81, 83, 84, 85, 121, 125, 324, 343, 346-347
　恩恵と——　→恩恵
　外国人——　50, 57, 80, 85, 326, 347　→カピチュレーション
　カピチュレーションの——化　55-57
　自治と——　→自治
　宗教的——　50-51, 62, 73, 74, 80, 82, 325, 327, 343, 345, 346
　主権と——　→主権
　宗主権と——　→宗主権
　——諸州　50-51, 73-74, 77, 79, 80, 83, 84, 85, 346
　——勅令　325
　非ムスリムの——　57-58, 62, 63
　免除と——　→免除
　領域的な——　55　→イオニア
トランスヴァール　117
図理琛　152　→トゥリシェン
トルコ　11, 81, 118, 207, 328, 338-339, 340, 341, 345, 349, 350, 353
　——正教会　→正教会
　——とオスマン　82, 322-323, 341, 342
　——の軛　349, 352
　汎——主義　11
ドルジエフ　243

ナ　行

内属　→属
内地　299, 301, 303, 304, 314, 315
那珂通世　381
中村敬宇　180
ナショナリズム　15, 24, 303　→民族
　——と華夷意識　15, 303-304
ナショナル・ヒストリー　320　→民族史
ナットル　180

ナポレオン　56, 66, 132
ナムナンスレン　246
南京条約　138, 156, 208
ナントゥン　269　→ nang don
ニコルソン　205
西・ローゼン協定　229
西ローマ　→ローマ
日露戦争　209, 310, 313
日露和親条約　165, 166
日清修好条規　144, 146, 297-298, 299
日清戦争　113, 118, 147, 207-208, 226, 303, 319
　――とイギリス　219-220, 221-222, 227, 231
　――とロシア　219, 221, 231
日朝修好条規　109, 195, 211, 224, 225
ネッセルローデ　158
ネラトフ　248
ネルチンスク条約　128, 142, 144, 152, 158

ハ　行

パークス　213
パーディシャー　7, 122-123, 126, 128-131, 139
パーマストン　137
ハーン　5, 6, 7, 15, 122, 130, 152, 153, 172, 238, 243, 266, 268
排満　310, 315
伯理璽天徳（プレジデント）　140, 141, 142　→ president
馬建忠　92, 110
バダムジャブ　250
パナイテ　29
ハナフィー派　32　→契約の家
馬場辰猪　182
巴巴里（バーバリ）　52, 99, 241-242
パパリゴプロス　337
ハプスブルグ　11, 28, 35, 38, 39, 41, 52, 76, 79, 124-125, 129
林子平　154
ハラージュ　30, 33, 34
パリ条約（1856年）　59, 71, 80, 131
パリ条約（1815年）　66
バルタリマヌ条約　56, 70, 129, 326　→英土通商航海条約
藩　295
　外―　268, 269, 295, 299
　―属　99, 100, 102, 103, 106, 107, 109, 111, 211, 254, 296, 299, 300, 301, 306, 317, 318-320
　―部　236, 269, 295, 301, 306, 318-320　→領土
　―邦　100-101, 102, 242
　屏―　105, 106　→ vassal

范其光　250
『萬國公法』　→公法
半主　99, 100, 101, 106, 111　→属国，藩属
汎スラヴ主義　329, 333, 335, 336, 338, 340, 345
汎トルコ主義　→トルコ
ピーリ　155
東ルメリ　→ルメリ
東ローマ　→ローマ
庇護民　33, 57
ビザンツ　10, 11, 338, 339, 341
非承認国家　→国家
非ムスリム　30, 33, 58, 61　→特権
　――共同体　62
ピョートル一世　36, 37, 126-127, 134, 149, 152
ビルマ・チベット協定　143, 300
瀕死の病人　50, 86
閔妃（ミンビ）殺害事件　228, 229
フアト・パシャ　63, 72
ファナリオット　37, 60, 325　→正教徒
　新――　60-61, 64, 69, 325, 328, 333, 342
　新――と外務官僚　61, 327
　通訳としての――　37, 60
　――とワラキア・モルドヴァ　37-38, 47, 69
ファルメライアー　336
『附音插図 英和字彙』　180, 188
『附音插図 和訳英字彙』　181
ブカレスト条約　55, 128
複合君主制　9
福沢諭吉　18, 182-203, 205-206
　外国交際と――　→外国交際
　――と朝鮮問題　194, 196-199, 200, 201-202
　――と万国公法　186, 191, 194-195
　文明と――　188, 195, 199
　翻訳と――　182, 183, 185, 186
福地源一郎　182-183
府省制　61, 64
プチャーチン　159, 162, 165, 166-167, 168
不平等条約体制　164, 208
普遍性　4, 12-13, 19, 295, 320, 355
　漢語的――　6, 8, 13, 15, 145-146, 295, 304
　――の解体　8, 13, 16, 324, 350
　――の画一化　14-15, 146
　――の重層　6-9, 11, 12, 14-15, 16, 17, 324, 350, 351, 353, 355
　モンゴル的――　4, 5, 8, 12, 19, 145, 295, 351
　ローマ的――　5, 8, 13, 16, 34, 351
附庸国　25, 27, 28, 31, 33, 39, 40, 43, 47, 118　→属国，ワラキア・モルドヴァ
　――と州　28, 43-44

索　引　393

フランク　4
フランツ二世　132
ブルース　163
プルート戦争　37
ブルガリア総主教代理座　→総主教座
ブルガリア問題　332
ブルンチュリ　104, 114, 116
ブルンネルト　250
プレトリア協定　117
文碩　302-303
文明　9, 10, 13, 14-15, 52, 83, 188, 195
　——とオリエンタリズム　15, 87
　——と東アジア　15, 195
　——と福沢諭吉　→福沢諭吉
　——の争奪　14-16
『文明論之概略』　187, 188-190
ベイ　123
屛藩　→藩
『兵論』　198-199　→福沢諭吉
北京協定　265
北京条約　141, 145-146, 157, 164, 165, 171
北京専條　146　→台湾出兵
ペテルブルク条約（1881年）　146, 172
ペテルブルク条約（1834年）　68
ベニョフスキー　154
ヘボン　179, 180, 181
ペリー　165
ベル　272, 278
ペルシア＝モンゴル　7, 12
ペルシア語　4　→イスラーム，モンゴル
　——文化圏　4, 5
ベルリン会議　60, 64
ベルリン条約　60, 74, 75, 80, 330, 331
ペロフスキー　160, 163, 164
変法　148, 307
弁法八ヶ条　214-215, 217, 226, 230　→井上馨
ホイートン　46, 92-93, 94-95, 113, 116, 117, 141, 143, 176, 238
ボイエール　29, 37
防穀令事件　216
豊島沖海戦　216, 223, 226　→日清戦争
法令集　42-43　→ワラキア・モルドヴァ
ボグド・ハーン　241, 258, 266, 367
ボグドハン　144, 145
保護　29, 46, 50, 57, 66, 67, 93, 98, 100, 106, 111, 113, 115, 118, 213, 228
　上国と——　→上国
　正教徒の——　→正教徒
　属国と——　→属国

独立と——　→独立
　——権　213, 228
　——国　110, 117-118, 211, 213, 231, 306
ポスト・モンゴル　→モンゴル
ホブソン　3, 10
堀達之助　179
翻訳　15, 17, 91, 92, 98, 120, 236, 248-249, 261, 280-281
　漢語と——　→漢語
　——と日本　17, 18, 309, 310, 316
　——と福沢諭吉　→福沢諭吉
翻訳局　60

マ 行

マーティン　104, 176, 238
マカートニー（顧問）　301
マカートニー（使節）　133
マクマホン　275, 281, 282
マケドニア問題　334
マコーレー　300
松平定信　155-156
マフムト二世　58, 129
マルテンス　183
満洲国　16
満蒙　16
箕作麟祥　183
ミッレト憲法　62　→総主教座法
ミドハト・パシャ　64
ミハイ勇敢公　28
宮崎市定　382
ミルレル　248, 254, 255
民族　2, 24, 57, 64, 266, 307, 312, 329, 332, 336, 342, 345
　中華——　292
　——史学　11, 24, 349-350, 352　→ナショナル・ヒストリー
　——主義　320, 331, 332, 333, 335
　——と国家　352
　——と正教徒　336-337, 342, 345
ムガル朝　12, 22, 123
ムスタファ・レシト・パシャ　63, 344
陸奥宗光　207, 209, 217, 218, 220, 223, 227
ムハンマド・アリー　54, 59, 70, 95, 96
ムラヴィヨフ　157-159, 163-164, 166-167, 168, 169
『明治英和字典』　181
『明六雑誌』　192
メガリ・イデア　325, 329, 338, 340, 349, 350
メフメト二世　28, 62, 343

メレンドルフ　215
免除　57
　──と特権　57, 63
蒙蔵条約　235, 243-244, 257, 266, 267
文字の獄　9
本木正栄　179
森有礼　298-299
モリソン　135
門戸開放宣言　308　→領土保全
モンゴル　3, 5, 12, 153, 234-261
　イスラームとの習合　4, 7-8　→ペルシア＝モンゴル
　外──　16, 235, 247
　大──　3-4
　チベット仏教との習合　6, 8, 262　→モンゴル・チベット圏
　ポスト・──　4, 5, 6, 12
　──・チベット圏　6, 13, 153, 268, 295, 317
　──革命　235, 261
　──時代史　3
　──帝国　→帝国
　──的普遍性　→普遍性
　──独立　234, 235, 236-237, 238-239, 245, 320
　──の自治　245-246, 247　→自治と宗主権
　ローマとの習合　5

ヤ　行

ヤサ　→ジャサク
ヤシ条約　42, 55
野蛮　15, 50, 52, 83, 86, 188　→文明
山内昌之　382
山県・ロバノフ協定　228-229
友好神話　158
兪吉濬（ユキルジュン）　114-115, 212
ヨアキム三世　327, 333
ヨアキム派　333, 344, 345
楊度　309, 312-314, 316-317
ヨーロッパの協調　59, 80, 329　→東方問題
横井小楠　170
與國　302

ラ　行

ラヴドフスキー　236-237, 239
ラグーザ　27, 39-40, 46　→ドゥブロヴニク、附庸国
ラクスマン　155
ラサ条約　265
ラテン性　48
ラブダン　243
ランケ　339, 382
ランツェン　243, 266, 269, 270, 272, 273, 274, 279, 283-284, 285, 287, 289-290　→独立
ランワン　266, 269, 287, 289　→ランツェン、自主
李・ロバノフ条約　229, 304
李鴻章　116, 146, 147, 148, 198, 212, 213, 215, 216, 219, 220, 222, 229, 298-301, 318
理藩院　143, 153, 295
琉球処分　298, 303
劉瑞芬　301
領域統合　281, 287　→ territorial integrity
梁啓超　307-308, 309, 314-315
領地　294, 304
領土　14, 19, 26, 69, 79, 81, 84, 85, 149, 150, 162, 169, 170-171, 185, 186, 245-246, 248, 251-252, 269, 287, 288, 292, 293, 296, 304, 307-309, 312, 314-317, 348, 353, 355
　──意識　294, 297, 307, 318
　──概念　294, 295, 297, 306, 315, 316, 318, 320
　──支配　294
　──主権　245, 247, 260, 264, 288-289, 293, 305, 310-311, 317, 320, 355
　──統合　293
　──と藩部　296, 313
　──保全　59, 80, 84, 308-309, 310-311, 312-314, 341
両ドナウ公国　53, 67, 68, 71, 73, 105, 330-331　→ワラキア・モルドヴァ
臨時約法　317
ルイ・フィリップ　137
ルーマニア正教会　→正教会
ルメリ　26, 76-77, 79, 83, 333
ルンシャル・ドルジェ・ツェギェル　267, 273
礼と法　155-156
レーニン　3, 10
礫岩国家　9
歴史認識　321, 323, 351
レンネ　250
ローザンヌ条約　82, 348, 349, 353
ローマ　5, 13, 48, 350, 352
　イスラーム的──　5, 11
　カトリック的──　5, 9
　新──　5, 8, 51, 348
　正教的──　5, 11
　第三の──　35
　西──　9

東── 10, 23, 27, 35, 36, 47, 53, 324
モンゴルとの習合 →モンゴル
──皇帝 →皇帝
──性 9, 10-11, 12, 17
──帝国 →帝国
──とワラキア・モルドヴァ 48
──表象 5, 6, 7, 19
──法 5
ローリンソン 12
ロシア・オスマン戦争 38, 47, 127
ロシア皇帝 →皇帝
ロシア正教 →正教会
露清密約 →李・ロバノフ条約
『魯西亜人取扱手留』 155
露中宣言 116, 234, 235, 244-249, 255, 257, 258
露朝密約事件 201, 214, 216
露土戦争 64, 83, 322, 334
露土通商航海条約 56
ロバノフ 304
ロブシャイド 176, 180
露蒙協定 235, 240-242, 255, 257
ロンドン条約（1827年） 67
ロンドン条約（1840年） 95

ワ 行

『和英語林集成』 177-178
渡辺修次郎 182
ワッハーブ 11
和平の家 32 →シャーフィイー派
『和訳英辞書』 179-181
『鮇訳英文熟語叢』 181
ワラキア・モルドヴァ 18, 25, 36, 53, 99, 105
 →両ドナウ公国
 「穀倉」としての── 30-31
 正教徒と── 32-33, 36
 宗主権と── →宗主権
 ファナリオットと── →ファナリオット
 附庸国としての── 25-26, 27, 31, 43, 44, 47
 ローマと── →ローマ
 ──と国際法 93-94
 ──と州 34, 43-44
 ──とロシア 36-37, 38-40, 93, 99-100, 117
 ──による貢納 29, 93
 ──への勅令 41-43 →法令集

外 国 語

'ahd 32 →契約の家
ahdnâme 29, 53, 122 →条約の書
Ali Paşa 63 →アーリ・パシャ
amân 33
autonomy 263, 281, 283-284, 286, 289, 290 → 自治
avâriz 31
Beğ 123, 126 →ベイ
Bell, Charles Alfred 272 →ベル
Benyovszky, Moric 154 →ベニョフスキー
bey 69, 73, 123, 126 →公
beylik 22
Bluntschli, Johann Caspar 104 →ブルンチュリ
Bruce, Frederick William Adolphus 163 →ブルース
Bshad sgra dpal 'byor rdo rje 275 →シェーダ・ペンジョル・ドルジェ
Caesar 123, 124, 126
cagan han [Čaγan qan] 134, 144 →察漢汗,

チャガン・ハン
caisse de la dette 379, 380
Canning, Stratford, 1st Viscount Stratford de Redcliffe →カニング
Cantemir, Dimitrie 37 →カンテミール
capitulation 94, 121 →カピチュレーション
Çar 127
Çasar 126
China 15
Chinese Suzerainty 215
civilisation 10 →文明
cizye 30 →ジズヤ
composite monarchy 9 →複合君主制
concert européens 59 →ヨーロッパの協調
conglomerate state 9 →礫岩国家
dār al-'ahd 32 →契約の家
dār al-ḥarb 32 →戦争の家
dār al-Islām 32 →イスラームの家
dār al-ṣulḥ 32 →和平の家

demi-souverain　　86, 105-106　　→ semi-sovereign
Denny, Owen Nickerson　　113　　→デニー
dependency　　93, 99, 101, 110, 211, 320　　→属国
Dictionary of the Chinese Language　　135-136, 137
diplomacy　　174-177, 179-181, 183, 188, 190, 192, 202-206
diplomatie　　10, 177, 203　　→外交
droit des gens　　10　　→国際法
Dubrovnik　　39　　→ドゥブロヴニク
Eastern Question　　91　　→東方問題
ehl-i zimmet　　33　　→庇護民
Elements of International Law　　46, 92, 94, 95, 96, 97, 105, 143, 176, 238-239　　→『萬國公法』
Elgin, James Bruce, 8th Earl of, and 12th Earl of Kincardine　　162　　→エルギン
emperor［empereur］　　14, 123, 124, 134-136, 139, 140, 141, 142, 144, 148　　→皇帝
Emperor of China［l'Empereur de Chine］　　135, 139　　→皇帝
empire　　10, 14　　→帝国
eyalat-ı mümtaze　　50, 85　　→特権諸州
eyalet　　43, 72, 73　　→州
Fallmerayer, Jakob Philipp　　336　　→ファルメライアー
feudal　　93, 97, 98, 100
foreign affairs　　174-175　　→外務
foreign relations　　174-176, 183, 203, 205
freedom　　266
Fuat Paşa　　63　　→フアト・パシャ
ḥajj　　23
hakimiyet　　84, 324　　→主権
hakimiyet-i milliye　　78　　→国民主権
haraç　　30　　→ハラージュ
harâc-güzâr　　34　　→公
Hariciye nezâreti　　129　　→外務省
Hepburn, James Curtis　　179　　→ヘボン
hıdiv　　72, 73
hukuk-ı mülkdari　　68, 73　　→主権
hükümet　　67　　→主権
hüwangdi　　144, 145-146　　→皇帝
idiyye　　41
immunités　　57, 94, 95　　→ muafiyet, 免除
Imperator　　123, 124, 126, 134　　→インペラートル
İmparator　　123, 126, 127, 128, 129
imperialism　　10　　→帝国主義
imperium　　10
imtiyazat　　50, 55, 56, 57　　→特権
imtiyazat-ı ecnebiye　　50　　→外国人特権
imtiyazat-ı mezhebiye　　50, 62　　→宗教的特権
independence［indépendance］　　93, 98-99, 104, 106, 109, 113, 211, 229, 239, 244, 259, 266, 270, 274, 280, 282, 283-284, 289　　→自主, 自立, 独立
intégrité territoriale　　59　　→領土保全
Introduction to the Study of International Law　　104, 183　　→『公法便覧』『国際法』
Ismāʿīl　　72　　→イスマーイール・パシャ
jihād　　32　　→聖戦
Johnson, Samuel　　204　　→ジョンソン
kanûn　　26, 42　　→カーヌーン
kanûnnâme　　42　　→法令集
Kazi Dawa Samdup　　278　　→ダワ・サンドゥプ
Khân　　122　　→ハーン
kilâr［kiler］　　31
Kimberley, John Wodehouse, 1st Earl of　　219　　→キンバレー
king　　134, 135-137, 142, 148
Kıral　　123
kışlak　　41
knièze［knez］　　69　　→公
Korean question　　91　　→朝鮮問題
Kral　　123, 124
kun gsal me long　　276　　→『クンセルメロン』
l'Empereur des Français　　135, 139
Le droit international codifié　　104-107, 114　　→『公法會通』
Le guide diplomatique　　104, 183　　→『星軺指掌』『外国交際公法』
les principautés danubiennes　　105, 106　　→両ドナウ公国
Lobscheid, William　　176　　→ロブシャイド
Lung shar rdo rje tshe rgyal　　267　　→ルンシャル・ドルジェ・ツェギャル
Macartney, George, 1st Earl of Macartney　　133　　→マカートニー（使節）
Macartney, Samuel Halliday　　301　　→マカートニー（顧問）
Macaulay, Colman Patrick Louis　　300　　→マコーレー
Martin, William Alexander Parsons　　104　　→マーティン
McMahon, Arthur Henry　　275　　→マクマホン
memalik　　59, 84, 85　　→領土
memleket　　43, 73
metbu　　324　　→宗主権, κυριαρχία
Mihai Viteazul　　28　　→ミハイ勇敢公
millet　　57

索引 397

Mithat Paşa　64　→ミドハト・パシャ
Möllendorff, Paul Georg　215　→メレンドルフ
Morrison, Robert　135　→モリソン
muafiyet　57, 58　→ immunités, 免除
Muḥammad ʿAlī　54　→ムハンマド・アリー
muhtariyet-i tamme　79　→自治
müsaade　58　→恩恵
mustaʾmīn　33
Mustafa Reşit Paşa　63　→ムスタファ・レシト・パシャ
nâme-i hümâyûn　122
nang don　269, 270, 272, 274, 283-285, 287
narh　31
nation　1, 292　→国民国家，民族
nation-state　1　→国民国家
Nesselrode, Karl Robert　158　→ネッセルローデ
Nicolson, Harold　205　→ニコルソン
nominal suzerainty　116-117
O'Conor, Nicholas Roderick　220　→オコナー
Osman　22
pacta sunt servanda　177
Pâdişâh　122, 125, 128, 129　→パーディシャー
Palmerston, Henry John Temple, 3rd Viscount　137
Parkes, Harry Smith　213　→パークス
Perry, Matthew Calbraith　165　→ペリー
peşkeş [pişkeş]　30
Phanariote　37　→ Φαναριώτες, ファナリオット
phyi rgyar　283, 285, 287　→宗主権
President　137, 140, 142
privilèges　55, 56, 57, 94, 95　→ imtiyazat, 特権
protection　101, 105, 106　→保護
protectorate　93, 99, 106, 110, 211　→保護国
question of suzerainty　219, 220, 222　→属邦問題，属邦論
Ragusa　39　→ラグーザ
rang btsan　243, 268, 270-271, 274, 279, 280, 283-284, 285, 287　→ランツェン
rang dbang　266, 287　→ランワン
Ranke, Leopold von　339　→ランケ
reâyâ　33　→臣民
roi　136-137
Roma　48　→ローマ
rûm　48
Rum Patrikliği Nizamatı　327　→総主教座法
Rumeli　26　→ルメリ
Şâh　122　→シャー
sarraf　326

Satow, Ernest Mason　180　→サトウ
semi-sovereign　93, 98, 99, 100, 101, 102, 106　→ demi-souverain, 半主
şeriat　26　→シャリーア
Shaibânî, Muhammad ibn al-Hasan al-　32　→シャイバーニー
sharīʿa　26　→シャリーア
sick man of Asia　15　→東亞病夫
sick man of Europe　15
siyar　32　→シヤル
souverain protecteur　67
souveraineté　66, 73, 85, 104　→主権
sovereign　121, 239
sovereignty　9, 93, 99, 148, 213, 229, 239, 265, 275, 280, 281, 282, 289, 305, 306, 324　→主権, 自主
subaşı　33　→ voyvoda, 公, 徴税官
ṣulḥ　121
Sultân　122　→スルタン
suzerain　45, 46, 95, 101, 102, 104, 108, 116, 121, 275
Suzerain Power　222, 223
suzerain-vassal　96-98, 100, 102, 105, 108-109, 113, 116, 117, 206
suzeraineté　44, 45, 66, 67, 68, 84, 96-97, 101, 105, 106, 107, 108, 380　→宗主権
suzeraineté de la Sublime Porte　68, 69, 77, 93, 94, 95, 99-100
suzerainty　11, 13, 91, 96, 100, 101, 102, 103, 114, 116, 148, 210, 213, 218, 221, 224, 231, 263, 265, 271, 283, 286, 289, 305, 324　→宗主権, 上国
suzin　44
tebaiyet　45　→宗主権
tercemân [tercümân]　37
territorial integrity　281, 287, 292, 293, 320　→領域統合，領土保全
territory　287-288, 294, 301, 302, 320　→領土, 準州
The Second Ottoman Empire　24
tributaire [tributary; tribute]　31, 77, 85, 93, 96, 97, 102, 108, 110, 113, 211　→貢国, 貢納, 属国
vasal　44
vassal　27, 46, 95, 100, 104, 105, 107　→属国, 藩属
vassalage　113, 114, 115
vassale　45, 106
vilayet　43, 72　→州
voyvoda　33　→公

Walpole, Spencer　203, 205　→ウォルポール
Wheaton, Henry　46　→ホイートン
Woolsey, Theodore Dwight　183　→ウールジー
zimmî　33　→庇護民

Ἀριστάρχης, Νικόλαος　60　→アリスタルヒス（ニコラオス）
αὐτοκεφαλία　330　→独立教会
αὐτονομία　330　→自治教会
Αὐτόνομον Πολιτείαν　77　→クレタ，自治
Βενιζέλος, Ἐλευθέριος　346　→ヴェニゼロス
Βογορίδης, Στέφανος　60　→ヴォゴリディス（ステファノス）
γεροντισμός　324　→長老支配
Ἐθνικοί Κανονισμοί　327　→総主教座法
εθνοφυλετισμός　333　→民族主義
ἐπικυριαρχία　324　→ suzerainty
Ζαρίφης, Γεώργιος　327　→ザリフィス
ἡγεμόνας　69　→公
Καραθεοδωρῆς, Ἀλέξανδρος　60　→カラテオドリス
Καρολίδης, Παῦλος　323　→カロリディ
κυριαρχία　324　→ sovereignty
Παπαρρηγόπουλος, Κωνσταντίνος　337　→パパリゴプロス
Φαναριῶτες　37　→ファナリオット

автономия　236, 240, 242, 244, 245, 249, 252, 256-257, 258-259, 260　→自治
Бруннерт, Ипполит Семенович　250　→ブルンネント
Буғдыхан　144, 145-146　→ボグドハン
верховная власть　45　→宗主権
Гирс, Николай Карлович　220　→ギールス
Горчаков, Александр Михайлович　159　→ゴルチャコフ
договор　150　→条約
Доржиев, Агван Л.　243　→ドルジエフ
Игнатьев, Николай Павлович　59　→イグナチエフ
Измайлов, Лев Васильевич　152　→イズマイロフ
Император　127, 145-146, 252　→インペラートル, 皇帝
Кассини, Артур Павлович　220　→カッシニ
Киселёв, Павел Дмитриевич　46　→キセリョフ

Князев, Леонид Михайлович　246　→クニャゼフ
Коковцов, Владимир Николаевич　246　→ココフツォフ
Коростовец, Иван Яковлевич　240　→コロストヴェッツ
Крупенский, Василий Николаевич　245　→クルペンスキー
Лавдовский, Владимир Николаевич　236-237　→ラヴドフスキー
Лаксман, Адам Кириллович　155　→ラクスマン
Лобанов-Ростовский, Алексей Борисович　304　→ロバノフ
Миллер, Александр Яковлевич　248　→ミルレル
Муравьев-Амурский, Николай Николаевич　157　→ムラヴィヨフ
независимость　251, 252, 255, 256-257, 260, 274　→独立
Нератов, Анатолий Анатольевич　248　→ネラトフ
Нессельроде, Карл Васильевич　158　→ネッセルローデ
Перовский, Петр Николаевич　160　→ペロフスキー
Пиль, Иван Алферович　155　→ピーリ
Путятин, Евфимий Васильевич　159　→プチャーチン
Ренне, Арвед-Адольф-Францевич фон　250　→レンネ
Сазонов, Сергей Дмитриевич　245　→サゾノフ
самостоятельность　244, 250, 251, 256-257　→自立, 独立
суверенное государство　245　→主国
сюзеренитет　44, 235, 245, 249, 251, 252, 255, 257, 258, 259, 261　→宗主権
территория　304　→土地, 領土
трактат　150　→条約
Трибунал Внешних Сношений　153　→理藩院
Царь　126, 144　→ツァーリ

автономи　235, 253, 258, 261　→自治
Бадамжав, Цогт　250　→バダムジャブ
ганцаар тогтнох　238, 251, 252, 253, 256-257, 261　→独立
Дамдинсүрэн, Ж.　243　→ダムディンスレン
Дашжав　253　→ダシジャブ

Жамцарано, Цэвээн　250　→ジャムツァラーノ
Намнансүрэн, Сайн ноён хан, Төгс-Очирын　246　→ナムナンスレン
өвсвээн эзэрхэж өөртөө тогтнох　241
өөрөө засах　249, 251, 252, 254, 255, 256, 257, 258, 259　→自治
өөрөө эзэн болох　238　→自主
өөрөө эзэрхэх　243, 244, 249, 254, 256, 257, 258-259, 261　→自主, 自治
өөртөө тогтнож өөрөө эзэрхэх　240-241, 242, 258-259　→自立自主, 独立

өөртөө тогтнох　237, 238, 243, 244, 256-257, 259　→自立, 独立
Равдан　243　→ラブダン
сюзеренитет　→ сюзеренитет（ロシア語）
тусгаар тогтнол　235, 237, 260, 261　→独立
тусгаар тогтнох　237, 251, 252, 253, 255, 256-257, 259　→独立
Түмэн улсын ердийн цааз　239　→『萬國公法』
хэмжээтэй эзэрхэх　249, 252, 253, 255, 257, 258-259　→宗主権

執筆者紹介 (執筆順)

岡本隆司（導論・第3章・補論・第9章）
→奥付参照

黛　秋津（第1章・補論）
1970年生　東京大学大学院総合文化研究科准教授
主　著　『三つの世界の狭間で』（名古屋大学出版会, 2013年）

藤波伸嘉（第2章・第10章）
1978年生　津田塾大学学芸学部国際関係学科准教授
主　著　『オスマン帝国と立憲政』（名古屋大学出版会, 2011年）

望月直人（補論）
1983年生　京都大学人文科学研究所産官学連携研究員
主論文　「フランス対清朝サイゴン条約通告とベトナム出兵問題」（『東洋史研究』第68巻第3号, 2009年）

山添博史（第4章）
1975年生　防衛研究所地域研究部主任研究官
主　著　『国際兵器市場とロシア』（東洋書店, 2014年）

森田吉彦（第5章）
1973年生　大阪観光大学国際交流学部教授
主　著　『兵学者吉田松陰』（ウェッジ, 2011年）

古結諒子（第6章）
1981年生　お茶の水女子大学人間文化創成科学研究科リサーチフェロー
主論文　「日清戦争終結に向けた日本外交と国際関係」（『史学雑誌』第120編第9号, 2011年）

橘　誠（第7章）
1977年生　下関市立大学経済学部准教授
主　著　『ボグド・ハーン政権の研究』（風間書房, 2011年）

小林亮介（第8章）
1980年生　日本学術振興会海外特別研究員
主論文　「辛亥革命期のチベット」（辛亥革命百周年記念論集編集委員会編『総合研究 辛亥革命』岩波書店, 2012年）

《編者紹介》

岡本隆司（おかもと たかし）
    1965年　京都市に生まれる
    現　在　京都府立大学文学部准教授
    著　書　『近代中国と海関』（名古屋大学出版会，1999年，大平正芳記念賞）
    　　　　『属国と自主のあいだ』（名古屋大学出版会，2004年，サントリー学芸賞）
    　　　　『中国経済史』（編著，名古屋大学出版会，2013年）
    　　　　『出使日記の時代』（共著，名古屋大学出版会，2014年）ほか

宗主権の世界史

2014 年 11 月 10 日　初版第 1 刷発行

定価はカバーに
表示しています

編　者　岡　本　隆　司
発行者　石　井　三　記

発行所　一般財団法人　名古屋大学出版会
〒 464-0814　名古屋市千種区不老町 1 名古屋大学構内
電話(052)781-5027/FAX(052)781-0697

© Takashi OKAMOTO, et al., 2014　　　　Printed in Japan
印刷・製本 ㈱太洋社　　　　ISBN978-4-8158-0787-0
乱丁・落丁はお取替えいたします。

Ⓡ〈日本複製権センター委託出版物〉
本書の全部または一部を無断で複写複製（コピー）することは，著作権法
上の例外を除き，禁じられています。本書からの複写を希望される場合は，
必ず事前に日本複製権センター（03-3401-2382）の許諾を受けてください。

岡本隆司著
近代中国と海関
A5・700 頁
本体9,500円

岡本隆司著
属国と自主のあいだ
―近代清韓関係と東アジアの命運―
A5・524 頁
本体7,500円

岡本隆司／箱田恵子／青山治世著
出使日記の時代
―清末の中国と外交―
A5・516 頁
本体7,400円

岡本隆司編
中国経済史
A5・354 頁
本体2,700円

黛　秋津著
三つの世界の狭間で
―西欧・ロシア・オスマンとワラキア・モルドヴァ問題―
A5・272 頁
本体5,600円

藤波伸嘉著
オスマン帝国と立憲政
―青年トルコ革命における政治，宗教，共同体―
A5・460 頁
本体6,600円

山本有造編
帝国の研究
―原理・類型・関係―
A5・406 頁
本体5,500円

礪波護／岸本美緒／杉山正明編
中国歴史研究入門
A5・476 頁
本体3,800円

小杉泰／林佳世子／東長靖編
イスラーム世界研究マニュアル
A5・600 頁
本体3,800円